U1019348

Samuel P. Huntington

美国政治

激荡于理想与现实之间

[美] 塞缪尔 · P. 亨廷顿 著

先萌奇 景伟明 译

AMERICAN POLITICS

the Promise of Disharmony

新 华 出 版 社

序

塞缪尔·亨廷顿是20世纪美国乃至世界范围内最知名和最受推崇的政治学者。他的著述一出，往往是洛阳纸贵，风行全球，不仅改变学术研究的焦点和思路，也影响各国的政策讨论与选择。在他丰富的著作谱系中，本书通常不属于最受关注之列，但在当前的世界政治气氛下却非常具有阅读价值和思考启迪意义。

一

本书以往没有走到聚光灯下，当然不是由于它的质量，而是归因于它的题材。此书不像《变化社会中的政治秩序》《第三波》《文明的冲突与世界秩序的重建》一样，直击世界政治潮流的变化，以全球视野讨论普遍性问题，因而迅速激发热议。它分析的对象主要是美国政治，而且在行文当中又不像亨廷顿教授早期的《士兵与国家》或晚期的《我们是谁》一样，直抒胸臆，放言无忌。在本书中，读者看到的是中年亨廷顿——成熟而通达，充分了解政策与社会现实，但仍不失理想与乐观，在不和谐的嘈杂当中寻找稳重的节奏，为常识与共识开拓发声的渠道。这样的亨廷顿，浮躁的阅读心态恐怕欣赏不来。

而对于想深入了解美国、特别是想真正理解当代美国政治与社会的读者来说，这本书则是绝对不应错过的。它所书写的 20 世纪 60 年代正是现代美国与后现代美国的分水岭。在此之前的美国是 WASP 文化居核心地位的清教伦理之国，在此之后则是多元文化主义占据主流；在此之前，美国政府和政治家总体而言能够得到社会大众的尊重和信任，在此之后则受到严厉批评和严格监督，从总统到国会各种政治机构的信誉一落千丈；在此之前，美国外交相对超脱于国内政治的纷扰，对外战争一度在爱国旗帜下得到不假思索的普遍支持，在此之后外交领域再无特殊待遇，反战反干预的声音此起彼伏。可以毫不夸张地说，正是经历了 1965—1975 年反战（反对越南战争）和反文化（挑战 WASP 文化传统）两大运动的洗礼，美国才一变而成我们现在习见习闻的样子。美国进步左翼和保守右翼的分野也是从那个时代延续至今，当前大部分政治、法律、社会、文化争议课题追根溯源也是产生于那个年代。

亨廷顿此书恰是对这个动荡年代的总结和剖析。依据亨廷顿的部分观点，特别是他后期关于世界政治的某些主张，有些学者喜欢把他定义为保守派政治学家。其实亨廷顿终其一生都是民主党人，在美国自由知识分子的堡垒——哈佛大学任教，在70年代末期与布热津斯基一起加入卡特政府的外交团队工作。他这种中间偏左的政治底色在本书中得到充分展现。他不仅客观、忠实地记录60年代的变革诉求和政治争论，而且总体上对发起变革的年青一代持肯定态度。尽管他本人因为对美国政府开展越南战争建言献策——如支持在南越强制推行“战略村”——而受到反战学生的“冲击”，但他仍乐观地评价时代变迁，称60年代“是抗议的时代，也是重申道德的时代，人们激情勃发，无论是好是坏，都在努力去实现美利坚信条的原则与价值”。

二

作为构建分析理论的大师，亨廷顿自然不会满足于对60年代进行就事论事地评估，而是把它置于美国政治历史的视角下，探寻长期的规律性解释。在他看来，60年代的争论与动荡是美国经历的又一次“信条激情时期”。在此之前，美国政治已经出现过三次类似的激情时期，分别为1770—1780年代的美国革命建国时期、1820—1830年代的杰克逊民主时期、1890—1910年代的进步运动时期。在这些时期可以看到普遍社会动员和大众热情参与，看到激烈的争论与冲突，看到政治制度被震撼和重组。在习惯渐变改进的美国，这些特殊时期尤其引人注目，不容忽视。

亨廷顿认为，造成信条激情时期的是美国政治理想与美国政治现实之间的鸿沟。而鸿沟的凸显并不是由于美国人过于务实，而是因为美国人过于理想。普遍公认的是，与欧洲相比，美国的政治哲学并不成熟，政治理论的思辨深度和体系化程度经常受到批评。但也正因为如此，对政治理想的阐释权并不掌握在学院派知识分子手中，而是通过社会的共识和认同成为大众信念的核心，进而保持空前的信念强度。亨廷顿对美国政治这种理想追求高度推崇，声称“失去自由民主理想，失去为实现自由民主理想而付出的努力，美国就会变成没有存在意义、没有集体认同、没有政治文化甚至没有自己历史的国家”。甚至认为美国人如果放弃政治理想就是放弃民族认同的核心，也就不再是真正的美国人。

但是美国式的大众化解读方式，使对自由、民主、平等、个人主义等核心价值的追求从根本上带有反政府、反权威的特色。民众对既成体制的怀疑根深蒂固，自由的政治理想与半自由的政治体制之间始终存在紧张关系，美国的政治氛围也就注定不和谐。根据亨廷顿的分析，面对这种紧张关系美国人形成了四种应对模式：道德主义、犬儒主义、冷漠自满、自欺欺人。在四种回应中，只有道德主义选择正视理想与体制现实之间的鸿沟，并努力消除裂痕；其余三种则分别采取否认、忽视、忍受的态度。很明显，亨廷顿更支持道德主义的应对方式，这也是他对 60 年代的政治风潮给予正面评价的理论依据。

在亨廷顿看来，30 年代新政的意义都不能与 60 年代相比。前者的特征是实用主义、机会主义，致力于应对经济问题，而不是满怀激情地重申道德价值。后者才是真正的信条激情期。他描述了 60 年代的抗议政治、揭露政治和权威侵蚀现象，但认为纷繁扰攘之后留下了“更为平等的社会、更为开放的政治”。他承认公众变得世故、政府日益缺乏权威，但对美国随后的政治发展还是抱有充分的期待。

三

一个好的理论假设肯定是既对其关注问题有解释力，又对相关领域及未来变化有分析预测能力。亨廷顿教授在本书中提出的信条激情周期理论就达到了这个标准。在本书出版后的 35 年里，美国政治理想与体制现实之间的紧张关系始终存在，美国民众的应对方式也不出亨廷顿所料，经历了里根—（老）布什年代的犬儒、克林顿年代的自满、小布什年代的自欺欺人，而始终不能缓解认知失调引起的挫败感。奥巴马上台似乎带来了开启道德主义追求的希望，但受到金融危机的拖累和政策视角的局限，他在施政过程中甚至无法复制新政式的革新。

今日重译重读本书，更是实际验证信条激情周期理论的大好时机。特朗普在2016年总统选举中意外获胜，不仅颠覆了之前绝大多数民调结论和媒体的普遍预测，而且使美国各界的体制精英瞠目结舌。那么，短期政治分析忽略的信号，35年前提出的长期历史模型有可能捕捉到吗？在本书终结的第八章，亨廷顿教授自我设问：美国传统的应对理想—现实张力的模式会不会发生变化？他进而提出三种可能的演进路径，其中的第三种情况倒是可以为目前美国的政局提供历史视角的解读——由于美国分裂、虚弱的政府无法令人满意地应对挑战，历史与进步冲突的加剧可能导致越来越强的挫败感，最终可能导致人们强烈要求抛弃虚弱无效的政府，以更具权威性的结构取代之。“追求自由民主的道德极端主义可能会产生一股追求独裁效率的逆流”。

当然，亨廷顿教授当年提到的只是一种理论可能性，究竟会不会在美国的政治实践中兑现、能够兑现到什么程度都还有待观察。可以肯定的是，按照本书给出的14条标准，特朗普上台不是第五个信条激情期的开始。在今年选举过程中充斥着对既成体制的不满，但没有诉诸道德义愤，反而是以破坏道德束缚（如政治正确标准）为荣；获胜的一方充分表达对掌权者的敌视，但同样对妇女、少数族裔、司法公正等社会改革运动充满轻蔑；政治参与脱离了利益集团的常规路线，通过非传统渠道表达，但是获胜方改革的主旨并非限制权力，选举的结果也很难带来政党政治的重组而是进一步制造社会冲突和对立。亨廷顿在本书中曾经大胆推测，美国的下一个信条激情期可能在 21 世纪 20 年代出现。如果重起亨廷顿于地下，他也许会提醒我们：大幕尚未开启，不要被正剧之前的垫场戏迷惑啊。

朱文莉

2016 年 11 月

前 言

这本书源于我年轻时的一次窘迫经历。1949 年 5 月，在我博士学位论文答辩的开头，塞缪尔·H. 比尔（Samuel H. Beer）教授以从容的目光注视着我，问道："亨廷顿先生，政治思想与政治制度之间是怎样的关系？"当时我并未给出自己的答案，但从那以后我便一直为此冥思苦想。这本书就是以美国环境为背景，尝试部分地回答这个问题。它是一篇扩展的论文，意在启发而非定论。这本书旨在提出思考美国政治的一种方式，强调某些时常被忽视的因素，并提供一个解释的视角，以期在一定程度上说明为什么美国既有如此多的政治共识，又有如此多的政治冲突。

我对美国政治思想与政治制度之间关系的真正研究始于 1973 年，当时我得到了古根海姆研究基金和牛津大学万灵学院访问研究基金的资助。最初思考的结果形成了一篇论文——《美国政治的范式：超越共识、对立与多元》，刊登在《政治科学季刊》（*Political Science Quarterly*）第 89 期（1974 年 3 月）

的第1—26页，其中部分内容也被收入本书中。在1977年年初进入政府供职之前，我完成了这本书的前两章，但大部分内容是在1978年秋天我返回哈佛大学后写成的。在写作的后一个阶段，我得到了美国企业研究院公共政策研究所（American Enterprise Institute for Public Policy Research）和国家事务出版公司（National Affairs, Inc.）的资助。哈佛大学国际事务中心在我的整个写作过程中给予了我巨大帮助，为我的研究和创作提供了知识和物质环境方面的支持。

在美国政治发展的课程中，我曾提出本书的部分观点，学生们的质疑和挑战帮助我将这些观点加以改进提炼。还有许多人为我的研究提供了宝贵的帮助，包括约翰·海涅（John Heine）、肯尼斯·I.杰斯特（Kenneth I. Juster）、克里斯托弗·勒曼（Christopher Leman）、穆罕默德·曼达尼（Mohmoud Mamdani）、阿瑟·桑德斯（Arthur Sanders）和斯蒂文·R.维尔（Steven R. Verr）。芭芭拉·塔尔霍尼（Barbara Talhouni）、辛西娅·克努特（Cynthia Knuth）和琳达·科恩（Linda Cohn），他们耐心、专业地逐页打印了全文。艾达·唐纳德（Aida Donald）和奥斯丁·兰尼（Austin Ranney）通读了全稿，给出了认真中肯、兼具批评和鼓励意义的评论。

在此，我向上述提及和未提及的所有相关个人与机构深表谢意，感谢他们为本书做出的不可或缺的贡献。

目 录 Contents

第五章　信条激情的政治

第六章　信条激情的源头

第七章　S&S 时期：1960—1975 年

第一章

不协调的政体

“我们实践你们的原则”

即便是上帝也不敢违背习惯的力量。虽然前夜下了一阵雨，1969 年 6 月第二个星期四的黎明还是沐浴在温暖的阳光中。从晶莹的草地上，从湿漉漉的、摆放整齐的椅子上，水蒸气升腾而起，无声无息地弥漫在校园中，预示着哈佛大学第 318 期毕业典礼举行这天将是闷热的一天。虽然校方对上帝的合作保持一贯轻松乐观的态度，但那些对神不敬之人颇令人担忧，他们可能不会如此通融。那年春天，美国大学校园的骚乱、抗议和暴力活动达到了新高峰。此前一年，哥伦比亚大学已经陷入混乱，到 1969 年 4 月终于轮到哈佛大学——先是学生攻占礼堂，然后是警方清场并搜捕学生，接下来则是集体罢课、教学中断，以及没完没了的游行集会、奔走呼喊，还有学生代表与校方之间的谈判和讨价还价。经过漫长的协商，校方官员、学生领袖和追求民主社会学生组织（Students for a Democratic Society，SDS）的极端分子终于在典礼前夜达成协议：毕业典礼的正常流程将被打断，允许民主促进会的革命者向上万名观众进行简短发言。黎明前，一小队年轻强壮的校方人员悄悄越过紧锁的校园大门，随后以先发制人之势包围并占领了宣讲台，以防有人采取更加激进的行动。

后来的结果证明这些防范措施并无必要。在两个小时的毕业典礼中，针对政府和校方权威的公开革命叫板微乎其微。正如一名学生所言，学生民主促进会派出的发言人“搞砸了”，他的发言强硬而乏味，激起了台下观众的阵阵嘘声。只有不到两百名学生用离场的方式表达了抗议。革命冲动仅限于高年级毕业生向校长内森·普西（Nathan Pusey）挥拳大声抗议。他们的学位服上印着拳头图案，以此纪念那年春天难以从记忆中磨灭的动荡。

与类似行动在美国社会的结局一样，针对当局的革命就这样在哈佛失败了。但是在那一天，学生们向权威发起了严正挑战。这是一次传统的美国式挑战，它来自社会的主流而非边缘，在恰到好处的哈佛风格下以思想而非暴力的方式表现出来。来自加州贝弗利山的法学院研究生梅尔登·莱文（Meldon E. Levine）在演讲中对此进行了阐述。“这场抗议是为了什么？”莱文问道。面对校友、教员和家长，代表所有同学发言的他一针见血地给出了答案。这场抗议不是为了颠覆现存制度，也不是为了挑战几个世纪以来人们所认可的价值体系。“我们所要做的不是密谋毁掉美国，而是恰恰相反：我们是为了坚持你们一直灌输给我们、教育我们遵从的那些理念。你们总是反复告诉我们，信任和勇气是努力的方向，要相信平等、公正是不可侵犯的信条，权威则应当得到理性的引导与正义的调和。我们始终虔诚笃行这些教诲。”莱文告诉台下的父辈，年轻人想要实践前人的原则，你们却在阻碍、挫败他们。“你们给我们制造了幻觉，然后又让我们遏制幻觉。”我们渴望去做你们说的那些正确的事情，但“你们却给我们戴上理想主义者的帽子，告诫我们切莫鲁莽行事。而我们要求的全部，仅仅是允许我们实现那些你们曾滔滔不绝的价值理念”。

代表年轻一代发言的莱文，并没有用欧洲青年马克思主义者或者非洲民族主义者那一套言辞侮辱顶撞父辈：我们拒绝你们反动的、传统的、腐朽的信仰，我们有自己的激进革命原则。相反，莱文的请求完全是美国式的：年轻一代试图做的，不过是践行年轻和年长者都信奉的理想。正如他在演讲的标题中所总结的，这是“良知的冲突：我们践行你们的原则”。我们质疑你们的战争、镇压和妥协，以及借根本价值之名行无动于衷之实。我们没有宣告一个新真理来挑战旧真理，相反，我们引用前辈的真理来抗议他们背弃真理。背叛者是你们，不是我们。事实上，你们才是颠覆分子，我们则是忠诚之士，骄傲地重申着被你们遗忘的誓言。

莱文的檄文得到了学生们持久热烈的喝彩，而据记者的报道，大部分校友和家长“表情僵硬而沉默”[1]。作为60年代的青年（同时也是1964年伯克利学生运动的领导者），莱文准确地把握了这动荡十年的精神本质。总体而言，60年代的斗争无关不同政治信仰支持者间的冲突，其精髓在于再次确认传统的美国理想和价值：这是一个将实践与原则，或曰现实与理想、行动与信念相比较的时代。60年代的政治始于静坐抗议、抵制公交车上种族隔离运动和民权进军，聚焦于美国政治生活中现实与理想间的差距最显著的领域。在约翰逊任期的最后时刻，实践和原则间的差异终于达到政治和道德层面上不可容忍的程度，重振理想的时代也随之进入高潮。这一时期随处可见的是激愤的道德抗议，抗议政治制度和领导者没能依照政治理想行事，持续揭露政治理想和政治现实之间的巨大差距。主要斗争在两类人之间展开：一类人试图按照理想重塑现实，主张改造过程越快越好；另一类人则愿意无限期容忍理想和现实之间的鸿沟。例如，许多人质疑种族平权的方式和进度，但是没人想从体制上保护种族歧视。许多人不情愿目睹尼克松被弹劾，但没人愿为政府官员的不诚实和虚伪全盘辩护。争议的中心并不在于应当采用何种原则，而在于应当采用哪些方式实践这些原则。

理想与现实之间的鸿沟一直是美国政治的中心话题，这是其他国家所没有的现象。这条鸿沟的重大意义源自美国政治理想的三个特征。第一是理想的广泛认同。同大部分欧洲社会相比，美国社会一直存在关于基本政治价值和信念的广泛共识。历史上，这些构成了所谓“美利坚信条”（American Creed）的价值和信念是美利坚国家认同的独特源泉。第二是理想的本质内容。相比于其他大多数社会，美利坚信条的价值体系包括自由、民主、平等和个人主义，以及由此产生的根本上反政府、反权威特点。其他意识形态能够赋予既有权威和制度合法性，美利坚信条却使一切等级制、强制性、权威主义的组织失去合法性——即便是美国特色的政治机构也不例外。第三是理想的信仰强度。美国人对基本理想的信仰强度随时间和群体的不同而不同，历史上的美国社会在信仰狂热和信仰消极两极之间来回摆动。

作为上述三个特征的产物，一条鸿沟始终横亘在美国政治理想与制度、实践之间。历史进程中的鸿沟因时而变，宽窄不一。这种变化既反映了“客观”现实——美国社会的权力分配——的变化，也反映了美国理想本质的变化，以及人们对美国理想信仰强度的变化。莱文曾恳求台下听众：“请见证我们（对于你我共同信仰）的热情。”其他时候的美国社会没能达到这种信仰强度；毕业典礼年年如此，唯独这一年有如此激情。因为60年代是抗议的时代，也是重申道德的时代，人们激情勃发，无论是好是坏，都在努力去实现美利坚信条的原则与价值。

在20世纪60年代，以及其他历次信条激情时期——18世纪六七十年代的美国革命时期，19世纪二三十年代的杰克逊时期，19 世纪与 20 世纪之交的进步运动时期，美利坚信条的价值都会被唤醒，动员人们挑战现有制度与实践。就某种意义而言，理想 / 制度鸿沟注定了美国人要与一种美国特色的认知失调共生共存。这种认知失调在平时处于蛰伏状态，当信条热情高涨时则会猛醒，向着美国政治的承诺引燃熊熊怒火。

共识、对立、多元：美国政治的结构范式

一直以来，美国政治的核心特征很少得到相关传统理论和范式的注意。以下三个范式塑造了有关美国政治的主流印象。

通常被称为“进步主义”（Progressive）的理论强调少数富人和多数穷人之间的持续冲突。显然除了 20 世纪初的进步主义史学家，该理论还得到了大量其他人的支持，因此称它为美国版的“阶级冲突”理论确实更为妥当。约翰 · 亚当斯（John Adams）等联邦主义思想家认为，“美国人并未受到上帝的特别恩惠，他们在本质上与其他人一样”。因此，世界其他地方存在的社会分工也同样会在美国出现。亚当斯说：“所有国家的人民被自然地分为两类——绅士和平民……文明社会中伟大而永恒的区别出现在少数富人和多数

穷人之间。”亚历山大·汉密尔顿（Alexander Hamilton）也用类似的语言表达了相同的观点：“所有共同体都自发地分化出少数和多数群体。”[2]从这种观点出发，汉密尔顿同情富人，而亚当斯则对穷人和富人抱有同等深刻的怀疑。19世纪末，进步主义史学家攻击联邦政治，标榜自己和穷人站在一起，同时又保留了美国社会的联邦主义色彩。弗农·帕林顿（Vernon Parrington）为《美国思想的主流》（*Main Currents of American Thought*）所做的、但最终未使用的那些注释，很好地总结了进步主义范式的实质：

> 从一开始我们就分成了两大派别。两派的称呼、口号和策略时常变化反复，但二者的重大分歧却没有变过。一派代表了当代的上层社会——教会、绅士、商人、奴隶主、工厂主。另一派则是平民——农夫、村民、小商人、技工和无产者。前一派一直试图监视、限制人民权力，想把政府牢牢控制在少数人手里，使其为自己的特殊利益服务；然而平民派则争取扩大人民权力，让政府更多地为多数人的意愿服务，更多地实现民主而非共和理念——只有理解这一分歧，才能理解美国文化的趋势。[3]

进步主义的解释成为战后美国史学文献的主流观点，直到它被共识理论取代。然而这种观点在马克思主义分析家和激进主义社会学家（如 C. 怀特·米尔斯，C. Wright Mills）那里被坚持下来，并在 60 年代的新左派修正主义史学家的著作中再度崛起。

进步主义理论的要旨与联邦党人的相似。首先是强调经济利益的重要性，以此而非理想主义目标作为历史中人的行为动机。其次，认为美国历史可以被理解为平民和精英为权力和财富而展开的竞争。虽然利益冲突方可能随时间而改变，但冲突本身是持续的。进步主义者明确希望平民派能最终获得胜利，但是他们在理论中并未阐明因何胜利、何时胜利。在遥远未来中那个尚未明确的时刻真正到来之前，美国历史将一直是好人与坏人之间的斗争，并且正如路易斯·哈慈（Louis Hartz）所说的，进步主义理论令人欣慰的方面之一是“每个坏蛋恶棍都会遇到降服他们的英雄，每个汉密尔顿都有自己的杰斐逊”[4]。

就许多方面而言，共识理论对美国政治的描绘正好与联邦主义—进步主义形成了对立的两极。根据这一理论，理解美国历史的关键并非两个不同阶级之间的冲突，而是中产阶级的压倒性优势地位。由于各种各样的原因——缺少封建历史，存在大量无主土地，缺乏劳力以及由此导致横向与纵向社会流动机会，较早引入成年男子普选权，洛克式自由、平等和个人主义思潮的流行等，美国从未像欧洲那样滋生出阶级意识和阶级冲突。相反，这里出现了使克雷夫科尔（Crevecoeur）震惊的“令人愉快的同质性”，还有给托克维尔（Tocqueville）留下深刻印象的政治与社会平等。结果，以阶级为基础的意识形态从来没能像在欧洲那样在美国政治生活中发展起来。中产阶级价值的共识十分普遍，美国政治上的冲突，不过是基本共识框架下有关狭隘的经济与个性问题的争论。

共识理论在托克维尔的著作中得到了经典的阐述。19世纪后期的“爱国”历史学家用更加民族主义化的语言重新阐述了该理论，“二战”结束后的20年里，在理查德·霍夫斯塔特（Richard Hofstadter）、丹尼尔·布尔斯廷（Daniel Boorstin）、塔尔科特·帕森斯（Talcott Parsons）、大卫·波特（David Portter）、丹尼尔·贝尔（Daniel Bell）、西摩·马丁·李普塞特（Seymour Martin Lipset）等人的著作中得到了自觉、清晰的表述，其中以路易斯·哈慈（Louis Hartz）的最为著名。这一时期共识理论的流行，反映出20世纪30年代罗斯福新政的成功与社会革命的失败，描绘了美国人的生活富足与丰富多彩，同时也揭示了作为美国外交关系主要特征的冷战的兴起。

相比于进步主义理论家，共识主义者倾向于在比较环境中考察美国。特别是哈慈，同欧洲的比较是其作品的中心主题。从欧洲的角度来看，他认为作为进步主义理论核心的二元对立几乎毫无意义。美国不像欧洲，它既没有封建主义也没有社会主义。关于美国历史的争论几乎全部集中在自由主义的不同版本上。换言之，自由主义的流行，说明美国既没有贵族政治，也没有产生了阶级意识的无产阶级，中产阶级才是美国社会的主导者。在辩论中，哈兹利用马克思主义的阶级划分方法得出了托克维尔式的结论。然而，由于没有其他意识形态的竞争和挑战，哈兹眼中的美国式自由主义失去了意识形态所需的系统性和清晰性，也没有活力；它变得固化、非理性，绝对主义且疏于思考，时而自相矛盾，时而含糊其词。

第三个理论是多元主义范式，认为美国政治的核心特征是不同利益团体之间的竞争。其过程理论将政治视为许多小规模利益团体间的斗争，其组织结构理论则强调少数规模较大、组织良好的团体在塑造公共政策中的决定性作用。过程理论的支持者认为，所谓过程，就是假设不同团体参与政治过程的渠道没有受到宪法与政治结构的公开歧视，通过自由政治市场上的团体间公开竞争，在总体上得到最接近真实公共利益的结果。另外，组织结构理论的支持者则通常强调，现存团体在很大程度上控制着政治过程，使得以个人平等为前提的民主制度的诸多主张失去了意义。极端的多元主义可能与阶级冲突理论更加相似。

詹姆斯·麦迪逊（James Madison）的《联邦党人文集》

（尤其是第十篇）经典地阐述了多元主义范式。这一范式在20世纪早期由阿瑟·F. 本特利（Arthur F. Bentley）再次阐述，并在“二战”后重新崛起，成为政治学界解释美国政治生活的主流理论。多元主义范式在一定程度上与共识理论相互兼容，因为利益团体之间为特定议题而起的冲突，也可以被理解为发生在基本政治价值的广泛共识框架内部。实际上这两个范式暗示了彼此的存在：二者的不同之处不过是一个强调基础共识，而另一个强调这一共识下特定问题引发的斗争。

这三个理论各有长短。阶级冲突理论准确地指出了美国社会在财富和收入分配方面存在的严重不公。但是它认为贫富差距一直是美国社会政治分裂的首要原因，这是不准确的。尽管美国政治生活有时趋于极化，但却很少（如果有过的话）以贫富作为分裂的两极（罗斯福新政算得上是最显著的例外）。更一般而言，为了把美国政治斗争描述成一个简单二元对立的“三明治”模型，阶级冲突理论确实在描述斗争的复杂性和可变性时不够客观。对于许多支持该理论的学者而言，阶级冲突论精确描绘的并非美国政治数百年来的实然，而是他们自己心中的应然。另外，共识理论正确地承认了欧洲式的、以阶级为基础的意识形态在美国并不存在，美国国内存在的是对于洛克式的自由、民主和个人主义政治价值的广泛认同。然而，尤其是在哈慈的论述中，意识形态共识的存在意味着一切重大社会冲突形式的消失。事实上，美国的社会政治冲突与暴力比许多欧洲国家都多。霍夫斯塔特曾一语中的地写道："无须意识形态冲突，美国人也能打得血流成河。"[5] 而共识理论并未对此给出解释。最后是多元主义范式。无论是其过程理论还是组织结构理论，都清楚地描述了美国政治在较长时期中的运作方式。但是相比共识理论，它并没有针对时常裹挟美国政治生活的激情、动荡和道德热情给出更多的解释。

这三个范式的共同特点在于都试图从社会结构的角度解释政治活动。对美国政治的决定性影响并非政治价值、制度、实践或者变化和发展的过程，而是美国社会的本质。这些范式的核心问题在于，从一个共识、两个阶级或许多团体的角度去理解美国社会是否恰当。从这一结构路径可以得到另外两个隐含的意义。

第一，塑造政治的社会结构特征是相对不变的。正如我们所看到的，18 世纪以来，每个理论都一直拥有自己的追随者。共识理论几乎不承认共识发生过改变。阶级冲突理论认为特定的阶级也许会改变（例如从地主对无地者到资本家对工人），但是穷人和富人间的社会分化以及他们之间的冲突将一直持续。多元理论用类似的逻辑承认政治过程中特定团体的兴衰变迁，但不认为社会根本的多元特征以及美国政治的团体间互动方式会发生变化。每个范式都对各个历史时期中美国政治的运行提出了解释。没有一种理论能描述政治随着时间的推移将发生怎样的变化。每个范式的路径在根本上都是静止的。同现在相比，未来的美国政治和社会将有哪些不同？这三个理论的答案基本上是老生常谈。

第二，三个范式都将物质和经济利益视为政治中的支配性力量。阶级冲突理论中的上层阶级和下层阶级因经济不平等而区分开来，二者围绕着应该保持、扩大还是缩小、消灭这种不平等而产生冲突。多元理论中的利益团体可能是种族性的，但更多地是以经济要素为自身标志，如地区、职业和产业集团。而共识理论的确强调政治价值和理念的重要性，但是也指出这些理念的衰退和扩张都不会导致严重的政治冲突。反过来，共识也以中产阶级的绝对优势为基础。阶级冲突和多元理论认为美国政治由混乱肮脏的物质利益主宰，相反，共识理论则把这种混乱简化为沉闷的和谐与麻木。

理想与制度

有关美国政治的结构范式并非一无是处，但是具有局限性。它们几乎完全忽略了政治理念、理想主义、道德动机和信条激情在美国政治中扮演的角色。几乎每个人都认为合众国是源自特定的政治理想，并受到自由平等梦想和承诺的鼓舞。这些政治理想是美利坚国家认同的中心，在塑造美国政治演变与发展的过程中起到关键作用。但多元理论完全忽视了这些理念，阶级冲突理论则将它们简单地视为是敌对经济阶级为了获取经济利益而采用的意识形态武器，而共识理论中被广泛接受的理念实际上成了没有影响的常量。在三种范式下，要么是富人和穷人为经济“蛋糕”的大小斗争，要么是不同团体间为蛋糕的分配争吵，或者干脆所有人一起尽情享受蛋糕的美味。定义了美利坚民族存在的政治理想和观念可能对于理解美国政治具有关键作用，也可能在塑造美国的政治冲突与发展中扮演了关键角色，但是这些重要意义似乎被忽视了。结构范式描绘的美国政治没有目标、义愤、激情和承诺，更重要的是它没有罪恶。阶级冲突、团体活动（group process）或共识政治能够充分解释20世纪60年代、19世纪90年代、60年代、30年代，尤其是18世纪70年代的政治激情吗？美国政治的结构图就像是没了丹麦王子的《哈姆雷特》，没了应许之地的《申命记》。

如果外国人问起“美国政治究竟是怎么一回事？”，恐怕无法简单地用纳米尔（Namier）式的派别团体斗争、马克思式的阶级冲突或者自以为是的共识理论给出解释。美国政治在某种程度上包括了所有这些，但是还有更多的内容。仅把美国政治视为社会结构的反映，实际上是丧失了政治学中的目的论（这和机械论不同）的维度。对个人、团体和阶级的政治行为方式形成决定性影响的不仅是其对自身短期利益的理解，还有意识形态氛围以及他们普遍认可的政治价值与目的。美国没有欧洲式的意识形态冲突，但其政治生活中灌输的道德激情比欧洲国家更多。桑塔亚那（Santayana）曾经总结道："整个美国是一个大平原，被一股无所不及的飓风扫荡。"[6] 共识理论看见了平原的一马平川，却没有看到平坦造成的飓风的狂暴。在美国，意识形态共识是政治冲突的源头，极化更容易因道德问题而非经济问题发生，道德改革的政治不仅是利益团体政治的补充，甚至还会代替后者。道德引发的动荡反而使美国免于阶级冲突。恰恰是道德激情的关键角色使美国政治区别于其他社会，这也正是令外国人最难理解的特点。

历史著作并未一直忽视政治理想和价值对于塑造美国政治发展的重要性，恰恰由于这一原因，这种重要性反而受到了质疑。19世纪的"爱国主义"历史学家经常探讨逐步实现美国理想这一相似的主题。正如霍夫斯塔特所指出的，乔治·班克罗夫特（George Bancroft）的历史"普世规律""是上帝安排的过程——自由、公平、人道主义的进步，所有这些都在美国历史得到体现，天意又将其赐予合适的人民和制度……美国历史可以被视为一切历史的完成状态"。[7] 在托克维尔的著作中可以见到同样的主题，只不过他的看法更加矛盾。两人都认为美国历史是一个稳定的、渐进的过程，在这个过程中，自由、平等和民主的理想得以逐步实现。

上述观点准确地解释了对价值理想的追求是美国政治经验的核心内容，却没能看到因追求理想而遭遇的失败也是核心经验。实现美国承诺和理想的凯旋图景，往好了说不过是爱国主义的虚妄，往坏了说则是虚伪。美国政治的历史就是好开头与坏结果、希望与失望、改革与反动的循环往复。美国的历史就是许多团体通过实现美国理想努力促进自身利益的历史。然而更重要的是并非其成功，而是其失败；并非实现梦想，而是梦想没有实现，并且永远不会彻底地、令人满意地实现。在美国，总会有人批评制度的杯子是半空的，也会有人豪情万丈地试图用理想主义的甘泉将其倒满。但从根本上讲，尤其是在美国，制度的杯子总是半满的。

承诺和实际之间的鸿沟使美国社会产生了内在的、时隐时现的不和谐。安德烈·贝泰耶（André Betéille）认为，在和谐的社会中，既存的秩序和规范的秩序是彼此一致的；而在不和谐的社会中，二者是冲突的。“在和谐的系统中，不平等不仅在事实上存在，还被认为是合法的。在不和谐的系统中，虽然不平等在事实上存在，但它也不再具有合法性”。传统印度采用种姓制度，但仍然是和谐的社会，因为其中的不平等被认为是合法的。而美国则是不和谐的社会，因为其社会与政治不平等“发生在一个致力于追求平等的道德环境中”。[8]

也许同大多数其他国家相比，美国的社会、经济和政治不平等更为有限，而政治自由则更为广泛。但是美国社会是如此深刻、广泛地信仰平等和自由，反对等级和权威，以至于其规范秩序和既存秩序间的矛盾比其他国家大得多。传统的印度显然比现代的美国更加不平等，但显然现代的美国也比传统的印度更加不和谐。一个社会政治系统和谐的程度，既取决于其制度结构，也取决于其价值信仰。任何社会都必定存在最低限度的不平等和等级安排。在许多社会（尤其是现代社会）中，人们对不平等、等级制和权威的看法至少与事实上存在的不平等现象同样重要。由于对自由、平等、民主等政治价值的一致认可和信仰，美利坚合众国成了最不和谐的现代政体的典型。

注　释：

1. *New York Times,* June 13, 1969, p. 30.

2. John Adams, *Works,* ed. Charles Francis Adams (Boston: Little, Brown,1850–1856),4:401,6:185, 9:570. Alexander Hamilton, in Max Farrand, ed., *The Records of the Federal Convention* (New Haven: Yale University Press, 1911), 1:299.

3. Quoted in Richard Hofstadter, *The Progressive Historians: Turner, Beard, Parrington* (New York: Knopf, 1968), p. 438.

4. Louis Hartz, *The Liberal Tradition in America* (New York: Harcourt, Brace, 1955), p. 31.

5. Hofstadter, *Progressive Historians,* p. 461.

6. George Santayana, *Character and Opinion in the United States* (Garden City, N.Y.: Doubleday Anchor, 1956), p. 129.

7. Hofstadter, *Progressive Historians,* p. 16.

8. André Béteille, *Inequality and Social Change* (Delhi: Oxford University Press, 1972), p. 15.

第二章

美利坚信条与国家认同

美国的政治思想

社会批判家和政治科学家一直诟病美国政治思想的贫瘠匮乏。总体而言，这一抱怨是合理的：同欧洲相比，美国的政治理论相对欠发达。美国社会显然没有优秀的政治哲学家和以阶级为基础的、高度系统化的意识形态。但是如果仅根据这一事实，就断定政治理念在美国扮演的角色没有在欧洲重要，那就错了。事实上，也许把这个结论反过来说才是正确的。美国的政治思想也许在理论上不够复杂，其社会影响力却更加强大。这些思想是定义国家认同和界定政治权威的关键因素。

自从 18 世纪美国的民族自觉首次萌发，人们就一直试图界定美利坚国家认同或曰“民族性格”。不同的分析者运用人格特征、社会特征、地理和环境因素、行为模式和历史经验来解答这个问题。没有必要加入，也没有必要回顾这一持续中的争论。本书关注的并非民族性格，而是更加具体的、可辨认的、可度量的内容：民族政治价值和信念。本书不关注行为或文化模式、个性特点或心理塑造，只关注思想——

特别是政治思想。本书的观点如下：

1. 18 世纪末、19 世纪初以来，在美国一直存在特定的、可以被称为“美利坚信条”（American Creed）的政治价值和理念。

2. 美利坚信条得到了美国社会大部分人的支持。

3. 随着时代的变迁，信条的内容虽然有所改变，但是两百年来其核心内容几乎没有变化。

4. 同欧洲社会相比，美利坚信条一直在，而且仍将在美利坚国家认同中扮演中心角色。

美利坚信条的来源、范围和稳定性

美利坚信条的价值是什么？大量研究以不同方式将其逐条列出，但事实上，所有的分析都包括了相同的核心政治价值：自由、平等、个人主义、民主，以及基于宪法的法治。这些价值彼此相异又相互联系，源头各不相同却最终汇聚在一起，在 18 世纪末、19 世纪初的美国思想中彼此强化。

这些理念的核心思想在《独立宣言》中得到了简明扼要的表达。如果把视野放宽，还能发现更多的思想来源。最早的线索是宪政制度，它源于作为人类行为约束的中世纪根本法（Fundamental Law）思想。这一意义上的法律被认为是超越了人为控制，但未超越人类知识的存在。人发现法律，但并不创造法律；无论被视为上帝法、自然法还是习惯法，这种法律都为人的行为提供规范。在17世纪的欧洲，这些传统的法的观念被绝对主权和人的权力（即绝对君主或者最高议会议员的权力）的观点所取代，以便按照统治的需要制定法律。不过正是在同一时期，作为行为限制的根本法的古老理念被输入美洲大陆，并在那里落地生根。

美利坚信条的第二个主要来源是17世纪的新教教义，它为美国的政治思想注入了道德主义、千禧年主义（millennialism）和个人主义的因素。更具体而言，新教教义强调个人良知的优先性，自由精神和宗教精神之间的紧密联系，自发结社的群众的作用，教会内部民主的重要性及其对政体的影响（没有主教，就没有国王），以及在合适的时机抛弃宗教机构。美国是世界上仅有的大部分人口信仰不同新教教派的国家。新教价值增强了18世纪的共和与民主潮流，为美国的政治和社会思想提供了根本的伦理和道德基础。

除此之外，18世纪还有洛克式自由主义和启蒙主义有关自然权利、自由、社会契约、有限政府、社会—政府二元分立的思想。最后，在《独立宣言》中作为有组织社会的基础而提出的平等理念挑战了曾被普遍接受的观点，即以等级、地位、世袭特权为基础的社会差异是合法的。如果人人生而平等，那么所有人在政治上也是平等的，都必须拥有选举统治自己的官员的平等权利。这为19世纪的人民主权和政府民主化奠定了基础。因此，平等思想作为美利坚信条新教内核的重要内容，推动了18世纪末的民主和革命潮流。

宪政主义、个人主义、自由主义、民主主义和平等主义并非美国人所独有。在其他社会中也有人或多或少赞同这些思想。然而没有一个社会能像美国这样有这么多的民众拥护这些思想。

人们时常提起所谓的美国“意识形态”。但是在美国人看来，这些理念并未采用逻辑缜密、系统的意识形态形式——而这种形式通常指的是欧洲式的信念体系，例如传统保守主义、自由主义、马克思主义、社会民主主义和基督教民主主义。这些理念将目标和价值杂乱无章地交织在一起，没有对不同价值的优先性做出排序，也没有对价值的实现手段加以详细说明。它们还缺少能够将一种意识形态同其他政治思想体系区分开来的关键特征[1]。例如同马克思主义相比，其理论更为零散，逻辑上缺少自洽性，思想发展不够充分。有人用美国的“自由传统”概括这些理念。如果必须用一个形容词加以描述，“自由”也并非不妥，但即便如此也不足以表达这个美国思想混合体的丰富性和复杂性。因此，更加准确恰当的办法也许使用复数名词“美国政治众多思想和信念”（American political ideas or beliefs），或者只用单数名词“美利坚信条”（American Creed）——后者正是贡纳尔·缪达尔

（Gunnar Myrdal）等人采用的方式。

美利坚信条缺少必要的理论来建立不同价值间的相互关系，或是处理这些价值在理论层次上的内在冲突，这反映了其非体系化、非意识形态化的特点。当其任何一个价值被极端最大化时，就很容易凸显出这些内在矛盾：多数统治与少数权利，高级法（higher law）与人民主权，自由与平等，个人主义与民主，等等。其他社会的意识形态会在不同价值间做出排序，但是在美国社会，即便在实践中会产生冲突，所有这些价值也要在信条中共生共存。它们不仅共存于美国社会中，还共存于个体公民的观念中。尽管可能每个人对于矛盾价值间的适当平衡都有自己的看法，但没有人会毫不犹豫地将某个价值凌驾于其他所有之上。不管一个人有多看重多数表决，多数统治总会在一定范围内因为承认少数派的权利而受到限制。不论一个人有多信仰个人自由，个性的膨胀也不能将政治和道德平等当儿戏。就像美国政治制度中的权力制衡一样，美利坚信条中也有“价值制衡”。罗伯特·麦克洛斯基（Robert McCloskey）写道，这一政治“意识形态并不是内在连贯、趋向统一的教条，而是一系列可能而且经常逻辑上不一致的理念的聚合物”，这个聚合物“是美国思想的特点……既能同时持有彼此矛盾的信念，又不必费心处理这些信念间的潜在冲突”。[2]

麦克洛斯基的文字很好地描述了美利坚信条中自由和平

等之间的关系。在欧洲，一般认为这两个价值存在内在张力。从柏拉图开始，政治理论家们就认为平等的扩张会最终导致自由的毁灭，使社会均质化和等级化，从而给暴君的出现铺平道路。18世纪，自由是贵族阶级价值观，而平等则是中产阶级民主价值；到了19世纪，自由成为了中产阶级的，平等则属于无产阶级。平等的扩大在18世纪压制了庄园主、神职人员和企业的权利、自由和特权，在19世纪则对契约权利和私人产权构成了限制。托克维尔对美国平等的观点反映出上述欧洲经验。没有哪个美国人会像他一样对平等的扩大感到恐惧，认为这等于敲响自由的丧钟。相反，迈克尔·沃尔泽（Michael Walzer）的观点很好地总结了美国的模式，即"自由和平等是社会制度中头等重要的两样美德，当它们并肩而立时才最为稳固"。[3]在美国的历史上，自由和平等确实并肩前进。它们的发展彼此联结而非彼此反对，所代表的不是敌对社会阶级的政治价值，而是同一个中产阶级内部的对立政治价值。18世纪的自由很快被掺入了19世纪的平等。一般而言，美国人认为自由比平等更重要，但不同的团体看法不同，而事实上所有的团体都同时高度赞同这两个价值[4]。政治争论的持久主题一直是如何使二者相互协调——主要是在经济领域，这是机会平等和自由竞争并存的地方。关心自我进步的人一般也关心其他人的进步。丹尼尔·贝尔认为："自由和平等间的张力在欧洲导致了激烈的哲学争论，在美国却被同时包容二者的个人主义给消除了。”赫伯特·克罗利（Herbert Croly）写道：“自由者的土地最终也会成为平等者的土地。”[5]

有关这些理念的共识有多广泛？托克维尔在其最著名的一段评论中说：“美国人在理应统治美国社会的基本原则方面完全一致。”他之前和之后的无数外国和本土观察家重复了这个观点。一百年后，缪达尔也说了同样的话：“不论祖先来自何处，属于何种阶级、宗教、信仰和肤色，所有美国人都有一个共同之处：一套社会伦理和政治信条。”[6]到20世纪中期，公共民调数据提供的大量证据再次强化了这些令人印象深刻的观察的有效性。这些数据表明，美国自由民主信条的核心价值赢得了超过75%美国人的支持[7]。美利坚信条的核心价值与原则可以被高度概括为自由、民主、多数统治、少数权利、言论自由、宗教自由以及平等（尽管不太明显），美国社会的几乎所有团体都会支持这些内容[8]。如果更为具体地阐述价值体系内容，并将其同特定场合下的实际应用联系起来，人们的支持率就会迅速下降，使分歧看起来比共识更加突出。这时，更加支持信条价值体系的是受教育水平更高、政治上更活跃、在社区组织中担任领导职位的人[9]。简言之，那些在政治体系中最活跃的、受益于其中的人群对体系价值的共识也更为广泛。相比社会地位较低的人，地位高的人不大可能感觉到政治体系的价值与现实之间的重大差异。然而正如

20世纪70年代的一项综合分析所总结的，从整体偏好来看，“美国人对社区和政体层面的基本政治价值有着高度共识”，这一点毫无疑问[10]。

其他潜在的替代性政治价值系统在美国的发展情况，反映出贯穿美国历史的对于美利坚信条价值的共识。一个地方必须拥有一定社会和经济基础，并足以滋养不同于主流政治的信念，才能发展出类似的价值体系。在美国历史中的某个时期，的确存在三个这样的基础：地区、阶级和种族。

发展替代性政治价值的最有意义尝试出现在内战前的美国南部。建立在奴隶制基础上的社会显然与美利坚信条的所有核心价值背道而驰。结果从19世纪30年代起，奴隶制遭到的抨击不断增加，而南方的作家和思想家为了给自己的社会辩护，发展了出一套高度清晰、系统的保守主义观点。他们诉诸在历史上被用于为多种不同类型社会体系辩护的古典保守主义观点，努力发展出一套替代性的意识形态及言论，用哈慈的话来说，其“反向启蒙运动”（Reactionary Enlightenment）的著作成为了美国政治理论发展史上的独特一页。对他们而言，保守主义观点是一件武器，能够保卫其社会，抵抗北方日益增长的经济和人口优势，以及废奴主义者不断增强的意识形态攻击。然而他们的实体理论仍然是自相矛盾的。幻想着留住杰斐逊留给他们的遗产，他们在约翰·洛克和罗伯特·菲尔墨爵士（Sir Robert Filmer）的哲学之间摇摆不定[11]。最后，当南方社会在内战中被摧毁，他们建立替代性政治理论的尝试也随之失败，很快被遗忘在历史的灰烬中。

内战后的迅速工业化必然导致工业无产阶级的出现，这为美国的社会主义运动创造了社会经济基础，正如当时欧洲社会主义的勃然兴起。社会主义运动未能对大众形成吸引力，这或许是自由民主价值在美国占据优势地位的最有力证据。从马克思和恩格斯开始，许多社会科学家已经仔细研究过“为何美国没有社会主义”，这一问题已经被许多社会科学家详细地研究过，他们给出的原因各有侧重[12]。缺少封建主义历史使得自由主义的中产阶级价值观能不受阻碍地传播，这反过来又阻止了社会主义获得强大号召力——事实上，“没有封建主义，就没有社会主义”。除此之外，早期殖民者（尤其是异见分子和清教分离主义者）的本质、充足的无主土地、机会平等以及后来的社会阶层垂直流动，都增强了中产阶级的主导地位。农业社会的基本财富形式是土地，大多数农业社会的土地面积是有限且固定不变的，其人民通常因有无土地、土地多少而产生分化。然而在土地唾手可得的美国，类似的分化难以持久。结果是美国没能建立起农业阶级体系，“自由农社会”成为主流（南方的种植业除外），由此建立起相对富裕和相对流动的模式，该模式历经工业化和城市化浪潮而得以幸存，使中产阶级价值标准得到了广泛的认可和接受。

虽然现代世界的第一个工人阶级政党成立于19世纪30年代的美国，但是美国的工业化没能产生信仰马克思主义或者其他形式社会主义的自觉工人运动。这背后有着一系列原因——此前实现的白人男性选举权、政治制度在总体上的开放性、持续存在的水平/垂直社会流动机会、工人阶级内部的种族多样性和地域分散性、既存的主流自由民主规范和信条价值，等等。其中，强调平等和社会流动性的信条规范的确在一定程度上成为了社会主义的替代品[13]。

自由民主主义替代品的第三个可能社会基础是19世纪和20世纪之交大量涌入的贫苦移民，他们来自南欧和东欧，带有农民身份的背景。霍夫斯塔特认为，这些移民带来的观念同美国的主流价值与道德关切明显不同，后者是“建立在美国本土新教政治传统和中产阶级生活基础上的”。至于外来的观念体系，

> 其基础则包括移民们的欧洲背景，他们对于独立政治行动的陌生，对等级制和权威统治的熟悉，以及因移民而导致的各种迫切需要。这个体系想当然地认为个人的政治生活源于家庭需要，主要从个人义务的角度理解政治和社会关系，对个人的忠诚先于对抽象法律和道德的忠诚。移民、“城市老板”

和城市政治机器主要以这个观念体系为基础。[14]

移民团体和本土团体不同规范之间的互动，成为观察20世纪上半叶美国政治变迁的一条路径。

移民们的规范在美国政治组织与实践中留下了自己的印记（尤其是在罗斯福新政时期）。但是到20世纪60年代初，城市政治生活最为重大的进展，恰恰是移民及其后代用美国社会的传统规范代替了自己的传统规范。“较低阶层的移民已经并且仍在被快速地吸收进中产阶级。这一过程深刻地影响了选民的观点，因为中产阶级一直持有盎格鲁—撒克逊新教徒的政治观，新加入中产阶级的成员也会和其他人一样接受这些思想……渐渐地，‘新移民’开始要求候选人不论其出身如何，都应具有新教精英式的社区服务精神和公德”。[15] 后来六七十年代发生的政治事件显示出上述分析的洞察力。

美国政治中族群力量重要性的提高，通常随着族群传统政治观念的衰落。美国没有出现持久的、具有实际意义的自由民主价值体系的替代物。在这方面，共识范式的基本命题是有效的。然而，共识的内容，以及自由民主聚合物中混合的不同价值，仍然有可能随着时间发生变化。20世纪晚期美国的主流政治价值和18世纪晚期的是否基本相同？大体而言，对这一问题的经典回答（托克维尔的答案）强调了美国价值的延续性：“在美国，有两件事让我们感到惊奇：一是人们的大部分活动有很大的流动性；二是某些原则有很强的固定性。人们在不停地流动，但他们的精神却好像是几乎静止的。一旦一种观点在美国的土地上传播开来，并扎根于此，那就可以说这块土地上的任何力量都无法把它根除……”[16]

一个多世纪之后，20世纪中叶社会科学家的判断基本上证实了托克维尔的总结。克莱德·克拉克洪（Clyde Kluckhohn）在1958年指出：“虽然时间的流逝产生了些许影响，但是从18世纪到19世纪30年代，美国价值体系的核心、独特之处一直非常稳定，尽管在这个过程中已经或是正在出现某些变化，美国价值观的特性仍然深刻地影响着美国人的生活。”五年之后，李普塞特总结道：“（美国）国家价值体系主要内容的延续性多于变化。”劳埃德·弗里（Lloyd Free）和海德利·坎特里尔（Hadley Cantril）于1967年指出，《五月花号公约》、约翰·洛克和《独立宣言》“反映了最近350年以来塑造美国政治体系的基本政治价值……在意识形态层面上，大多数美国人根本的个人政治信条实质上原封未动”。1972年由唐纳德·迪瓦恩（Donald Devine）主持的一项详细调查，用相似的语言确认了“洛克、麦迪逊以及其他17、18世纪自由主义者的价值观与当代美国政治价值在本质上是相同的。尽管（这些价值）有所改变，美国政治文化在巨大的环境压力之下得以未经改变地保存下来，这仍然是引人注意的现象”。[17]

美国政治价值观相对缺少变化，也反映在三位著名的欧洲观察家对美国历史上三个不同时间点的主流政治价值的总结中。托克维尔写道：

> 从缅因州到佛罗里达州，从密苏里州到大西洋沿岸，依法成立的一切机关的权力都是来自人民。在所有州中，对平等、自由、出版、结社权、陪审制和公职人员的责任，大家都有一致的看法或者观点。
>
> ……像承认全体公民是政治权威一样，英裔美国人也把公认的道理看作是道德权威。而且他们认为，必须由公意来判断什么是被允许的，什么是被禁止的，什么是真的，什么是假的。他们中的大多数人都相信，只要清楚自己的利益，就能走向公正和至善。他们确信，每个人从出生就有自己管理自己的权利，任何人都无权强迫他人去追求幸福。他们一致相信，人生是可能达到至善的。[18]

在托克维尔之后半个世纪，詹姆斯·布莱斯（James Bryce）用极为相似的方式总结了美利坚信条的主要内容：（1）天赋人权；（2）政治权力源自人民；（3）所有政府都要受到法律和人民的限制；（4）地方政府比全国性政府更好；

（5）多数人比少数人更具智慧；（6）小政府才是好政府。而在布莱斯之后半个世纪，缪达尔认为美国人都秉持“人道自由主义”的信条，它诞生于启蒙时代，具体表达为“一系列理想——个人拥有根本尊严，所有人在根本上平等，自由、正义以及机会公平的权利不可剥夺”[19]。

所有这些都说明美国的基本政治价值几乎没有改变。然而在20世纪50年代，有观点认为美利坚民族性格和美国价值观都正在发生根本变化。独立思考让位于人云亦云；团体正在取代个人；传统的、清教徒的、道德主义的风尚及其价值，逐渐被更加宽容、相对主义，更强调社会意义而非个人成就的风尚所取代[20]。如果这个观点是有效的，就说明美国共识的内容发生实质性改变，并且至少有那么一段时间里，共识沿着代际，可能还有阶级的分界线出现了断裂。

然而，变迁理论由于以下三个原因遭到了质疑。首先，那些被变迁理论视为美国社会新现象的态度与价值，实际上早在19世纪初期就被外国观察家很好地描述过[21]。变迁理论把旧东西当成了新东西。其次，20世纪60年代见证了美国政治生活中个人主义和道德激情的再次喷发，其烈度不逊于美国历史上的任何一次。变迁理论认为已经消退的热情在十余年后又出现了。最后，证明个体价值观变化程度的证据是含混不清的。例如，在儿童阅读课本中，有主见的、有成就的意象在19世纪有所增加，随后在20世纪又趋于减少；与此同时，没主见的、随大流的意象变得更多。然而，20 世纪前 60 年对儿童理想的调查（他们最想效仿谁）表明，孩子们的成就动机（achievement motivation）没有太大变化，抱负水平（aspiration levels）也没有任何改变[22]。大量证据表明，在政治价值观方面存在高度连贯性。美国历史四个不同时期（前内战时代，1865—1897 年，1918—1933 年，1933—1940 年）的自称以美国特征或价值为主题的出版物表明，“现代观察家提到的美国特质和美国历史早期相关著作的看法之间不存在重大区别”。诸如民主、平等、自由等特质在四个时期内均被提及[23]。在美国历史的前一百五十年间，总统就职演说的措辞也没什么变化。很显然，在新环境下实践诸如自由和平等这样的价值意味着不同的含义，但是这些价值的核心内容并没有改变[24]。的确，美利坚信条在持续的应用中得到了重新肯定。

政治理念与民族认同

对大多数人而言，民族认同是长时期历史的产物，需要有共同的祖先、历史、种族背景、语言、文化，一般还要有共同的宗教。因此民族认同具有有机特征。然而美利坚民族却有所不同。美国民族主义是政治的，而不是有机的。美利坚信条的政治理念一直是民族认同的基础。

早在列克星敦和康科德之战前三十年，汉诺威王朝的君主就被另一个离本土更近的严重挑战威胁着：1745 年，一位自称有权继承王位的斯图亚特家族后裔组织起一支苏格兰军队，打破了英格兰在苏格兰的统治，并攻至距伦敦仅有不足一百二十英里的地方。1745 年苏格兰叛乱和 1775 年北美殖民地叛乱前后相隔只有三十年，却是极为不同的两次叛乱。前一场是牵扯到家族、王朝、民族和宗教的传统冲突，后一场则是围绕政治原则与合法性开展的革命冲突。作为历史上前所未有的事件，美国人没有把自己与英国亲戚在种族、语言、文化或宗教方面的差异作为宣布独立的原因。美利坚合众国诞生在历史上一个独特的时刻——1776 年 7 月 4 日，它是明确政治原则基础上的自觉政治行动的产物。《独立宣言》宣称："我们相信下面这些真理是不言自明的。"是谁信仰这些真理？美国人。美国人是谁？是信仰这些真理的人。民族认同和政治原则是不可分割的。克罗利指出，美国历史从最初就被一个理念所启发。因此如同一位著名的英国历史学家说的，美国一开始就有一种趋势："把民族认同描绘成对政治原则的忠诚：平等、自由、不可剥夺的权利、基于被统治者同意的权威……美国人是一个政治民族。独立战争、《独立宣言》、合众国的成立、1787 年宪法揭示了这个民族为何存在。"从克雷夫科尔到托克维尔、布莱斯、布罗根（Brogan）、缪达尔，国内外的观察家都指出了这个显著的现象。鉴于美国人生活的多样性，以及他们身为移民的不同来历和时间长短，民族认同几乎没有其他建立的方式。缪达尔认为，美利坚信条确实是“这个伟大而庞杂的民族的结构黏合剂”[25]。如果没有美利坚信条，美国人还有什么共同之处呢？

独立战争过后两百年，政治因素仍然是美利坚民族认同的核心。在20世纪50年代后期进行的一项民调中，包括美国人在内的五个国家的受访者被要求回答以下问题：“一般而言，你最为自己国家的哪些事物感到骄傲？”85%的美国受访者提及了“美国政府和政治传统——议会、政治自由和民主等内容”。只有46%的英国人、30%的墨西哥人、7%的德国人和3%的印度人提到了政治因素。另外，相比其他国家的受访者，美国不那么以本国人民的特征、本国的物质和文化贡献为骄傲。他们并不依靠个人、社会、地理或文化因素，而是依靠政治价值和实践，来建立对国家的认同[26]。美英两国在这方面的差别也许“暗示了美国政体的契约色彩与英国政治生活的有机特征之间的比较，把美国人团结在一起的是自觉进行的自由民主政治的试验，而不是历史文化的整体性……这些调查结果说明我们对国家的认同是政治认同。我们所共有的是一套宪法权利体系，在此之上是复杂的文化环境以及广大的私人领域。像英国那样更加有机的社会就无法将不同的生活领域区分开来”。[27]

因此，合众国的源头在于自觉的政治行动，对特定基本政治原则的确认，以及对这些基础上建立的宪法共识的忠诚。也许可以说是一套政治理念构成了“美国精神”，而在这一意义上，并不存在“英国精神”“法国精神”“德国精神”或者“日本精神”。这一意义上的美国精神堪比其他意识形态和宗教。列昂·萨姆森（Leon Samson）说：“美国精神之于美国人，不是一项传统或一块领土，不像法国之于法国人或英国之于英国人，它是一个主义——就像社会主义之于社会主义者。”如果不接受这个主义的核心思想，就不是美国人。不列颠信条或法兰西信条是不存在的；法兰西学院担忧的是法语的纯洁性，而不是法国政治思想的纯洁性。诚然，有什么能算是“非法国人的”政治理念？但是对“非美国人的”的政治理念与行动的关注，一直是美国人生活中反复出现的主题。霍夫斯塔特一语中的：“我们的国家没有五花八门的意识形态，它自己就是一种意识形态，这可谓是美国的宿命。”[28]

以政治信条和价值来定义民族使美国从根本上与众不同。从民族和意识形态构成来说，不同的国家可以被分为四个类型。一些国家以意识形态和民族构成的一元化为特征。在其他一些国家——如法国、德国、意大利，单一的民族背景下存在几个不同的、历史上一直共存的意识形态。还有的国家——比如苏联和南斯拉夫——则用单一的意识形态作为聚拢几个不同民族的框架。最后剩下的一类——比如历史上的英国，其特征则可能是意识形态和民族构成两方面的多元性。

美国无法被恰当地放进上述任何一个分类。像共产主义国家一样，美国拥有一个单一、普遍的主导的政治信条（意识形态），但是政治信条和民族的关系却同共产党国家有很大的区别。在中国这样的共产党国家里，意识形态被灌输进一个在此之前就已经存在的、稳固的民族中。用相似但相反的方式，还可以移除某个意识形态而不瓦解民族认同的基础：中国人可以不再是共产主义者，但他们仍然是中国人。而在苏联和南斯拉夫，之前已经存在若干可被明确识别的，拥有自身语言、文化、传统乃至领土的民族，它们被灌输以共产主义意识形态，从而创造出一个多民族的国家。这两个国家的存在与共产主义意识形态的主导地位密不可分。如果共产主义及其政治上层建筑被移除，这些民族仍然会存在，在没有新政治结构的情况下，这将为俄罗斯人、乌克兰人、立陶宛人、乌兹别克人以及其他政治共同体脱离昔日的苏联创造基础，对南斯拉夫境内的塞尔维亚人、斯洛文尼亚人、克罗地亚人和马其顿人也是如此。

然而，美国不是由民族，而是由族群构成的（印第安部落除外）。美国的种族脱离民族而存在；种族团体并不寻求单独的民族认同。在建国初期，英国移民构成了人口的大多数，不列颠传统是美国人生活的中心。然而即便在最开始的时候，种族差异也是存在的——由于 18 世纪“第一次移民潮”的影响，1790 年已有 40% 美国人不具有英国血统[29]。19

世纪中期和19、20世纪之交的第二次和第三次移民潮不仅使移民人口数量大增，还极大地增加了移民的种族多样性。大批不同背景的移民也带来了一个问题——成为美国人究竟意味着什么？

有三个可能的答案。第一，白人盎格鲁—撒克逊新教徒虽然不再占绝对多数，但仍然是美国社会最大的族群实体，通过被充分吸纳进主流族群的社区与文化，移民可以在心理上成为美国人。然而事实很快表明，这种方式是双方都不想要的。第二，移民通过参与跨种族通婚和文化相互渗透的“种族大熔炉”的过程成为美国人，该过程将产生新的、体现多元移民背景的美国模式。由于美国社会的开放性，族群纽带与认同反而得到加强，因此“种族熔炉”过程将十分缓慢，即便是最好的情况也要经历好几代人和数百年时间。第三，对移民来说，成为美国人意味着接受并认同美国的社会、经济和政治价值与制度——这些事物的吸引力曾经是最初移民的主要原因。事实上这是个讨价还价的过程：种族团体一直如他们所希望的那样保持着自己的种族认同，但是却转而信仰美国的政治价值、理想和象征。皈依后者考验了一个人到底有多“美国”，这又和种族文化传统的保留并行不悖。原始的、有机的社会联系仍然在很大程度上是种族的，而政治的和意识形态的联系却是美国的。归化的美国人与归化的非美国人有很大的不同。说一个人是盎格鲁—意大利人，意味着他有英国和意大利祖先。说一个人是意大利裔美国人，则意味着他有意大利祖先，却持有美国的政治价值观，并且是美国政治共同体的一员。有时候，早期移民的后代的确会轻蔑地称呼别人“归化的美国人”，但第一代和第二代美国人在归化时才更符合美国人的特征。在建立美利坚民族认同的过程中，界定和维持种族认同是必不可少的构件。

美国政治价值和理想主要源于英国，其民族认同却主要由前者而非后者定义。在19世纪30年代，托克维尔仍然可以不甚准确地使用“盎格鲁—美国人”概指美国人。一个世纪后，“瓦斯普”（“WASP”）这个名词的诞生，标志着盎格鲁—美国人的地位最终降为众多族群之一，以种族概念而非政治术语定义美国民族认同的尝试也就此终止。结果是美国意识形态与美利坚民族融合在一起，前者的消失将导致后者的灭亡，其他国家则没有这种情况。

这种对于政治理念与民族的认同，和西欧的历史经验形成了鲜明对比。在欧洲，政治意识形态与民族主义相互交织。意识形态表达并塑造了水平政治单位（社会阶级）的利益，而具有多种不同表现形式的民族主义则表达并塑造了垂直政治单位（种族和语言共同体）的利益。在18世纪的欧洲，贵族扮演了独立的政治角色，中产阶级相应地产生了高度的政治自觉意识和行动，以争取获得相对于贵族的平等地位。斗争过程中，双方都阐述了各自独特的意识形态——自由主义和保守主义。后来的工人阶级运动也发展出同样系统化、高度发达的社会主义意识形态，其中最重要的当属马克思主义。由此，高度发展的阶级分化、互动与斗争，造就了保守主义、自由主义和社会主义的意识形态三位一体。

对这三种意识形态的阐述都建立在超越民族国家的基础上。历史上反对民族国家的保守贵族主义，在1815年维也纳和会上建立了其最重要的制度实体。他们认为，两个来自不同国家的贵族之间的共同点，要比来自同一个国家的贵族国民与非贵族国民之间的共同点更多。自由主义思想家扎根于自由贸易和利益和谐论中，发展出自己的一套国际主义学说。社会主义则鼓吹国际工人阶级的大联合。由此，三种意识形态在彼此竞争的同时，还共同和民族主义竞争。在对抗民族主义力量的过程中，这些意识形态变得更加系统化、教条化。反过来，为了克服阶级和意识形态分歧，民族主义趋向于浪漫主义和神秘主义——欧洲大部分社会团体都曾有过“宁要希特勒，不要布鲁姆（Blum）”的倾向。在阶级冲突更加激烈的法国和德国，民族主义也更加活跃；在阶级冲突更加温和的地方，如英国，也仍然有民族主义的宣言。在政治方面，19世纪和20世纪早期的欧洲可谓横纵裂痕的交错之地，在纵向上沿着民族主义和地域的分野断裂，在横向上则被阶级和意识形态的呼声撕扯，这两个方向上的竞争使每一类诉求都特别的激烈尖锐。

美国的政治经验中，没有意识形态与民族主义的冲突对抗。美国的意识形态与民族主义彼此强化，然而没有彼此冲突，也意味着它们在一定程度上稀释了对方。意识形态无须为阶级对阶级、阶级对民族国家的斗争发声辩护，因此也就没必要发展出系统全面、观点鲜明的理论。民族主义也同样不需要走情绪化和非理性的路子，来为祖国高于阶级的观点辩护。布莱斯在其观察中写道，美国的“爱国主义一方面比英国和法国的爱国主义更加强大，因为它很少受到阶级思想感情的破坏，但也因此丧失了攻击性”。[30] 同欧洲的民族主义相比，美国民族主义由于主要以政治理念和原则定义自身，因此在某种意义上更加“理智”；另一方面，同欧洲的意识形态相比，美利坚信条又不够系统、理智，因为它反映了民族共识，其自身就是美国的民族主义。

由于将特定的政治理想作为民族认同，美国的政治经验比其他国家更为有限。不符合美利坚信条的政治思想和信念，只能停留在美国社会与思想的边缘地带。在西欧等其他国家中，同一个民族共同体之下有各种各样的意识形态是很常见的事情。堂·卡米罗（Don Camillo）及其共产主义敌人都是典型的意大利人，谁也不会否认对方身上的意大利特质。相反，在自由民主思想占主导地位的美国，人们很少有受到其他类型政府统治的经历。尽管两百年来美国的政治机构已经发生了显著的、意义重大的变化，这个国家仍然只有基于一套政治理念的一部宪法和一种政府体系。其他国家经常目睹一代又一代制度的往复变迁。20世纪的德国人已经有了五套截然不同的政治体系。从1789年到1979年，法国建立了五个共和国，外加其他六套不同的政治体系。甚至是当代英国的宪法体系和意识形态构成，也同18世纪晚期有很大区别。在这些社会中，政治体系不断变迁，民族却一直存在。如果这些国家的民族认同与团结出现了危机，那也是由于种族和次国家运动——例如巴斯克、布列塔尼或者苏格兰的民族主义，而不是因为政治系统或社会主流意识形态的变化。

相比之下，美国的种族文化则与民族认同共生共存，后者根植于一套特定的政治思想与制度。汉斯·科恩（Hans Kohn）指出："美国的宪法和任何其他国家都不一样：它是美利坚民族的根基命脉，是它的最高象征和存在证明。它紧密地同民族自身的存在结合在一起，二者已经变得不可分割。"[31] 正因为如此，美国的民族认同在某种意义上是非常脆弱的，它受到的威胁不是来自种族分离主义，而是由于政治理想的幻灭和政治机构的无效。如果摧毁了美国的政治体系，就等于摧毁了共同体存在的基础，也就是灭亡了美利坚民族，并在事实上将其成员，以及这个民族赖以建立的政治理论，一起推回了自然状态。在其他国家，宪法的废除不会导致民族的灭亡，在美国则不然。

因此，美国认同依赖于真实存在的特定政治理想。卡尔·弗雷德里希（Karl Friedrich）说：“成为美国人是理想；成为法国人则是现实。”[32] 美利坚认同以应然的方式定义，法兰西认同则以既存的实然定义。在这个意义上，法国的政治行为指的是法国人在政治生活中实际做了什么；美国的政治行为，则是指美国的政治理想认为美国人应该在政治中做什么。除了美国人实际做了什么，还存在一套外在标准来判定什么是美国人。美国人可能采用非美国式的思考方式，美国官员可能牵扯进非美国式的行为，美国政府也可能打一场非美国式的战争。西德尼·米德（Sidney Mead）认为，“美利坚共和国的宗教在本质上是预言式的”，这注定了其人民既高尚伟大，又备受谴责，因为“它的理想和抱负一直在审判过往的劣行，并且提醒人们，无论是他们自己还是国家的行为，都有一套标准加以评判，指出不足之处”[33]。用克罗利的话说，这个将美国和其他国家区分开来的“理想国家的承诺”，也正是焦虑和愤怒的源泉。对美国未来的承诺，就是对美国当下的控诉。

注　释：

1. See Zbigniew Brzezinski and Samuel P. Huntington, *Political Power: USA / USSR* (New York: Viking, 1964), pp. 17–24.

2. Robert G. McCloskey, "The American Ideology," in Marian D. Irish, ed., *Continuing Crisis in American Politics* (Englewood Cliffs, N.J.: Prentice-Hall, 1963), p. 14. See also John Higham, "Hanging Together: Divergent Unities in American History," *Journal of American History* 61 (June 1974): 16–17. On the unity of and conflicts among American values, see the systematic survey by Kaspar D. Naegele, "From De Tocqueville to Myrdal: A Research Memorandum on Selected Studies of American Values," Comparative Study of Values, Working Paper No. 1, October 1949, Laboratory of Social Relations, Harvard University. I am grateful to Daniel Bell for making this study available to me.

3. M. Walzer, "In Defense of Equality," *Dissent* 20 (Fall 1973): 408.

4. See, for example, Milton Rokeach, *The Nature of Human Values* (New York: Free Press, 1973), pp. 191–193.

5. Daniel Bell, "The End of American Exceptionalism," in Nathan Glazer and Irving Kristol, eds., *The American Commonwealth 1976* (New York: Basic Books, 1976), p. 209. Herbert Croly, *The Promise of American Life* (New York: Macmillan, 1909), p. 11.

6. Alexis de Tocqueville, *Democracy in America,* ed. Phillips Bradley (New York: Vintage Books, 1954), 1:409. Gunnar Myrdal, *An American Dilemma* (New York: Harper & Bros , 1944), 1:3.

7. Donald J. Devine, *The Political Culture of the United States* (Boston: Little, Brown, 1972), pp. 33, 116, 151, 362.

8. See James W. Prothro and Charles M. Grigg, "Fundamental Principles of Democracy: Bases of Agreement and Disagreement," *Journal of Politics* 22 (February 1960): 282–286. Herbert McClosky, "Consensus and Ideology in American Politics," *American Political Science Review* 58 (June

1964): 365–368. Devine, *Political Culture,* pp. 179–230. Frank R. Westie, "The American Dilemma: An Empirical Test," *American Sociological Review* 30 (August 1965): 531–532.

9. Prothro and Grigg, "Fundamental Principles," pp. 285–291. Westie, "The American Dilemma," pp. 530–535. McClosky, "Consensus and Ideology," pp. 364–373. Samuel Stouffer, *Communism, Conformity, and Civil Liberties* (Gloucester, Mass.: Peter Smith, 1963), pp. 26–57. Devine, *Political Culture,* pp. 260–265. For testimony verifying the impact of the McClosky and Prothro-Grigg studies, plus a fairly unpersuasive effort to challenge them, see Joseph V. Femia, "Elites, Participation, and the Democratic Creed," *Political Studies* 27 (March 1979): 1–20.

10. Devine, *Political Culture,* p. 33.

11. See Louis Hartz, *The Liberal Tradition in America* (New York: Harcourt, Brace, 1955), ch. 6.

12. For a comprehensive review of the literature on this question, see Seymour Martin Lipset, "Why No Socialism in the United States?" in Seweryn Bialer and Sophia Sluzar, eds., *Sources of Contemporary Radicalism* (Boulder, Colo.: Westview Press, 1977), pp. 31–149.

13. Leon Samson, "Americanism as Surrogate Socialism," in John H. M. Laslett and Seymour Martin Lipset, eds., *Failure of a Dream?* (Garden City: Doubleday Anchor, 1974), pp. 426–442, originally published in *Toward a United Front* (New York: Farrar & Rinehart, 1935).

14. Richard Hofstadter, *The Age of Reform* (New York: Knopf, 1956), p. 9.

15. Edward C. Banfield and James Q. Wilson, *City Politics* (New York: Vintage Books, 1963), pp. 329–330.

16. Tocqueville, *Democracy in America,* 2:271, 275.

17. Clyde Kluckhohn, "Have There Been Discernible Shifts in American Values during the Past Generation?" in Elting E. Morison, ed., *The American Style* (New York: Harper & Bros., 1958), p. 152. Seymour Martin Lipset, *The First New Nation* (New York: Basic Books, 1963), p. 103. Lloyd A. Free and Hadley Cantril, *The Political Beliefs of Americans* (New Brunswick: Rutgers University Press, 1967), pp. 175–177. Devine, *Political Culture,* p. 65.

18. Tocqueville, *Democracy in America,* 1:409.

19. James Bryce, *The American Commonwealth* (London: Macmillan, 1891), 2:417–418. Myrdal, *American Dilemma,* 1:4, 8.

20. David Riesman, *The Lonely Crowd* (New Haven: Yale University Press, 1950), and William F. Whyte, *The Organization Man* (New York: Simon & Schuster, 1956).

21. Lipset, *First New Nation,* pp. 101–139. Carl N. Degler, "The Sociologist as Historian: Riesman's *The Lonely Crowd,*" *American Quarterly* 15 (Winter 1963): 483–497.

22. Richard deCharms and Gerald H. Moeller, "Values Expressed in Children's Readers: 1800–1950," *Journal of Abnormal and Social Psychology* 64 (February 1962): 136–142. Fred I. Greenstein, "New Light on Changing American Values: A Forgotten Body of Survey Data," *Social Forces* 42 (May 1964): 441–450.

23. Lee Coleman, "What Is American? A Study of Alleged American Traits," *Social Forces* 19 (May 1941): 492–499.

24. John McDiarmid, "Presidential Inaugural Addresses—A Study in Verbal Symbols," *Public Opinion Quarterly* 1 (July 1937): 79–82.

25. Croly, *Promise of American Life,* p. 3. William R. Brock, "Americanism," in Dennis Welland, ed., *The United States* (London: Methuen,

1974), pp. 59, 68. Myrdal, *American Dilemma,* 1:3.

26. Gabriel A. Almond and Sidney Verba, *The Civic Culture* (Boston: Little, Brown, 1965), pp. 64–65.

27. William T. Bluhm, *Ideologies and Attitudes: Modern Political Culture* (Englewood Cliffs, N.J.: Prentice-Hall, 1974), p. 100.

28. Samson, "Americanism as Surrogate Socialism," p. 426. Richard Hofstadter, quoted in Hans Kohn, *American Nationalism: An Interpretive Essay* (New York: Macmillan, 1957), p. 13.

29. John Higham, "Immigration," and C. Vann Woodward, "The Test of Comparison," in Woodward, ed., *The Comparative Approach to American History* (New York: Basic Books, 1968), pp. 98–99, 93, 351.

30. Bryce, *American Commonwealth,* 2:652.

31. Kohn, *American Nationalism,* p. 8.

32. Carl J. Friedrich et al., *Problems of the American Public Service* (New York: McGraw-Hill, 1935), p. 12.

33. Sidney E. Mead, "The Nation with the Soul of a Church," *Church History* 36 (September 1967): 275.

第三章

鸿沟：美利坚信条与政治权威

共识与不稳定

有关美国政治的研究经常指出，对于美利坚信条基本内容的广泛共识，证明了美国政治系统的稳定性。这一观点假设价值共识能够转换为对政治制度的支持。人们的确经常假设民主制度的稳定性建立在对民主价值的广泛认同之上；如果相当一部分公众从根本上反对民主制度，并且支持左、中、右翼的独裁主义运动，那么民主制度就无法运作。在政治权威的正当来源、政教关系以及政府干预经济等问题上深刻明显的阶级分野，可能导致民主政治系统的严重不稳定。一提起不稳定，人们首先想起的就是由这些社会分裂造成的不稳定，并容易认为一切能够缓和极化、弥合分歧，或是创造共识基础的措施，都有助于增强政治稳定性。在一个严重极化的社会，这样的措施或许确实有利于增进稳定。

然而，此类分析通常暗示着，因为争吵意味着不稳定，所以共识能够增强稳定。如果人们都同意民主价值，那么民主制度的成功运作就多少得到了保证。然而事实并非一定如此。正如过度的分裂能够导致不稳定，过度的共识也能够导致不稳定。同欧洲相比，美国的阶级斗争和意识形态冲突相对较少，但是它也有自己的政治不稳定形式，这种不稳定很大程度上源自美国政治共识的内容。

政治价值共识是否会导致政治稳定，取决于这些价值的性质，以及它们与政治制度、社会实践的关系。如果主导的政治价值使制度和实践合法化、神圣化，政治稳定性就会加强。但是也可以想象，共识的核心理想与价值可能为挑战主流政治制度与实践的合法性提供了基础。后一种正是美国的情况，也是美国所独有的、不同于其他主要国家的政治特征。

广泛的自由民主价值共识，构成了挑战美国政治实践与政治制度权威的基础。共识提供了评价制度的外部标准，并经常对制度做出苛刻的评判。政治制度与实践从来没能符合美利坚信条理想与价值的要求，因此被视为没有合法性。挑战权威的公开程度，取决于人们以何种方式认识制度与实践。有时候，人们认为政治就应该是美国发生的那个样子，对其中所有偏离美利坚信条的情形视而不见。另一些时候人们可能会感到，在实际发生的政治行为与按照美利坚信条规范应该出现的情况之间存在着差距。对这种差距的强烈意识，驱使人们要求改革政治系统。让政治现实符合政治原则的努力，就成为美国政治变迁的主要源头。

美国的分裂，不是欧洲那种理念与理念的碰撞，而是理念与现实的碰撞。冲突爆发在两个拥有相同政治原则与信仰的团体之间：一派认为，自身的利益在于立即改变现行制度，使其符合政治原则的要求；另一派虽然接受政治原则的有效性，但认为现存制度仍然与政治原则保持着一致，因此可予以保留。在其他国家，因阶级分化和世界观冲突而导致的分歧也许比美国更加严重，而在美国，将人们团结为一个民族的信仰，竟然还能导致他们的分裂，这的确是美国人的特殊命运。同一个信条，既是民族认同的源泉，又是政治动荡的来源。冲突是共识之子，美国发生的大多数激烈争论，都源自获得压倒性认同的自由民主价值观。

反权力道德观

美利坚信条的基本理念——平等、自由、个人主义、宪政主义、民主显然没有形成系统化的意识形态，也不具备任何逻辑一致性。在某些情况下，自由和平等也许会产生矛盾；个人主义也许会背离宪政主义；民主，或曰多数统治，则可能既破坏自由又阻碍平等。正因为美利坚信条是一种非理性化的意识形态，它才能够兼容这些逻辑方面的矛盾。

虽然被哲学家认为缺少统一的逻辑，但在解释社会与政府关系方面，这些理念的确拥有共同的宗旨：构成美利坚信条的不同要素都要求给权力和政府部门施加限制。宪政主义的实质就是通过基本法限制政府权力。伯纳德·贝林（Bernard Bailyn）在总结美国革命时指出，自由主义的实质就是免于政府控制的自由——在权力面前捍卫自由。个人主义的实质，是每个个体依自己良心行事，拥有免于外部限制而掌握自己命运的权利，除非限制对于确保其他人也拥有同样权利是必要的。平等主义的实质，是否认一个人有权对他人行使权力。民主的实质，是人民通过直接或者间接代表的方式控制政府，要求政府官员对公共舆论负责。总之，美利坚信条的独特之处就在于反对政府。反对权力，怀疑政府是权力最危险的化身，这就是美国政治思想的主题。

对于19世纪后半叶严重的贫富差距，美国人提出所谓“财富的福音”（the gospel of wealth）加以合法化。巨额财富是巨大努力、功劳和风险的回报，直到20世纪，美国人仍然相信这个理论。然而他们从没有为权力分配的严重不公平找过合法性理由。因此，虽然美国人可能有“财富的福音”，但他们从来没有——从本质上来说也不可能有——“权力的福音”。恰恰相反，他们拥有的是无处不在的反权力道德观。

1971年秋天，在欢呼的麻省理工学生们面前，丹尼尔·埃尔斯伯格（Daniel Ellsberg）说：“如果我能从五角大楼秘密文件中得到什么信息的话，那就是不要相信权威，不要相信总统，不要相信掌权者，因为即使是在美国，权力也是腐败的。”[1]无论是五角大楼的秘密文件，还是后来的“水门事件”录音带，人们都一定能从中得出与埃尔斯伯格相同的观点。这是一个古老的启示，其回声历经两百年的美国历史，仍然不绝于耳。查尔斯·亨德尔（Charles Hendel）认为，“第一代美国人仍然用猜忌的目光审视权力，生怕它披着什么伪装。这种普遍的心态成了美国人性格中根深蒂固的习性”，并且发展出“一种反对任何形式权威的、不加批判的哲学”，“……自由的、负责的、自治的个人被认为是自给自足的”[2]。

在美国革命时期，这种态度表现为自由与权力的对抗。如詹姆斯·麦迪逊所说，在欧洲，权力为自由颁发许可；在美国，则是自由为权力颁发许可。杰克逊主义者将这种二元对立的逻辑加以发展——1826 年，约翰·C. 卡尔霍恩（John C. Calhoun）指出，问题“存在于权力和自由之间”。更明确地讲，政府本身就是对自由的威胁——即便民主制下的政府也是如此。杰克逊主义的最著名的杂志宣称：“正是在‘政府’一词下面潜藏着微妙的危险。政府是稳固的中央权力，管理、引导社会中各种各样的利益，它不仅是恶魔，还是恶魔之母。”[3]

到了 20 世纪，反对权力和政府仍然是美国思想的特点。“只要在民意调查中问起美国人对于政府的总体态度，结果肯定是压倒性的负面看法”。和其他国家的人民相比，美国人更加信任彼此，却更不信任政府。美国的传统，是“对社区和政体高度信任，以及对权威的有限信任”，“……狄更斯，尤其是布莱斯提到的缺少信任是针对政治权威的，而不是针对政体和社区层次的”[4]。

在美国人的思想观念中，实际上没有“国家”（state）的概念，这表明了美国人对权力与政府的反感。现代意义上的国家概念起源于15、16世纪，成型于后来的绝对主义时代。马基雅维利、霍布斯、布丹是国家概念的提倡者，是欧洲大陆绝对王权的缔造者。“国家”暗示主权集中于一个单一的、集权化的政府权威。这一概念从来没能在北美的英格兰殖民者那里扎根，他们带来的传统更为古老，它源自中世纪立宪主义，托马斯·史密斯爵士（Sir Thomas Smith）、理查德·胡克（Richard Hooker）以及爱德华·科克爵士（Sir Edward Coke）等人的著作。17世纪，当英格兰人为了议会主权还是国王主权争执不休的时候，美国人却选择了同时拒绝二者。虽然布莱克斯通（Blacktone）激烈地宣称，“所有国家都存在着，而且必须存在一个最高的、不可抗拒的、绝对的、不受控制的权力，以使主权权利安置其中”，美国人仍然在整个18世纪顽固地坚持相反立场。结果，美国没有受到英国宪法与政治思想发展的影响。杰里米·边沁（Jeremy Bentham）等功利主义者强调中央集权、理性和效用，反对权力分散、道德和自然权利，可是他们对于美国思想产生的影响可谓微乎其微。边沁也的确谴责过《独立宣言》，称其是“一堆混乱荒谬思想的大杂烩，其中的理论本应得到证明，却被认为是理所当然的”[5]。

只有在19世纪末期，当一些美国学者（包括伍德罗·威尔逊）在德国从事研究时，美国政治思想中才出现了“国家”这个概念。不过它只在学术著作中出现，相关解读也是一笔带过。即便在这一时期，亨利·詹姆斯（Henry James）的评论仍然认为，美国“没有国家，也没有欧洲意义上的‘国家’概念”。没有任何明确的国家概念，也给造访美国的欧洲人留下了深刻印象。奥地利保守贵族冯·许布纳男爵（Baron von Hübner）于1871年访问美国后认为：“个人的自由必须受到由政府代表的、所有人的自由的限制……你们（美国人）赋予个人的太多，赋予国家的太少。我们在美国目睹的很大一部分丑恶和暴行都源于此。对公共舆论机构的控制太少。你们需要的是全世界都承认的权威的控制。”20年后，布莱斯给出了相似的评论：“美国没有国家理论，也不认为有这个必要……国家不过是许多个人的集合。政府只是某些代表和官员而已。”又过了几年，H. G. 威尔斯（H. G. Wells）也给出类似看法，认为美国没有“国家意识”。G. K. 切斯特顿（G. K. Chesterton）声称：“在哪里也找不到像我们称之为美利坚合众国那样的地方，其人民完全地蔑视国家，彻底地使国家涣散。”[6]尽管政府的权力和功能在20世纪大为增加，人们看待政府权威与政府自治的方式却没有发生相应的变化。政府仍然被视为社会的仆人，作为合法权威实体的国家概念对美国思想而言仍然是陌生的，使欧洲式的“国家理性”

（raison d’état）概念成为美国传统自由主义、宪政主义和自然权利的极端对立面。

美国人和欧洲人对待国家的不同态度还表现在另外两个方面。19世纪早期，美国成功地将宗教机构的残余影响逐出政治，建立起政教分离机制。这一进程通常被视作美国人追求宗教自由的证明。这同时也证明美国人要求限制政治权威。欧洲的国家教会在历史上发挥了强化政治权威并赋予后者合法性的功能。在美国，政治权威被剥夺了宗教支持，只得在没有宗教辩护的情况下，独自面对疑心重重的自由主义社会。美国人和欧洲人对待政治权威态度的区别，还表现在他们各自的极端运动的性质上。在欧洲，无论右翼的法西斯分子和民族主义者，还是左翼的社会主义者和共产主义者，都支持建立强国家。相比之下，美国的激进分子，不论其在政治光谱上处于何种位置，全都倾向于个人主义、反集权主义、自由主义，支持去集权化和大众统治[7]。他们都希望削弱而非增强政治权威。因此，美国和欧洲的极端主义运动，实际上是将各自社会中的流行的政治倾向推到极端形态。

美国人对政府有着根深蒂固的不信任感，在他们不断变化的人性观与他们对待权力和权威的态度之间存在着联系，也反映出这种疑惧的心理。有人认为，“美国政府和宪法建立在加尔文理论和霍布斯哲学的基础上”[8]。这个说法在17、18世纪是很有道理的。清教徒的罪恶感、内疚感同霍布斯的人类利己主义观点相结合，导致了对人性相当黯淡的看法——人们追求自私的经济和权力上的利益，最好的情况也不过是睿智的治国者设计出制度和程序，在泛滥的私人罪恶中创造最低限度的公共道德。国父们围绕《独立宣言》进行的争论，还有《联邦党人文集》，都直接表达了上述有关人民和社会的基本假设。美国政治与社会思想发生的最重大变化，是制宪会议之后五十年的人性观。人的意象在本质上是有罪、邪恶、贪婪的，是具有危险本能和倾向的存在，需要精巧构建的政治与社会制度加以控制，然而人性本善的观点取代了人性恶的观点。人的内心开始被看作是善良的，可以变得完美。

也许会有人认为，对于人性本质截然不同的观点，将会导致有关政府在社会中所扮演角色的两种不同理论。事实上，这两种观点都被用来论证有限政府。国父们认为，执掌权力的人会堕落为恶魔，并侵害他人的权利与自由，除非他们被对抗性的权力限制。此后更为乐观的一代政治家虽然提出了对于人性的相反看法，却得出了有关政府的相似结论。因为人的内在本质是善良、理性的，强政府没有必要控制、指导人民——人性本善，所以政府应当弱小。

从不同的前提得出两个相似的结论，这未必是纯粹逻辑的结果。托马斯·霍布斯对人性本质的假设与宪法缔造者们的十分相似，在政治权威的角色方面却得出了完全不同的概念。和19世纪的民主主义者一样，让·雅各布·卢梭也从人性本善的假设出发，就政府在社会中的角色与管理范围提出了完全不同的看法。总之，美国人对政治权威的敌视，使他们无论从何种人性观出发，都更加偏好弱政府而非强政府。

美国人还倾向于用类似的方法理解美利坚信条中两个潜在矛盾的价值——平等与社会流动，将它们与反对权威结合起来。科拉·杜波依斯（Cora Du Bois）指出，以各种不同方式表达出来的“美国人对政治权威人物的反感”，“降低了社会地位差别的意义”，使美国人不拘小节、举止随意，或者用他的话来说，导致了“尊重的平等”。成功会受到人们的尊重，但是某些形式的成功，尤其是那些不依赖等级权威关系而取得的成功，较之其他更受推崇。“向上攀升被认为是有价值的、成功的活动，但是当上升流动超出了平等前提和一致性的核心价值，就趋于狂妄自大……企业主、政治家、教师以及各种‘大人物’，当他们高高在上的地位意味着权威时，便会遭受众人的鄙视。电影明星和棒球英雄则备受尊重，因为他们没有依仗权力实现成就，而是经过艰苦努力，才在通往名利的路途上飞黄腾达”。[9]在比赛中战胜他人是善，利用权术战胜他人是恶。美国人或许会褒扬有名者，却不会赞美有权者。相似地，那些的确有所成功的“自我成就者”（这本身就是一个美国词语），通常“喜欢吹嘘其成就，夸大其出身的卑微，声称其奋斗历程如同霍雷肖·阿尔杰（Horatio Alger）的小说描述的那样，历尽艰辛坎坷”。在欧洲则正好相反，向上流动的人“如果来自较低的阶层，一般更愿意忘掉自己的出身”[10]。

对权力的反感导致了对待财富的矛盾态度。美国思想中的“平等”很少被理解成财富和收入方面的经济平等，而是机会平等。像普及免费义务教育这样的重要社会创新，就以机会平等之名获得了合法性。只要是天赋、努力和成就的结果，经济不平等也是合法的。如果被用于社会公益目的，那么巨额财富也是合法的。美国独有的慈善事业传统，实际上就是非自由集中的财富向自由社会的价值规范支付的贡金。更一般而言，如果金钱不被用于购买商品而是换取权力，那么它就是恶魔。当大量积累的财富转变为拥有经济权力、能够统治市场的托拉斯和垄断的时候，它就不再被人们接受。工业化国家中只有美国热衷于反对托拉斯，它瞄准的正是财富转变成权力的节点。同样，经济不平等如果转化成政治不平等，那么前者就是恶魔。结果是美国人多年来花了很大力气去揭露、治理游说和政治献金问题。美国人对“大”的矛盾态度也体现了这种想法。就物品而言，大是一件好事；就组织而言，一旦涉及权力结构，大就变成一件坏事。从历史来看，个人财产意义上的大房子、大汽车和巨额财富一直被认为是好的，而大型财团、大型工会，尤其是大政府，一直被认为是不好的。

理想—制度鸿沟

在其讨论美国种族关系的经典理论中，缪达尔明确指出，美利坚信条的自由、平等和个人主义坚定信仰与美国社会中黑人的实际遭遇之间，存在着一个“美国困境”。然而他只看到了美国政治理想与制度间存在巨大鸿沟的一个方面（虽然是最严重的那一方面）——这里称之为“理想/制度间的鸿沟”。他所谓的“美国困境”之一，实际上就是唯一的“美国困境”，这是美国政治生活中最大的困扰。

美国的自由和民主思想，形成了对于几乎所有政治制度持久有力的控诉——也包括那些美国独有的制度。任何政府的存在，都在一定程度上需要等级制、不平等、专制权力、秘密、欺骗以及既定的上下级关系模式。然而美利坚信条对上述所有政府特征的合法性发起了挑战。它完全反对现代政府的高度集权化、官僚化性质，认为这违背了美国政府的初衷和传承。

这正是困境所在。美国政府的合法性，取决于它在多大程度上体现了美利坚信条的基本原则。然而政府永远也无法完美地体现这些原则，因此决定其合法性的实际上是人民对待美利坚信条原则的认真程度。如果民众赋予政府更高合法性的办法是让政治实践更加符合政治原则的要求，那么他们将会削弱政府，而不是增强政府。由于美利坚信条固有的反政府特征，强大的政府必定是非法的，合法的政府必定是弱小的。

从实践来看，美国的政府一直都比欧洲国家的政府更虚弱。这最初是因为美国不存在需要推翻的封建主义，没有必要集中权力、建立强大政府。在这一意义上，正如托克维尔所言，美国人“达到了民主阶段而没有经历民主革命，并且……生来平等而不是变得平等”。于是封建主义的缺失消除了建立强大政府的主要消极原因。取代封建主义的是广泛的自由民主价值共识，这又为限制政府提供了额外的积极动机。如果没有这一共识，强政府本来是必然会出现的；然而就像哈兹所指出的，正是由于制宪者们对美国社会的错误理解，才使其建立的分权制衡政府能够一直存在[11]。共识的内容使这套制度更加虚弱了。

历史上，强政府的出现是通常为了摧毁传统社会或者打击外部敌人。17世纪是欧洲国家的建构时期，绝对主义的君主一直同时从事这两类活动。美国从一开始就无须应付前一种情况，从建国后初期到20世纪这段时间也无须严肃应对后一种情况。无须建立强大的政府机构，美国照样能够保持国家的独立与安全。等到20世纪四五十年代情况有所改变时，强大国家的诸多工具已经被创造出来。然而，这些发展之所以能实现，只是因为当时的美国人相对不太关心如何在国内政治实践中实现自身的政治价值，而是更在意保护这些制度免遭外来威胁。到了60年代，美国人转而关注政治理想与政治制度之间的差距，他们就将那些用于对抗外部敌人的政治制度和政府机构一股脑全抛弃掉。

当然，任何社会的政治理想与实践之间都存在一定程度的差距。在一个社会中，如果绝对君主控制着意识形态，理论上统治者权力也不受任何限制，那么政治实践将会构成对统治者权力的实际限制。“非官方”的现实将会偏离“官方”的意识形态。试图缩小二者间差距的努力将增强既有制度的权力和权威，把现实中不完全的绝对主义变成理想中完全的绝对主义，从而通过增强国家力量提升国家合法性。可以将这种意识形态与现实的关系同美国做个对比。在政治系统中，意识形态的功能之一就是让统治合法化，给“为何服从”的问题提供一个不容置疑的答案。然而美利坚信条提供的却是限制统治的理由，能从这里获得充分合法性的是那些质疑、抵抗政府的行为，而非服从政府的行为。

政治思想的确在美国发挥了重要作用——净化的作用，这是其他社会所没有的。在那些拥有不同意识形态和信仰体系的国家，政府制度面对来自四面八方的挑战，同时也有各种各样为其辩护的声音。传统和社会结构为一些机构提供了合法性基础，特定的意识形态和政治理论可以赋予个别制度合法性。一套制度遭到某种意识形态的攻击，将导致另一种意识形态以同样的激烈程度为其辩护。然而美国的政治共识基本上是反对政府的。政府、等级制、纪律、秘密、强制，还有压制个人和团体的诉求，在美国，哪里会有人为这些事情正名？就美国人的信仰而言，政府理应是平等主义的、参与式的、开放的、非强制的，能够对个人和团体的诉求做出反应。可是，能满足所有这些要求的政府，也就不成其为政府了。美国政治“言行不一”的部分原因在于，美国人民认为政府不应该做那些使之成为政府的事情，而是应该去做一些使之不成为政府的事情。

因此，对美国政府的意识形态挑战不是来自国外，而是来自国内，不是舶来的马克思主义，而是本土的美国理想主义。政治制度的稳定性并没有被根深蒂固的分歧所威胁，而是被深有同感的共识所威胁。不信仰美利坚信条，美国人就不成其为美国人；信仰美利坚信条，美国人就必定要反对他们自己。美国人越是热情地投入到这个国家的政治信仰中，就越是敌视、嘲讽自己的政治制度。在理想 / 制度间的鸿沟作用之下，美国政府的合法性与美国政治理想的信仰之间存在一种此消彼涨的关系。

比较视野下的鸿沟

所有社会的政治理想与政治现实之间都存在差距，但美国的独特之处，在于其自由、民主和平等的价值信仰之广、之深。乔治·洛奇（George Lodge）认为，这种“原子论式的、个人主义的意识形态”确实“背离了历史上典型的社会规范”[12]。多年来，众多系统的、令人印象深刻的研究把美国在政治等各方面的价值观与其他国家进行了对比。研究结果几乎毫无例外地表明，美国人对自由、平等、民主和个人价值的信仰要比其他国家的人民更强烈[13]。和其他国家（尤其是欧洲国家）相比，美国人对上述价值有着更高水平的共识。在共识的实质内容方面，美国也不同于亚洲国家和共产党国家。在其他大多数国家，不仅是政治意识形态支持着国家，连意识形态的形成和表述也被统治者控制。在美国，政治理想与现实之间的鸿沟是社会团体对抗统治者常用的武器。主流政治信仰对政府权力和政治制度合法性形成了持久挑战。没有哪个地方的政治权威会像美国这样脆弱。

欧洲社会

考虑一下美国与欧洲社会的对比情况。大多数欧洲社会继承了意识形态多元主义，从而产生了阶级间和党派间的意识形态冲突。结果是各种各样的意识形态都对政治制度产生了影响。对特定意识形态的坚持总会导致与特定政治制度间独特、密切、持续的联系。保守主义者通常支持国王（如果有国王的话）、行政部门、贵族、法庭和立法机构的上议院，传统上也支持官僚制度。自由主义者和共和主义者与国会和政党站在一起。社会主义者和马克思主义者支持工会、工人阶级政党、普选权利，在某些情况下也支持民选的立法机构。因此，如果某个制度的合法性遭到某种意识形态的挑战，那么通常会有另一种具有重要社会影响的意识形态为其辩护。在法兰西共和国的历史中，共和主义者和左翼一直在挑战行政权力，右翼则为行政权力说话；在对待议会权力时，它们则彼此调换了角色。英国王室或议会如果遭到马克思主义者的攻击，自由主义、民主主义、社会主义或保守主义就会站出来维护它们。而倘若美国的某项制度或实践不符合美利坚信条的自由民主规范，它却无法像大部分西欧国家那样，得到来自保守主义、贵族派、马克思主义或者基督教民主主义传统的辩护。在美国只有一个合法性来源，如果严格地按照这个标准来判断，包括美国政府在内的所有政府都将是不合法的。面对自由主义共识的压倒性优势，美国的政治制度与实践可谓是孤立无援。

欧洲的意识形态多元主义，也意味着欧洲国家的自由、民主、平等规范要比美国更弱，强调等级制和权威的非自由主义、非民主主义规范及其辩护声音更强。政治文化的比较研究一直在关注这些区别。从克雷夫科尔、托克维尔直到现在，欧洲观察家几乎无一例外地将注意力放在了平等、开放、缺少社会等级、怀疑政治权威、信仰人民主权等方面，将这些视为美国政治不同于欧洲的关键特征。正如马科斯·贝洛夫（Max Beloff）所总结的，在20世纪中期，“就那些不同于西欧和英国的特征而言，美国在本质上仍然是托克维尔笔下的那个美国”[14]。同英国、德国、意大利等主要欧洲国家相比，美国拥有一种“参与型”政治文化。“在美国，参与的倾向比服从的倾向更显著，前者一定程度上支配着后者”。加布里埃尔·阿尔蒙德（Gabriel Almond）和西德尼·维巴（Sidney Verba）认为，参与和服从之间的不平衡“来自有关政府和官僚权威的历史经验，这些经验肇始于针对英国君主的疑惧和革命，巩固于要求所有政府机构——包括司法和官僚部门——服从大众直接控制的趋势”。同样地，对于“个人应该首先对国家尽义务，其次才是关心个人的幸福”这一观点，美国人的赞同率显著低于欧洲人[15]。（见表 1）

美欧政治文化的总体差异，也在青年的政治价值与态度中体现出来。

表 1　个人自由与对国家的责任

	美国	英国	德国	意大利	墨西哥
赞同	25%	38%	41%	48%	92%
不赞同	68%	55%	45%	32%	5%
不清楚及其他	7%	7%	14%	20%	3%

资料来源：Donald J. Devine, *The Political Culture of the United States*, Boston: Little, Brown, 1972, p. 193, reporting results of survey included in Almond-Verba study.

a. 受访者需对以下观点做出评判：“个人应当首先承担对于国家的责任，其次才是考虑个人幸福。”

在一项调查美、英、德、意四国青少年对民主制态度的研究中，“美国青少年选择民主选项的最多，选择反民主选项的最少”[16]。格林斯坦（Greenstein）和塔罗（Tarrow）考察了美、英、法三国学童对于警察拦停超速的国家首脑车辆这一假设情景的反应。认为国家首脑应该被处罚（即期望总统与其他公民待遇相同）的美国儿童是英法的两倍，他们更喜欢设想首脑赞扬了警察的行为（即期望总统自己遵守平等规范），在这种情况下坚持认为“法律面前应当人人平等”的人数也是英法的两倍[17]。在另一项研究中，美、英、德三国学童被要求挑选出若干价值选项并对其进行排序，这些价值将被用于建立一个虚拟的孤岛社会。美国孩子的“总体趋向”是“平等主义”、追求公共利益、强调“消极自由”，而英国孩子则关注个人利益，德国孩子注重规则和服从[18]。

加拿大与美国拥有相互交织的历史，相似的社会、经济、政治、地理特征。或许除了澳大利亚以外，没有哪个国家能够在政治与社会价值方面与美国如此接近。然而二者间也存在显著差异[19]。加拿大没有美国那种充沛动力去“实现所有人自由正义的美国梦”。因此加拿大政治缺少美国政治的救世主情怀和极端运动；它一直更为宽松、容忍、多元、平淡。美国政治文化兼具乌托邦和实用主义，加拿大则仅仅是实用主义[20]。

历史上，加拿大人一直比美国人更保守，更讲求集体主义，更支持国家、尊重权威，不像美国人那么热爱平等和个人主义。“加拿大人的政治意识不会固执地认为国家和国家机器是自由的天然敌人，但这种想法在美国人那里十分突出”。[21] 人们一般认为，加拿大的民族性格“倾向于官僚主义，反对平等主义，强调集体归属感；而美国人则崇尚平等主义，看重成就，富有企业家精神”。加拿大保守主义也不同于主张个人主义、放任自由、反对政府的美国保守主义。和美国相比，加拿大的政治生活有着很强的社团主义倾向，强调顺从的权威，是“准参与型”的政治。从根本上讲，“美国人的社会观是洛克式的、个人主义的，加拿大人则受到美国独立后前往加拿大定居的亲英分子影响，赞同有机集体的观点”。[22] 从更具一般性的层面来看，美国是“只有一个真实神话的文化”；加拿大则不然，其发展模式建立起的是“英属加拿大多元意识形态的合法性”。[23]

与单个欧洲国家的对比，更能凸显美国人对平等和民主价值的追求，以及意识形态同质化与多元化之间的区别。从 18 世纪以来，美英之间就存在明显的不同。尽管埃德蒙德·伯克（Edumund Burke）的语言有些夸张，但是仍然明确地表达了英国人对权威问题的主要看法：“我们畏惧上帝，敬畏君主，仰慕议会，服从官员，爱戴神父，尊重贵族。”人们永远不会用恐惧、服从、敬畏、崇敬、尊重甚至仰慕这样的词汇去形容美国人对待权威的态度。伯克同样很好地总结了美国人的观点，他说美国人中有着更加“强烈的自由精神”，“也许比世界上其他任何人民都更加强烈”，在美国人的性格中“对自由的热爱是最突出的特征，是民族的标志”。美国人“是那种坚决拒绝在思想和观念上屈从他人的新教徒……世界上所有的权力都有与其对立的利益……所有的新教主义，即便是最冷漠、最消极的那些，也是一种异见。但我们北部殖民地最普遍的宗教是抵抗原则的精炼产物：它是异见中的异见，是新教中的新教”。[24]

在此后数百年中，包括托克维尔和白芝浩（Bagehot）在内的敏锐观察者继续强调美国政治文化中的平等与竞争元素，将其与英国普遍的服从、归属的价值进行比较。历史上，服从一直是英国中产阶级和工人阶级思想特征。[25] 历史学家 A. P. 桑顿（A. P. Thornton）在一本 20 世纪 60 年代中期的著作中总结到，英国人民“仍然习惯于权威，仍然像一个世纪前白芝浩说的那样容易顺从，虽然他们对权威的本质看得更清楚，虽然中产阶级不时遭到冷嘲热讽”。[26] 还有一项研究针对美英两国保险业职员最钦佩的个人品质进行了调查，发现美国的保险业职员更愿意认可“非道德的、开拓性的品质”，英国职员则更喜欢“控制反社会冲动”。美国的青年精英绝大多数持自由主义观点，英国的青年精英在意识形态方面则更为多样化。美国人的中心议题总是“在种族、贫困和对外使用国家权力方面没能符合美国理想”。[27]

美国和英国都是民主多元社会，但是美国还信奉平等主义、个人主义和民粹主义，英国则讲求等级次序和集体主义。爱德华·希尔斯（Edward Shils）发现："英国政府不像美国政府那样经常遭鄙视，它即便不被信任，也仍然是服从的对象。"英美两国民众对待权威的不同态度，导致了在政府秘密和个人隐私方面极为不同的处理方法，20 世纪 50 年代的麦卡锡时期和 60 年代的曝光时期凸显了这种差别。"从建国以来，美国人一直致力于公共性原则……厌恶政府秘密延续了对贵族统治的不信任"。对比之下，"英国社会接受等级秩序，使政府得以保护其秘密而很少遭到挑战和反感"。[28]

美国人的心态与历史上德国人曾经流行的心态也有着很大差别。人们一般会将家庭、社会和政治生活中的权威主义当作德国文化的特征。国家及其权威是德国政治实践与理论的中心。与美国的武装力量相比，德国军队的纪律更严，更尊重权威，身份差别更加清晰、重要。亚历克斯·英克尔（Alex Inkeles）和丹尼尔·列文森（Daniel Levinson）发现："严格的身份差别会让美国人感觉不舒服，他们将自己视为平等的个体，评价个体价值的唯一标准就是其品质，而身份差别有违这种观念。"德国人则表现出"对身份的强烈兴趣"，他们"更适应有着明确身份地位关系的环境"。"相应地，德国军队通常一丝不苟地严守地位差别……权威和纪律极为苛刻严格，因为美国人珍视自我，服从权威在他们看来根本就是自我羞辱”。[29]

美德两国儿童间也存在类似的区别。通过将20世纪30年代中期希特勒执政之前德国儿童的状况与美国进行对比，库尔特·勒温（Kurt Lewin）发现：“美国少年儿童享有的自由和独立的程度给德国人留下了深刻印象。尤其令人震惊的是小孩子面对大人，学生面对老师时毫不屈膝的态度。同样，大人对待儿童的态度也更加平等，而在德国似乎大人的管理和小孩子的服从皆属自然。”[30]战后这种差别无疑有所减少，但并没有消失。1966年至1967年对四国儿童的研究显示，美国学童最喜欢民主的选项，最不喜欢反民主的选项；德国学童则恰恰相反。（英国和意大利学童的情况介于二者之间。）

同样地，德国家长比美国家长更愿意采取所谓“教养行为”，管理、引导孩子并与之建立联系。对德国儿童，这意味着“更长时间的依赖，更迟地加入半自治的同龄人团体活动，更晚地具备按照自我意愿实现成就的动机”。60年代末的研究发现，德国青少年“对政府有着温顺、依赖的，几乎小孩子一样的态度”，而英美两国的同龄人却不会这样。另一项针对美德两国接近二十岁的青少年人群的研究发现，美国青少年更喜欢追求个人成就，更加坚持自己选择目标的自由，更愿意调整自己的选择以适应团体的规范。德国青少年获得自我意识的方式则是控制自己符合理想化的行为准则。

“德国孩子从‘我必须’开始——达到外界期待的标准，而不是美国孩子的‘我想要’。事实上，以‘我想要’为起点对于德国人来说似乎是不可原谅的自私表现。为了整体利益，‘想要’应当被压制。因此他们强调意志力：‘我必须能够做到我应该做的’。”这些区别反映在德国公职人员受尊重的程度比美国同行更高上。[31]

在美国，自由民主规范是否宽容到能够适应有效的政府体系，一直都是个重要的问题。德国历史上一直存在的问题，则是传统的权威和等级规范能够得到必要的修改，以适应民主政府体系。政治规范和制度之间的差距过大，使魏玛共和国无法生存下去。和魏玛相比，西德政治制度中的民主色彩较少，政治价值中的权威主义也较少。甚至到了20世纪60年代初，德国人在政治生活中仍然表现出明显的被动性，大部分人口不怎么参与政治，对于政府的官僚输出而非政治输入有一种“服从趋向”，这些情况似乎全部“表明这个政治体系内部尚未形成坚定的民主态度”。“二战”已经结束十八年，仍然可以说，“集体至上、精英主义的价值在西德有着顽强的生命力”。其他研究表明，20世纪50年代德国儿童阅读课本的主题同20年代相比没什么显著区别。因此所谓“德国人已经从根本上改变”并成为“和美国人一样好的民主主义者”是错误的——至少就60年代的情况而言是错的。德国人“只有政治上的民主，却没有心理上的民主”。[32]

然而从 20 世纪 60 年代初到 70 年代末，西德的政治文化发生了重大变化，民主价值得到的支持显著增加。1953 年，50% 的西德公众支持民主政府体系；1967 年，74% 的人认为民主对德国而言是最好的政治体系；1972 年和 1976 年，90% 的人表示对西德的民主满意。其他研究和调查也支持同样的结论，认为 1959 年以来“民主和参与的规范”在西德“广为传播”。[33] 德国在政治价值和态度方面的变化主要是由人口代际更替导致的，相比于成长在德意志第一帝国、魏玛共和国和第三帝国时期的德国人，1945 年以后进入政治生活的那几代人有着更强的民主价值信仰。70 年代初期，卡尔·迪特里希·布拉歇（Karl Dietrich Bracher）认为德国仍然存在“前法西斯主义、独裁主义环境及行为方式的延续”，另一位学者声称“德国的政治意识中还存在着国家主义思想”。[34] 然而，随着年轻一代在联邦共和国的民主政治文化中被社会化，这些倾向将持续减弱。

德国政治文化的这些变化减少了美德两国政治文化的差异性。到 70 年代末，确实可以说德国政治文化在某些方面比美英更接近民主的“公民文化”。民主价值在德国越来越广泛，人们也更加支持德国的政治制度，并为之感到骄傲——至少暂时如此。1959 年，只有 7% 的西德人把政治制度当成他们“最为之骄傲的事物”；1978 年，31% 的德国公众表示他们为本国的政治制度感到尤其自豪。[35] 因此在 60 年代和

70 年代初，以广泛的民主价值共识为特征的政治文化，取代了同时包含权威与民主元素的混合政治文化。在这段时期，民主共识使人们支持联邦共和国的民主政治制度并为之骄傲。然而这一共识的内部也蕴含着和美国传统类似的理想 / 制度间的鸿沟。20 世纪 50 年代早期西德民主制度的出现遭到来自仍然存在的对权威政治价值的强烈支持的挑战。在 70 年代末，西德的民主政治制度因为过于偏离国内主流的民主政治价值而遭到批判。德国人越来越“喜欢要求政治体系符合其理想……70 年代末德国社会最具批判性的人几乎来自相同的群体——青年人和受过良好教育者，他们是过去三十年不断发展的民主规范的先锋队”。[36] 民主共识正在制造德国版的“美国病”——源于理想 / 制度间的鸿沟的认知失调。

法国政治文化的突出特征也许就是其两面性。一方面，法国存在传统的精英主义和等级制，还有尖锐的阶级分歧。另一方面则有法国大革命留下的自由、平等和博爱等精神遗产。两面性的结果是持续存在的社会分裂，以及时而发生的政治价值极化。李普塞特发现：“法国价值中的集体至上、精英主义和排他主义促进了阶级政治出现，与此同时，对平等主义、普世主义和成就的强调，又使弱势阶级对自身地位强烈不满。”20 世纪 60 年代对格勒诺布尔市（Grenoble）学童的调查，清晰地显示出矛盾的精神遗产在政治态度方面造成的结果——对于“1789 年革命是好还是坏？”这个问题，

57% 的学童给出了正面评价，认为革命不好的孩子也高达 30%。[37]

威廉·舍恩菲尔德（William Schonfeld）将有关法国政治文化的主流解释称为“两个法国理论”。在个人层面，它意味着“每个法国人对政治权威都有两种截然不同的感情：害怕、讨厌、怀疑，试图避免屈从于权威，同时又需要、寻求、依赖于权威”。法国人不情愿用面对面平等谈判的方式解决问题，从而导致了权威的增强和集中。然而与此同时，权威必须在特定的、明确的限制条件下行事，而且可能会突然崩溃。斯坦利·霍夫曼（Stanley Hoffmann）认为，两面性的结果既不是民主模式也不是威权模式，而是“有限的威权主义与可能的造反的共存”。[38] 在某种意义上，法国传统中的权威因素时刻面对着同样来自传统的革命因素的潜在挑战。至此，美法两国的异同已经十分明显：革命传统的平等主义是美国政治唯一的传统，政府是没有权威传统的。

几乎没有既有研究对美国与南欧、拉美国家的政治价值观进行比较。然而这样的对比研究很有可能发现类似美国与英国、法国和德国之间的差异性。据观察，北美人最经常担心的是暴政、镇压和滥用权力，阿根廷人——通常也是所有拉美人——则害怕政治失序和无政府状态。美国人因政府过于强大而不安，阿根廷人及其他拉美人则因政府太虚弱而恐惧。有研究考察了美国和墨西哥两国学童对“尊重”概念的理解，研究的结果支持上述看法。美国人“一直有总体上相对独立的平等交换模式”。墨西哥人的模式则“相当不同”，倾向于“权威主义”。大多数墨西哥人认为尊重意味着服从的积极义务。同大多数美国学生不同，三分之一的墨西哥受访学生认为不论乐意与否，尊重均意味着必须服从受尊敬的人物。另一项研究发现，94% 的墨西哥学生赞同“服从、尊重权威是儿童学习的最重要的美德”，[39] 而持相同观点的美国学生比例仅为 59%。正如在其他社会中一样，墨西哥人对政治权威关系的态度与对待家庭权威关系的态度类似，认为父亲的绝对权威与他对其他家庭成员的责任紧密相关。

因此，强调个人主义、自由、平等、反对权力和权威的美国政治价值，与更加多元化、更重视权威和等级制的西欧国家政治价值有着重大区别。20 世纪六七十年代的西德人确实更加支持民主，但是在欧洲，自由、民主和反对政府的价值仍然无法像在美国那样得到真正全体一致的支持。历史上，美国政治实践中的自由和平等也比欧洲更为普遍。然而欧洲的理想 / 制度间的鸿沟比美国要小，因此欧洲观察家对美国出现的同类问题不太敏感。至少从托克维尔开始，观察家们就只看到了美国流行的自由平等价值，却没有区分规范与实证两个不同维度。除了缪达尔这一醒目的例外，欧洲人一直把关注点放在美欧政治理想和实践之间的差别上，却掩盖了美国自身政治理想与实践之间的鸿沟。结果他们虽然观察了美国政治，却没能发现“不协调”这个核心特征。

非西方社会

为了达到自己的目的，美国人将个人利益作为动力，任凭个人发挥自己的力量与智慧而不进行限制。而为了达到这个目的，俄国人则几乎将社会的一切权力都集中在一人手中。前者将自由作为主要的行动手段，后者则将奴役作为主要的行动手段。

——阿历克斯·德·托克维尔（1835年）

日本人依赖秩序和权威，我们信仰自由与平等，这构成了分立的两极，我们难把作为社会机制的等级制看成是合法的。日本人对等级制的信心是其上下级关系、个人与国家关系的基础。

——露丝·本尼迪克特（Ruth Benedict）

（1946年）

美国文化当然会强调个人对于社会的重要性、个人责任和自我实现。中国人则重视社会关联、基本的集体生活的重要性，以及个人利益服从集体利益。这表明了文化之间的根本差异。

——理查德·H. 所罗门（Richard H. Solomon）

（1971年）

西欧的发展特点是建立在阶级基础上的意识形态多元主义，这是苏联以及主要的亚洲国家——中国、日本、印度——所不具备的。其中一些国家的确在政治价值和意识形态方面具有高度同质性的特点。在一定程度上，苏联、中国、日本和美国一样，都是“共识”社会，而非欧洲社会。这些非西方社会与美国的不同之处在于共识的内容。日本虽然引进了西方的民主主义、社会主义和马克思主义意识形态，但是从封建的德川时代末期到“二战”后的现代，社会政治组织基本规范仍然得以延续和保留。苏联的革命政党成功地消灭了19世纪末出现的自由主义潮流，并将意识形态同质性强加于人为重新构建的社会。中国革命制造的新型政治文化将革命与传统（儒家）元素结合起来。然而正如上述引文所言，这三个社会的主流政治文化与价值从根本上不同于美国流行的自由、平等、个人和民主价值。占领美国社会并在欧洲享有一席之地的中产阶级自由主义传统，在非西方社会中要么根本不见踪影，要么只是边缘化或失败的存在。苏联、中国和日本的主要规范都倾向于增强政治权威，美国的规范则强调限制和削弱权威。

苏联的认同主要依靠政治和意识形态语言来界定，这点和美国很像。就抽象内容而言，苏联的意识形态和美国一样，可以对政治权威发难。毕竟马克思主义是一种彻底的革命意识形态，它包含许多人道主义的思想，并且提出在革命成功后由社会主义向共产主义的转变过程中废除国家。因此从某种意义来讲，美国和苏联的政治体系十分相似，因为二者的主流意识形态都反对权威和等级，支持社会、经济、政治平等，要求政府融入社会。然而苏联国内存在的不仅是马克思主义，还有马克思—列宁主义，后者明确要求建立起共产党组织，党的功能同时包括了意识形态解释和政治统治。马克思—列宁主义的核心原则是党的领导；“美国主义”的核心原则是人民支配。在苏联，意识形态不能被用于对抗政治体系，因为意识形态本身就规定，控制体系的人也应该控制意识形态。因此，马列主义是维护苏联政治体系的工具，还是统治精英争论政治和政策选项的理论框架，但它不可能成为挑战体系的工具。

没有任何单独的团体或机构垄断美国政治价值与原则的解释权。就许多方面而言，这些原则甚至比马克思主义更加敌视现有的权威，因此经常被社会力量用来限制、束缚和削弱政治权威。同样是这个原因，在美国，一个人越是信仰美国理想，就越是批评美国制度的权威结构。而在苏联，一个人越是信仰马列主义，就越是支持苏联制度的权威结构。苏联领导人面临的问题在于人民不再相信官方的意识形态，转而对其抱以冷漠、消极和嘲讽的态度。美国领导人面临的问题则在于人民强烈地信仰主流意识形态，并且试图改革制度和实践，选择新的领导。美国的持异见者经常——并且是成功地——诉诸美国自由主义价值观。苏联的持异见者则通常会呼吁反对苏联马列主义价值，要求用宗教的、自由主义或人道主义的规范对其加以修改和补充。

从更为基础的、非自觉的文化层面来看，苏联社会对于权威的规范和心态是从沙俄时代自然演化而来的。伊凡四世曾说，“俄国的统治者不向任何人负责，而是可以一直任意奖赏或惩罚他们的臣民”，这正是昔日俄罗斯的传统。独裁统治，所有人臣服于国家，政治权威集中，必须服从，这些都是俄罗斯政治传统中的持续性因素，它们只不过在19世纪末、20世纪初被西方舶来的自由主义短暂、轻微地挑战过。德·屈斯蒂纳侯爵（Marquis de Custine）曾于19世纪30年代观察到：“可以说，俄国人，无论是伟大还是渺小，都热衷于奴隶制度。”俄语单词“strakh”的意思是“敬畏权威”，表明共产主义俄国继承了农民俄国的残留。由此，从“双重俄罗斯”——国家是脱离民族、高于民族的存在——这一更为宽泛的模式来看，苏联体系的政治规范和实践的确源于沙皇时代的独裁统治。[40]

苏维埃时期的俄罗斯，“服从”是政治信仰的核心元素。这也是苏联儿童教育中最重要的内容，而自律则排在第二位。同美国孩子相比，苏联孩子在大人面前的敌意、叛逆、冒犯和过失要更少。他们“不太喜欢参与反对社会的行为”，自治性也更差。同龄人压力和成年人压力的关系体现了这种区别；在美国一般是前者排斥后者，在苏联则是前者增强后者。[41] 更一般而言，俄国人似乎一直需要权威和秩序，太多的自由将会导致政治上的放任自流和个人主义，从而更加让他们感到恐惧和不适。即便是20世纪40年代流亡美国的苏联人，也为美国的言论自由程度所困扰，他们“基本上适应并倾向于集权理念和国家政策领域彻底的独裁专断”。70年代末，一位敏锐的苏联问题观察家给出了相似的表述：“沙皇时代以来就广为接受、根深蒂固的政治价值导致了对中央权威的神秘崇拜，对秩序和统一的渴望，对异见和差异的厌恶，以及对一切思想混乱的恐惧。在他们看来，美国社会看起来混乱又可怕。”[42]

日本主流的社会与政治规范也十分不同于美国，它更加支持现存权威结构。日本和俄国政治文化的历史发展过程有诸多相似之处，包括强调集体主义、国家、等级制，压制个人主义，这使两国截然不同于美国和西方传统。[43] 美国和日本彼此间的差异，就像它们各自与其他任何国家的差异一样大，两国代表了“世界各国经验中两个极端的理想类型”。美国理想的“个人主义、平等、社会流动性与竞争”在日本社会几乎没有号召力。“（日本人）讲求团体忠诚、等级依附，这导致了亲密关系、严密合作以及对个人责任荣誉的极端重视。他们既不向普世的神灵负责，也不对自己负责，而是对社会关系和特定的主公负责。与社会的需求保持一致，用勤奋工作促进社会和谐，这些正是他们最坚实的品质”。[44]

和美国流行的平等主义价值不同，“日本人的生活建立在等级制的社会规范之上”。日本人的组织方式通常是垂直的、不平等的等级制度，而不是扁平管理的平等者联合。“日本人承认不平等的事实；这是自然而然、天生注定的。”“等级意识”，或者用露丝·本尼迪克特的话说，日本人对“等级制的信仰和信心”，是日本人看待个人间、团体间和国家间关系的方式的突出特征。每个社会单位都必须被置于等级制上下级关系中的某个合适位置。对于国际关系中的国家而言，这是个“找到自己合适位置”的问题。一位敏锐的日本问题观察家指出，日本人的对外关系心理存在问题，其中“最重要的内容”在于“他们倾向于用等级制的眼光和‘高’‘低’这样的语言看待对外关系，就像他们平时看待人际关系一样”。[45]

同西方社会的个人主义相比，日本人更加具有团体倾向，更喜欢认同由不同质的个体组成的单一团队，其中的成员承担了各种各样分散的或相对不够专业化的角色；他们不鼓励从一个团体流动到另一个团体，也不赞成团体内有公开的不一致声音。正如一位学者所总结的，日本“是一个集体主义社会”。在这样的社会中，最重要的就是避免竞争与不和谐，因此团体在达成决定之前要在内部进行复杂的磋商讨论。而美国人则很适应公开冲突、多数票决和更加个人主义、更加“独行侠”式的领导风格。[46]

日本人对等级制和集体主义的偏好要大于平等主义和个人主义，权威系统因此得到了增强。杰克逊时期，追求平等的热情席卷美国，令托克维尔感到震惊，同一时代处于幕府统治下的日本人则被分为不同的阶级，诸如商人、工匠和农民等低等阶级的政治角色“局限于忠诚、服从和支持”。“反对滥用权力的革命”是美国在历史上的“标志性形象”。“……从美国建国起，人们就公开关注限制权力的问题。而近两千年的日本历史，要么是无政府斗争和内战，要么是独裁统治，在这两极之间什么都没有。日本人怎么可能不欢迎独裁？”[47]明治维新之后，旧的政治体系被改变了，但尊重、服从权威传统的模式一直存在到20世纪后期。就像中根千枝（Chie Nakane）所描述的：

> 独裁统治给日本人灌输了顺从、恐惧和敌意的信条。日本人很害怕公开表达对权威的敌视，反而会向权威效忠，并且劝告他人“长衣裹身”“大树纳凉”。日本人的服从是完全的屈服。任何对权威的批评和反对都被视为英雄主义……非常有意思的是，这样的造反行为在今天被冠以民主行动的标签。反对者通常只是为了自己的面子而反对；这更接近情感的冲突，而不是理性的抵抗。[48]

“二战”结束后的三十年中，自由民主价值在日本得到了支持，特别是年轻人的支持。在1953年的民调中，“如果有一位出色的领导人，那么把事情交给他决定要比在普通公民中进行讨论更好”这一观点得到43%的日本公众的认同，持反对意见的人则占38%。到1973年，只有23%的人赞同这个陈述，而反对者的比例上升到51%。然而其他调查结果显示，即使是在60年代末，日本人对民主的态度也是矛盾的。1973年，43%的日本公众表示他们对民主持有积极看法，30%表示对自由主义持积极看法，在这两个调查中均有40%—50%的人表示自己的看法要视情况而定。[49] 从1953年年初到1973年，表示自己的个人行为将遵从传统道德的人的比例略微降低（从41%到36%），而在工作中偏好家长式管理者（81%）和非家长式管理者（13%），以及在儿童教育中偏好“纪律”的（66%）和偏好“自由”的（22%）的公众比例实际上没有变化。60年代初的日本人还为时常举行选举是否会导致政治进步而各执一词、争论不休。[50] 60年代初日本的主流价值模式被表述为：

> 其中有很多旧秩序的东西，强调家庭和国家重于个人，纪律、责任和义务重于自由，地位差别重于平等，激进的傲慢重于平等。虽然年轻一代和受到良好教育者正在慢慢转向自由主义和“民主”信

仰，但这种转变不是顺利的，还伴随着种族优越感、等级主义和整体主义思想的顽固残留。

用短语“尊……，蔑……”（尊重官员，蔑视人民）概括的权威主义思想仍然是日本国民思想的重要内容。[51]

强调团体忠诚、等级排位和服从权威的传统价值是日本历史的产物。它们已经，并且将会被外来的民主、自由和社会主义思想冲击、改变。然而正如中根所警告的，认为这些传统价值会被现代化和工业化塑造的社会淘汰是错误的。的确如此，或许反过来说才是正确的，拿日本这样的社会和美国进行比较，仍然会发现显著的差异。从一定程度上讲，“平等”是一种现代的、民主的价值。在没有贵族主义、封建主义和等级主义传统的美国，平等很快就占据了优势。而在日本和西欧社会，平等和民主的理念必须同强调社会身份差别、等级秩序和不平等的传统规范展开竞争。然而现代社会，尤其是大型的工业化、官僚化社会的运转，在一定程度上需要身份差别、等级秩序和不平等的存在。因此类似日本这样保留了传统价值体系重要内容的现代社会，也许会发现旧价值的新用途。中根认为，日本的垂直组织结构模式的强大力量“源自其集中交流的效率，以及快速高效动员社会成员集体力量的能力”。“这种结构对于现代化进程的贡献是不可估量的……它支持了日本战后的经济增长。”[52]美国人和受美国影响的日本人将这种组织结构视为封建主义和传统主义的残留，只看到它消极的一面，却没能发现其对“现代化利益”产生的积极作用。

在中国和美国的价值观之间同样有着巨大的差异。中国社会和日本一样，“站在和美国社会对立的另一极上”。“它依赖一套根本上不同于美国的价值和原则安排。”中国人不像美国人，他们在传统上不会脱离团体而生存，也没有自然权利和自由权利。相反，中国价值观的重点是“个人对社会及其小集体的责任与义务”。[53]

中国传统政治文化的核心特征是不平等、等级制和专制主义，它没有选举、参与、代表、权力分立、宗教独立和一般法。另一位学者认为，在中国文化中，“权威应当是专制、严酷甚至残忍的；然而它也被视为精巧的、智慧的，是忠诚的来源”。“权威既使人恐惧、疑虑，又受到人们的尊重和依赖”。[54]等级秩序无所不在。费正清（John Fairbank）认为：“中国历史几乎没有平等关系的先例……中国人观察到的自然秩序是非平等的、等级化的，他们解决政治问题的办法来自于此。”因此就像白鲁恂（Lucian Pye）说的：“在政治中没有平等，只有上下级。”政府在中国是最重要的。在传统中国，政府是地位、权力和财富的唯一重要来源。在美国的传统中，财富和地位是由政府之外的渠道获得的，这与中国形成了鲜明对比。在中国，政府享有的尊严和特权是其他国家无法比拟的。白鲁恂发现:“中国从来没有产生过这种观念——为了维护其他大型社会系统的完整性和逻辑必然性,政府权威应当受到制约。”[55]

在传统中国社会内部,权威是集权化的,国家高于社会,保持着相对于社会的自治。“在理论和实践方面,统治者和被统治者、官员和百姓之间的差别十分明显”。所有的人与人的关系都强调尊重权威,起点就是“百善孝为先”。“历史上没有哪个文化像中国人这样将‘孝’放在如此重要的位置”。社会中无处不在的权威加强了这种趋势。在传统中国,“儒家家庭生活试图向人们灌输尊重权威的意识,这被视为王朝统治稳定的基石”。或者用11世纪中国哲学家的话来讲:“唯有识得尊卑贵贱之关系,方能有序顺调而弗乱。民无治道何以存焉?”[56]

有人认为,中国人对强大权威体系的需求,与他们害怕权威消失导致的混乱与冲突有关。同时,不仅要保持对权威的尊重,还要与它保持距离,以避免潜在的负面影响。“人相食”,所以政府是必要的,但是“苛政猛于虎”。由此产生了“面对权力消极无为”的传统思想。这种观点意味着“因为面对社会权威而感到焦虑,因此对上级采取迂回态度,极不愿意提出批评,而是违心地顺从掌权者”[57]。对于可能出现的分歧和冲突,把权力集中起来既有必要,又显得合理。

因此,权威等级、中央集权和强国家在中国传统文化中有着极为重要的地位。当一个王朝崩溃的时候，这些特权会减弱或者消失。随后就会出现一条中国式的理想 / 制度间的鸿沟，作为信条狂热时期美国政治特征的美国理想 / 制度间的鸿沟正好是它的对立面。然而待混乱与战争的插曲结束后，一个新的统治者会夺取政权，宣称自己受命于天，中国政府的现实就会以更加严格的形态重归传统原则。1949 年以后中国发生的事情就是如此，自 19 世纪清朝趋于腐朽以来，共产党人第一次在全国范围内重建起一个强大的权威体系。

共产主义意识形态——特别是毛泽东主义——和传统儒家思想有着明显不同。就像詹姆斯·汤森（James Townsend）总结的那样，毛泽东主义主张用集体主义反对宗族和村社的特殊主义，用行动主义反对无为主义，用自力更生反对依靠外国，用平等主义反对等级秩序[58]。这些冲突的思想相互交织成具有整体性的政治文化，这一过程迄今仍未完成。另一方面，毛泽东主义和中国传统文化都拒绝赋予政治自由和个人主义任何合法地位，二者都强调强国家，强调社会从属于国家的必要性；并且，虽然二者在诸如权威合法性来源等问题上存在明显分歧，但是都认为应当尊重权威。

在许多社会中（主要是欧洲社会），若干不同的意识形态能够共存，因此国家不会遭到单一意识形态的攻击。在德国，20 世纪六七十年代培养起来的民主价值共识，在一定程度上建构起类似美国的政治理想与既存体制间关系。即便如此，个人主义、平等主义、反国家主义仍然是美国政治文化明显不同于德国的方面。非西方社会单一的政治信仰系统增强了既存秩序的权威。在欧洲，“实然”的安全依赖于诸多不同的“应然”；在俄国和亚洲，唯一的“实然”则通过控制唯一的“应然”保障自身稳固长存。而在美国，一个广为接受的“应然”激烈地打破了“实然”的控制。结果，美国社会赖以生存的理想与赖以运转的机制之间出现了一条巨大的鸿沟，形成了对权威持久而独特的挑战。

注　释：

1. *Boston Globe,* October 14, 1971, p. 8.

2. Charles H. Hendel, “An Exploration of the Nature of Authority”, in Carl J. Friedrich, ed., *Authority* (Cambridge, Mass.: Harvard University Press, 1958), pp. 4–5.

3. Quoted in Rush Welter, *The Mind of America: 1820–1860* (New York: Columbia University Press, 1975), pp. 165–166, 172.

4. William Schneider, “Public Opinion,” *Politics Today* 5 (September-October 1978): 10. Donald J. Devine, *The Political Culture of the United States* (Boston: Little, Brown, 1972), p. 102.

5. William Blackstone, *Commentaries on the Laws of England,* 10th ed., (London: A. Strahan, 1787), 1:48–49. John Bowring, *The Works of Jeremy Bentham* (Edinburgh: n.p., 1843), 1:154n, 10:63, quoted in Chilton Williamson, “Bentham Looks at America,” *Political Science Quarterly* 70 (December 1955): 549. On the perpetuation in America of older dispersed forms of government displaced in Europe by the rise of the modern nation-state in the seventeenth century, see Samuel P. Huntington, *Political Order in Changing Societies* (New Haven: Yale University Press, 1968), ch. 2.

6. Henry James, *Hawthorne* (Ithaca, N.Y.: Cornell University Press, 1956; originally published 1879), p. 34. Baron J. A. Graf von Hübner, in Richard L. Rapson, ed., *Individualism and Conformity in the American Character* (Lexington, Mass.: D. C. Heath, 1967), p. 24. James Bryce, *The American Commonwealth* (London: Macmillan, 1891), 2:417–418. H. G.

Wells, quoted in Esmond Wright, "The End of Innocence," *Political Quarterly* 43 (January 1972): 35. G. K. Chesterton, *New York Times Magazine,* July 12, 1931, quoted in Leon Samson, *The American Mind* (New York: Jonathan Cape & Harrison Smith, 1932), p. 345n.

7. Seymour Martin Lipset, "Why No Socialism in the United States?" in Seweryn Bialer and Sophia Sluzar, eds., *Sources of Contemporary Radicalism* (Boulder, Colo.: Westview Press, 1977), pp. 94–97. See also Erwin C. Hargrove, "On Canadian and American Political Culture," *Canadian Journal of Economics and Political Science* 33 (February, 1967): 107, and, for a general elaboration of this theme, David DeLeon, *The American as Anarchist: Reflections on Indigenous Radicalism* (Baltimore: Johns Hopkins, 1978).

8. Bryce, *American Commonwealth,* 1:299.

9. Cora Du Bois, "The Dominant Value Profile of American Culture," *American Anthropologist* 57 (December 1955): 1238.

10. John George Cawelti, *Apostles of the Self-Made Man* (Chicago: University of Chicago Press, 1965), p. 2.

11. Alexis de Tocqueville, *Democracy in America,* ed. Phillips Bradley (New York: Vintage Books, 1954), 2:108. Louis Hartz, *The Liberal Tradition in America* (New York: Harcourt, Brace, 1955), pp. 85–86. Huntington, *Political Order,* p. 125.

12. George C. Lodge, *The New American Ideology* (New York: Knopf, 1975), p. 15.

13. The one notable exception to this rule is Judith V. Torney, A. N. Oppenheim, and Russell F. Farnen, *Civic Education in Ten Countries: An Empirical Study* (New York: John Wiley, 1975), which showed teenagers in America to have less commitment to democratic values than those in West Germany, Finland, Ireland, Netherlands, Sweden, Italy, and New Zealand.

Only fourteen-year-olds in Israel were more undemocratic in their outlook than their American counterparts. In these comparisons, a Support for Democratic Values score was calculated by averaging scores for Anti-Authoritarianism, Tolerance and Civil Liberties, Support for Women's Rights, and Support for Equality.

14. Max Beloff, *The Great Powers* (New York: Macmillan, 1959), p. 137.

15. Gabriel A. Almond and Sidney Verba, *The Civic Culture* (Boston: Little, Brown, 1965), pp. 314–315. Devine, *Political Culture*, p. 193.

16. Jack Dennis, Leon Lindberg, Donald McCrone, and Rodney Stiefbold, "Political Socialization to Democratic Orientations in Four Western Systems," *Comparative Political Studies* 1 (April 1968): 94.

17. Fred I. Greenstein and Sidney Tarrow, *Political Orientations of Children: The Use of a Semi-Projective Technique in Three Nations* (Beverly Hills: Sage Publications, 1970), pp. 520–529.

18. Judith Gallatin and Joseph Adelson, "Individual Rights and the Public Good: A Cross-National Study of Adolescents," *Comparative Political Studies* 3 (July 1970): 240–241.

19. See Seymour Martin Lipset, *The First New Nation* (New York: Basic Books, 1963), ch. 7, and Tom Truman, "A Critique of Seymour M. Lipset's Article, 'Value Differences, Absolute or Relative: The English-Speaking Democracies'," *Canadian Journal of Political Science* 4 (December 1971): 497–525. Truman argues (contra Lipset) that Canadian and American values are closer than Australian and American values, but he also stresses the major differences separating American values from Australian, British, and Canadian values.

20. Hargrove, "On Canadian and American Political Culture", p. 107.

21. Edgar Z. Friedenberg, *Deference to Authority: The Case of Canada* (White Plains, N.Y.: M. E. Sharpe, 1980), p. 17.

22. Robert Presthus, *Elites in the Policy Process* (London: Cambridge University Press, 1974), pp. 4–15, 30–39. Lipset, *First New Nation,* pp. 86–89, 250–252.

23. Gad Horowitz, "Conservatism, Liberalism and Socialism in Canada", *Canadian Journal of Economics and Political Science* 32 (May 1966): 150.

24. Edmund Burke, *Reflections on the Revolution in France* (Chicago: Regnery, 1955), pp. 125–126, and idem, "Speech on Moving Resolutions for Conciliation with the Colonies," in Ross J.S. Hoffman and Paul Levack, eds., *Burke's Politics* (New York: Knopf, 1949), pp. 69–71.

25. Lipset, *First New Nation,* pp. 213–234. Eric A. Nordlinger, *The Working-Class Tories* (London: MacGibbon & Kee, 1967), ch. 1. R. D. Jessop, "Civility and Traditionalism in English Political Culture", *British Journal of Political Science* 1 (January 1971): 1–24.

26. A. P. Thornton, *The Habit of Authority: Paternalism in British History* (London: Allen & Unwin, 1966), p. 386.

27. Maurice L. Farber, "English and Americans: A Study in National Character", *Journal of Psychology* 32 (October 1951): 241–250. Erwin C. Hargrove, "Values and Change: A Comparison of Young *Elites* in England and America", *Political Studies* 17 (September 1969): esp. 343.

28. Edward A. Shils, *The Torment of Secrecy* (Glencoe: Free Press, 1956), pp. 37, 48–49.

29. Alex Inkeles and Daniel Levinson, "National Character: The Study of Modal Personality and Sociocultural Systems," in Gardner Lindzey, ed., *Handbook of Social Psychology* (Cambridge, Mass: Addison-Wesley, 1954), p. 475.

30. Kurt Lewin, "Some Social-Psychological Differences between the United States and Germany", *Character and Personality* 4 (June 1936): 269.

31. Dennis et al., "Political Socialization", p. 95. Edward C. Devereux, Jr., Urie Bronfenbrenner, and George J. Suci, "Patterns of Parent Behavior in the USA and the Federal Republic of Germany: A Cross-National Comparison", *International Social Science Bulletin* 14 (Fall 1962): 488–506. Gallatin and Adelson, "Individual Rights", p. 241. David McClelland, J. F. Sturr, R. H. Knapp, and H. W. Wendt, "Obligations to the Self and Society in the United States and Germany", *Journal of Abnormal and Social Psychology* 56 (March 1958): 245–255.

32. "Subject orientation" and "firmly democratic attitudes": Sidney Verba, "Germany: The Remaking of Political Culture," in Lucian W. Pye and Sidney Verba, eds., *Political Culture and Political Development* (Princeton: Princeton University Press, 1966), p. 169. "Ascriptive elitist values": Lipset, *First New Nation*, p. 238. "Germans fundamentally changed" and "political but not psychological democracy": David C. McClelland, *The Roots of Consciousness* (Princeton, N.J.: Van Nostrand, 1964), p. 89.

33. Kendall L. Baker, Russell J. Dalton, and Kai Hildebrandt, *Germany Transformed: Political Culture and the New Politics* (Cambridge, Mass.: Harvard University Press, 1981), pp. 24–25, 287. David P. Conradt, "Changing German Political Culture," in Gabriel A. Almond and Sidney Verba, eds., *The Civic Culture Revisited* (Boston: Little, Brown, 1980), p. 234.

34. Kurt Sontheimer, *The Government and Politics of West Germany* (London: Hutchinson University Library, 1972), pp. 76, 68–69.

35. Conradt, "Changing German Political Culture", pp. 221, 230. Baker et al., *Germany Transformed*, p. 273.

36. Baker et al., *Germany Transformed*, pp. 69, 288.

37. Lipset, *First New Nation,* p. 228. Fred I. Greenstein and Sidney G. Tarrow, "The Study of French Political Socialization: Toward the Revocation of Paradox", *World Politics* 22 (October 1969): 108.

38. William R. Schonfeld, *Obedience and Revolt: French Behavior toward Authority* (Beverly Hills: Sage Publications, 1976), pp. 137–142. Stanley Hoffmann, "Paradoxes of the French Political Community," in Hoffmann et al., *In Search of France* (Cambridge, Mass.: Harvard University Press, 1963), p. 8.

39. Mariano Grondona quoted in Peter Krogh and Wenceslao Bunge, eds., *Argentine-American Forum* (Washington, D.C.: Georgetown University School of Foreign Service, 1980), pp. 9–10. Robert F. Peck, "A Comparison of the Value Systems of Mexican and American Youth", *Revista Interamericana de Psicologia* 1 (March 1967): 46–47. Noel McGinn et al., "Dependency Relations with Parents and Affiliative Responses in Michigan and Guadalajara", *Sociometry* 28 (September 1965): 313. See generally Calman Jay Cohen, "Relations to the Polity: A Study of Mexican Fathers and Sons" (diss., Harvard University, 1976), ch. 2.

40. Ivan the Terrible is quoted in B. H. Sumner, *Survey of Russian History*, 2nd ed. (London: Duckworth, 1947), p. 67. Marquis de Custine, *Journey of Our Time,* ed. and tr. Phyllis Penn Kohler (New York: Pellegrini & Cudahy, 1951), p. 73. Henry V. Dicks, "Some Notes on Russian National Character," in Cyril E. Black, ed., *The Transformation of Russian Society* (Cambridge, Mass.: Harvard University Press, 1960), pp. 641–642. Robert C. Tucker, "The Image of Dual Russia," in Black, *The Transformation of Russian Society,* pp. 587–605.

41. Frederick C. Barghoorn, *Politics in the USSR* (Boston: Little, Brown, 1966), pp. 22ff. Urie Bronfenbrenner, *Two Worlds of Childhood*

(New York: Russell Sage, 1970), pp. 9–11, 90–91, and "Response to Pressure from Peers versus Adults among Soviet and American School Children", *International Journal of Psychology* 2 (1967): 199–207.

42. Alex Inkeles and Raymond A. Bauer, *The Soviet Citizen* (Cambridge, Mass.: Harvard University Press, 1959), pp. 247–249, 279–280, 392. David K. Shipler, *New York Times,* June 14, 1979, p. 1.

43. See Cyril E. Black et al., *The Modernization of Japan and Russia: A Comparative Study* (New York: Free Press, 1975), passim, esp. pp. 53, 55, 95, 117, 147ff, 154–155, 159, 264–265, 268, 276, 318–319.

44. Lewis Austin, *Saints and Samurai: The Political Culture of the American and Japanese Elites* (New Haven: Yale University Press, 1975), pp. 1, 6, 147.

45. "The social norm": Chie Nakane, *Japanese Society* (Berkeley: University of California Press, 1970), p. 31. "The fact of inequality": Masatake Ushiro and George C. Lodge, "On the Japanese Ideology," in Lodge, *New American Ideology,* p. 344. Ruth Benedict, *The Chrysanthemum and the Sword* (Boston: Houghton Mifflin, 1946), p. 43. "The first element": Hiroshi Kitamura *Psychological Dimensions of U.S.-Japanese Relations,* Harvard University Center for International Affairs, Occasional Paper No. 28 (Cambridge, Mass.: 1971), pp. 10–11.

46. Frank Langdon, *Politics in Japan* (Boston: Little, Brown, 1967), p. 74. Austin, *Saints and Samurai,* pp. 129–130, 139–142.

47. Robert E. Ward, "Japan: The Continuity of Modernization," in Pye and Verba, *Political Culture,* p. 34. Austin, *Saints and Samurai,* p. 59.

48. Nakane, *Japanese Society,* p. 103.

49. Tatsuzo Suzuki, *A Study of Japanese National Character, Part 4* (Tokyo: Institute of Statistical Mathematics, Research Committee on the Study of Japanese National Character, 1969), p. 22. Research Committee on the Study of the Japanese National Character, *A Study of the Japanese National Character: The Fifth Nation-Wide Survey, 1973* (Tokyo: Institute of Statistical Economics, 1974), pp. 80–82. Joji Watanuki, "Japan," in Michel Crozier, Samuel P. Huntington and Joji Watanuki, *The Crisis of Democracy* (New York: New York University Press, 1975), p. 141.

50. Suzuki, *Japanese National Character,* pp. 6–7. Research Committee, *Japanese National Character: Fifth Survey,* pp. 22, 41, 55. Bradley M. Richardson, *The Political Culture of Japan* (Berkeley: University of California Press, 1974), pp. 69–70.

51. Warren M. Tsuneishi, *Japanese Political Style* (New York: Harper & Row, 1966), pp. 17–21.

52. Nakane, *Japanese Society,* p. 63.

53. Tang Tsou, "The Values of the Chinese Revolution," in Michel Oksenberg, ed., *China's Developmental Experience* (New York: Praeger, 1973), pp. 27, 30. Richard W. Wilson, *Learning To Be Chinese: The Political Socialization of Children in Taiwan* (Cambridge, Mass.: MIT Press, 1970), pp. 19, 30, 51.

54. George P. Jan, "Government and Politics of the People's Republic of China" (unpublished manuscript), ch. 1. Lucian W. Pye, *The Spirit of Chinese Politics* (Cambridge, Mass.: MIT Press, 1968), p. 86.

55. John K. Fairbank, quoted in Wilson, *Learning To Be Chinese,* p. 53. Pye, *Spirit of Chinese Politics,* pp. 25–26, 77. Francis L. K. Hsu, *Americans and Chinese* (Garden City, N.Y.: Doubleday Natural History Press, 1972), pp. 177–180.

56. James R. Townsend, *Politics in China* (Boston: Little, Brown, 1974), pp. 30ff. Pye, *Spirit of Chinese Politics*, p. 91. Ch'eng I, quoted in Richard H. Solomon, *Mao's Revolution and the Chinese Political Culture* (Berkeley: University of California Press, 1971), p. 108.

57. Solomon, *Mao's Revolution*, pp. 112–113.

58. Townsend, *Politics in China*, pp. 179–188.

第四章

对“鸿沟”的应对

美国的认知失调

“人们变坏的原因，绝不会是因为执政者行使权力或是被统治者习惯于服从，”托克维尔说，“而是因为前者行使了被认为是非法的暴力，而后者服从了他们认为是侵夺和压迫的强权。”[1]但是，如果一个社会的主流观点认为所有权力都有非法的嫌疑，并质疑大部分的政府统治行为至少有潜在的剥削性和压迫性，那又会发生什么呢？在美国，恰恰是由于美利坚信条中体现的自由民主价值，领导人腐败、民众堕落的机会要比其他地方多得多。事实上，美国人不得不发展出一些独特的方式来应对自由主义理想和政治现实间之鸿沟，以此实现权力的合法化，让人民接受统治。

在欠发达社会，一旦社会精英中的关键成员（如知识分子和军人）放弃传统信仰，转而接受现代价值，传统体制就会丧失合法性。在意识形态较复杂的社会，信仰不同意识形态的社会团体（如工人阶级和土地贵族）的重要性此消彼涨，也会令现存体制丧失合法性。既有制度丧失合法性，是因为主流政治信仰在内容和影响力方面发生了变化。而在美国，既有制度从始至今一直面临着合法性挑战。理想和现实的差距，造成了独具美国特色的认知失调问题。

认知失调的正式理论由列昂·费斯廷格（Leon Festinger）提出，用以解释个体行为，但也有助于解释集体行为出现的问题。该理论的假设认为，个人信仰、态度和认知中的不一致或失调将会造成“心理不适”，并“促使个体试图减少失调，达成认知一致”。个体还会“积极地避免可能导致进一步失调的情况和信息”[2]。在其他方面，认知失调理论预测，当可观察到的、由外部限制和要求塑造的个体行为与其信念体系不相符时，个体就会改变信念，使之与自身实际行为相符，以减少认知失调。这说明，因为美国人认识到原则与实践之间的差距（按照认知理论的看法，这种关系对他们是“重要的”），他们会有强烈的倾向去改变自己的信念，使之与自身行为相符，以此来减少认知失调。他们会试图调和、淡化或者放弃自己的理想。这是否是一条解决国民认知失调问题的现实路径呢？

20 世纪 50 年代新英格兰政治科学协会在马萨诸塞州艾默斯特市（Amherst）举行的一次座谈会上很好地阐述了这个问题。这次座谈会的主题是国家安全与个人自由。参会者包括两位分别代表自由主义和温和派观点的学者。然而会上的明星人物却是来自耶鲁大学的威尔莫·肯德尔（Willmore Kendall）教授，当时他是一位优秀的、具有争议的政治理论家，是新保守主义运动的思想火炬，也是威廉·巴克利（William Buckley）的导师。主办方请肯德尔参会，显然是为了让他在讨论中表达“保守主义”观点。观众和与会人士已经做好了准备，以为会看到他为麦卡锡参议员、联邦调查局、众议院反美活动调查委员会（House Un-Amerian Activities Committee）以及政府压制激进异见分子的行为提供辩护。

肯德尔教授才说了不到两分钟，就表明此前观众完全错误地判断了他的意图和思想。一开始，肯德尔就用一番雄辩博学的演讲，阐述了最根本的美国理想——个人权利和正当法律程序，约翰·洛克和托马斯·杰斐逊，《独立宣言》和《权利法案》，美国传统的良知与表达自由，以及保护这些权利免受政府侵害的必要性。接下来，他又有力地证明了近年来传统的原则与自由受到了多么严重的破坏。国会中的政治迫害，对参议员的调查，焚毁禁书，暗杀知名人士，将行使不得自证其罪的宪法权利的人列入黑名单，攻击新闻自由，还有政府、大众团体和自封的义务警员的诸多行为，都明显地破坏了个人权利和自由的美国传统理想。

肯德尔教授认为这种情况显然是无法被容忍的。为了让实践与信仰相符，我们能做些什么？当满怀欣慰的观众们等着肯德尔提出改革建议时，他却停顿了一下。接下来他明确地说到，我们必须摆脱那种 18 世纪的、陈腐的个人权利与自由观念。台下的两百名政治家目瞪口呆，会场内不时传出沮丧的叹息声。在剩下的演讲时间中，学者们噤若寒蝉。

善良的教授们无法相信肯德尔说的话是出自真心实意。可以想象这的确不是真话——他是个很会戏弄观众的演讲者。但是肯德尔的发言在观众中造成的震惊和质疑，充分说明了美国人无法用彻底放弃原有政治价值的办法来消除认知失调。肯德尔给出的选项是典型的认知失调理论的解决方案，但在美国人身上偏偏行不通。如果美国人真能轻松地通过改变或放弃自己的价值来解决问题，那他们就和世界上其他国家的人民没什么两样。但是他们做不到。美国人的政治理想是民族认同的核心。既要放弃政治价值，又不改变作为“美国人”的根本意义，不变成“非美国人”，这是他们无法办到的。对一个不切实际的政治理论家来说，肯德尔选项未尝不可；但是对美国公众来说，这是不可接受的，在历史上也从来没有起过什么作用。

于是，失调与困境仍在。只有信仰美利坚信条的人才是美国人，而信仰信条的美国人就必定要反对自我。

不同的回应模式

美国人应对国民认知失调的方式有哪些？稳定的共识是美国政治价值的特点，理想 / 制度间的鸿沟也一直存在。然而不同团体的美国人对政治价值的信仰程度——美国社会的信条热情——是不同的，对鸿沟的认知程度也是不同的。这两个变量取值的不同导致了表 2 所示的四种主要回应模式。

表 2　美国人对理想 / 制度间鸿沟的回应模式

理想信仰的程度	对鸿沟的认知水平	
	清晰	不清晰
高	道德主义（要求消灭鸿沟）	自欺欺人（否认鸿沟的存在）
低	犬儒主义（忍受鸿沟的存在）	冷漠自满（忽视鸿沟的存在）

1. 道德主义（moralism）。如果美国人坚定地相信政治理想，并清楚地感受到理想 / 制度间的鸿沟的存在，他们就会尝试通过改革，从道德上消灭鸿沟，使实践与制度符合原则与信仰的要求。

2. 犬儒主义（cynicism）。如果对政治理想的信仰不够强烈，但是对理想 / 制度间的鸿沟的认知很清晰，美国人将诉诸犬儒主义的态度，在冷嘲热讽的同时容忍鸿沟的存在。

3. 冷漠自满（complancency）。如果信仰不是那么坚定，对鸿沟的认知也不甚清晰，美国人会自我感觉良好，企图对问题视而不见，从而忽略鸿沟的存在。

4. 自欺欺人（hypocrisy）。如果美国人强烈地信仰政治理想，又拒绝承认理想与现实之间存在差距，他们的选择不是改变现实，而是用爱国主义的虚伪极力改变自己对现实的认知。*

* 也许有人会发现，我给这四种反应模式贴的标签都带有消极含义——的确如此。人们可以使用委婉的说法，比如道德而非道德主义，现实主义而非犬儒主义，心满意足而非冷漠自满，爱国主义而非自欺欺人。但是这些令人愉快的标签模糊了关键的一点：在某种程度上，每种反应模式都不尽如人意，都无法被一大群人长时间地坚持下去。人们想要遮掩理想 / 制度间的鸿沟导致的种种问题，而不是将其公之于众。

在不同的时期，社会批评家——包括关心美国社会的外国观察家——都曾经发现过这些典型反应模式中的某一个。事实上，这四种反应模式贯穿了美国历史的大部分时期，它们彼此互动，既相互增强又相互制衡[3]。冷漠自满或许是最普遍的反应，但也是最不显眼、最后被发现的一种。其他三种则都在美国文化中留下了清晰的印记。

例如，对理想 / 制度间的鸿沟的容忍是犬儒式回应的本质，也是美式幽默的主要源头。喜剧源自不协调，在不同的社会中，不协调的来源也各不相同。有人指出，“差不多所有伟大的英国喜剧都来自阶级差别”。“从《村妇》（*The Country Wife*）到《小人物日记》（*The Diary of a Nobody*），从 P. G. 伍德豪斯（P. G. Wodehouse）到安东尼·鲍威尔（Anthony Powell），从乔叟（Chaucer）到南希·米特福德（Mancy Mitford），作家们都是用直奔阶级结构话题的办法逗乐读者。”[4]美国幽默并非来自阶级间的不和谐，而是像路易斯·鲁宾（Louis Rubin）说的那样，“理想与现实之间的不一致……是美国人经验的核心内容”。这种不一致成了大多数美式幽默的主题，马克·吐温这位最具美国特色的幽默大师在其作品中最为鲜明地体现出这一点。罗宾继续说道：“除了平凡世界与英雄理想之间的不协调，还有物质现实与精神饥渴……平等理论与社会经济不平等的现实，《独立宣言》与禁酒令，葛底斯堡演说与国民生产总值，《共和国战歌》

（the Battle Hymn of the Republic）与金元外交，霍雷肖·阿尔杰的理想与纽约社会名人录——就像美国人生活中发生的那样，在做人的应然和实然之间迸发出大喜大悲。”这就是罗伯特·佩恩·沃伦（Robert Penn Warren）所谓的“美国形而上马鞍下面的毛刺”，生活在同一个屋檐下，还要背负“一个巨大的承诺，一个非常巨大的承诺——《独立宣言》”所导致的问题[5]。在理想的行为准则与实际发生的行为之间存在的巨大差异，为嘲笑虚伪的道德提供了源源不绝的笑料。美国人喜欢“揭穿大话”——“大话”（bunk）本身就是个美国特色的词汇[6]。幽默成为了对付认知失调的一种方式，对美国生活的承诺被转化成“巨大的美国玩笑”。

外国观察家经常指出，自欺欺人是美国文化的特色，这并不让人感到意外。尽管没有理由将其视为最主要的回应模式，但是自欺欺人毫无疑问在美国政治生活中占据着重要位置。美国人想让自己相信，美国的政治制度体现了自由民主的理想。他们常常把这种信念表达给外国人，导致外国人认为美国人喜欢说些虚伪的道德谎言。就像欧文·克里斯托尔（Irving Kristol）说的那样，大众的自欺欺人是因为美国人“从感情上坚定地相信一个理念，即政府——所有地方的所有政府——不应妨碍公民的个人生活、个人自由和对幸福的追求”[7]。美国人认为自己至少可以相信本国政府和政治体系达到了这个标准。就此而言，自欺欺人——词典上的意思是

“虚假伪装的道德优越”——不仅是实践偏离原则的产物，也是坚持不可实现之原则的产物。由此，通过假装不知道生活中存在着权力、不平等、等级秩序和束缚的事实，美国人减轻了认知失调。

一切统治阶层都必须在一定程度上是虚伪的，这一点在现代自由民主制度中尤为真实。杰克逊时期美国的民主浪潮，使纳撒尼尔·霍桑（Nathaniel Hawthorne）等作家抓住了虚伪这一美国社会的普遍特征。在民主国家，像林肯和富兰克林·罗斯福这样的领导人容易“被没完没了地指责为虚伪之徒”，因为他们“给衰落的政治原则和忠诚注入了新的活力”，并且“提高了道德与政治期望的水平”，但是又没能“达到他们亲手复活的标准”[8]。美国体制最有名的发言人装腔作势地说些美国自由主义的陈词滥调，仿佛这不是虔诚的渴望而是描述现实。他们为拥有权力感到羞愧，便觉得需要假装自己没有权力，从而限制了行使权力的能力。美国人很享受揭穿虚伪者的感觉，但是如果本国领导人没有虚伪之处，他们就会感到不安。美国人民不但要求公众人物具有高尚的情操，而且认为，如果“你的政治宣言显得特别高尚，你在本质上就不是一般的虚伪”[9]。

美国公众人物的确可能因为不够虚伪而被抨击。“水门事件”录音带揭露了尼克松的猥琐病态，还有他粗鄙的现实主义观点，一些政治人物对此作出的反应很好地说明了这点。

参议员鲍勃·派克伍德（Bob Packwood）发现："尼克松在录音带的副本中根本就没有提到美国人民的福祉。其中甚至没有一丁点关于人民利益的陈词滥调。"民主党主席罗伯特·施特劳斯（Robert Strauss）以类似的语气不无动情地抱怨道："这比我曾经假设的情况还令人难受。我一直试着在录音中寻找对人民和国家的关心。"[10] 尼克松诸多罪状之中，也包括在与助手的私人谈话中没有使用公众面前常见的虚伪话语。

道德主义也同样被认为是美国人的特点。桑塔亚那认为："美国人很有先知气质，他们用道德指导公共事务，热情又缺乏耐心……他们是讲原则的人，并且喜欢重申这些原则。"[11] 其他观察者也注意到道德主义是如何导致了自我批判的倾向，指出这种在欧洲人眼里几乎有违常情的行为正是美国人的鲜明特征。当美国人被指控为虚伪之徒时，缪达尔进行了辩护，坚称美国人致力于揭露道德丑恶：

> 对于理想与实际行为之间的不一致，流行的解释认为，美国人其实根本不想践行他们挂在嘴边、写入宪法和法律中的那些理想。许多美国人习惯用随意轻蔑的口吻声称，遵循美利坚信条不过是"表面文章"甚至"自欺欺人"。外国人就更容易如此描述美国人的特征了。
>
> 这种解释过于肤浅。首先，真正的伪君子，其

> 罪过都是秘密的；罪人会隐藏自己的错误。与此相反，美国人真诚、强烈地“反对罪恶”，甚至尤其是反对自己的罪恶。美国人会调查自己的错误，将其记录在案，站在房顶大声宣布这些罪状，并且对自己提出最猛烈的指责，其中也包括虚伪。如果全世界都知道了美国发生的政治腐败、有组织犯罪和司法系统崩溃，那么主要原因不在于美国人民因愤恨而揭短，而是他们敢于公开自己国家的不完美之处。[12]

缪达尔有关美国人热衷于揭露自身罪恶的描述非常真实。但同样真实的是，在不同的时期，一些美国人可能会容忍、忽视甚至否认自己的罪恶。道德主义、犬儒主义、冷漠自满和自欺欺人是美国人应对认知失调问题的几种常见方式。而这些方式的作用和重要性则随时代和团体的不同而有所差异。

反应模式的动力机制

作为一个整体，美国社会既可能采取某一种反应模式，也可能采用若干不同反应模式的混合。不同时期的国内氛围，可能由冷漠自满、自欺欺人、道德主义和犬儒主义这四种回应方式之一主导。经验表明，选择其中一种方式可能会产生连锁效应，进而导致随后选择另一种方式。然而没有任何一种方式提供了长期解决认知失调问题的办法。每一种反应都被尝试过一段时间，随后又在寻求摆脱国家困境的无尽过程中被放弃。不同反应间循环模式的逻辑动力学如下。

1. 道德改革（消灭鸿沟）。因为无法通过改变基本原则消灭认知失调，所以必须改变制度和行为。当人们强烈地信仰美国政治价值，清晰地认识到理想与现实间的差距，并试图重构制度与实践以体现这些理想时，道德主义的反应就会出现。虔诚的信仰和清晰的认知相结合，为改革提供了道德动机。爱默生（Ralph Waldo Emerson）说："改革的历史总是相同的，它是思想与事实的比较。"[13] 美国社会主要团体开始高度关注不平等、缺少自由以及权力专断的现实。他们将这些情况戏剧化，将其强加于公众意识，使政策制定者和对此表示关心的公众无法忽视政治生活现实与美国信念之间的矛盾。少数人的义愤引发了更多群众的愤怒。本来已经被接受的制度与实践丧失了合法性。削减权力、改革体系的要求成为政治日程表的首要任务：现实必须符合理想。在信条激情时期，美国社会潜在的不和谐性质浮出水面。

2. 犬儒主义（容忍鸿沟）。大部分公众的强烈义愤只能维持有限的一段时间。曝光丑恶最初是道德主义揭露虚伪的工具，后来却为犬儒主义反对道德主义提供了辩护。人们认识到理想 / 制度间的鸿沟仍然存在，对于弥合鸿沟的期待却下降了。那些希望通过阐述信条来改变现实的人发现自己越来越脱离现实，他们本来是揭发虚伪的积极分子，现在却成了带头虚伪的负面榜样。

改革的起点是一个假设，即消灭丑恶的掌权者就能消灭丑恶。该假设的推论即为重构制度的必要性，结局则是人们意识到这两个假设都不正确。一些改革者断定“系统”本身必须被彻底改变，因此支持变革。另一些人则任凭改革激情消退，转而对鸿沟抱以嘲讽的容忍（至少暂时如此）。消灭鸿沟的激情被无力改变的沮丧取代，道德愤怒被道德无助取代。所有的政客都是恶棍，所有的机构都腐败。正如美式幽默中的角色所表现的那样，理想 / 制度间的鸿沟必须被接受，甚至是被欣赏。

3. 冷漠自满（忽视鸿沟）。犬儒主义是忍受认知失调的尝试。但是正如人们没法无限地维持道德激情，他们也没法无限地容忍理想与实践之间的巨大差距。“认知失调是有害的状态”，并且“相关认知的重要性，以及矛盾认知的相对数量，决定了认知失调的严重程度和紧迫程度”[14]。然而，从信条激情到犬儒主义的蜕变涉及道德感的钝化，从犬儒主义到冷漠自满的蜕变则涉及认知能力的钝化。仅仅是将注意力转移到其他事情上，就会降低失调认知的重要性。在信条热情低落、鸿沟认知模糊的时期，美国人也许会在不得已的情况下承认理想与现实之间存在着差距——就像他们多年来对待美国黑人的社会角色一样，但是随后又将这种认知扔进了意识的墙角，就这样不再认真地关注它。就像缪达尔说的，困境是存在的，但是它既不烦扰人们，也不会让人们热情高涨地想要解决它。认知失调在意识的表面之下躁动地潜伏着，但是没有强大到能够给人们造成严重的困扰。无论是美国理想，还是美国理想与现实之间的矛盾，都不会引起人们严肃认真的思考。

4. 自欺欺人（否认鸿沟）。美利坚民族认同的意识形态本质，意味着美国人无法一直回避对于国家信条基本价值与原则的确认。然而，在重申这些价值的同时，他们可能仍然不愿意承认理想 / 制度间的鸿沟的存在。此后他们也许会透过滤镜看待自己。如此看来，美国的制度是开放、民主的；美国是充满机遇的地方，人人平等在这里是生活的事实；美利坚合众国是自由者的土地和勇敢者的家，它还体现了民有、民治、民享政府的宗旨。在这种情况下，美国人扭曲着自己的认知，好让自己看不见恼人的政治制度、权力现实与美利坚信条价值之间的差距。人们把现实当作理想去欢呼，矛盾则被过滤和回避。美国不仅应该是所有人享有自由、平等与正义的地方，它实际上已经是这样的地方。

然而到了一定时候，对美国理想的强烈信仰，使人们重新发现了理想 / 制度间的鸿沟。新的个人与团体开始重申理想，不是用来赞美美国生活，而是用来揭露它。以理想之名对现实的谴责取代了现实与理想的虚假一致。新一波以改革为目标的信条激情蓄势待发。

这一连串不同反应模式的循环是逻辑模型，而不是经验现实的代表。历史并不必然按照逻辑模式来发展。然而，某种程度的不满心理是理想/制度间的鸿沟不可避免的结果，需要道德主义、犬儒主义、冷漠自满和自欺欺人的某种混合加以缓解。美国历史的特定阶段经常受到其中一种反应模式的影响，某一种反应模式也常常创造有利于其他反应出现的条件。历史不会遵循逻辑模型，但逻辑模型有助于理解历史。

群体倾向

正如不同的反应模式可能主导不同的历史时期，不同的社会团体也可能倾向于不同的反应模式。年龄和社会经济地位显然对人们的选择有重要影响。

美国的教育系统——特别是在基础教育层面——向学生灌输美国理想，同时对理想与现实间的不一致轻描淡写。所以小学生对政治系统、政府，特别是总统的看法在总体上是非常积极良好的[15]。这些学生受到的教育属于自欺欺人式的回应。这种态度为他们日后作为成年人接受政治系统的合法性打下了基础。中学生则更加“现实主义”，并且在某些方面对政治生活抱以更为嘲讽的态度。然而他们的观点和已经离校数年的青壮年人之间仍然存在本质区别。除此之外，和已经读过高中的家长相比，高三学生对政治的嘲讽程度要轻得多。对于那些高中毕业后就不再继续接受教育的人，政治生活令人不快的现实被不断揭露，再加上有限的政治效能感，导致他们对政治过程采取了更加愤世嫉俗的态度。那些上了大学的人则越来越清楚地认识到理想 / 制度间的鸿沟的存在，因而更容易转向道德主义。教育系统试图在小孩子面前将理想与现实间的差距最小化，却使这种差距给大学青年造成的冲击最大化。“社会教导年轻人要绝对遵循社会系统的价值观……矛盾压力导致的妥协在许多成年人看来是正当的，而在理想主义的年轻人看来却是对基本道德的破坏。年轻人更愿意忠于理想而不是制度。因此，凸显理想与现实间鸿沟的事件经常刺激他们去行动，虽然在没有合适办法的时候，他们也会冷嘲热讽、打退堂鼓”。[16] 然而随着年龄的增长，无论是自我欺骗还是道德主义，热情都会趋于消退；在成年人中，犬儒主义和年龄之间存在高度相关性[17]。

社会经济地位对于反应倾向有着更强的塑造作用。已有证据表明了两个重要趋势。首先，虽然美国社会的几乎所有群体都支持美利坚信条基本的自由民主价值，但是受教育程度更高、社会经济地位更高、处于社会或政治领导位置的人比其他人更愿意支持这些价值。这意味着此类群体承认支持自由民主价值的比例可能高达85%，而不是65% 或70%[18]。支持率的差异并不能证明两个团体对信条理想的信仰程度，但的确能说明社会经济地位更高的人更支持美利坚信条的价值。而且，相比其他人，教育水平和社会经济地位更高的人更愿意支持在特定情况中运用自由民主价值[19]。这些证据清楚地表明了对于自由民主价值更为强烈的信仰和忠诚。总之，有理由相信，地位较高者更可能采取自欺欺人或者道德主义的态度，而地位较低者则倾向于犬儒主义或冷漠自满。

更为显著的证据证明了社会经济地位导致的第二种团体间的差别。收入水平和受教育水平更低、不担任领导角色的人更容易对政治过程持批判性观点，也更容易认识到理想与现实之间的重大差距。而地位更高、职位和受教育水平更高的人则不太容易发现鸿沟的存在。如表 3 所示，赫伯特 · 麦克洛斯基发现，在政治犬儒主义方面，那些曾经担任过政党全国会议代表或候补代表的“政治影响力人物”与普通选民之间存在显著差异。总的来看，对政治表现出强烈嘲讽态度的“影响力人物”只有 10.1%，持同样态度的人在总人口中所占比例则高达 31.3%。[20] 类似地，一项在密歇根州马斯基根（Muskegeon）进行的政治意识形态研究的结论称：“群体的收入水平越高，就越相信多元主义意识形态准确描述了政治系统的运作方式，由此可得出推论，群体的收入水平越低，就越认为意识形态的规范与实际层面之间不对称……收入水平较高者倾向于将政治多元主义的规范阐述与实证阐述等同起来，而收入较低者则倾向于否认这种对称性，并主张让二者更为一致。”[21] 同样，和白人中产阶级儿童相比，黑人儿童和阿巴拉契亚地区的贫困儿童对总统偏离理想主义规范的程度有更为严重的判断。[22] 总之，地位较高者更容易采取自欺欺人或冷漠自满的反应模式，而地位较低者则倾向于采用犬儒主义或道德主义。

将社会经济地位与信条价值的信仰程度、理想 / 制度间的鸿沟认知水平之间的关系结合起来，就能得到更为宏观的一般性结论。

表 3　人们如何看待嘲讽政府和政治的观点

观点	持赞同态度者所占的百分比（%）	
	政治影响力人物（N=3020）	一般选民（N=1814）
大部分政治家首先考虑的是自己的利益	36.3	54.3
本国的两大政党都被富人控制，为他们的利益服务	7.9	32.1
选民甚至不知道那些真正操控国家的人是谁	40.2	60.5
法律本应平等地有利于每个人，但实际上几乎完全是“有钱人的法律”	8.4	33.3
在我看来，大部分政治家口是心非	24.7	55.1
政治家的承诺和他当选后的行动之间没有实际联系	21.4	54.0
政治完全由政治大佬们操控	15.6	45.9

资料来源：Herbert McClosky, “Consensus and Ideology in American Politics,” *American Political Science Review* 58（June 1964）: 370.

社会经济地位较高者比较低者更可能对信条价值有着强烈的信仰，并且更不容易发觉价值与现实之间的差距，这导致他们更愿意采取自欺欺人的回应。地位较低者则不太容易对信条有强烈信仰。很多地位较低者可能不太关心政治，没有认识到理想 / 制度间的鸿沟，因此可能选择冷漠自满作为回应。然而当地位低者趋于政治觉醒时，他们就可能转向犬儒主义。

这种群体倾向的模式成为政治系统稳定的基础。最虔诚地信仰政治系统价值观的人不太容易发现价值与政治现实之间的差距，发现差距的人则不太可能有足够的道德热情去做些什么。中上阶层的自欺欺人与工薪阶层、底层的犬儒主义结合起来，使现状永久化。这看起来至少是大部分时期的主要趋势。一些地位较高的人的确对理想与现实间的差距有着敏感的认识，并且时常试图采取行动。然而他们成功与否，取决于能不能把虚伪者和嘲讽者动员起来支持自己。当发现鸿沟的人具备了道德热情，或者拥有道德热情的人感知到鸿沟的存在时，政治系统内部就会发生变化——在那些对此持负面观点的人看来，这就是政治不稳定。后一种情况通常涉及中上阶层在认知方面的重大变化，它在历史上一直是美国政治制度与实践变革的最重要源头。认知水平和信仰强度的变化，都可能给人口中的不同群体造成不同影响。例如在 60 年代，人们无论地位高低，都对政治理想与现实间的鸿沟有着清晰的认知。结果，高阶层群体逐渐用道德主义取代了自我欺骗，为广泛的政治制度与实践改革创造了动力。与此同时，低阶层群体的冷漠越来越少，嘲讽越来越多，导致民意调查中政府的民众信任度大幅下降。

如果美国人拒绝对现实视而不见，他们就能在道德主义和犬儒主义之间找到答案。如果美国人坚定地信仰美国理想不动摇，他们就能在道德主义和自欺欺人之间作出选择。道德主义在一定程度上将理想主义和现实主义结合起来。它意味着缩小或者消灭承诺与行动之间的差距，移除美国人认知失调的根源。就这个意义而言，道德主义是美国人最积极的政治回应。然而正如美国历史所表明的，道德主义不仅可以成为美国体制的改革者，也可以成为其毁灭者。亨利·史汀生（Henry Stimson）在其卓越的政治生涯结束之时给出了自己的总结："我知道的唯一不可饶恕之罪就是犬儒主义。"[23]作为美国体制的核心人物，史汀生纠结于大众的犬儒主义罪恶，却不承认体制的虚伪罪恶。更重要的是，他也同样未能注意到，道德主义才是美国唯一致命的美德。

鸿沟与美国政治的风格

权力悖论

在美国同时存在着反对权力的道德和权力分配不平等的

事实，从而导致了所谓“权力悖论”：没有引起注意的权力才是有效的权力，被观察到的权力则是被贬损的权力。美国人有时候以挥霍财富为荣，但从未有人以玩弄权力为荣。合众国权力的设计师必须设计出一种可以感觉到却看不到的权力。权力只有藏在暗处时才是强大的，一旦暴露于光天化日之下就会烟消云散。

在美国的政治历史和公共讨论中，权力悖论一次又一次地显现出来。总统是美国政治的核心制度，两项有关总统权力的研究很好地描述了这一悖论。

首先是理查德·诺伊施塔特（Richard Neustadt）极具洞察力的作品，《总统权力》（*Presidential Power*）。该书出版于1960年，其目的是“考察白宫主人的权力问题”。这是“任何政治系统的统治者都会面临的经典问题：如何让统治名副其实”。这对总统而言并非易事。“同样的条件，在形式上增强了总统的领导，却在事实上阻碍了他的领导”。这本书的基本主题相当简单：总统没有多少权力，或者至少他的权力比人们想象的要少得多。总统被自己无法直接控制的力量和团体紧紧围住，特别是国会、官僚机构和公共舆论。除了极少数案例，总统没有命令的权力，本质上只有说服的权力。他拥有大量不同的资源，但其权力却只能用于协商和讨价还价。通过引用杜鲁门总统对其继任者即将面临的挫败的评价，诺伊施塔特明确地表达了自己的观点：“他（艾森豪威尔）将坐在那儿说：‘做这个！做那个！’然后什么都没有发生。可怜的艾克——这可一点儿都不像在陆军。他会非常受挫的。”[24] 在1960年，诺伊施塔特描绘的这幅受限制、受束缚、受制衡的总统权力图景是很有说服力的。

十三年后，小阿瑟·施莱辛格（Arthur Schlesinger, Jr）在其著作《帝王式总统》（The Imperial Presidency）中，描绘了一幅十分不同但同样令人信服的图景。他认为，总统的首要地位已经“转变为总统的至高地位”。“宪政总统”已经成了“帝王总统，并威胁要成为革命总统”。总统将国会在内外事务方面的权力据为己有，特别是在外交权力方面。结果，“史无前例地，权力集中于白宫，宪法制约下的总统变成直接诉诸民意的总统”。美国面临的根本问题是“总统权力的扩张和滥用”。[25]

这两本书的读者将会尝试着进行总结，认为50到60年代的总统是虚弱的，而在70年代的十年中其权力则稳步增加，获得了绝对强势地位。不过这种看法在许多方面都是不靠谱的。在权力悖论的作用下，事实差不多正好与此相反。50年代末到60年代初标志着总统权力的巅峰；到70年代初期，审查和削弱使总统权力跌至四十年来的谷底。艾森豪威尔和肯尼迪代表了总统权力的最高水平。[26] 总统权力的衰退始于林登·约翰逊，在尼克松政府时期又像滚雪球一样俯冲，当后者成为第一位被赶出白宫的总统时，总统权力已经跌至最低点。

其他著作已经阐述了总统权力下降的过程和原因。这里想要讨论的是两本有关总统的经典著作如何反映了总统权力的变化。明处的权力是被削弱的权力，暗处的权力则是被增强的权力。60 年代诺伊施塔特担心的总统“权力问题”反映出彼时总统权力的无处不在；1973 年施莱辛格对总统帝王般的权力有着同样深刻的忧虑，这却体现了总统权力在下降。总之，如果人们都认为总统权力有限，还要接受其他官员和团体的审查，这本身就表明总统权力是存在的，它得到了支持。相反，如果人们相信总统十分强大，这就说明总统实际上权力有限，或者其权力正在减少（因为美国人讨厌强大的权力）。当事实上的总统权力很强大时，公众从来不认为它强大；当总统权力真的在衰退时，人民却认为它扩张无度。

总统制并非权力悖论的唯一例子。1961 年，艾森豪威尔在离任时曾发表了著名的警告，指出“错位权力恶性增长的可能性”以及“军事工业复合体”的存在带来的“不利影响”。除了例行公事的掌声，艾森豪威尔的话没能立即引起任何反响。但这席话再及时恰当不过了。不论错位与否，军事工业复合体的权力的确在 60 年代初达到了顶点。艾森豪威尔给出警示之后三天，约翰·F. 肯尼迪搬进了白宫的椭圆形办公室，后者几乎立即采取行动，大幅提高军事支出——陆军师的数量增加了 45%，“北极星”级战略核潜艇的建造增加了 50%，“民兵式”弹道导弹的生产能力提高了 100%，担负战略值班任务的核武器数量增加了 100%。60 年代初迎来了战后投资新型武器系统的高潮。一位美国总统警告说军工复合体将导致危险，然而不论是国会、媒体、公共舆论还是学者都对此无动于衷。

十年后的形势则完全不同。军工复合体的权力明显减少；公众的焦点转移到其他问题上；国会仔细审查防务开支并时常否决新武器的计划；大量反对军方的利益集团和游说团体抨击国防预算案；以实际货币衡量的军事开支，尤其是用于硬件装备的开支，在 60 年代末 70 年代初逐年下降；洛克希德（Lockheed）处于破产边缘，岌岌可危。与此同时，媒体与公共讨论中对军工复合体权力的警告和抨击越来越多，也表明复合体的权力在下降。1961 年艾森豪威尔那段贴切却被忽略的评论，虽然已经不符合 1971 年的实际情况，却屡屡被人拿出来引用。在那几年中，采用诸如“杀人的经济”“五角大楼资本主义”“1970 年的美国军国主义”“如何控制军队”“武器文化”“战争生意”“军国主义的美国”等标题的书刊铺天盖地。受欢迎的杂志几乎每期都会揭露军工企业及其五角大楼军方同盟的阴谋和权力。然而，所有这些针对想象中的军工复合体强横权力的愤怒，恰恰证明复合体的权力被成功削弱了。

在某种程度上，权力悖论一直都是美国独特的政治模式。

就像在美国争取独立的时候，这个新生的国家猛烈地谴责乔治三世是镇压人民的暴君，同时又证明英王即便作为暴君也无力对付独立运动。纵观美国历史，无论是20世纪初的扒粪者，还是他们生活在60年代的后辈，对权力的曝光一直都是削弱权力过程中必不可少的一环。这不是说所有被认为拥有强大权力并因此受到抨击的个人和机构都必然是虚弱无权的。事实显然不是这么回事。但这的确意味着，如果个人、团体和机构的权力受到了广泛的关注和讨论，它们的权力就会比没有被关注之前更少。在其他社会中，个人和团体也许会想方设法引起对自身权力的关注。而在美国，对权力的关注会导致怀疑、敌意和愤怒。由于普遍的反权力主义道德，对权力的关注将会导致权力变少，而被隐藏的权力则更加有效。因为相比其他文化，权力概念在美国文化中的合法性更弱，所以就更需要想办法加以掩饰。因此否认拥有权力的事实才能维持权力。然而在美国的公共生活中，有很多机会和压力使权力被公之于众。结果，鉴于权力的可见性就是权力最大的弱点，最有效运转的权力都是被隐瞒的权力，掌握权力的头等大事就是遮掩权力。

隐瞒权力的动机与阴谋论

在美国社会中隐瞒权力不是件容易事。同其他民主（或者独裁水平较低的）社会相比，美国政治的特点在于其开放性和公共性。政府理所应当是开放的、光明正大的，秘密意味着邪恶。爱德华·希尔斯说，美国的传统就是“极其充分的公共性”。美国人对“国家理性”这个概念的接受程度并不比“国家”本身更高。美国的独特之处就在于“追求公开性的热情，西欧民主国家常见的保守政府秘密的惯例在这里算不上什么传统”。这使得促进公开性最重要的机构——新闻业在美国获得了不同于在欧洲的地位。美国人永远都不会像英国人那样说出“媒体敬畏政府威严”之类的话，因为“在英国，政府和媒体间的权力平衡偏向于政府，而在美国则有利于媒体”[27]。政府公开是美国的理想之一，它从来没有在美国的现实中被完全实现过，但也没有哪个国家曾经达到过美国政府的公开水平。

在美国，权力不仅比其他国家更加公开，也更容易受到侵蚀。所以掌权者需要花费很大力气来隐藏权力，以确保其有效性和合法性。这就导致了恶性循环：因为权力是可憎的，它才必须被隐瞒；而正因为权力被隐瞒，它才更加可憎。公开性给权力造成了普遍威胁，导致了隐藏权力、为权力说谎的普遍需求。在美国，由于曝光的结果更具毁灭性，保守秘密变得更有必要，也更难实现。因此就像希尔斯多年前指出的那样，公开性和保密性天然地紧密联系在一起，使隐私受到侵犯。英国历史上一直存在三者间的某种平衡；在美国，疯狂地追求公开性破坏了隐私权，又导致了对保密性的盲目迷恋。“在英国，秘密没有那么吸引人，因为隐私得到了很好的保护，而公开性也没有那么过火”。而美国的特点则是“公开性压倒一切，同时把保密性而非隐私看成救命良方”。[28]

一个把秘密当成救生圈的社会必定会产生阴谋论。阴谋论的关注对象是秘密权力，它的流行受到三方面因素的影响。

第一，如果权力明确地集中在绝对君主、魅力型领导人或者共产党政治局手中，换言之，即存在单一、公开的权力来源，那么指向单一的、隐蔽权力来源的阴谋论就没有出现的动机。然而，如果权力广泛分散在大量个人、机构和团体手中，那么很多人就有理由相信这种权力分配状态并非真相，在表面的分权之下一定存在隐蔽、集中的权力，最强大的领导人组成的小团体一定在操纵其他人的活动。

第二，在那些将政治视为自利个人和团体间利益争夺过程的社会中，阴谋论不太可能有市场。而在拥有主流道德标准、存在正邪力量冲突的社会中，阴谋论更容易找到生存的土壤。阴谋论是政治道德主义的逻辑延伸，“如果历史运动的每个阶段完全是正邪意志间的自由选择，那些犯错误的人就不仅仅是错误的，更是罪恶的。所有社会和政治病态都是有意为之的罪恶行径的结果。考虑到此种道德前提，我们还能给出什么别的解释吗？约瑟夫·麦卡锡参议员问道：‘除非相信政府高层正在故意将我们推向灾难，我们还能怎么解释当前的处境呢？’”[29]

第三，在那些积极看待权力价值的社会中，阴谋论也不太可能流行起来。而在具有强烈反权力道德的社会中，对权力的敌意很可能导致对隐藏权力的疑惧。而且在这样的社会中，秘密的权力可能比公开的权力更加“强大”，因此人们有充足的理由为秘密权力可能的存在感到担忧。

权力的分散、政治生活的道德主义内涵以及对权力的普遍敌意，使美国很容易接受阴谋论思想。事实上很多本土和外国的观察家已经注意到这个现象。理查德·霍夫斯塔特评论道：“美国政治争论的历史有指控阴谋者的传统，人们也的确相信阴谋的存在。”[30]阴谋论是美利坚合众国出生时的助产士：“英语世界弥漫着对于反对自由的巨大阴谋的恐惧，这是美国革命运动的核心内容。人们相信这个阴谋滋长了腐败，对北美殖民地的压迫不过是其中最明显的一部分。”对阴谋的恐惧深深地扎根于18世纪的美英政治传统中，推动了混合政体理论的发展以及自由—权力二元对立的趋势。北美和英国的辉格党人认为威胁来自内阁的阴谋——这种观点“在美国革命的同情者中几乎普遍存在”，英王乔治三世也同样将叛乱的殖民地居民视为“煽动性的、无正当理由的联合”，是“亡命徒式的阴谋”。[31]实现独立后，几乎每个时代、每一代人都相信存在着五花八门威胁共和国命运的秘密权力阴谋——光照派、共济会、天主教、摩门教、银行家、犹太人、共产党，等等。对并不掌握权力的人来说，认为政治生活中存在秘密权力是很自然的想法。因此，在大众运动以及充斥着曝光和改革的信条激情的运动中，阴谋论的解释都是重要的特征。“人民党人喜欢想象密谋和阴谋会议”。[32] 对阴谋的担忧并没有随着人民党人（Populists）一起消失，希尔斯仍然能够在50年代中期很容易地得出结论，“对阴谋的担忧已经成为至少半个世纪以来美国人生活的持久特征”。[33]

美国人对待权力的普遍态度为阴谋论的盛行创造了现实基础。如果权力的合法性是可疑的，那么它必须被隐藏起来才能发挥效力。不仅如此，隐藏权力的行动本身也必须被隐藏起来。比起那些没有贬损公共权力的国家，在美国阴谋权力的收益反而更多，希望使用权力的人同时也应该共谋将这一事实保密。总而言之，和其他国家相比，美国政治搞权力阴谋的动机更强，所以在这里大行其道的权力阴谋论也似乎更有道理。诚然，如果权力的有效运用意味着隐瞒权力的存在，那么只需在逻辑上跳跃一小步就能得到最终结论，即阴谋论的归谬法——证明秘密权力存在的最有力证据就是根本没有此类证据。

真诚测试

为了隐藏权力的事实，秘密是必需的；为了粉饰拥有权力的事实，欺骗也是必需的。后者是前者的自然延伸：秘密是权力的保护伞，欺骗则是权力的隐身斗篷。欺骗成了政府与公众、政治领导者与追随者之间关系的天然内容。普通人可能会时不时虚伪一下，而那些领导他们的人却要时刻如此。面对公共舆论，政府部门表现出来的开放与回应态度要比其实际程度更高。政治领导人也必须装作代表民意的样子，虽然实际则未必如此。无论如何尝试规避民主的现实，领导人们最终还是别无选择，只得屈服于民主的表象。19 世纪以来越发高涨的建设民主政府呼声的确在事实上增进了民主，但是也催生了更多虚伪的制度与实践，使政府看起来比实际上更加民主。对民主政府的要求不仅导致了更多的民主，还导致了更多的欺骗。由于美国人期待的民主程度超出了政府所能达到的范围，后者只能想办法让自己看起来比实际上更民主。

理想 / 制度间的鸿沟导致的这些结果有助于解释真诚问题对美国政治的影响。当理想被严肃对待时，真诚才算是重要问题。就像卢巴雪夫（Rubashov）所描述的那样，在共产主义国家的政治生活中，真诚问题也能以非常不同的方式产生重要影响。像在美国一样，那里的政治人物也可能会强烈地感觉到，自己必须向他人表明对本国理想目标与价值理念的真诚信仰。这是很难做到的，犬儒主义、虚伪和欺骗正源于此。对这些现象普遍性的默认，使人们更加关心真诚问题，从而提高了真诚的价值。

不同的文化对于真诚有着不同的定义。在美国和亚洲文化中，真诚的意思几乎是相反的。对日本人而言，重点在于揣测上级的心思。在中国，真诚就是遵守通行的外部规则："一个人表现自己'真诚'的方式不是遵从内心感受，而是对人际关系义务和社会负责。最真诚的时候，就是违背自己的真实想法，按照社会规则行事。"[34] 中国和日本都强调个人与同伴、平辈、尊长、团体的关系。这一意义上的真诚其实是团体特征。

而在美国，真诚意味着个人与其自身、与其信仰的关系。它有两个维度。首先是一个人及其思想的坦率与诚实。莱昂内尔·特里林（Lionel Trilling）认为，在法国文学中，真诚就是"把有关自身的真相讲给自己和他人听"。而在美国社会中，真诚意味着更多。也许真的有人坚信世人都是些虚与委蛇、心胸狭隘之徒，但是美国人一般不会认为这种人真诚。他们会说他愤世嫉俗，在他们眼里，"真诚的愤世嫉俗者"是个矛盾的词。要是有哪个政客说自己就是喜欢权力，喜欢权力带来的操纵主宰他人的机会，美国人也不会说他很真诚。美国文化（按特里林的说法可能还包括英国文化）的"真诚"根本就不相信会有真心向恶这种事情。真诚的含义包括"一心一意忠于职守"。[35] 它是真正的道德标尺，是为着正确信仰的奉献。美国人无法想象将希特勒或斯大林称为真诚之人。简言之，美国社会中的真诚就是信仰美利坚信条的自由民主主义和个人主义理想。只有在具备强烈自我欺骗动机的社会中，人们才会如此关注真诚这一美德。

美国人对真诚的定义使他们经常很难理解外国人。不仅是定义不同，外国文化中的真诚与美国意义上的真诚可能从根本上就不是一回事。正如玛格丽特·米德（Margaret Mead）所指出的，对于布尔什维克党人，"所有党命令的行动都是正当的"，因此"政治目标本身就是最根本的美德，变化了的方针路线所要求的行为与执行路线的个人行为是完全一致的，无论是外交官员还是边境军官都是如此"。苏联官员在贯彻路线时越灵活，在道德上就越正直。而美国人则认为这恰恰是不真诚的证明。"美国人认为正直的根本在于表里如一和真实诚恳，这正是苏联领导人的行为所不具备的，美国人总是愿意用本国标准来评价和看待苏联的行为，在美国意义上说它心口不一、世故心机，毫无正直可言"。[36]

不论是外国人还是本国领导人，在美国人民面前都必须经历真诚测试——他们真的相信自己说的话吗？美国人提问时既满怀期待，又疑虑重重，这说明在美国公共生活中想要做到真诚是多么困难。1978年，赞成罗德西亚（现津巴布韦——译者注）白人政权领导人伊恩·史密斯（Ian Smith）访问美国的参议员早川雪（S. I. Hayakawa）表示："我认为美国人民应该亲眼看看史密斯。如果他明摆着是个骗子，我们会识破；如果他是个诚恳的人，我们也会发现。"[37]史密斯对于种族关系的看法为大部分美国人所厌恶，他们不相信这位领导人是真心实意地相信自己的观点。真诚意味着真正地信仰美利坚信条。对于美国的公众人物而言，问题是如何在理想信念和美国制度与实践未能完美实现理想这一认知之间建立起某种协调关系。虚伪，而非其反义词真诚，才是无可避免的。只有那些充满激情的改革者，那些明确、坚定地致力于让制度与实践符合美利坚信条的改革者，其真诚才不会受到公众的质疑。没人会问威廉姆·劳埃德·加里森（William Lloyd Garrison）是否真诚。而对其他人，真诚问题——如何使美国价值信仰与现实认知相协调——是不可避免的。

注　释：

1. Alexis de Tocqueville, *Democracy in America,* ed., Phillips Bradley (New York: Vintage Books, 1954), 1:9.

2. Leon Festinger, *A Theory of Cognitive Dissonance* (Evanston, Ill.: Row, Peterson & Co., 1957), p. 3.

3. This has been recognized in passing by some commentators on the American scene, for example, Robin Williams, *American Society* (New York: Knopf, 1951), p. 425. Ethel M. Albert, "Conflict and Change in American Values: A Culture-Historical Approach", *Ethics* 74 (October 1963): 30–31.

4. Ronald Blythe, introduction to *Emma,* by Jane Austen (Harmondsworth: Penguin Books, 1966), p. 16.

5. Louis D. Rubin, Jr., "The Great American Joke", *South Atlantic Quarterly* 72 (Winter 1973), pp. 83–87, where the Robert Penn Warren quote appears. Harold J. Laski, *The American Democracy* (New York: Viking Press, 1948), p. 740. See generally Walter Blair and Hamlin Hill, *America's Humor: From Poor Richard to Doonesbury* (New York: Oxford University Press, 1979).

6. Leon Samson, *The American Mind* (New York: Jonathan Cape and Harrison Smith, 1932), p. 13.

7. Irving Kristol, *On the Democratic Idea in America* (New York: Harper & Row, 1972), p. 130.

8. Judith Shklar, "Let Us Not Be Hypocritical", *Daedalus* 108 (Summer 1979): 11, 14–16, 24.

9. Kristol, *Democratic Idea,* p. 130.

10. *New York Times,* May 4, 1974, pp. 1, 24.

11. George Santayana, *Character and Opinion in the United States* (Garden City, N.Y.: Doubleday Anchor, 1956), p. 3.

12. Gunnar Myrdal, *An American Dilemma* (New York: Harper & Bros., 1944), 1:21.

13. Ralph Waldo Emerson, "Lecture on the Times," in Emerson, *Prose Works* (Boston: Fields, Osgood & Co., 1870), 1:149.

14. Robert B. Zajonc, "Thinking: Cognitive Organization and Processes," in David L. Sills, ed., *International Encyclopedia of the Social Sciences* (New York: Macmillan Co. and Free Press, 1968), 15:618.

15. For analyses supporting the conclusions summarized in this paragraph, see: Fred I. Greenstein, *Children and Politics* (New Haven: Yale University Press, 1965), esp. pp. 31–45; David Easton and Jack Dennis, *Children in the Political System* (New York: McGraw-Hill, 1969), esp. pp. 111–143; M. Kent Jennings and Richard G. Niemi, "Patterns of Political Learning", *Harvard Educational Review* 38 (Summer 1968): 463–465; and idem, "The Transmission of Political Values from Parent to Child", *American Political Science Review* 62 (March 1968): 169–184. For the effects of Watergate on children's attitudes toward politics, see F. Christopher Arterton, "Watergate and Children's Attitudes toward Political Authority Revisited", *Political Science Quarterly* 90 (Fall 1975): 477ff.

16. Seymour Martin Lipset, "Youth and Politics," in Robert K. Merton and Robert Nisbet, eds., *Contemporary Social Problems,* 3rd ed. (New York: Harcourt Brace Jovanovich, 1971), pp. 744–745.

17. See, for example, Robert E. Agger, Marshall N. Goldstein, and Stanley A. Pearl, "Political Cynicism: Measurement and Meaning", *Journal of Politics* 23 (August 1961): 487–492, and the data on trust in government for the years 1958–78 collected by the University of Michigan Center for Political Studies, in Warren E. Miller, Arthur H. Miller, and Edward J. Schneider, *American National Election Studies Data Sourcebook, 1952–1978* (Cambridge, Mass.: Harvard University Press, 1980), p. 269.

18. See Donald J. Devine, *The Political Culture of the United States* (Boston: Little, Brown, 1972), pp. 260–265.

19. See James W. Prothro and Charles M. Grigg, "Fundamental Principles of Democracy: Bases of Agreement and Disagreement", *Journal of Politics* 22 (February 1960): 284–291. Samuel A. Stouffer, *Communism, Conformity, and Civil Liberties* (Garden City, N.Y.: Doubleday, 1955), ch. 2.

20. Herbert McClosky, "Consensus and Ideology in American Politics", *American Political Science Review* 58 (June 1964): 371. See also Agger, Goldstein, and Pearl, "Political Cynicism", pp. 477–506.

21. Joan Huber and William H. Form, *Income and Ideology* (New York: Free Press, 1973), pp. 132–133.

22. See Edward S. Greenberg, "Children and the Political Community", *Canadian Journal of Political Science* 2 (December 1969): 471–492, and

"Orientations of Black and White Children to Political Authority Figures", *Social Science Quarterly* 51 (December 1970): 561–571. Dean Jarros, Herbert Hirsch, and Frederick J. Fleron, Jr., "The Malevolent Leader: Political Socialization in an American Subculture", *American Political Science Review* 62 (June 1968): 564–575.

23. Henry L. Stimson and McGeorge Bundy, *On Active Service in Peace and War* (New York: Harper & Bros., 1947), p. 672.

24. Richard E. Neustadt, *Presidential Power: The Politics of Leadership* (New York: John Wiley, 1960), pp. vii, 7, 9, 35.

25. Arthur M. Schlesinger, Jr., *The Imperial Presidency* (Boston: Houghton Mifflin, 1973), pp. viii, 377.

26. For the ways in which Eisenhower did in fact use presidential power, see the revisionist analyses of Fred I. Greenstein, "Eisenhower as an Activist President: A Look at New Evidence", *Political Science Quarterly* 94 (Winter 1979–80): 575–599, and George H. Quester, "Was Eisenhower a Genius?" *International Security* 4 (Fall 1979): 159–179.

27. "Passion for publicity": Francis Rourke, *Secrecy and Publicity* (Baltimore: Johns Hopkins Press, 1961), p. ix. "The awe of the press": Edward A. Shils, *The Torment of Secrecy* (Glencoe, Ill.: Free Press, 1956), pp. 51–52.

28. Shils, *Torment of Secrecy*, pp. 53, 57.

29. Seymour Martin Lipset and Earl Raab, *The Politics of Unreason* (New York: Harper & Row, 1970), pp. 13–14.

30. Richard Hofstadter, *The Age of Reform* (New York: Knopf, 1956), p. 72.

31. Bernard Bailyn, *The Ideological Origins of the American Revolution* (Cambridge, Mass.: Harvard University Press, 1967), pp. ix, 153. See also Bernard Bailyn, *The Origins of American Politics* (New York: Vintage

Books, 1968), pp. 136–148.

32. Richard Hofstadter, *The Paranoid Style in American Politics and Other Essays* (New York: Vintage Books, 1967), pp. 3–40, and *Age of Reform*, pp. 70–72.

33. Shils, *Torment of Secrecy*, p. 45.

34. Frederick S. Hulse, "Convention and Reality in Japanese Culture," in Bernard S. Silberman, ed., *Japanese Character and Culture* (Tucson: University of Arizona Press, 1962), p. 304. Richard Solomon, *Mao's Revolution and the Chinese Political Culture* (Berkeley: University of California Press, 1971), pp. 110–111. See also Lucian W. Pye, *The Spirit of Chinese Politics* (Cambridge, Mass.: MIT Press, 1968), p. 15.

35. Lionel Trilling, *Sincerity and Authenticity* (Cambridge, Mass.: Harvard University Press, 1972), pp. 57–58.

36. Margaret Mead, *Soviet Attitudes toward Authority* (New York: McGraw-Hill, 1951), pp. 38–39.

37. *Boston Herald-American*, October 7, 1978, p. 14.

第五章

信条激情的政治

美国历史上的信条激情时期

面对认知失调问题采取犬儒主义、自欺欺人和冷漠自满等回应方式，不会给政治系统的持续性和稳定性造成重大的、直接的影响——尽管显然它们可能会对系统的运行造成重要的长期影响。这三种回应都不会影响理想 / 制度间的鸿沟的持久存在。作为第四种可能的选择，道德主义则试图通过让现实符合美利坚信条的价值和理想来消灭鸿沟。因此道德主义在制度与行为方面对政治系统的运行产生了直接影响，它是改变制度和实践的重要尝试。一方面，人们发现理想 / 制度间的鸿沟确实存在；另一方面，人们又坚定地认为它本不应该存在。这两种认知的结合为改革提供了强大的动力。

在美国历史的不同时期中，信条激情越来越强烈，感染了整个国家。新一代人深刻地担忧理想与现实之间的差距，他们取代了对此更为漠然的老一代人。那些早前相对不太关心这个问题的人也表现出要求现实符合理想的热情。信条价值开始在美国人的生活中发挥更加核心的作用，觉醒的人民焦虑躁动，迫不及待地投入到政治运动中。

尽管激情的强度没有随时间展现出有规律的变化，美国历史中还是出现了四个引人注目的信条激情时期：革命时期，杰克逊时期，进步时代以及充斥着抗议、曝光和改革运动的20世纪60年代至70年代初。这些时期和美国历史上其他时期的不同之处在于：人们反复申明传统的美国理想，并且努力让制度与实践符合理想的要求；社会冲突的裂痕跨越了原有的阶级和种族界限；社会力量与政府制度之间的关系发生了重大变化。

显然这四个时期并非美国政治仅有的变革时期。其特别之处在于制度的重组与改革。美国历史中其他时期发生的重大改革通常与社会经济团体的相对权力有关。这些改革似乎与信条热情时期的改革交替出现。例如在19世纪初期，南部和西部的地主利益集团取代了联邦党人的商业贸易集团，成为联邦政府背后的控制力量。19世纪60年代，南方地主实际上丧失了在联邦政府中的权力，北方工商业利益集团的力量则应势而起。20世纪30年代，新移民、有组织劳工和城市工薪阶层获得了强大的政治影响力。这些变革的焦点在于社会力量的角色和权力，而信条时期变革的焦点则在于政治体制与实践的结构和特征。

四个信条时期具有一些共同特征，这些特征将它们与美国历史上的其他时期区别开来：

1. 不满情绪普遍存在，权威、等级、专门性和专业性受到广泛的质疑和否定。

2. 政治理念被严肃地对待，在当时的社会争论中发挥重要作用。

3. 传统美国价值——自由、个人主义、平等、民治政府、政府公开——在公共讨论中得到重视。

4. 对理想 / 制度间的鸿沟的普遍愤怒感。

5. 不安、狂热、骚乱和动荡是政治生活的主要特征，其程度远远超出利益团体冲突的一般水平。

6. 强烈敌视权力（反对权力的道德），政治的中心议题是“自由对抗权力”。

7. 政治生活的核心特征就是对理想 / 制度间的鸿沟进行的曝光和揭露。

8. 致力于特定改革或“事业”（妇女、少数族裔、司法公正、禁酒、和平）的运动十分活跃。

9. 新媒体形式的出现极大地增强了媒体对政治生活的影响力。

10. 政治参与扩大化，通常采取新形式、新渠道表达诉求。

11. 主要的政治分歧跨越了原有的经济阶级分界，中产阶级和工薪阶层在一定程度上联合起来促进变革。

12. 为了限制权力并按照美国理想重塑体制，人们尝试对政治机构进行重大改革，其中有些成功了，有些则仍在继续。

13. 社会力量和政治制度的关系在根本上重组，其中通常包括但不限于政党体系。

14. 流行的思潮以传统理想之名推进改革，它既是向前看的，也是向后看的；既是进步的，也是保守的。

本章的其余部分将详细阐述上述信条热情时期的一般特征。然而，首先需要说明一个问题：同样作为美国历史上的重大政治事件，为何美国革命被归入信条激情模式加以研究，罗斯福新政则不适合此类分析？

美国革命总能给理解历史提出独特的问题。和英国、法国和俄国革命相比，美国革命是一场“真正”的社会革命吗？它仅仅是一次民族独立和解放的战争吗？或者，是否可以将其看成是一次特别的起义，因而无法被放入通常意义上的革命或国际冲突的宽泛类别之中？上述解释对于某些研究目标或许是有用的。但是，也可以不必勉强——美国革命既不是单独的历史事件，也不是宽泛意义上的社会革命，而是属于美国历史中独特的、反复出现的一类现象。革命时期是信条热情时期的原型，此后三个时期都是对革命时期主题的重申，是革命时期政治模式与特点的再现。

在申明、实践美国政治价值与理想的历程中，美国革命是最激动人心、最为彻底、最为成功的一次努力。1787 年国庆日，本杰明·拉什（Benjamin Rush）在费城发表的演说简明地阐述了这个观点：“经常有人把美国革命和美国战争混为一谈。美国战争已经结束，但美国革命还没有。正相反，伟大戏剧第一幕才刚刚结束。”[1] 和其他的重大革命相比，美国革命确实颇具保守色彩。它显然没有马克思主义和法国大革命主张的阶级斗争，没有哪个特定的社会团体被摧毁。但美国革命的确树立了一种激进的革命意识形态——政府合法性来自被统治者的同意。这不仅规定了美国政治生活的合法性基础，也在世界范围内提出了新的合法性标准。这一意义上的美国革命是“美国政治思想史上最具创造性的时期”。“此后的一切都建立在革命的成果之上”。[2] 在美国历史的语境中，革命确实是一次革命性的事件，也是一次具有决定性意义的事件——不仅是因为革命自身的直接结果，更因为它是一场伟大历史戏剧的“第一幕”，此后的各幕则以不同方式重复最初的主题与情节。在后来的信条激情时期中，美国人一直尝试通过树立新的目标重演 18 世纪成功推翻英王统治的情景。

在革命时期，美国政治思想首次在国家基础上得到阐述，并且指导了政治制度的重塑。克里斯托尔认为，美国革命的目的是“让我们的政治制度更加完美地与无人能够挑战的真实‘美国生活方式’保持一致”。反过来，革命的效力则是重塑“政治体制，使之对民意更加负责，更不容易侵蚀公民的个人自由”[3]。这个目标在后来的信条激情时期得到了重申，尽管效果不甚理想，但还是让政治体制变得更加自由、民主、负责。每个激情时期，人民都为政治理想与现实间的差距所刺激，试图改造制度与实践，以缩小甚至消灭这一差距。结果，激情时期的政治变得更加激烈、更为“理想主义”，比利益集团之间功利博弈主导下的政治更具道德热情。因此存在两种美国政治，一种是政治运动、改革事业和信条激情的政治，另一种是利益集团博弈与妥协的政治。18 世纪末的英美政治也形成了这方面的对比：英国政治体现的是家族、小集团和利益，然而“纳米尔对观念和原则的诋毁并不适用于美国政治，因为当时美国思想所处的社会环境完全不同于 18 世纪的英国”[4]。

将美国革命看作是美国历史中一系列动荡和变革时期的开端，就能够理解美国的革命理想与革命经验在感召力方面有着多么大的差别。无论与其他革命的区别有多大，美国革命都“类似西方历史中的其他重大革命”，因为它具有“广泛的、乌托邦式的革命意识形态”，这种意识形态“同其他革命的意识形态一样，是从根本上改造社会性质的思想体系”[5]。这种意识形态就是共和主义。美国革命宣称，共和主义理想的表述与号召都是普世的，这激励了其他地方的革命，为全世界的激进分子和改革家提供了参考。作为一种历史模式，美国革命经验的有效性则相对有限。正如汉娜·阿伦特（Hannah Arendt）所发现的那样：“现在我们使用的‘革命’概念，其广为接受的内涵来自法国革命，而非美国的历史事件或者美国开国元勋的所作所为，即便是美国人也承认这点……令人悲伤的事实在于，以灾难收场的法国革命塑造了世界历史，以胜利告终的美国革命则不过是一次具有局部重要意义的事件。”[6] 尽管没有别的社会是按照美国革命的设想构建的，但集中体现了自由共和理想的美国革命还是具有广泛的吸引力。然而作为一种历史模式，美国革命的经验被忽视了。革命的概念、阶段、语言，以及最重要的，如何在革命环境下行动，首先是由法国革命，随后又由布尔什维克革命阐述的。

道德热情就是信条激情时期和美国政治中其他的变革、停滞和僵持时期之间的区别。然而美国历史上至少有一个时期，虽然发生了公认的重大改革，却不属于信条激情的类型。这就是罗斯福新政。事实上，新政是一种截然不同的现象。

第一，新政的首要目标不是改革政治，而是重现经济繁荣。和大多数信条激情时期不同，20 世纪 30 年代正值经济萧条，当时的压倒性问题是如何应对国家经济困境。因此在新政的目标排序中，政治改革远远位于经济复苏之后。

第二，应对经济困难的紧迫性意味着重点是如何运用政府权力，而不是如何破坏它。虽然新政宣言对拥有巨额财富的恶人进行了杰克逊式的、民粹主义的抨击，其主要目标仍然是解决迫在眉睫的经济问题，而不是按照美利坚信条重塑政治经济制度，政府行动是新政的必要手段。信条激情时期的特征之一——反对“大”，虽然在新政期间也很明显，但只占次要位置。当时的主旋律是政府干涉主义甚至集体主义，而非传统的个人主义。正如霍夫斯塔特指出的，新政从来没有对进步时代的两大恶魔——机器与托拉斯——表现出持续的敌意[7]。

第三，新政时期几乎完全没有信条激情时期那种道德主义和新教主义特征。新政的品质包括了实用主义、机会主义，以及“大胆、持续的尝试”，而不是满怀激情地重申道德价值。进步主义的特点是“传播道德真理，提高道德水准”。“而新政时期则完全没有类似的东西，这场后来的运动表现出一种强烈的、坦率的思想，即当下发生的是一场经济试验而非道德改革”。[8]的确，道德愤怒更像是保守主义批评家的特征，而非新政本身的特征。传统政治道德在新政的神殿中地位平平。当时的知识分子领袖，如马克斯·伦纳尔（Max Lerner）和瑟曼·阿诺德（Thurman Arnold），强调的是手段、技术、专业知识、组织的重要性，而不是个人主义、诚实、正直和道德。信条激情时期的情绪既是进步的，又是保守的，相比之下，新政思想几乎完全以未来为导向。

第四，新政期间的政治分裂是沿着经济阶级的分界线发生的，这点也许比美国政治的任何其他时期都显著。虽然不是那么严丝合缝，但穷人还是聚集在民主党的罗斯福联盟下，而包括许多前民主党人的有钱人则纷纷向共和党靠拢。政治的基本分裂模式是水平化的，正好与信条激情时期更为垂直化的分裂相反。

第五，就结果而言，新政的成果是新的、重大的经济政策和项目，在政府与经济系统之间建立起新的关系，净化、开放政府和提高政府民主程度等信条激情时期的举措并不在其中。新政的结果是政府干预范围的扩大和总统权力的提高，它留给下一代的遗产不是政府改革，而是政府扩张。

和新政时期相比，革命时期、杰克逊时期、进步主义时期以及 20 世纪六七十年代在政治氛围、冲突与改革的形式、社会力量与政治制度相结合等方面有着极为相似的特点。

信条激情的氛围

普遍、激烈的义愤是信条激情时期政治氛围的特点。此时人民的政治热情高涨，既存的权威结构受到质疑，要求民主与平等的冲动重获生机，继而是预料之中和预料之外的政治变革。在每一个信条激情时期，不同的社会力量都会采用相似的理念和方法，按照美利坚信条的价值重塑政治制度与实践。

不满的氛围　所有信条激情时期都存在对现有事物的普遍愤懑情绪。对权威、等级、专门化、专业化的广泛质疑和否定正是其体现。政府官员的所作所为，以前经常无人在意、不受指责，而现在则于万众瞩目的聚光灯下遭人唾骂。美国人因为不符合信条理想规定的形象而自我痛恨。用 R. R. 帕尔默（R.R. Palmer）的话来说，这四个时期都处于一定程度的“革命形势”，即“对司法系统和现有权威合理性的信心遭到动摇；传统的忠诚被削弱，义务就是强迫，法律等于专断，尊重上级简直就是对人的侮辱；已有的声望是不应得的，合法的财富成了所得不义，政府则被认为是脱离了被统治者且无法代表后者的遥远存在”。帕尔默和贝林认为这番话恰当地描述了 18 世纪六七十年代的社会潮流。[9] 而对于 19 世纪 30 年代、20 世纪初和 20 世纪 60 年代的激情时期，这些描述也几乎同样适用。

爱默生对 19 世纪 30 年代的描绘也同样适用于其他几次信条激情：“政治方面……异议蔓延显而易见。这个国家到处是叛逆不从和自立为王。别管我！每个人都有自己的王国，那里的政府既没有控制，也没有干涉。”个人对外部权威的拒绝并不局限于政治领域。“无论是民间团体、节庆活动、社区邻里还是家庭环境，都弥漫着同样的怀疑和异议气氛。很多意想不到的事情也能引起没完没了、吹毛求疵的抨击。谁给我买衣服的钱？凭什么账房会计之类的专业劳动就要比码头工人和锯木工挣得多？”所有既存制度都遭到了挑战：“受到新精神威胁的不是某个王国或城镇，不是某项习俗、某条法令、某个职业，也不是哪个男人或女人，而是基督教义、法律制度、商业活动、农业产业、教育系统和科学研究。”[10] 历史学家戈登·伍德（Gordon Wood）认为，革命时期的“突出特征是恐惧、狂乱、夸张、热情，以及对社会腐败和失序的普遍感受，从中将诞生一个和谐仁爱的新世界，让美国人成为‘所有宗教与社会道德的楷模’”。与此相似，丹尼尔·韦伯斯特（Daniel Webster）发现19世纪20年代“社会十分兴奋躁动”，西奥多·罗斯福则声称他所处时代的特点是“公众思想处于活跃兴奋的状态”。[11]

每个激情时期都是躁动的时期，伴随着对现行制度和权威的质疑。每个时期都在一定程度上导致了合法性危机，人民尝试解决危机的方式是改造美国的政治体制与实践，使之更符合美利坚信条的价值体系。美国社会的性质以及广泛的自由主义共识，避免了欧洲那种阶级斗争式的革命。正是那些制造了革命形势的力量最终导致了没有革命的结果。

政治理念与道德激情 政治理念和理想在激情时期被严肃认真地看待。美国革命前夕，整个社会第一次郑重地阐述了平等、自由和人民主权的思想。贝林发现，革命时期的重要特征之一是“殖民地和革命领导人对待政治理念的严肃性，以及按照这些思想改革制度时的深思熟虑”。用约翰·亚当斯的话说，1760—1775年的革命是人民思想的革命。“人民在原则、观点、情感方面的激进变化才是真正的美国革命”。有史以来第一次，人们以普世民主原则之名挑战并废除了权威。此后的每个信条激情时期都体现出“这些老原则的新觉悟（爱默生语）”。[12]

自由、平等和民主的含义，以及为了实现它们的制度变革成为公共争论的焦点，但并未产生宏大的、系统的政治理论。四个激情时期的政治理论没能超越托马斯·潘恩（Thomas Paine）和克罗利的水平——这两位都不是能提出原创理论的思想家，但是有着出色的能力，能把人们熟知的理念重新组合以满足时代需要。虽然潘恩没有提出新的政治理念，不过他的确创造了“世俗的革命语言，用新奇的词汇表达出永恒的不满、对基督再临的期盼以及大众传统”。[13] 人们不会谈论这些时期的政治理论，而是关心政治理念——那些在每个时期都众所周知却又被多次阐述、反复组合的理念。

美国人既是高度理想主义的，又是高度实用主义的。在信条激情时期，理想主义的一面占据主导。公共生活强烈地关注着价值、原则、权利和道德。政治理念不是因为智识原因，而是因为道德原因变得重要，义愤引发了信条激情和政治争论。人们急于判断政治上的是非。美国革命者的思想被“苏醒的道德激情”和“改良的、乐观的、理想主义的冲动”所控制，“驱使他们抨击统治自己的整个体制的腐朽和专制”。[14] 杰克逊时期也流行着“类似的态度、信念和拒斥行为——一种阐述模糊的、伴随着感情承诺的道德观”。“共同体分享诸多价值观，其中一些价值在特定社会阶段会变得无比重要”。杰克逊时代的所有人似乎都是“道德论者”。当时的说教“通常是道德禁忌的戒律，而非对社会目标与手段的阐述”。进步党人同样乐于使用“道德而非经济的语言”，“设立不可能达到的标准”，他们受到了“道德绝对主义的荼毒”。西奥多·罗斯福经常认为自己是一个道德主义者，相信美国政治的关键在于“从根本上为道德而战”。[15] 道德、道德主义和道德绝对主义当然是20世纪60年代的标志，它们在一片熙攘嘈杂中见证了所谓“新政治道德”的诞生。

信条激情时期对道德价值的重申是两面性的。被唤醒的价值与理想是传统的，它们的合法性与号召力来自其在美国早期历史中的存在。重申价值，还意味着坚持在不久的将来实现传统价值的承诺、希望和梦想。这时候的思想潮流既向后看，也向前看；既传统，又激进。美国革命时期的殖民地人用洛克和18世纪早期辉格党人的思想呼吁英国人的传统权利。就像哈慈说的那样，“1776年精神”的非凡之处“不是展望未来，而是崇尚过去”。[16] 美国未来的使命就是实现美国过去的价值。杰克逊时代、进步时代的理念，还有20世纪60年代的政治海报都存在这种矛盾——尽管人们期待实现的前辈理想和当前工业化、全球化造成的制度与现实之间出现了一条不断扩大的鸿沟。与其他国家的复兴运动一样，美国的历次信条激情也出现了不同程度的复古与未来并存的局面。[17]

攻击权力和等级秩序 民主理想在激情时期得到再次确

认——主张自由、平等、个人主义、民治政府，反对等级、特殊化、官僚制度，尤其是反对权力。反对权力是信条激情时期公共舆论的重要主题，时代的关键问题经常被定义为“自由对抗权力”。18 世纪 70 年代的美国人全神贯注于——甚至是沉迷于——权力问题。权力在本质上是邪恶的、腐败的。对美国人来说，权力的特征就是其侵略性，即“向合法边界以外自我扩张的无限趋势”。反对权力和反对特权一并成为了美国革命的主题。革命者相信：

> 权力即是恶，它也许是必要的，但仍然是必要的恶；权力意味着无限腐败；权力必须在方方面面受到控制和限制，只要能保证最低限度的社会秩序即可。成文宪法，权力分立，权利法案，立法、司法和行政权力的边界，限制强迫和开战的权力，都体现出美国革命意识形态对于权力的深刻不信任，这种思想是我们永久的遗产。[18]

杰克逊时期也出现了自由与权力的二元对立。例如，“金权作为一种权力遭人鄙视，它用不义之财腐蚀、控制正常的共和秩序”。然而杰克逊时代对权力的猛烈抨击并没有持续下去。“19 世纪 30 年代发生了针对银行的杰克逊战争，19 世纪最后二十年出现了人民党—进步党躁动，而在这两场运动之间，没有哪个领导人或哪场运动对私人经济权力的集中提出质疑”。[19]这种质疑直到19世纪90年代才再次出现，在美国参加“一战”前它一直是社会热门话题，随后趋于沉寂，到了20世纪60年代重又升温。在每次激情时期，自由理想都对权力体制进行了审判，复兴的反权力道德成了政治行动的指南。

在激情时期，被视为自由威胁的权力通常有着不同的具体形式。在18世纪六七十年代，威胁自由的是英国议会和国王的权力。19世纪30年代的威胁则来自垄断、第二合众国银行、特许经营和干部系统（caucus system）。19、20世纪之交，人们将矛头指向了大机器生产和托拉斯。扒粪者的敌人包括“‘特殊利益’‘体系’，高高在上、狂妄不已的金融业、富豪统治、工业贵族，以及托拉斯与垄断……大企业是这场全国性腐败浪潮的罪魁祸首”。[20]到了20世纪60年代，反对的目标变成了行政权力、总统制以及军工复合体。在激情时期，人们把焦点放在经济与政治权力的结合处：帝国权力、金钱权力、奴役权力、企业权力、行政权力，等等。总而言之，每一次信条激情都以大型组织为敌。在极端情况下，对权力和组织的担忧可能变得偏执，认为存在威胁削弱自由社会与政府的阴谋。美国革命期间有对于“邪恶英王阴谋的偏执痴迷”，与此相对应的是19世纪二三十年代的反共济会妄想与狂热——其攻击目标是“邪恶分子试图控制政治与社会生活的阴谋指令”——以及19世纪90年代人民党人的说辞和幻想。[21]

破坏、削弱、改革、控制组织性权力，以及将决策过程公开化以便使公众参与其中，这些就是所有信条激情时期的共同目标。杰克逊主义者从事的是“肢解行动——试图破坏危险的联邦权力和企业权力，重建‘民意与自由市场’的健康统治”。[22]“肢解行动”恰恰是四个激情时期的结果——破坏现存已知的政治和经济权力结构。杰克逊主义者“引导对封闭政治集团的不满，以此对抗被他们认为公然篡夺人民权利的干部系统，并且公开声称必须从社会精英和官僚专家手中夺回政府和政治，向民众的参与开放”。[23]最初，美国革命粉碎了英帝国在殖民地的权力框架；接下来，劲头十足的人民党人和进步党人试图通过引进初选、市政管理、公共服务和其他制度改革来瓦解政治集团，并利用反托拉斯法和其他形式的政府监管打破企业垄断。到了20世纪60年代，人们又进行了相似的尝试，试图驯服军工复合体、中央情报局和总统对外权力。

除了攻击那些被认为位于权力核心的制度外，激情时期还对权威、等级秩序和特殊化发起了更大的挑战。前一个激情时期的主题会在下一个时期再现。每个时期都强调外行、普通人、公民的能力，反对专家。某种程度上，每个时期都倾向于贬低人与人之间的差别——如地位、工作、知识、职位差别——的意义，强调社会的同质化，强调“消融一切社会差别秩序”的“伟大原则”（用杰克逊主义者的话来讲）。学习专业知识和提供专业学习的机构都受到了批判。军事专业更是抨击者的靶标，军事院校的存在遭到公开质疑。人们以自由之名挑战权力时，也会以平等之名挑战其他的社会、经济和制度差别。杰克逊主义者的目标——“政治民主，经济机会平等，反对垄断和特权”——在其他三次激情时期也同样广为传播、备受认可。[24]

政治参与与组织 事业的进步需要参与和组织。信条激情时期的特点正是广泛的政治活动。被动员起来的人民用新的方式展开行动。新形式的志愿社团出现了：通讯委员会、利益协会、新政党、工农组织，以及不同类型事业的组织。热心公益的志愿协会是美国人在实现公共利益方面的独特贡献，这一传统源于缔造新英格兰的持异见新教分子，在革命期间以通讯委员会、自由之子、一分钟人的形式传遍整个殖民地，杰克逊时期激增的五花八门的事业促进组织标志着其正式形成。托克维尔那段被反复引用的评论确实再精准不过：如果有什么公共事务需要处理的话，在法国，政府来做；在英国，当地富贾和贵族来做；而在美国，“肯定有一个相关的协会来做”。“……美国人会因为很多事情组织团体，比如进行娱乐活动，创建神学院，开办旅店，建立教堂，销售图书，向边远地区派遣教士，等等。他们也会用这种方法设立医院、监狱和学校”。[25] 协会的数量和范围让托克维尔感到惊讶，而事实上这正是美国人尝试让制度与实践同信念和价值保持一致的方式。杰克逊时期的各类社团正是伴随着选举权的大规模普及而出现的。

进步时期也同样出现了大量新兴社会运动和社团。这在20世纪初期尤为引人注目，标志着建立志愿社团的第二波浪潮。但是与这一波结社浪潮相伴出现的并不是投票率的进一步提高（因为投票率在19世纪80年代就已经很高了，再提高将十分困难），而是争取妇女普选权的运动。20世纪60年代，黑人和青年人的投票率上升，其他形式的政治活动也急剧增加，包括示威、抗议、结社、宣传、良心游说以及所谓的公共利益团体，等等。像此前的激情时期一样，60年代也是新型社会组织大量出现的时期，其中还包括聚集了热情信徒的乌托邦社团。詹姆斯·拉塞尔·洛厄尔（James Russel Lowell）在19世纪30年代就曾说过：“在那些能建立起社区的地方，一切都是再平常不过的，唯有常识不是。”[26]

现代的结社技巧可以追溯至杰克逊时期。正如当时一位观察家颇有嘲讽意味的评论：

> 不管做什么，都必须立即成立一个全国性社团，社团的名字还得足够大气；要请一帮社会名流作为会员或者赞助人，这些人的名单也要足够吓唬人；

筹集的第一笔资金被用来任命一名秘书和足够多的助手；要请几个受欢迎的演讲家，让他们在公众面前充当代言人；神通广大的报纸要开足马力宣传；还得制作相关的证书，以供会员签署、提交和宣誓；整个协会的机器都在全速运转，附属协会多如牛毛，无处不在；最后提出来的建议看上去也不错——如此声势浩大，社会哪能抵得住？[27]

20世纪那些在巴士上宣传种族平等的人士和改革分子，和19世纪的废奴主义者是一样的；就才能和行动而言，加里森是拉尔夫·纳德（Ralph Nader）的先驱。老施莱辛格（Arthur Schlesinger, Sr.）在50年代的观察中写道："杰克逊时期的改革家如此出色地运用了一百年前改革的组织和宣传手段，以至于后辈们除了利用电影、电台等新通信技术之外几乎无可超越。"[28]

建立组织——既是政治参与的表现，也是政治参与的渠道和手段——是为了缩小理想 / 制度间的鸿沟。通过归纳总结杰克逊时期和进步时期的经验，詹姆斯·威尔逊（James Q. Wilson）指出：

急切、迅速地建立社会组织的时期，就是动机的显著性大为增加的时期。理念越重要，组织就越

> 多。结社活动的流行似乎总是伴随着大量社会运动的出现，这一显著事实为上述观点提供了支持。例如在19世纪三四十年代，反共济会组织和废奴主义组织同时成立，在二者的诸多相似动机中，最为突出的是宗教热情的伟大复兴。1895年到1910年，社会上又兴起了新一轮传播福音真谛的运动，其中许多内容在本质上是世俗的，却依然使用了宗教式的语言：自由铸造银币（free silver）、禁酒、本土主义、扩大普选、社会福音主义、马克思主义、泰勒主义、安居运动，以及数不清的其他运动。[29]

20世纪60年代政治运动的参与者证明了这一命题仍然有效：有组织活动是继承美利坚信条的方式之一。

媒体与政治沟通 要削弱权力，就得先揭露权力。在每个信条激情时期，对特权阶层、不平等和腐败事实的揭发都给改革运动提供了动力。每个时期都出现了新的媒体形式，从而加强了改革者向公众传播事实真相和愤怒情绪的能力。

美国革命期间，美国和欧洲“第一次形成了公共舆论，‘公共舆论’这个概念也的确在这一时期出现在几种不同语言中”。这种公共舆论来自“习惯性关注政治事件，以个人或俱乐部身份订阅报纸杂志的一群民众”。“他们初步形成了自己的政治观点，意识到政府和政治制度的重要性，认为公共福祉是存在的，它取决于政府政策与启蒙公民的行动”。这些人同时关注地方和国家层面的政治事务。“包括书籍、报纸和杂志在内的出版业的巨大进步”为这种关注创造了动力和可能。传播方式的进步成为美国和欧洲“整个革命年代的基本前提之一”。[30] 在美国，日益普遍的请愿、抗议、布道、演说、年鉴、传单和报纸，都推动了革命意识的发展。新传播方式中最核心、最独特的就是小册子，这在英国和殖民地是“政治论战最有效的武器”。篇幅灵活、时效性强、一事一议的特点使小册子成为激进革命论调的理想载体。1750 年到 1776 年间出版的号召反抗英国统治的小册子超过了四百本，到 1783 年已经超过了一千五百本。“小册子在夹叙夹议的同时表明了革命领导者和支持者的信念、观点、动机和公开目标，它是典型的美国革命文学”。[31]

政治传播的规模和强度在杰克逊时期实现了又一次飞跃。公共学校、图书馆公司、书店和成人教育运动都起到了推动作用。报纸发行量的增长具有尤为重要的意义。1800 年，美国有 242 家报纸，总发行量 20 万份。到 1829 年，报纸总数超过了 1000 家，发行量超过 100 万份。[32] 新闻业的增长与政党的出现有着密切联系（新闻业在很大程度上具有公开的党派性质），并在更广泛的意义上与政治和社会结社的增长有关。托克维尔认为，在政府决策采用分权模式的民主社会中，报刊对于聚拢有志于公益者起到了不可缺少的作用。社会上存在“公共社团与报刊之间的必要联系：报刊和社团彼此创造”。19 世纪 30 年代，美国是世界上所有国家中“同时拥有最多社团和最多报刊的国家……因此新闻报刊行业的权力随着社会上人人平等的推进而增长”。[33]

进步时期大众传媒的发展与此前革命时期和杰克逊时期的情况相似。如果说小册子和廉价报纸分别是革命时期和杰克逊时期的特有媒体，那么大众媒体和廉价杂志就是进步党人改革的车轮。威廉·鲁道夫·赫斯特（William Randolph Hearst）、约瑟夫·普利策（Joseph Pulitzer）、爱德华·斯科利普斯（Edward Scripps）以城市大众的需求为导向，创办了拥有巨大发行量的日报。他们在报纸上提升人的兴趣诉求，用丑闻吊人胃口，将腐败公之于众，在需要的地方创造新闻，“通过机智的、有人情味的精彩报道，将那些一直被新闻报道忽略的事情提升到新闻事件的水平”。杂志行业也发生了巨大变化。19 世纪末发生了“杂志革命”，诸如《大西洋月刊》（*The Atlantic Monthly*）、《哈泼斯》（*Harper's*）等发行量有限的、面向上流社会的期刊，被商人而非文学家创办的、拥有巨大发行量的大众杂志所赶超。[34] 这些杂志在提高发行量方面借鉴了报纸的特点，《麦克卢尔》（*McClure's*）、《美国人》（*The American*）等杂志将曝光名人丑闻作为独有的惯用手段，从而极大地提高了发行量。这些八卦杂志的月发行量超过 300 万份。如果算上《星期六晚邮报》（*The Saturday*

Evening Post）和《妇女家庭》（*The Ladies Home*），此类杂志的发行量就超过了 500 万份，而此时美国一共只有 2000 万个家庭。日报的发行量也同样急剧攀升，在 1909 年达到了 2420 万份[35]。如果没有报纸和杂志行业的发展，政治改革和进步运动很可能不会出现。

20 世纪 60 年代，电视业以相似的方式崛起而成为主要政治力量，反映并塑造了新的政治意识，在全国范围内增强了媒体的政治影响力。新的全国性新闻业也在此时成型，《纽约时报》（*The New York Times*）、《华盛顿邮报》（*The Washington Post*）等个体报纸，以及《时代》（*Times*）、《新闻周刊》（*Newsweek*）等新型杂志为政治观点的表达提供了全国性的舞台，它们在五角大楼秘密文件事件和“水门事件”中挑战并重创了联邦政府的民选领导人。这使得诸如“客观”“中立”等新闻行业早期的规范让位于在政治生活中持“支持”或“反对”态度的新规范。

因此，信条激情时期出现的新型大众媒体成为了理想 / 制度间的鸿沟挑战者的工具，将后者的观点传播给规模前所未有的公众群体。美国新闻业的政治功能不同于其他国家。正如托克维尔所言，广泛结社与新闻权力之间存在关联。在基本政治价值的广泛共识与新闻业的权力和功能之间也存在关联。在具备共识的社会中，新闻业的功能之一就是将共识具体化，以此评判个人和机构。美国的新闻业几乎从来不和政府产生瓜葛，也从来不公开其派性；相反，新闻业是社会性的，或者倾向于此。新闻业在社会中的独特权力是美国自由主义共识产物的一部分。媒体是自由社会在事实上的牧师：他们是社会根本价值的保管人，揭露并谴责背离根本价值的行为，赋予遵循这些价值的个人与制度合法性。在信条激情时期，媒体除了挑战并揭露权力不平等之外别无他法。

扒粪运动与曝光政治 早在西奥多·罗斯福为其贴上标签之前，扒粪运动就已经是独特的美国式政治活动了。只有在具备基本价值共识的社会中，曝光违背价值体系的事情才会引发政治变革。只有当人们一致同意有关善恶美丑的判断标准时，“扒粪”才是有效的。这使得改革更多地涉及对事实的揭露，而非对价值的争论。就此而言，20 世纪初美国的变革努力实际上与同一时期俄国的变革处在两个不同极端。“两国环境的不同通过列宁与斯蒂芬斯（Steffens），以及《火星报》（*Iskra*）与《麦克卢尔》之间的对比反映出来。布尔什维克使用革命宣言发起进攻，而美国改革者用的则是布兰代斯（Louis D. Brandeis）的信念。”[36] 从萨缪尔·亚当斯（Samuel Adams）于 1773 年出版的马萨诸塞州总督哈金森（Thomas Hutchinson）个人书信（这些信件“向愤怒的公众‘证明’了英国政府的行为是故意的，而非源自傲慢、轻视和误判”[37]），到两百年后《纽约时报》将五角大楼的越战秘密文件公之于众，美国政治——特别是在信条热情时期——一直是曝光的政治，而媒体作为曝光手段所发挥的作用远远超出其他国家。但是只有道德意识被激发时，曝光才是有用的。

每个信条激情时期的独特之处并不在于煞费苦心的新政治理论，而在于揭露违背旧政治理论核心原则的新政治事实。美国革命对此作出了最佳诠释。革命时期和后来的激情时期一样，争论政治理念是没必要的；有必要的仅仅是阐明理念，搞清楚现状在多大程度上背离了这些理念。革命者相信真理是“不言自明”的，因此他们要求的一切不过是“将事实呈现于公正的天地之间”。杰克逊主义的改革者采取了相似方式，对此进行了观察的爱默生认为，改革实际上源自理念与现实间的对比。在随后的世纪之交，人民党人和进步党人再次面临了同样的情况，西奥多·罗斯福称其为“扒粪运动”。由艾达·塔贝尔（Ida Tarbell）、林肯·斯蒂芬斯、厄普顿·辛克莱尔（Upton Sinclair）、大卫·格雷厄姆·菲利普斯（David Graham Phillips）、雷·斯坦纳德·贝克（Ray Stannard Baker）及其同行成功发展起来的曝光式新闻践行了布兰代斯的信念，它以事实为依据，为立法改革提供了理由和动力，为促进社会改革的司法行动提供了重要手段。相应地，在20世纪六七十年代又出现了“新扒粪者”和新的曝光政治。

在信条激情时期，曝光和揭露行动同时在横向和纵向两个方向上展开。人们的愤怒最开始可能集中在特定的个人、机构或实践上，但是迅速蔓延并影响了更大范围的民众和组织。20世纪初，瓦尔特·李普曼（Walter Lippmann）在观察中发现："随着扒粪运动的发展，公共生活的标准开始被用于评价商业活动的某些领域。"虽然"原来只是一场反对政治特权的斗争"，但杰克逊主义运动以某种相似的方式很快"将斗争扩展到反对经济特权"。[38] 最初对于政治丑恶现象进行曝光的动机可能很快扩散开来，进而引发对于企业、教会、学校和社团所犯罪恶的关注。

道德标准的纵向升级，模糊了对于公认规范的严重违背和轻微、表面、潜在违背之间的区别。如果无法证明一名公职人员接受了贿赂，那就证明他接受了一件礼物；如果没有明确证据证明一名公职人员以权谋私，那就证明在其公共职责与个人私利之间存在潜在冲突。"如果无法依照公认标准从事实中找出道德问题，那就提高道德标准，直到发现问题；并且必须教育公众，使新罪行引发惊骇的程度与旧罪行相当"。[39] 真实的诚信水平越高，道德的标准就越高。

最后，不断增强的道德愤怒被道德疲劳和犬儒主义所取代。这一过程在最近三次信条激情中都引起了关注。爱默生在对杰克逊主义改革者的观察中写道："我们看到的针对制度的批评与攻击清楚地说明，个人在不改变自己的前提下试图改变周围，对于社会是毫无益处的：他可能在特定方面是个庸常的好人，却在其余方面粗浅狭隘；令人生厌的结果通常包括虚伪和浮躁……邪恶的浪潮以相同的方式席卷了我们所有的制度。”1975年，休伯特·汉弗莱（Hubert Humphrey）以极其相似的口吻，对近十年来道德曝光的一个方面进行了评价：“责任成了时髦的口号，消费主义甚嚣尘上，无论是国会还是公众都不把总统或者任何人的话当回事。但有时候怀疑会走得太远，人们总得相信某些人。”[40]

西奥多·罗斯福曾精辟地论述过曝光政治和道德主义改革的政治后果。他认为“人们面对卑鄙肮脏时不应畏缩不前”。某些场合下，扒粪者的行动可以服务于有益的目标。尽管如此，“如果一个人除了揭丑什么都不做，在有关揭丑的思想、言谈和写作中毫无收敛保留，他很快就会变得既不能帮助社会，也不能推动善举，而只能成为邪恶的最有效力量”。为了进一步阐述这个主题，罗斯福谈道：“在实际的政治、经济和社会生活中存在诸多严重的丑恶现象，我们急需与之展开最坚决的斗争。应当无情地抨击曝光每个丑陋之人，不管他是政治家还是商人，也不管他的丑行发生在政治、商业还是社会生活中。”但同时也需要避免对公共人物的人格“不分青红皂白一律加以攻击的风气”。人们必须维持平衡。“揭露犯罪并抓住罪犯；但要记住，即便是针对犯罪，如果采用感情用事、耸人听闻、扭曲事实的方式，对公众思想的伤害会远大于对罪行的打击”。无节制地使用错误方式进行曝光，可能导致公德的败坏以及是非曲直界限的泯灭。“以如此粗鄙激进的方式打击我们政治和经济生活中公认的、强大的丑恶力量，而不加区分地将正直之人卷入其中一并谴责，意味着公德的枯竭。[41]这样做的结果是，人们要么对公共领域的腐败抱以冷漠的犬儒态度，要么失去甄别善恶是非的能力。

信条冲突：运动与体制

在日复一日的运行中，美国政治的冲突逐渐接近多元主义理论提出的麦迪逊模型（Madisonian model）。利益集团政治能够解释大部分情况，但无法解释所有。共识理论错误地低估了美国社会的冲突；进步主义理论则误将阶级分化视作分歧的核心；多元主义理论对美国政治冲突根源的描述则是不恰当的。政治冲突既可能因经济和公共利益而起，也可能因政治观念而起。围绕着美国政治的原则和价值应当如何通过政治制度与实践得到实现，人们大鸣大放，争执不休。美国政治的行为体既包括社会运动分子、改革家，也包括压力集团和院外集团。某些情况下，信条政治是对利益集团政治的补充甚至替代。同后者相比，信条政治是间歇性而非持续性的，偏激情而非实用，重理想而非物质，主张改革而非维持现状，强调是非判断而非收益权衡。信条政治参与者的自利心并不比利益集团政治的参与者更少，但二者的利益是以不同语言界定的。当团体出现以下三种情况时，利益集团政治将被信条政治取代：（1）团体以美国价值和原则定义自身目标，因而采用普世话语表达其诉求；（2）团体要求对政治制度与实践实施结构性变革；（3）以道德激情去实现这些目标与要求。

18世纪70年代、19世纪30年代、20世纪初和20世纪60年代的政治冲突涉及利益集团，但是分歧的深度、关键议题的意义以及参与者的热情都超出了一般意义上的“利益集团政治”。与此同时，尽管经济问题在这些冲突中很重要，主要的分裂却并未首先沿着经济阶级的分界线发生。结果，每个时期分裂的本质和原因都在历史学家中引起了广泛争论。革命时期、杰克逊时期和进步主义时期的政治斗争到底具有何种结构？用利益集团或者经济阶级的观点来解释这些分裂是缺乏说服力的。在革命期间，保王党和革命者的阵营中同时出现了富人与穷人、种植园主与商人、小农与小贩。在某些情况下，家庭内部也会发生分裂，富兰克林家族就是最有名的例子。杰克逊时期分歧阵营的构成超越了阶级分野，在为党派和议题而彼此斗争的两派中都能发现农民、工人和企业主的身影。在进步主义时期，城市中产阶级、工人阶级和农民中既有支持政治经济改革者，也有反对者。到了20世纪60年代，中产阶级专业人员、知识分子和学生与属于低收入阶层的黑人联合起来，反对其他的中产阶级专业人员、商人以及与之联盟的多数工人阶级。在所有这些信条激情时期，社会分歧的主要裂痕与当时的主要议题有关，这种割裂虽然不完全是纵向的，但也远远不是水平的。

激情时期的改革动力，源自中产阶级与底层的农民或工人阶级成员在利益方面的结合。将这些不同社会经济集团带到一起的原因显然是被现行政治经济体制威胁或抛弃。在革命时期，所有导致革命派和保王党分道扬镳的原因实际上可以归结为一件事：个人和团体是将英帝国体制视为自身利益所在，还是将其未来的权力增长视为对自身的威胁。例如，一些殖民地社会的底层团体将英国的存在看成是对殖民地经济主导集团的制衡，因此有充分的理由支持英国控制殖民地。在杰克逊时期，社会集团与既存政治经济制度的关系能够在很大程度上解释不同集团的联合，例如杰克逊主义者试图摧毁、开放和渗透的第二合众国银行。类似地，将进步党人与其对手区分开来的，正是前者的成员主要来自地方政治经济体制之外的集团。由于不同地方的体制由不同的集团把持，进步党人的社会经济背景也彼此不同。[42] 相似的原理也可以用来解释 20 世纪 60 年代跨阶级的社会分裂。每一个激情时期的主要社会分歧都出现在两类人之间：不论何种阶级出身，视自身利益与现存政治经济结构具有直接联系的人，以及同样不论阶级为何，将自身利益与现存结构的开放或瓦解结合起来的人。信条激情时期的分化可能并且确实造成了经济阶级、社会阶层、利益集团甚至家庭内部的分裂。结果，那些尖锐的改革要求总是用自由、民主、反对权力等美利坚信条的语言定义自身。

确认这些“传统”价值主要有两方面目的。首先，它为那些脱离现存体制的、形形色色的中产阶级和底层团体提供了统一的目标、观点和语言。它还划定了改革的范围，以免造成政治联盟的瓦解。拥有更多收入和财富、受教育水平更高的人一般会比其他人更虔诚地信仰美利坚信条。而在经济上较少依赖现存秩序的人则不大相信信条。在激情时期，信条的价值主要由中产阶级团体申明。通过重申信条，曾经的中产阶级虚伪分子变成了如今的道德论者，他们还试图动员底层，使之改变麻木无谓的态度。底层民众由此开始重新接受美利坚信条。然而，信条是可以用来挑战既存秩序的唯一意识形态武器。这就是为什么美国的变革可以发生，但无法走得太远的原因。中上阶层或许在意识形态上信奉政治改革，但是在经济上不允许现存的财富与收入分配发生重大变化。另外，贫困阶级也许能在实质性经济变革中获益，但他们缺少实现变革的意识形态动力，而且将他们动员起来采取政治行动的价值诉求恰恰是反对进行重大经济变革的。

其次，申明信条价值不仅能团结改革分子，也让改革阵营的敌人在意识形态上处于守势。他们就像贝林描述的革命时期保王党人那样处于意识形态的无武装状态。面对广为认可的自由民主价值话语下形成的变革诉求，反对者们找不到一种现成的意识形态信念用以反击。因此，双方的争论经常变成围绕特定变革手段的相对可行性、变革的时机和速度而展开的争吵。美国政治中最基本的分歧一般可以被定义为“速度问题”。“实质上（这一分歧）发生在两拨人之间：一些人渴望迅速实现美好的理想社会，为此不惜误入歧途；另一些人希望通过缓行、慎行将这种风险最小化，反过来又可能导致错失良机的风险”。[43] 在激情时期，那些希望迅速实现变革的人不但在数量上增加了，其实现要求的热情也增长了。主张尽快实现自由主义理想的人和主张采取渐进递增策略应对理想 / 制度间的鸿沟的人爆发了争吵。作为美国激进分子的原型以及“美国历史上最强有力的改革者”——并且在某些方面也是最为成功的改革者，加里森可能比其他任何人都更适合“急进主义”的标签。用他自己的话说，“理论上是逐渐实现，干起来却没完没了”。与加里森同时代的和平阵线改革者威廉·莱德（William Ladd）也说过：“这是无可争议、不言自明的真理——对于所有合乎道德本质的事情，不但应当去做，而且可以被做到。”[44] 简言之，不存在任何能为理想与制度间的鸿沟制造合理性的借口。威廉·埃勒里·钱宁（William Ellery Channing）则代表了与此相反的主张，他和加里森一样反对奴隶制，却坚决反对依靠“兴奋与狂热”推翻这一制度。他认为，“上帝从没有将改变世界的重任委托于激情”。[45]

在激情时期，支持变革的人与倾向保持体制现状的人之间开始出现政治分化。因此，反复出现的分裂并未发生在上层与下层阶级或是精英与大众之间，而是在改革派与保守派，或者说“草根派”、社会运动与“建制派”、既存体制之间。保守的建制派是长存的，而改革派则很容易烟消云散，冲突的激烈程度也随双方兴衰而变化。在激情时期，更多的人积极投身于实现理想，他们的参与性更强，热情也更加高涨。在20世纪60年代的语境中，这些改革分子变得“激进化”——远离现存权力结构并对其进行激烈批判，从自由民主的美国理想出发提出改革要求。此时，“良知共同体”不但扩大了规模，也变得更活跃，更专注于特定议题。作为政治生活主要力量崛起的既不是激进左派，也不是激进右派，而是激进的中间派。进步主义历史学家所谓的美国政治的二元对立并未持续存在于上层阶级和下层阶级之间，反倒是间歇地出现在草根派和建制派之间。

草根派具有多面性。激情时期总会伴随着改革诉求的增加与社会运动的爆发。妇女、少数族裔（特别是黑人和印第安人）、病人、智力残疾者、消费者乃至罪犯的利益诉求，以各种各样的形式成为了激烈政治行动的主题。正如洛厄尔观察到的，在杰克逊时期，“所有可能形式的精神和物质缺陷都有其福音。连麦麸都有自己的先知……大白话被当成足以让乔治·福克斯（George Fox）震惊不已的高论……每个人都负有介入他人生活的‘神圣’使命……每个人都时刻准备好去改造他们自身以外的一切”。[46]19 世纪 30 年代就像 20 世纪 60 年代一样，社会上出现了无所不包、支持一切美好事物的草根运动，而支持个别美好事业（例如和平、女性权益、民权）的次一级运动则相对较少。争取妇女权利的运动先是在 19 世纪 30 年代，继而在 20 世纪初达到巅峰，并在 60 年代再次高涨。废奴运动始于 19 世纪 30 年代，处于从属地位的争取黑人权利运动始于 20 世纪的最初十年，民权运动和黑人觉醒则主导了 20 世纪 60 年代的政治生活。19 世纪二三十年代，疯人院、监狱、医院和孤儿院的设立，证明了可以利用特定制度解决各种社会问题的观点，即大卫·罗斯曼（David Rothman）所谓的“发现救济院”。20 世纪初迎来了新一波制度改革热潮，例如定居救助之家（settlement house）计划。美国“和平运动”的真正源头是 1828 年美国和平协会（American Peace Society）的建立，这个协会在美西战争后抗议美国攫取殖民地的反帝国主义浪潮中崭露头角，并在 20 世纪 60 年代反越战运动中以引人注目的形象成功复兴。消费者行动主义（consumer activism）在 19 世纪 30 年代还是次要角色，到 20 世纪初已经成为重要社会力量，虽然此后从公众视野消失，但它在 60 年代以纳德运动（Naderism）及相关运动的形式再次出现。

因此，从一个激情时期到另一个激情时期之间，社会运动存在着相当程度的重复性：某个时期广受支持的事业在下一个时期会重新出现。此外，同一个激情时期的不同事业之间还存在高度关联性，某一事业的积极分子一般也会热心参与其他事业。爱默生发现："在这些运动中最为引人注意的就是参与者对各类社会问题的广泛不满。"像托马斯·潘恩、温德尔·菲利普斯（Wendell Phillips）、厄普顿·辛克莱尔和拉尔夫·纳德这样的社会运动家可能会参与所有的运动。除了推进废奴，菲利普斯还"支持一系列社会事业，例如妇女平权、禁酒、爱尔兰独立、公正对待印第安人、废除死刑，以及善待精神疾病患者等"。[47] 辛克莱尔则积极代表消费者、妇女和劳工权益，要求推进经济平等和公共事业公有制。其他改革家则在集中致力于某一运动的同时表达对其他运动的同情，例如加里森对待妇女平权运动的态度。

阿兰·格兰姆斯（Alan Grimes）有关妇女选举权运动的讨论很好地描述了不同运动之间的联系。在南北战争之前，妇女平权与反奴隶制运动、禁酒运动存在着密切联系。"19 世纪的女权运动就像今天的民权运动一样，不仅支持女性大学就学权、就业权、财产权、离婚后子女监护权等自身团体受益其中的直接改革要求，也支持一系列广泛的变革呼声，例如和平主义、禁酒、废奴、社会福利立法等"。杰克逊时期的这种社会运动间联系在进步主义时期同样存在。"妇女普选权与进步主义，二者的社会伦理基础很容易被联系起来。女性普选权和直接初选、参议院直选、立法提案权、复决、罢免权一样，不仅是改革行动，还是按照流行的社会目标理念进一步推动改革的工具”。[48] 20 世纪 60 年代的妇女运动和民权运动、反战运动同样有着紧密联系。总而言之，特别关注某项变革的个人和团体通常有着普遍的改革主义世界观，这使他们很容易支持形形色色的各类改革诉求。

在美国人的经验中，共识并非政治冲突的解决，而是政治冲突的源头。利益集团政治与共识相兼容，信条政治则是共识的产物。共识破裂时，冲突不会发生；但是如果共识被激活，民众沉睡的意识开始觉醒，为了在体制的结构与实践中实现共识的价值而努力，冲突就会发生。信条政治的冲突涉及的不仅是如何促进那些制造政治分裂的利益，也包括如何以及在何种程度上实现那些促进团结的普世理想。对基本价值的共识可能是令人非常不安的社会现象，它既能提供挑战现存制度的动机，也能充当政治团体联盟之间相互攻击的武器。美国政治最严重动荡的源头不是共识的缺失，而是对共识的坚持，是让社会重新回到最初原则轨道上的努力——这种旨在摧毁专制特权、肃清经济寡头、消灭腐败官员的行动在中国被称为“净化运动”（Purification Campaigns，即“三反”“五反”运动——编者注）。美国人的两极分化大多源自对待同一政治信仰的严肃程度不同，而不是由于政治信仰相异。他们时常因为如何在政治制度和结构中实现美国理想和原则而产生根本分歧。导致美国人最严重分裂的正是那些将他们团结在一起的东西。

同美国的政治变革和冲突联系在一起的，不是新思想的引进，而是旧思想的重申。诸如马克思主义等新意识形态的出现，仅仅对美国政治生活的边缘地带造成了影响。冲突和变革源自信条激情，源自实现而非挑战主流价值观的努力。美国价值的重申之所以能够达到如此激烈的程度，恰恰是因为其本身的含义——呼唤一种传统的、合法的，人们普遍熟悉、广泛接受和支持的意识形态的回归。正如哈慈在提到废奴主义者时所说的："具有讽刺意味的是，美国历史上最伟大的道德改革运动实际上没能产生任何原创的政治思想。加里森和菲利普斯并非政治理念的缔造者，甚至连钱宁也不是。"废奴主义者发现他们需要的是激情，而不是哲学，因此"他们以特有的激情联合在一起，产生了一种莫名其妙、不加辨别的自我满足情绪"。就像加里森提出的问题："要论据有什么用，它能证明什么？"[49]证明人人生而平等这一不言自明的真理吗？所以奴隶制是个错误？

同西欧国家相比，美国的政治变革一般伴随着新社会运动的涌现，而不是新政治党派权力的崛起。美国与加拿大之间的这种对比尤为突出，二者虽然在社会、政治和地理方面有诸多相似之处，但是因为加拿大没有所谓的"加拿大信条”，所以不论是左翼还是右翼都很少发动美国式的救世主运动。[50] 在美国，特定的改革尝试总是带有鲜明的道德色彩，其他国家则很少这样。斯坦利·埃尔金斯（Stanley Elkins）在比较美国与欧洲的废奴运动时发现，“从 19 世纪 30 年代开始，美国废奴运动简单而尖锐的道德纯粹性，使其具有了与其他类似运动不同的特质”。美国的废奴主义者比其他国家的废奴主义者更倾向于认为，奴隶制的终结“是一个良心问题”；他们表现出“一直为美国人所独有的抽象特质”。“对他们而言，这是个完完全全的道德问题。”[51]

在苏联的政治共识中，也能找到美国式的激进与保守分子斗争。在苏联，一些人以实现党及其意识形态的目标为己任，其他人则保持着相对的政治冷漠，并通过毫无意义地重复官方说教来掩饰这种冷漠。表面看来，政治冷漠的苏联人可能和政治冷漠的美国人没太大区别，但二者的冷漠有着完全相反的方向。美国人对政府的改革漠不关心，苏联人则对政府的要求不闻不问。意识形态积极分子在苏联是局内人，在美国则是局外人——后者不是为了支持而是为了反对体制而战。当苏联人抛弃冷漠态度，就会被动员起来支持政府；不再冷漠的美国人则会被动员起来反对政府。最重要的是，苏共垄断了政治动员的能力。随着革命成为历史，党的积极分子代表政治系统动员民众的能力似乎在逐渐下降。而在美国，社会变革通常刺激不同的社会团体在政治上动员民众，以便改革政治系统。结果，相对不甚成熟的美国自由主义理想具备了循环往复的政治活力——它更易于使用；而更加系统的苏联马列主义则变得刻板僵化、死气沉沉。

改革及其局限

信条激情时期会出现两种主要的政治变革。**改革**是让政治制度与实践更加符合自由民主价值与原则的有意识尝试。**重组**则是社会力量与政治制度间关系模式的重大变化；它不是有意识构建的产物，而是社会力量兴衰变迁、特定政治制度结构和构成改变的结果。改革与重组的过程紧密相关。改革是政治制度与理想之间关系的变化，重组则是政治制度与社会力量之间关系的变化，二者之间存在着密切的互动。

改革和重组过程的表现形式是美国所特有的。它们都不是意识形态分裂社会的特征。典型的欧洲式政治变革包括一系列完全不同的步骤。社会经济变革的结果是具有自我意识的新兴社会力量的崛起。继而，新兴社会力量将提出代表自身利益的新型意识形态，以表明其与其他既存社会力量间的利益矛盾。新力量一方面为建立新兴政党创造了基础，另一方面也认同“属于”旧力量的特定政府机构。经过一段时期的政治斗争和动荡，新兴力量依靠其独特的意识形态和特定的政治机构夺取了权力（或者实现实质性权力分享）。例如中产阶级地位的上升就导致了一系列后果：作为一种意识形态的自由主义的崛起；自由主义政党的发展；支持中产阶级利益的特定政治机构权力的增长（下议院）；支持贵族利益的政党和政治机构（君主制、上议院）权力的衰落。因此，这种变革既包括意识形态的冲突与改变，也包括政治机构的更替和变迁。

在美国政治变革的过程中，社会经济变化同样会导致具有自觉意识的新兴社会力量崛起。不同在于，美国的新社会力量并未提出新的意识形态，而是满怀激情地重申旧的政治理想和原则。它非但没有推动新政治体制的发展，反而要求按照旧意识形态的核心价值观重塑现存体制。这就是“改革”一词在美国的独特含义。当然，在某种程度上，每个特定的“改革”提议都服务于某些特定的团体，并且得到这些团体的热情支持。但是如果认真思考这些提议就会发现，它们同样必须使用美利坚信条的普世价值语言，故不应仅被视为特定阶层或团体排他性利益的具体化。争取“黑人权力”（“Black Power”）不过是死路一条，为“平等权利”斗争却能打开新机遇的大门——不论其过程有多么缓慢坎坷。改革行动的合法性与说服力，取决于改革目标在多大程度上能够与美利坚信条的主流价值相契合。

理念是政治武器，意识形态是政治变革的使女，美国和欧洲都是如此。如果不能提出政治理念，不能信仰意识形态，政治变革就不会发生。但是在欧洲，导致20世纪变革的意识形态同导致19世纪变革的意识形态是极为不同的。相比之下，历次信条激情的主题、口号和关注焦点都极为相似。有关改革的争论也是相似的，上一个激情时期的社会力量为支持改革而援引的价值观，会在下一个时期被不同的社会力量再次作为武器使用。

崛起中的社会力量在试图让自身利益与美利坚信条价值保持一致的同时，还希望自身利益与既存政治体制相契合，通过巩固与这些体制的联系来推进自身利益。新兴力量当然可以试着建立新政党，或者创造新的政府机构。诸如此类的行动可能会短暂地有利于促成变革。但新兴社会力量的成功，根本上取决于它在多大程度上能够通过现存政党和体制实现自身利益。为此展开的斗争通常会导致社会力量与政治体制间关系的变化，即重组——体制支持者和体制功能的变化。美国政治的制度特征鼓励使用既存体制展开行动——联邦主义、权力分立、结构松散、非集权政党，等等。由此，意识形态一元和政治制度多元在美国的结合所导致的政治变革过程，便完全不同于意识形态分裂的欧洲社会历史上通行的变革模式。

美国的政治变革通常意味着改革，即让政治体制与实践符合主流政治理念与价值。只有具备了意识形态共识这个前提，改革才具有可能性。它源自犹太—基督教的历史传统，源自救赎、复活、革新、重生等宗教思想。有人认为，改革理念本身就是“基督教起源和早期发展的产物”，“在前基督教时期不存在真正与之相对应的理念”。早期基督教的改革理念主要指向个人，但并不局限于此。其本质在于“自由、自觉、认为人性可臻完美的理念，以及各种各样、旷日持久、反复不停的努力，以此重申、巩固那些物质精神混沌一体之时便已存于世上的价值”。[52]若干个世纪以来，教会内部的改革冲动多有起伏，但终于在 16、17 世纪的宗教改革中再次爆发，并达到前所未有的高潮。当时的清教徒致力于创建新的天国乐土，改革理念也随之在内涵上更加宽泛、激进。然而改革的本质思想仍然是净化和回归最初原则。改革——正如几百年后克罗利在谈论美国政治时所定义的那样——是“道德抗争与觉醒，试图巩固被破坏的法律，恢复美国政治经济体系最初的纯洁与活力”。[53]

在信条激情的作用下，美国历史中的改革冲动多次达到顶点。例如三次重要的政党改革运动：1820—1840 年的杰克逊改革，1890—1920 年的进步主义改革，以及 20 世纪六七十年代的改革。[54]然而同美国革命一样，这几次激情时期的特征不仅是政党改革，还包括一系列广泛的政治制度与实践改革。除了废除奴隶制这一明显的例外，实际上美国历史中所有的重要政治改革都发生在这三个时期。改革“通常于短暂而集中的时期内密集出现”。[55]

革命时期是美国历史上第一个政治改革时期，它最为伟大，并且在许多方面也最为成功，为后来的激情时期提供了政治与意识形态模板。革命者们在美国散播了变革的精神。“合众国的设计师们为政治工程添加了新的信仰，它从此牢固地长存于美国文化之中。每个问题都有其解决办法一直是信仰的主旨。面对困难时，即便是行不完美之事，也比什么都不做要好。最重要的是，如果我们能明白什么是好的制度并将其建立起来，好的政策就一定会自然出现”。正是这种信仰“推动了我们历史上最有力的政治运动”，其中就包括杰克逊主义和进步主义。[56]

当然，革命本身也导致了重要的政治变革，其中最彻底、最重要的便是终结了英国对殖民地的统治，建立起以被统治者的同意为合法性源头的合众国政府。在18世纪政治语境中，这是史无前例的、革命性的一步，但也是有局限性的一步：美国革命并未包含阶级革命引发的社会经济变革。革命改变了政府，却没有改变社会；虽然具有创新精神、影响深远，但它仅仅是一次政治上的变革而已。在变革过程中，“革命者”们还引入了其他相关的革新：废除长子继承制、限制继承权（entail）、免役税以及其他封建主义的残留，实行政教分离，在北方各州废除奴隶制，颁布《权利法案》，在一定程度上扩大选举权，实行刑法改革，取消对商业企业的某些限制。在种种措施之中，最重要、影响最全面的就是对政治理念与理想进行了热烈、雄辩、博学的阐述，这些理念和理想将继续激励、指引、服务于后几代的政治改革者。

第二次密集改革浪潮发生在19世纪二三十年代的杰克逊时期。这一时期的政治和政府出现了以下变化：实现了白人男性的普选权，政治参与的范围大大扩展；国会议员团趋于衰败，出现了全国性政党，并举行了第一次全国性政党会议；实行总统选举人（electors）直选，总统成为“民众领袖”；院外游说集团和游说者成为影响政府的新渠道；政务官（elected office）的高度流动性，这在众议院尤为显著；立法机构选举中的全国拉票，使参议员选举实现了部分民主化；强调官职轮换制度，在政府职位分配上采取政党分肥；在全国和地方层次上，包括法官在内，由选举产生的官职数量激增。与这些政治体制改革同样重要的是社会经济领域的变化：取消第二合众国银行的特许权，开放银行系统；通过普通公司法，将开办企业从特许权利变为一般性权利；改革并扩大了公共基础教育；监狱、疯人院、孤儿院、感化院等“面对贫困、犯罪、少年犯罪和精神疾病问题时的优先解决方式和首要求助机构”被纷纷建立起来。罗斯曼的评论很好地总结了改革者的方法：“救济机构使其创建者一举两得。它既能够让被救济者康复，其自身的成功又为整个社会的正确行动提供了榜样。这项颇具风险的社会事业背后有一种乌托邦精神——试图改变离经叛道和依赖他人者，以此为其他人树立标杆。”[57]

进步主义时期改革的首要目标就是托拉斯和政治集团。多项措施被用于遏制大企业和经济集权的危害：第一部反托拉斯法案，设立监管会，为保护消费者立法，以及出台其他旨在限制和规范商业机构行为的法案。同样，为了限制政治集团的权力，大众控制的手段有所增强：直接初选制、提案权、复决权、罢免权、参议院直选，进一步扩大联邦与地方民选官职的范围，等等。除此之外，改革还引入了公务员系统、科学化管理和企业式方法，通过提高政府考量中的非政治、技术化和绩效成分，限制政治集团的权力集中。在社会改革方面，救济系统再次得到重视。劳伦斯·克雷明（Lawrence Cremin）指出：“贫穷、肮脏和疾病并非19世纪的新鲜事物。”新鲜的是“社会良知的觉醒，人们越来越相信，令人难以置信的痛苦并非源自受难者自身的错误或不可避免之命运，这些痛苦一定能够被减轻”。于是大量新机构——“公民委员会、慈善协会、教会联盟、改革社团”——纷纷涌现出来，其中最独特、最引人注意的就是社会服务社（social settlement）。在教育领域，进步运动是“宏伟的人道主义努力的一部分，旨在于19世纪后半叶形成的令人困惑的新型城市—工业文明中实现美国式生活承诺——民有、民治、民享政府的理想”。[58] 进步主义时期的约翰·杜威

（John Dewey）在教育领域所做的事情，与杰克逊时期的贺拉斯·曼（Horace Mann）所做的是一样的。20 世纪 60 年代和 70 年代早期，美国社会的主要制度再次迎来了各式各样的改革。这些改革的目标与三次激情时期的十分相似，只不过在目标实现的程度上略逊于前。

改革措施的引入并不等于一定会出现其支持者所中意的结果。洛伊（Thoedore Lowi）在对纽约市的经验进行观察时发现："政党领袖利用新制度实现旧目的太容易了，这一直是改革者的灾难。"[59] 这种情况的确经常出现。改革者创造的制度和程序很少被废除，其存在得以延续，目的和功能却变了。几乎无一例外，改革者的成就随时间而"扭曲""蜕变""腐败"，转而服务于和最初完全不同的目的。这类过程似乎普遍且难以避免。

改革活动可能反过来阻挠改革者目的实现的案例之一就是初选直选制度。在进步主义时期和 20 世纪六七十年代，初选制度都是备受欢迎的政党制度改革内容。进步主义时期设立的初选制是为了使提名权不受政党大佬们控制。然而大佬们在投票率较低的初选中动员底层阶级和移民背景支持者的能力比任何人都强，由此使初选成了维持自身权力的工具，用于对抗试图取代自己的中产阶级改革分子。20 世纪 60 年代，初选改革再次获得民众支持，目的是削弱瓦斯普的权力，扩大政治体系中下层阶层和少数族裔的参与。然而这次改革同以前一样收效甚微：在初选中投票的人“富裕且受过良好教育……更加关注政治……更愿意对当下社会议题与名人指点一番”[60]。初选制的引入没能在20世纪的前十年加强中产阶级权力，也没能在70年代提高低层阶级的权力。在两个不同的时期为了实现不同的目的而引入了相同的改革，但是哪一个都没能成功。

如何解释这些看似违反常理的结果？答案与决定投票率的因素有关。很少有人在初选中投票。投票率取决于组织能力和社会经济地位。在进步运动时期，强有力的政党机器将低收入选民动员起来，挫败了中产阶级改革分子的企图。20世纪六七十年代，政党机器不复存在，使得初选参与情况更能体现社会经济地位，原本被设计用于加强下层阶级政治影响的改革却使中产阶级受益。在上述情况中，改革未能对政治组织和社会阶级的基本现实产生影响，因而是失败的。“从过去到未来，政党改革的最终结果总是让支持者深感失望，令反对者获益颇多，使评论者大跌眼镜。”[61]

诸如此类的现象比比皆是。70年代的竞选财政立法改革本来是要限制金钱对选举的影响，可最后的受益者却是富豪参选人和谋求连任者。用来对付官僚机构的“日落法案”（sunset laws）却赋予机构新的职能，使其有动机寻找强大的支持者。旨在开放政府程序的“阳光法案”（sunshine laws），反而迫使真实的决策过程退回到非正式、没有记录的小圈子密谈与会议。在经济领域，原来被设计用于保护消费者与公众权益的监管机构，却被应由自己管理的企业所俘获。理查德·奥尔尼（Richard Olney）著名的建议很好地说明了这一过程。当时铁路公司的总裁请求他帮助废除州际商业委员会（Interstate Commerce Commission）。奥尔尼说："单从铁路公司的角度看待这件事，废除委员会也非明智之举。委员会对铁路公司是有用的，或者说它可以被变成有用的。它的存在满足了要求政府监管铁路的呼声，同时这种监管又完全有名无实。更何况，委员会存在的时间越久，它就越容易用商业和铁路的观点去看问题。这样它就成了铁路公司与民众之间的屏障，能够保护铁路利益免遭仓促鲁莽立法的伤害。聪明的做法不是废除而是利用委员会。"[62] 社会领域也有类似的情况。用于"改造"贫困者、病人和罪犯的救济院很快被变成了实现其他目标的工具。"救济系统因变革的承诺而被建立，使其存续的却是拘留看管的功能。……那些带来最宏伟目标的承诺，反而经常使最糟糕的事情合法化。人们还越来越担心改革流于表面；出于良好动机的计划可能导致灾难性的结果"。[63] 前一代人的改革经常在下一代人中间导致特权利益。

这些现象有着清楚的原因。改革者和改革运动政治势头来自强烈的道德热情，但它无法长久持续。改革只是试图弥合政治理想与现实间鸿沟的一种方式而已，过一段时间就会自我耗尽，被犬儒主义、冷漠自满和自欺欺人的某种混合模式所取代。洛伊对纽约市改革的分析描述了这一过程的一般模式。“改革的出现意味着人们暂时性地抵制政治系统，并试图在既存秩序中为创新变革建立渠道”。为了拒斥政治系统，改革者“采取了直接参与的形式”。然而，“纽约改革运动中最突出的特征却是其短寿”。改革没能持久，它呈现出循环往复的模式。“每一次改革都以声势浩大、生机勃勃、不可抗拒的面目出现”。但是每一次，运动的内容都过于分散，势头被早早耗尽，而改革体系自身从来没能制度化。[64] 改革运动的本质是弥合理想 / 制度间的鸿沟的尝试，上述的循环往复就是这一本质的直接产物。

其他大部分国家的变革时期，特别是社会经济创新时期，都伴随着政治系统的集权趋势。美国也是如此。然而在信条激情时期，政治体系开放、政治参与扩大、权力分散和权力民享成了政治的流行趋势。这在某种程度上是由于激情时期强调的不仅是社会经济变革，还有政治变革。

美国政治系统的相对开放性和可渗透性使改革成为可能。此前处于“局外人”地位的政治团体可以被动员、组织起来去参与甚至开创系统内部的革新。改革的目标通常包括政治制度的开放性、可渗透性和“回应性”。然而从长期来看，恰恰是这些目标的成功实现挫败了改革自身。那些有助于改革并且因改革而增强的政治系统特征，反而使改革的胜利成了暂时的。改革导致的变化是社会团体暂时性动员与联合的产物，改革者创建的制度代表了不同政治利益和目标的集合。当这些利益与目标显著消退时，诞生于改革中的制度就需要对政治环境的变化作出反应。政治系统对于改革采取开放态度，并因为改革而变得更加开放，但是对于反改革的潮流也同样开放。

此外，改革过程本身也蕴含着矛盾。最容易实行的改革一般也是呼声最高的改革，其对象往往是理想 / 制度间的鸿沟中对大多数人不利的部分。这样的改革被明确视为有利于“公共利益”。因此，激情时期的公众情绪能够被迅速调动起来实现这些改革。然而，因为缺少组织良好的支持者来维持和保护改革，所以无法确保改革成果被用于实现最初的目标而不是相反。所有人都受益于改革，但没人去捍卫它，因此特殊利益团体可以轻而易举地扭曲改革成果，使之服务于己。另一方面，这些改革虽然以美利坚信条之名而获得合法性，却首先服务于特定的利益团体，使其更加难以实现最初的目的。改革在不同团体间造成了显而易见的权力平衡。与此同时，由于支持者被源源不断地组织起来，此类改革将在长期未来中推动最初目标的实现。而在短期内，服务大众利益的改革最容易实行，也最容易被腐蚀，蜕变为特殊利益的工具。

哈慈精彩地描述了伯克式保守主义（Burkean conservative）在美国的失败。由于缺少封建主义传统、君主制、贵族制、国教教会以及明确的身份地位差别，美国保守主义所“保守”

的只能是自由主义制度。另一方面，进步主义改革分子的失败也能在自由主义共识中找到相似的原因，只不过形式有所不同。保守主义的失败，是因为美国政治制度以自由主义理想为范本；进步主义改革的失败，是因为无论如何努力，美国制度总是无法达到自由主义理想的标准。信条激情时期就是进步主义改革的时期。然而，不公与集权弊病被前一时期的改革消灭后，总能改头换面，在下一时期卷土重来。英王对殖民地的暴政被消灭了，继之而起的是美国银行的商业垄断；银行寡头被打倒后，蓄奴的贵族制又开始膨胀；内战打垮了南方的种植园主势力，却迎来了拥有更多财富与权力的工业财阀。扩张的行政权力在一定程度上驯服了商业权力，其自身又成了对自由、平等和民治政府的新威胁。辛克莱尔和斯蒂芬斯等前一代人做过的事情，纳德、鲍勃·伍德沃德（Bob Woodward）和卡尔·伯恩斯坦（Carl Bernstein）不得不再做一遍。正如米歇尔斯（Robert Michles）说的那样，对改革者而言，最好的情况也不过就是"既令人欢欣鼓舞，又令人垂头丧气"。[65] 经过两百年来的四个狂热变革时期，进步主义改革的历史就是一部变革频繁却进步缓慢的历史。改革总是难以持久，特权总能死灰复燃，民主理想在 1976 年的实现程度只比 1776 年高了那么一点点。

政治地震与政治重组

改革冲动是信条激情时期的特点，不同的社会力量都会祭起传统政治理想的大旗，试图让政治制度符合政治理想，以此实现自身利益。然而，某些制度改革可能引起始料未及甚至完全相反的结果。激情时期范围最广、持续最久的影响并非进步主义改革，而是与改革相伴相生的政治重组。重组就是主要社会力量与主要政治制度间基本关系的重构。它主要涉及权力、功能、政治制度支持者的变化，通常包括但不限于政党的变化。

这一意义上的政治重组有着非常广泛的内容，它不仅是政党重组或者沃尔特·迪恩·伯恩汉姆（Walter Dean Burnham）所谓的“关键性重组”——“绝大部分美国少数派选民行为导致的重大变化，这将持久地改变选举联盟、选举结果和政策走向”。[66] 在美国历史中，政党重组和关键性重组的发生是相当规律的，一般在每28年或36年一次的“关键选举”时出现：1800年、1828年、1860年、1896年、1932年。这些选举标志着政党力量以及特定政党与社会力量间联系的重大、长期变化。某些情况下，新生社会力量会成为政治重组的焦点：1800年，代表自耕农利益的民主共和党战胜了代表商业利益的联邦党，1860年工业化的北方打败种植园的南方，1932年城市工薪阶层取代了此前占据主导地位的商业集团。上述选举事件标志着不同社会团体及其代表政党间的重大权力转移，但不涉及社会力量与政治机构之间总体关系的深刻变化——像革命时期、杰克逊时期、进步主义时期和20世纪六七十年代那样的变化。1828年和1896年的政治重组不仅包括政党与社会力量关系的改变，还包括政治制度在结构、权力和功能方面的改变。在这些案例中，党派重组不过是更广泛的政治重组的部分内容而已。

在这一更加宽广的背景下审视党派重组，有助于解释令20世纪60年代政治分析家倍感困惑的一些事情。如果真的每28年到36年就会发生一次政党重组，那么1960年到1968年间也应该出现一次才对。人们熟知的重组所需前提条件和相关因素在当时都已经出现：政治参与有所增长，出现了超越新政时期党派分歧的新闻话题（民权、越战），第三党运动，不同人口团体（特别是青年人）与党派间联系日趋松动，等等。然而有意义的政党重组并未发生，就像伯恩汉姆说的，这成了政治分析家版的“等待戈多”。[67] 此前一个半世纪作用于美国政治的规律这一次似乎失灵了。该如何对此作出解释呢？

可能的解释认为，60年代应当出现的不是简单的党派重组，而是更加复杂的政治重组，而后者的确发生了。将这次政治重组同进步主义和杰克逊时期区分开来的标志，是60年代政治系统中政党的重要性有所下降。结果，角色、权力和支持者方面发生的变化并未给政党造成显著影响。60 年代的政治重组之所以不包括重大党派重组，是因为当时政党的力量太过虚弱，正如革命时期的政治重组之所以不包括党派重组，是因为那时还不存在现代组织意义上的政党。换言之，60 年代分析家们深感受挫的原因在于他们等待了错误的“戈多”。

社会力量与政治制度间联系的两个原则导致了信条激情时期政治重组的发生。这些原则反映在 18 世纪国父们创立的政府框架中，此后几个世纪中政府框架的演进又巩固了这些原则。这两个原则就是支持者多元性和可变性。18 世纪对平衡政府（balanced government）目标的关注通常表现为混合政府（mixed government）的概念，即政府的每个部分都应该代表或体现特定社会等级的利益，就像在英国那样——国王代表王室利益，上议院代表贵族利益，下议院则代表绅士、市民和其他有资格参加议会选举的有产者。混合政府理论认为，在社会力量与政治制度间存在一定程度上固定且排他的关系。政治机构的数量和特征体现了社会力量的数量和特征，不同类型社会等级间的平衡则体现为不同政治机构间的平衡。

倘若果真如此，美国政治制度多样性的理由又何在？查尔斯·平克尼（Charles Pinckney）在讨论制宪会议中的参议院时曾明确提出这个问题。他认为，英国社会存在三个不同的等级，其政府也存在三套不同的制度。而美国则“只有一个能够在英国找到其对应存在的等级，那就是众议院代表的等级”。“美国人肯定不会尝试建立有三个分支的政府，因为没什么人需要另外两个分支去代表。必须让我们的政府适应它所统治的人民”。[68] 对于由“单一等级”构成却拥有众多不同利益的社会，一一对应的代表理论所建立的，要么是单一的大共和国，要么是代表不同派别的大量小共和国，麦迪逊在《联邦党人文集》第十篇中曾指出这点。

然而美国宪法的制定者并没有将政府结构置于代表制的基础上。除了古弗尼尔·莫里斯（Gouverneur Morris）和约翰·亚当斯（他没有参加制宪会议）等少数例外，他们并不主张混合政府理论。无论是制宪会议辩论，还是《联邦党人文集》或者其他地方，制宪者都很少明确关注社会力量与正在被创造的政治制度间的关系。他们偶尔提到参议院，认为它将更多地代表小州的利益，成为两院制立法机构中更为保守、谨慎的一支。他们几乎一致认为，由民众直选的众议院更容易受大众激情裹挟。虽然制宪者有时也会提到当时美国社会中的不同利益和团体，但从未建立系统性理论去阐述那些团体将以何种方式在政府机构中被代表。他们大谈不同政府机构的权力分配，但很少提及这些机构对应的支持者。制宪者强调的是“政府的内部结构”，而不是它同社会的外部关系。这种内部结构设计是为了“其各个组成部分通过相互间关系保证彼此各司其职”。[69]

在欧洲、拉丁美洲及其他地方，政府机构和政党通常紧密地、排他地依附于特定的社会力量；这些社会力量衰退时，就会带着“自己的”政治制度一同退出舞台。在西欧国家，政治机构一般同特定的社会政治意识形态联系在一起。美国则有一项政治创新，现代历史上仅有列宁主义政党的创建可与之媲美，那就是制宪者们建立了一套既对社会负责，又独立于社会的、自治的政府体系。各政府机构并不必然地同特定社会力量建立排他性联系，也不必然地同任何社会力量的联合建立永久性联系。在社会与政府的关系中存在着多元主义和可变性因素，二者在确保政府稳定的同时，还为社会力量提供通向政府的渠道。美国的政治制度能够适应支持者的改变，也能体现新兴及衰落的社会力量在权力和影响方面的变化。反之，社会力量也面对着通向政府的多个潜在渠道，即便无法通过某个政府机构有效促进自身利益，他们也总是能同其他机构建立起联系。

在美国政治发展的过程中，大部分正式机构和主要政党的支持者都发生了重大变化。美国社会最主要的利益团体——农业、商业、工业、劳工集团，宗教、地区和族裔团体，自由派和保守派——都曾经介入美国政治的重大争论，如各州权利与联邦权力、国会与总统、司法权力、共和党对民主党，等等。这些团体都曾在争论中变换阵营。政府机构全然不需受到某种特定观点的持续约束，也从不被认为在本质上是彻底的自由派或保守派。某个利益团体为了“自己的”政治机构而推行的制度化意识形态和理念，日后通常会被其他的利益团体（经常是其竞争对手）所采纳。总统领导权、司法审查、各州权利也许在某个时期是保守派的观点，在下一个时期则会得到自由派的支持。

这种社会力量与政治制度间的关系，给公共问题的争论造成了两方面后果。第一，不同社会力量间的争吵从最初围绕各自支持的政体形式，变成围绕现有政体内部政治机构的各自角色。由此，社会力量间的正面冲突经过制度化渠道的过滤，部分地转变为机构之间的斗争。第二，这场争论的参与者都有必要自觉或不自觉地而有所保留，因为他们今日为之奔走呼号的信念，可能明天就成了自己的斗争对象。在几十年来有关总统 / 国会权力、国家权威 / 各州权利、司法能动主义（judicial activism）/ 司法沉寂主义（judicial quietism）的争论中，有多少美国公共生活的积极分子能够一直支持其中一方而不改换阵营呢?

美国政府的特征之一是制度的高度连续性。1976 年的第 94 届国会和第 38 任总统之间的关系，似乎同它们的前辈没有太大区别。就这一意义而言，国父们的政治设计非常好：分权制衡使政府的不同分支与层级间的权力划分得以持续。他们所珍视的权力制衡能够在漫长的岁月中得以保留，却要归功于开国之初在政治系统中相对被忽视的那部分内容——政治制度与社会力量间的关系。政治制度有能力适应社会力量在利益与影响力方面的变化，使备受重视的权力制衡得以长存。在美国历史中，除了建国早期尚不成熟的联邦党外，没有哪个主要政府机构和政党遭遇了像英国王权、上议院和自由党那样的衰落命运。机构连续性是机构适应性的产物。团体利益不会与任何特定政治机构的利益形成永久的、排他性的联系。二者的关系可能在当时显得密切而重要，却不过是一场权宜婚姻，是现有政治环境的产物，缺少深刻的社会与意识形态根基。共同利益消失之时，双方必定会分道扬镳，另觅伴侣。

制宪者对于政府内部权力制衡的关注，使其远离了混合政府与决策分离的思想，转而拥抱分权制衡理念。混合政府概念认为，在社会力量与政治机构之间存在一定程度的一一对应关系。实际上，该理念的预设不是政府机构自治，而是政府机构被社会力量所俘获。缺少自治意味着政府机构的权力由其所依附的社会力量的地位和权力决定。作为 18 世纪英国社会力量的王权、贵族与中产阶级之间存在着大致的平衡，这在国王、上议院和下议院间的关系中得以体现。政府内部的权力平衡，实际上是社会内部权力平衡的暂时结果。而民主的出现颠覆了社会平衡，在 19 世纪王室与贵族的衰落过程中，国王和上议院也变成了荣誉性存在，而下议院则获得了至高地位。国王和上议院都无法有效适应社会的变迁。

决策分离以不同的方式导致了相似的结果。立法、行政和司法权力分属不同政治机构，导致立法部门拥有至高地位，因为立法权力显然高于执行法律和解释法律的权力。如果所有立法权都集中在单一机构手中，那么该机构就会获得明显高于行政与司法部门的地位。为了缓和这一趋势，杰斐逊要求将立法部门分为两个能够相互制衡的机构。这是从纯粹的决策分离向分权制衡迈出的第一步，行政部门甚至司法部门也能因此分享立法权力。

立宪者的思想中最重要的部分就是分权制衡，它是三种平衡政府理论中唯一能够确保政府内部权力平衡的理论。这是通过允许不同政府部门彼此分享权力来实现的。就间接意义而言，政府内部平衡是允许政府机构与社会力量建立灵活关系的结果。一方面，政府机构不会与任何单一社会力量建立固定、排他的联系（在混合政府理论的假设下则是相反的情况）。另一方面，没有哪个政府机构能够垄断立法权，从而得以控制其他政府机构（在决策分离理论中则是相反的情况）。分权制衡系统在政府机构间引入竞争，并允许这些机构与社会力量建立可变的关系。

政治制度与社会力量间的联系一直在变化。这并不局限于信条激情时期。政党与社会力量间关系的重组可能在信条激情时期出现，从而成为更普遍意义上政治系统重构的一部分，但是同样可能在激情时期的间隔期出现。随着时间的流逝，政府机构的支持者可能以非常规方式发生变化，正如最高法院的“掌门人”从休斯到沃伦的变化。不过，社会力量与政治机构间的支持性联系在激情时期出现的变化通常更多、更快、更具意义。集中发生的关系变化将导致政治系统的重构。革命时期的政治系统与此前大不相同；杰克逊时期的系统则体现了政治机构在权力、功能与支持性联系方面的基础性变化；政治科学家通常把进步主义时期的政治系统重构称为“1896 年体系”，它代表的政治与机构的新型关系模式一直持续到 60 年代“新美国政治体系”再次出现。

与其他主要国家的政治体系相比，美国政治体系的独特之处，在于允许其主要的制度成分进行周期性重构。重构显然与社会力量（阶级、利益集团、地区）的角色变化有关。机构的外在得以保留，因此变化的事实在表面上显得模糊，政治机构独立自治、相互竞争的基本原则却没有受到挑战。与此同时，机构在权力、功能、相互关系和支持者等方面已经出现重大变化。政治系统和社会之间的新平衡就这样建立起来。压力和张力沿社会力量板块与政治机构板块之间的断层线蔓延开来，直到引发政治地震，将积蓄的能量释放出来，然后形成两个板块之间的新均衡。伯恩汉姆认为，这种周期性重组是“美国的革命替代品”。[70]

总而言之，信条激情意味着许多美国人努力回归最初的原则，其特点包括独特的政治分裂模式、巨大的改革努力、政治机构与社会力量的重大重组。如果没有“正常”模式下道德热情的消失，美国的政治系统将无法延续。如果没有激情时期道德热情的喷发，美国的政治系统就无法实现变革，也无法避免僵化腐朽。有些时候，政治系统需要依靠道德动力来缩小理想与现实间的鸿沟，以便实现长期稳定。就此而言，信条激情时期可谓是美国政治生活中最美好也最危险的时期。

注　释：

1. Benjamin Rush, address delivered July 4, 1787, in Philadelphia, in Richard B. Morris, *The American Revolution Reconsidered* (New York: Harper & Row, 1967), pp. 84–85.

2. Bernard Bailyn, *The Ideological Origins of the American Revolution* (Cambridge, Mass.: Harvard University Press, 1976), p. 21.

3. Irving Kristol, *The American Revolution as a Successful Revolution* (Washington, D.C.: American Enterprise Institute for Public Policy Research, 1973), p. 12.

4. Gordon S. Wood, "Rhetoric and Reality in the American Revolution," in J. R. Howe, Jr., ed., *The Role of Ideology in the American Revolution* (New York: Holt, Rinehart & Winston, 1970), p. 116.

5. Gordon S. Wood, "Republicanism as a Revolutionary Ideology," in Howe, *The Role of Ideology*, p. 83.

6. Hannah Arendt, *On Revolution* (New York: Viking Press, 1963), p. 49.

7. Richard Hofstadter, *The Age of Reform* (New York: Knopf, 1956), pp. 308–312.

8. Ibid., pp. 315–318.

9. R. R. Palmer, *The Age of Democratic Revolution* (Princeton: Princeton University Press, 1959), 1:21. Bernard Bailyn, "Political Experience and Enlightenment Ideas in Eighteenth-Century America", *American Historical Review* 67 (January 1962): 348.

10. Ralph Waldo Emerson, "Man the Reformer" and "New England Reformers," in Emerson, *Prose Works* (Boston: Fields, Osgood & Co., 1870), 1:126, 551.

11. Wood, "Rhetoric and Reality", p. 117. Daniel Webster, quoted in Richard Hofstadter, *The American Political Tradition* (New York: Knopf, 1951), p. 65; Theodore Roosevelt, quoted in Eric Goldman, *Rendezvous with Destiny* (New York: Knopf, 1952), p. 187, from Henry F. Pringle, *Theodore Roosevelt* (New York: Harcourt, Brace, 1931), p. 413.

12. Bailyn, "Political Experience", p. 343. John Adams, letter to H. Niles, February 13, 1818, in *The Works of John Adams* (New York: AMS Press, 1971), 10:283. Emerson, quoted in Charles A. Madison, *Critics and Crusaders* (New York: Henry Holt, 1947–1948), p. 16.

13. Eric Foner, *Tom Paine and Revolutionary America* (New York: Oxford University Press, 1976), p. xv.

14. Bernard Bailyn, "The Central Themes of the Revolution," in Stephen G. Kurtz and James H. Hutson, eds., *Essays on the American Revolution* (Chapel Hill, N.C.: University of North Carolina Press, and New York: W. W. Norton, 1973), p. 17.

15. Marvin Meyers, *The Jacksonian Persuasion* (Stanford: Stanford University Press, 1957), pp. 6, 158. George E. Mowry, *The Era of Theodore Roosevelt, 1900–1912* (New York, Harper & Row, 1958), pp. 100–101, quoted in David Mark Chalmers, ed., *The Social and Political Ideas of the Muckrakers* (New York: Arno Press, 1964), p. 112. Hofstadter, *Age of Reform*, pp. 15–16. Theodore Roosevelt, quoted in Hofstadter, *American Political Tradition*, p. 226.

16. Louis Hartz, *The Liberal Tradition in America* (New York: Harcourt, Brace, 1955), pp. 50–51. See also Clinton Rossiter, *The Political Thought of the American Revolution* (New York: Harcourt, Brace & World, 1963), pp. 42–51.

17. Walter Dean Burnham, "Revitalization and Decay: Looking toward the Third Century of American Electoral Politics", *Journal of Politics* 38

(August 1976): 146–172. On revitalization movements generally, see Anthony F. C. Wallace, *Culture and Personality*, 2nd ed. (New York: Random House, 1970), pp. 178–199.

18. Bailyn, "Central Themes of the Revolution", pp. 26–27, and *Ideological Origins*, p. 56. See also Gordon S. Wood, *The Creation of the American Republic, 1776–1787* (Chapel Hill: University of North Carolina Press, 1969), pp. 18–28.

19. Meyers, *Jacksonian Persuasion*, pp. 16–17. John G. Cawelti, *Apostles of the Self-Made Man* (Chicago: University of Chicago Press, 1965), pp. 44–45.

20. Chalmers, *Muckrakers*, p. 106.

21. Wood, "Rhetoric and Reality", p. 117. Seymour Martin Lipset and Earl Raab, *The Politics of Unreason* (New York: Harper & Row, 1970), p. 41. Hofstadter, *Age of Reform*, pp. 70–81. See generally Richard Hofstadter, *The Paranoid Style in American Politics* (New York, Vintage Books, 1967).

22. Meyers, *Jacksonian Persuasion*, pp. 18–19.

23. Hofstadter, *American Political Tradition*, p. 49.

24. Arthur M. Schlesinger, *New Viewpoints in American History* (New York: Macmillan, 1922), p. 202.

25. Alexis de Tocqueville, *Democracy in America*, ed., Phillips Bradley (New York: Vintage Books, 1955), 2:114.

26. James Russell Lowell, "Thoreau," in *The Writings of James Russell Lowell* (Boston: Houghton Mifflin, 1890), 1:362.

27. Calvin Colton, *Protestant Jesuitism* (New York: Harper and Bros., 1836), pp. 52–53.

24. Arthur M. Schlesinger, *New Viewpoints in American History* (New York: Macmillan, 1922), p. 202.

25. Alexis de Tocqueville, *Democracy in America*, ed., Phillips Bradley (New York: Vintage Books, 1955), 2:114.

26. James Russell Lowell, "Thoreau," in *The Writings of James Russell Lowell* (Boston: Houghton Mifflin, 1890), 1:362.

27. Calvin Colton, *Protestant Jesuitism* (New York: Harper and Bros., 1836), pp. 52–53.

28. Arthur M. Schlesinger, *The American as Reformer* (Cambridge, Mass.: Harvard University Press, 1950), p. 52. Howard Zinn, "Abolitionists, Freedom-Riders, and the Tactics of Agitation," in Martin Duberman, ed., *The Anti-Slavery Vanguard* (Princeton: Princeton University Press, 1965), pp. 417–451. James Q. Wilson, *Political Organizations* (New York: Basic Books, 1973), pp. 322–323.

29. Wilson, *Political Organizations*, p. 201.

30. Palmer, *Democratic Revolution*, 1:243.

31. Rossiter, *Political Thought of the American Revolution*, p. 10. Bailyn, *Ideological Origins*, pp. 1–3, 8.

32. Sidney H. Aronson, *Status and Kinship in the Higher Civil Service* (Cambridge, Mass.: Harvard University Press, 1964), pp. 20–21.

33. Tocqueville, *Democracy in America*, 2:119–122.

34. Morton Keller, *Affairs of State: Public Life in Late Nineteenth Century America* (Cambridge, Mass.: Harvard University Press, 1977), p. 566.

35. Chalmers, *Muckrakers*, pp. 10–12. Hofstadter, *Age of Reform*, p. 187.

36. Zbigniew Brzezinski and Samuel P. Huntington, *Political Power: USA/USSR* (New York: Viking Press, 1964), p. 32.

37. Bailyn, "Central Themes", pp. 13–14.

38. Walter Lippmann, *Drift and Mastery* (Englewood Cliffs, N.J.: Prentice-Hall, 1961), p. 31. Hofstadter, *American Political Thought,* p. 66.

39. Bayless Manning, "The Purity Potlatch: Conflict of Interests and Moral Escalation," in Arnold J. Heidenheimer, ed., *Political Corruption: Readings in Comparative Analysis* (New York: Holt, Rinehart & Winston, 1970), pp. 311–313.

40. Ralph Waldo Emerson, "New England Reformers," in Emerson, *Prose Works,* 1:554. Hubert H. Humphrey, statement in 1975.

41. Theodore Roosevelt, "The Man with the Muck-Rake", *Putnam's Monthly* 1 (October 1906): 42–47.

42. Martin Shefter, "Party, Bureaucracy, and Political Change in the United States," in Louis Maisel and Joseph Cooper, eds., *Political Parties: Development and Decay* (Beverly Hills: Sage Publications, 1978), pp. 230ff.

43. James L. Sundquist, *Politics and Policy* (Washington, D.C.: Brookings Institution, 1968), p. 500.

44. Madison, *Critics and Crusaders,* p. 14. Garrison quoted in Schlesinger, *American as Reformer,* p. 109. Ladd quoted in Rush Welter, *The Mind of America: 1820–1860* (New York: Columbia University Press, 1975), p. 334.

45. Schlesinger, *American as Reformer,* pp. 32–33.

46. James Russell Lowell, *The Writings of James Russell Lowell,* 1:362–363. For an excellent brief summary of Jacksonian reform movements and their mutual interaction, see Walter Hugins, *The Reform Impulse 1825–1850* (Columbia: University of South Carolina Press, 1972), pp. 1–22.

47. Emerson, "New England Reformers," p. 549. Hofstadter, *American Political Tradition,* p. 141.

48. Alan P. Grimes, *The Puritan Ethic and Women's Suffrage* (New York: Oxford University Press, 1967), pp. 4–5, 100.

49. Hartz, *Liberal Tradition,* pp. 156–157.

50. Lipset and Raab, *Politics of Unreason,* pp. 20–24. Erwin C. Hargrove, "On Canadian and American Political Culture," *Canadian Journal of Economics and Political Science* 33 (February 1967): 107–108.

51. Stanley Elkins, *Slavery: A Problem in American Institutional and Intellectual Life,* 2nd ed. (Chicago: University of Chicago Press, 1968), p. 27.

52. Gerhart B. Ladner, *The Idea of Reform: Its Impact on Christian Thought and Action in the Age of the Fathers* (Cambridge, Mass.: Harvard University Press, 1959), pp. 2, 9, 35.

53. Ibid., pp. 33–34. Michael Walzer, *The Revolution of the Saints* (Cambridge, Mass.: Harvard University Press, 1965), pp. 11–12. Herbert Croly, *The Promise of American Life* (New York: Macmillan, 1909), p. 144.

54. Austin Ranney, *Curing the Mischiefs of Faction: Party Reform in America* (Berkeley: University of California Press, 1975), ch. 1.

55. William J. Crotty, *Political Reform and the American Experiment* (New York: Thomas Y. Crowell, 1977), p. 267.

56. Austin Ranney, "'The Divine Science': Political Engineering in American Culture", *American Political Science Review* 70 (March 1976): 147.

57. David J. Rothman, *The Discovery of the Asylum* (Boston: Little, Brown, 1971), pp. xiii–xiv, xix.

58. Lawrence Cremin, *The Transformation of the School* (New York: Knopf, 1961), pp. viii, 58–59. See generally David J. Rothman, *Conscience and Convenience: The Asylum and Its Alternatives in Progressive America*

(Boston: Little, Brown, 1980).

59. Theodore J. Lowi, *At the Pleasure of the Mayor* (Glencoe, Ill: Free Press, 1964), p. 201.

60. Ranney, *Curing the Mischiefs of Faction,* p. 128.

61. Ibid., p. 191.

62. Richard Olney, letter to Charles E. Perkins, December 28, 1892, quoted in Matthew Josephson, *The Politicos* (New York: Harcourt, Brace, 1938), p. 526. On how accurate Olney's predictions turned out to be, see Samuel P. Huntington, "The 'Marasmus' of the ICC: The Commission, the Railroads, and the Public Interest", *Yale Law Journal* 61 (April 1952): 467–509, and, more generally, Huntington, "Clientelism: A Study in Administrative Politics" (diss., Harvard University, 1951).

63. Rothman, *Discovery of the Asylum,* pp. 240, 295.

64. Lowi, *Pleasure of the Mayor,* pp. 184–186. See also Crotty, *Political Reform,* pp. 267ff.

65. Robert Michels, *Political Parties* (New York: Dover, 1959), p. 408.

66. Walter Dean Burnham, "American Politics in the 1970s: Beyond Party?" in William Nisbet Chambers and Burnham, eds., *The American Party Systems: Stages of Political Development,* 2nd ed. (New York: Oxford University Press, 1975), pp. 316–317.

67. Walter Dean Burnham, "Revitalization and Decay: Looking toward the Third Century of American Electoral Politics", *Journal of Politics* 38 (August 1976): 147.

68. Charles Pinckney, in Max Farrand, ed., *The Records of the Federal Convention* (New Haven: Yale University Press, 1911), 1:402ff.

69. James Madison, in Alexander Hamilton, John Jay, and Madison, *The Federalist,* no. 51 (New York: Modern Library, 1937), p. 336.

70. Burnham, "Revitalization and Decay", p. 149.

第六章

信条激情的源头

信条激情缘何出现？

应当从两个层面考察信条激情对美国政治的影响。在最一般的层面上，美国政治呈现出持续、均衡的总体模式，伴以间或爆发的激情、道德主义、激烈冲突、改革及政治重组，其原因何在？为什么利益团体政治有时会被信条政治取代？原因在于美国自由主义共识的性质和程度。这种模式与众不同，但并非美国政治所独有。在其他具有意识形态共识的国家中也存在类似的政治模式，美国模式与它们相比的异同之处仍然有待探究。

而在最特殊的层面上，为什么信条激情会以特定的表现形式，在美国历史的特定时刻出现？信条激情的每次爆发都有其特别原因吗？或者说，是否存在某种反复出现的因素，可以被视为信条激情时期的共性？

最后，要探寻信条激情的一般和特殊根源，就必须追溯至其历史源头，分析一般模式及其特殊表现形式的最初原因，而 17 世纪的英国历史包括了所有这些内容。

一般根源：其他社会中的类似现象

美国政治变革的独特之处包括：（1）周期性，伴随着大约每60年一次的信条激情密集出现；（2）不涉及意识形态的变化，而是重申传统的美国自由主义价值和信念，使其重获生机；（3）激情时期改革的最高目标，是让美国政治的制度与实践符合自由主义价值的要求。这种形式的变革只会发生在自由民主价值共识占据绝对优势地位的社会，而不会出现在意识形态多元主义传统的社会（如西欧国家）。

在非自由主义的单一意识形态社会中，当人们试图缩小当前政治现实与意识形态基本价值之间的差距时，就可能出现和信条激情时期类似的现象。这在大多数情况下意味着加强政府权威，使其更加符合专制或极权的意识形态。然而在重大革命缔造的政治系统中，人们有时会试图复兴、重申革命的价值，其中通常包括社会净化、清教主义、群众参与、平等主义，还有对革命原则的忠诚与奉献。在苏联，自从1921年喀琅施塔得水兵叛变遭到镇压，官僚集权和党的统治这两个目标就成为了革命的价值所在。在红色中国，共产党至少在其前25年的统治中尝试定期赋予革命价值新的内涵，其中最重要的就是无产阶级“文化大革命”。

虽然本质不同，但60年代的信条激情与同时期发生的中国“文革”仍然有着惊人的相似之处。实际上，本书第五章中给出的信条激情的十四个特征，几乎都以某种形式出现在“文革”期间的中国政治生活中。“文革”的目标“不是要替代现存权威，而是要净化它”，“文革”的意识形态“与复辟运动有更多的共同点，而不是反叛”[1]。这种变革模式和儒家思想有着诸多联系。在儒家的思想原则与实践之间也存在着相当的差距，从而导致了以政治系统根本价值为名的周期性改革运动。

> 儒家意识形态具备潜力，既能净化政治系统，也能为其辩护。儒家思想艰难地同帝国及其官僚体制共存。孔子高尚的道德标准甚至连他自己所处时代的诸侯都无法教化，对庞大帝国的统治者也没有多大作用。儒家思想的重要性和政治系统的有效性，源自前者以自身为镜像对后者进行批评的能力。中国历史每过一段时间就会出现某种清教原教旨主义——借助正统思想反对现存制度与实践。和那些信奉儒家思想的前人一样，毛泽东时代的原教旨主义也把有意精简过马列经典作为其理论基础。[2]

无论是描述美国的信条激情还是中国的历史传统，“清教原教旨主义”这个词都十分恰当。在“文化大革命”时期，人们也想回归原初的理论，以此推进、净化当前的实践，用重申“传统”（毛泽东主义和革命）的办法来改正错误。就功能而言，共产主义中国的“净化”等于自由主义美国的“改革”。单一意识形态社会无法用改变主流意识形态的方式实现变革，但是复兴主流意识形态的原始价值观可以达到同样目的。在儒家中国、共产主义中国和自由主义美国都曾出现过这种现象。而20世纪初的中国曾经短暂地盛行意识形态多元主义，当时复古思想、共和主义、地区独立和革命运动彼此竞争，在这种情况下是不可能借助主流意识形态的复兴实现改革的。

人类学家利用“耻感文化”和“罪感文化”这两个概念分析不同的社会。羞耻是一种外部惩罚机制，它是亚洲国家（包括中国和日本）的主要社会控制手段。而西方社会更加依赖“作为内部惩罚的罪恶感，或曰‘良心’”。[3]虽然部分学者认为罪恶感在传统和现代中国社会都发挥了重要作用，学界的权威观点还是强调羞耻感对于塑造中国人社会行为的重大意义。[4]一定程度上说，中国和美国社会的确是耻感文化和罪感文化的典型案例。而这两种不同的社会控制方式恰恰造就了两个相似的社会。许多社会无论耻感还是罪感意识都很弱，但美国和中国社会则至少受到其中一种意识的强力约束。只有当一个社会拥有公开明确、普遍认可的道德标准时，羞耻和罪恶才能成为有效的社会控制手段，而美国和中国都符合这一标准。更重要的是，虽然两国社会选择的控制手段不同，但是对控制手段的依赖程度相同。这一共同特征导致了中国的“文化大革命”和美国的信条激情。

有学者指出，“从1962至1966年，毛泽东主义意识形态同中共政治实践之间的不协调导致了‘文革’”。其他社会科学家则直接使用认知失调理论分析“文革”。[5]在美国，通常是那些寻求保持、扩大对政府影响力的社会力量和利益团体最先发现理想/制度间的鸿沟的存在，并指出这是不道德的、不可忍受的。而在中国，中央的领导才是一切运动的源头，对“传统”价值的再确认、对现存制度的抨击首先来自政治体系的顶层而非底层。正如一位曾经的红卫兵所说，毛泽东“改变自己的看法”，开始谴责那些“墨守成规”的官员。和美国的信条激情时期一样，“文革”期间抗议运动中最为激进的成员，此前大多同既存体制没什么瓜葛[6]。60年代的信条激情和“文革”都涉及政治参与规模的扩大和参与形式的改变。“文革”是一场精心设计的、服务于中央领导人目的的运动（至少在其最初阶段是这样），所以这场运动有着明确的起始时间（1965年11月姚文元攻击吴晗），在将近三年后（1968年9月）被正式宣布结束。而美国的信条激情则没有明确的起止时间。

美国的信条激情政治补充甚至替代了正常的利益集团政治。中国也是如此。“文革”政治不同于寻常的政治模式，它不单单是个人和集团间争夺权力的斗争。保罗·海内克（Paul Hiniker）问道："如果仅仅将'文革'看成是权力斗争，那又如何解释它表现出的意识形态狂热呢？"罗德明（Lowell Dittmer）也认为，与其说"文革"是打着革命旗号的权力斗争，倒不如说它是权力斗争伪装下的革命。对刘少奇的批斗尤其体现了这一点——它实际上是在教育群众，制造革命形势。[7]揭老底是"文革"期间政治生活的主要形式。重要的是"低头认罪"的意愿，以及"红卫兵揭露反动分子时的狂热"。大规模的批斗运动既起到整顿社会的作用，同时也是动员大众的手段。[8]群众串联的手段和频度大大增加。和60年代的美国一样，"文革"不仅伴随着激烈的语言攻击和口号批判，还出现了暴力活动。"精英和大众在语言和行为方面都表现得极为粗鄙，这是'文革'的突出特征之一"。[9]

"文革"中的另一些行为，会让经历过60年代信条激情的美国人感到熟悉。在"文革"的高潮时刻，北京两所主要高校的学生"积极主动地批判、打倒学校的教员、干部和党委"。北京大学的学生宣布："校长和其他两个头头，在教育界搞资产阶级意识形态，歧视、反对无产阶级学生，还宣扬所谓教育和学术中立。"此后不久，学生运动就发展成红卫兵运动。"动员起来的红卫兵向权力中心发起了猛烈进攻，他们歇斯底里地号召广大群众采取行动，打倒、粉碎现存体制"。[10]"文革"领导者的目标是"粉碎修正主义，永葆革命青春，团结广大群众，重新夺取权力"。斗争的矛头指向了官僚主义、等级制度和特殊化。官僚作风和官僚权威遭到“民粹主义、反官僚主义和造反主义”的攻击。当时的革命口号有“精兵简政”“造反有理”“打倒当权派”，它们同60年代美国抗议运动的战斗口号不谋而合。[11]

史华慈（Benjamin Schwartz）说：“贬损、破坏党的地位是整个‘文革’的动力所在。”共产党专政不再等于无产阶级专政。因此“文革”结束后，重建共产党耗费了相当的精力。

> “文革”揭示了许多令人印象深刻的事实，特别是对那些参与其中的青年而言。[12]

在美国政治生活中没有哪个机构拥有中共那样的权力和地位，不过美国总统显然更接近这样的角色。从许多方面来看，60年代民主浪潮的“全部动力”就是“贬损、破坏”总统的权威。60年代信条激情对总统造成的冲击和“文革”给中共造成的破坏一样严重。

“文化大革命”和60年代的信条激情都强烈地否定诸如专业化、特权化和效率等涉及经济发展和官僚统治的规范。正如史华慈所总结的，毛泽东的思想强调社会和道德相对于经济与技术的优先性，强调卢梭胜过圣-西蒙。毛泽东在“文革”中表示，他“决心按照自己的道德观实现德治，不接受任何非道德基础的‘艺术与科学’进步”。[13]

“文革”中的制度变革，或曰“改革”，在许多方面都类似于美国信条激情时期的改革。“文革”“减少了中央部委的数量，精简了党中央机构；把地方党政功能合并到革委会框架下；解散、冻结、裁减了部分政治基层组织（传播媒体、旧的群众组织、民主党派）；从整体上削减了官僚规模以限制特权化趋势”。[14] 有人认为，“文革”期间推行的诸多特定改革，如“开门整风，改造教育系统，建立五七干校，革委会中增加基层代表”等，说明了中国共产党正试图“让政治系统更好地回应人民的需求，对人民负责”。但是中国人的改革和美国人一样，也难逃讽刺意味的结局。尤其是在消灭资本主义残余、扩大群众政治参与等方面。[15]

研究共产党中国政治发展的学者，几乎都会用“动员”和“巩固”之间的周期性摆动来描述中国的政治生活。正如米歇尔·奥克森伯格（Michel Oksenberg）所言：“中国人要么在搞政治动员，要么在搞社会巩固。前者强调的是社会变革、大步前进和阶级斗争，后者则注重完善制度、制订计划、和谐协商。”另一位学者发现：“（动员阶段）一般采取大规模群众运动的形式，依赖政治组织和意识形态动员。巩固阶段则更依赖政府部门、官僚程序和物质激励。”[16] 两个阶段持续的时间通常都很短暂，彼此间的转换也很迅速。一般认为，属于动员阶段的包括社会主义巩固时期（1955—1956）、大跃进时期（1958—1959）和“文化大革命”时期（1965—1968）。[17]“文革”结束后的情况很像60年代之后的美国——重新强调教育、专业化和经济发展，重建混乱时期中遭到破坏的制度和机构。

中国常常在两种状态之间快速转换，美国的信条激情则有着很长的间隔期。两国在这方面的显著差异是因为权力来源和目标设定者不同。中国的快速转换是由于政治系统顶层的控制，最高领导人有权设定、改变政治的目标——动员、解除动员、再次动员。而在美国，激情时期的循环往复取决于社会结构、代际更替、社会团体的兴衰及其观念的逐渐变化。

因此，同样的因素，既能导致中共执政初期在两种状态间的频繁转换，也可能反过来降低这种转换的频率。领导人的态度和利益决定了两种状态之间的转换，无论是搞革命还是搞建设，都由领导人说了算。毛泽东强调，每隔一段时间就应该进行一次革命理想和目标的复兴，他“不止一次地表示，每 10 到 15 年——也就是每一代人——就应该来一次新的文化大革命，重新点燃革命热情的烈火”。[18]毛泽东一直质疑官僚机构，拒绝将革命的利益简单地和党的利益画等号。在美国，基本的自由主义价值观仍然充满活力，政治生活中仍然有人不断地致力于实现自由理想，因为任何社会力量都可以为自身利益而对其加以阐述和利用。中国的最高领导人掌握着解释革命价值的权力，随着时间的流逝，领导人可能会发现这套价值观给自身带来的好处越来越少。革命制造了缓和，巩固压倒了动员，党、国家和军队主导了政治。

从道德主义与实用主义间的定期摆动，到工具理性的价值与方法成为主导，中国政治的这一转变将在很大程度上减少政治系统内部的模糊与紧张。共产党国家领导人必须对现代化进程保持一种矛盾态度。“一方面，现代化被视为社会的积极目标，因为它意味着经济发展，而经济发展又意味着民族振兴。而另一方面，现代化又导致了官僚主义、工具主义，以及随之而来的意识形态原则的衰朽”。出于各种原因，苏联领导人从一开始就优先考虑了“专业主义的目标，寻求建立理性的、高度分化的官僚组织，并在操作层面给予‘专业’官僚一定程度的自治权——尤其是在工业、行政管理和军事领域”。[19] 相比之下，中国更加强调民粹主义而非专业主义。而类似的运动在苏联可谓闻所未闻，也不可能发生。因此，“文革”在某种意义上是“反抗历史趋势的一次革命——反对经济发展过程中必然出现的特权阶层，甚至是激进地反对现代化本身”。[20] 一个典型的例子就是“文革”导致中国高等教育全面倒退了至少十年。从根本上讲，一旦革命夺取了权力，革命价值就会阻碍社会发展。

历次重大革命结束后，革命价值与目标往往会逐渐褪色。

至少到 70 年代，中国还会周期性地试图保持革命的活力。美国的政治系统历经两百年历史而仍然保持着重振意识形态的能力。丧失了重申革命价值能力，也就丧失了反抗历史的动力。

特殊源头：信条激情出现的时机

信条激情就是美国政治变革的一般形态，针对这一点有着普适的、清晰的解释。但是信条激情为什么会出现在美国历史的特定时刻？其中的缘由仍然不甚清晰。可以认为，每次信条激情的出现都有其独特原因。毫无疑问，在每一次激情时期的背后，都有独特的因素赋予其独特的动力与特点。然而在政治道德主义、时代议题、参与热情、改革行动及最终结果等方面，这些时期也有着诸多相同之处。是否存在某些共同的原因，导致 18 世纪 70 年代、19 世纪 30 年代、20 世纪头十年和 20 世纪 60 年代的激情时期产生了某些相似的结果？为何这些时期的美国政治有着相同的特点？为何剧变（政治改革与重组）会集中出现在美国历史的这几个特定时期？

本章并不试图就上述问题给出绝对的答案，但是将讨论三种令人信服的解释，用以说明特定激情时期出现的原因。这些激情时期可以被解释为：（1）集权和滥权现象的客观变化作出的理性回应；（2）（社会、经济、人口、文化等方面的）外部事件引发民众激烈的政治行动；（3）循环往复的变迁过程中，某个阶段的事件会为下一个阶段的出现创造条件。上述解释都不够充分，但将它们结合起来，就一定能解释美国历史特定时刻信条激情的爆发。

理性回应

广泛、高度地关注权力集中和权力滥用现象，这是信条激情时期的核心特征。美国人面对权力时与生俱来的潜在不安全感凸显出来，设定了政治议题的内涵和政治发展的模式。因此需要对公共意识、社会情绪和思潮的变迁进行解释。

一种显而易见的解释（显而易见并不必然意味着错误）认为，社会情绪和社会关注的变化，是对权力使用与分布方面的“客观”变化作出的理性反应。这意味着信条激情的目标正是导致它产生的原因。新的权力和权威结构被建立起来；掌权者最终总会滥用权力；自由理想和制度实践之间的鸿沟日益扩大；为了改革制度，缩小理想 / 制度间的鸿沟，信条激情时期表现出强烈的道德主义特征。在美国革命爆发之前，英国实现了在北美殖民地权力的扩张与合理化，还试图进一步强迫殖民地分担帝国的部分开支。因此就像辉格党人说的，美国革命是对英王及其代理人篡夺、滥用权威的理性回应。与此类似，杰克逊主义者不仅批评现存政治系统中的不民主，也激烈地抨击将在未来垄断国家经济的新经济政治权力中心。第二合众国银行“是一个拥有强大权力的庞然大物，甚至在政治领域也是如此，这已是人尽皆知”。“经济方面，它是全国最大的企业，目前还是国内货币与信贷系统的唯一代理人，在商业领域也发挥主导作用。其产品依赖联邦政府的财政政策，并间接地依赖国家信用”。第二合众国银行与国家之间的象征性关系更像是“强大的国王与其国家的关系，而非国旗与忠诚感的关系”。[21] 19 世纪 90 年代出现了全国性的工业企业、托拉斯和垄断组织，还有城市政治集团和政治大鳄，其规模之大前所未有。20 世纪五六十年代，军工复合体和“帝王总统”成了“二战”后和冷战背景下的不争事实，它们在国家行政领域拥有的权力之大史无前例。事实上，在 60 年代末和 70 年代初确实出现了严重的权力滥用现象。

在每一段激情时期之前都出现了权力集中、背离美国信条的“客观”趋势。对这些趋势作出的回应似乎是合理的——揭露集权的丑恶，谴责滥权对美国政治价值的背叛，推动政治改革以行补救。此类“客观”情况也许是信条激情出现的必要条件，但问题在于它是否是充分条件。那么可否认为，在权力的集中、权威的滥用与要求限制权力和权威的信条激情运动之间，存在着一对一的因果关系？

答案是否定的，原因有三。

首先，这种观点假设，人们对滥权的愤怒程度准确地反映了权力滥用的真实情况。即便果真如此，也无法找到证据。不过倒是有一些很好的理由表明这种关系可能无法成立。在某一时间点上，被曝光的、有案可查的滥权事件是当时真正的滥权情况的最小值。而不同时期被曝光的滥用事件在数量上是不同的，因此可以认为权力滥用的真实数量也随之同向波动。但事实并不必然如此，还存在其他两种可能。曝光数量和真实数量的变化可以是相互独立的。唯一的限制在于前者永远不可能高于后者，虽然大规模的控诉和谴责可能给人们造成了正好相反的印象。另一种可能则是曝光数量与真实数量的变化趋势正好相反。正如我们所看到的，对权力滥用行为的广泛揭露说明了公众对于权力滥用的强烈担忧，这反而会减少滥用。就滥权现象而言，真正的“客观”变化也许并非激情时期到来前一段时间内的增长，而是在这期间及其之后的日趋减少。或者也可以认为，针对滥权的公共道德主义本身就表明当时滥权的真实程度比较低。公共不道德行为的低水平也许恰恰表明，民众对于这类现象保持着高度关注。

更加概括地讲，这里讨论的是一个有关腐败和其他不法行为的经典问题：加倍曝光当前的腐败行为，究竟意味着不法行为的猖獗，还是人们对此类事件的愤恨？例如所谓的“犯罪潮”，就被认为既可能是犯罪行为发生概率变化的产物，也可能是公众集中关注犯罪或者媒体注意力转向犯罪的产物。

洛伊也有相似的评论："腐败是政治道德水平的指数，而意识到腐败可能预示着健康的政治系统。"[22] 相比结构松散的个人和集团政治，组织良好的竞争性政党政治也许会导致更高的腐败曝光率。因此，这些年来纽约市的腐败情况也许看似比亚拉巴马州更严重，而事实上两地腐败现象的绝对水平也许相差无几。[23] 比较而言，政治系统中的变化（比如从利益集团政治向信条政治的转变）可能在腐败的绝对水平未发生显著变化的情况下导致曝光率的升高。社会学和社会心理学的理论认为，人们对于理想 / 制度间的鸿沟的认知和情绪变化，可能比政治领导人、团体与制度行为的变化更加频繁。在一个既存的共识体系中，权力的事实确实会改变——即便可能有些缓慢；对于权力的关注也会改变，并且通常更快。

其次，美国历史上有时也会出现类似情况，却没有引发普遍的义愤。回想一下制宪会议和 18 世纪 90 年代期间显露出来的保守商业—寡头效应；19 世纪 70 年代工业和运输业剥削家无休止的、疯狂的腐败和滥权；还有帕尔默搜捕（the Palmer raids）、茶壶山丑闻案（Teapot Dome），以及 20 世纪 20 年代华尔街主宰下的常态。上述明显背离信条的情况并非完全未被注意或遭到谴责，但很显然它们没有导致信条激情时期的那种道德主义的爆发。对于 19 世纪 80 年代政治经济的丑恶现象所引起的反应，克罗利有着准确的观察："普通的善良美国人不会太把这些丑恶当回事。他一心相信美国生活是一条能够在奔腾不息中自我净化的溪流，改革家和批评者不过是一些试图阻断溪流的虚妄之人。他轻蔑地看待最初那些间歇爆发、毫无成效的抗议活动。在他看来，改革者都是爱管闲事的人，看不惯在政界和商界获取成功的条件。他戏称这些人为‘骑墙派’，然后在选举中照常给自己的政党投票。”[24] 然而不到四分之一个世纪之后，改革的激情便第四次吐苞怒放。

最后，在美国历史中出现道德激情的时刻，作为打击目标的滥权行为却没有出现显著增长。说到这里，最令人困惑的案例当属“19 世纪 30 年代之谜”——为什么在那十年间爆发了包括废奴运动在内的改革运动，在 18 世纪 90 年代、19 世纪 80 年代和 20 世纪 20 年代却没有出现？罗纳德·沃尔特（Ronald Walter）认为：“1831 年之后，美国人反对奴隶制的情感出现了重大转折。此前的废奴主义接受逐步废除奴隶制的观点，而 1831 年之后，立即解放奴隶成为其目标，废奴主义的热情驱使男男女女投入了毕生的改革事业中。可是奴隶制并非 1831 年出现的新事物——它已经存在了将近两个世纪，也不是在那一年突然变得邪恶的；按照废奴主义者的逻辑，奴隶制从来都是有罪的。”[25] 正如大卫·唐纳德（David Donald）所言：“难道说在 19 世纪 30 年代，正直、善良、敏感的人比此前任何时期都更多？这些改革者的确是一代巨人，但为何他们都在 1830 年到 1840 年的十年间集中出现？……

我们需要了解为何19世纪30年代有那么多的美国人会倾向于特定类型的改革运动。”[26]显然，不论是奴隶制的邪恶，还是清教良心的存在，抑或二者的结合，都无法充分解释激情时期发生的事情。

进步主义时期也有类似的情况，李普曼发现，民众对于扒粪运动的热情并不是严重腐败和滥权导致的，而是因为公众的态度从“病态地崇拜成功”转为“对成功者的憎恶”：“扒粪者实际上代表了民众想要从一大堆五花八门的日常琐事中嗅出腐败行为。”为什么稀疏平常的事情会变成腐败行为？李普曼认为，应当从令公众担忧的广泛社会变化中寻找答案，社会变化引发了“新的必要性和新的期待”，因此人们“明显偏袒支持那些提出控诉的人”。腐败水平并未上升，而公众对腐败的容忍能力却下降了。“心情好的丈夫差不多什么都能容忍，至于心情不好的丈夫，会仅仅因为拖鞋放错地方而大发雷霆”。[27]

20世纪70年代也是同样，“后‘水门事件’时代的道德”对公共官员的行为提出了比以前更加严格的标准。问题在于，60年代末、70年代初官员的“水门式”行为同“水门事件”之前官员行为之间的差异，是否比“水门事件”前后官员道德标准之间的差异更大。在曝光的最初阶段，人们认为，“水门式”的行为不仅严重背离了官员行为的理想典范，也不符合现实中官员行为的常态。然而随着曝光的深入，人们的假设被逐渐推翻。对约翰逊、肯尼迪和罗斯福政府的揭露表明，滥权绝非特定时期、特定党派、特定个人的“专利”。“‘水门’并非开端”不仅是论战小册子的标题，更是对历史真相的陈述。结果，公众对于部分政治家不道德行为的愤慨，逐渐演变成对所有政治家不道德行为的冷漠麻木。

信条激情虽然着眼于削弱过度权力，却未必仅仅因过度权力而起。滥权现象严重之时，社会上也许很少或者没有人进行抗议。在滥权行为并未明显增多的情况下，却可能出现大规模的抗议浪潮。没有权力滥用现象也同样可以激起义愤，事实上，社会总是必定存在一定程度的滥权。因此，在信条激情爆发的背后，必然有外生性因素的作用。借用李普曼的比喻，到底是什么导致了一位丈夫因为拖鞋放错地方而勃然大怒呢？

社会科学家将社会动荡和抗议运动的原因归结为社会张力、相对剥夺、独裁者性格、社会的团体结构、资本矛盾，等等。[28]上述理论几乎都想要解释那些吸引了特定人群的特定社会运动的起源。人们决定参与其中时，考虑的并非当前社会的整体状况。虽然某个团体可能具备更强的道德改革倾向，但在信条激情时期整个社会都具有这种倾向。激情时期的特别之处并不在于社会运动、乌托邦社团和改革组织，而是这些组织的活动和关注内容在很大程度上设定了整个社会的主题。因此，导致信条激情的外部因素要比导致特定社会抗议运动的外部因素范围更为广泛、普遍。问题并非改革事业和抗议组织为什么会存在，而是它们为什么能“抓住”大量不同的团体。区区拖鞋琐事，竟会让这么多的一家之主同时发火？

至少有四类外部因素，可能引发不同社会团体对滥权现象的愤怒。

第一，信条激情一般出现在物价总体上升和经济相对繁荣的时期。民众的关注焦点从日常生计转向政治和道德问题。虽然经济困难造成的动荡也可能引发对于理想/制度间的鸿沟的关注和质疑，但美国人担忧经济问题时，通常会选择直击主题、就事论事。经济繁荣造成了相对的乐观情绪和幸福感，为人们关心道德和政治问题创造了必要条件。此外，社会运动作为激情时期的主角，能够跨越阶级分界进行动员，中产阶级是其主要成员，富人和穷人也都参与其中。

第二，经济的整体发展情况或许是信条激情的必要背景条件，经济发展过程中的不平衡和不对称却为激情的大规模爆发提供了更为直接的刺激。很多社会科学家认为相对剥夺是抗议、造反和革命的原因。当一个团体认为自身的境遇已经或者将要比期望的情况糟糕时，就会出现所谓的相对剥夺感。在社会经济快速变迁的时期，原有的社会团体间关系被打破，人们很容易产生相对剥夺感。当社会动员程度提高时，某种形式的政治行动或社会抗议就会发生——经济发展实现的资源增长跟不上社会动员导致的预期膨胀。[29] 这意味着，信条激情时期的新型媒体和政治组织，其自身在某种程度上就是造成该时期的政治生活特征的外部原因。对大部分社会而言，剧烈的经济和社会变革加强了意识形态在政治生活中的作用。历史上，类似情况给欧洲国家造成的政治结果是以阶级为基础的意识形态尖锐冲突，在美国它却意味着传统共识价值的信仰复兴。

第三，特定团体相对社会经济地位的变化可能刺激其关注理想 / 制度间的鸿沟，并试图改革政治制度与实践。按托克维尔的说法，虽然繁荣给所有人带来了好处，但也让那些获益相对较少的人心怀愤懑。况且，要是哪个团体想要进入现存体制或提升在体制内的地位，美利坚信条可谓是一件有效且正当的政治武器。如果一个团体已经成功地提升了自身的社会经济地位，却发现政治决策中心将自己排斥在外，它就很有可能扛起信条大旗进行斗争。在相反的情况下，即如果有团体感到自己在权力结构中的地位正在下滑，那它也可能诉诸信条政治。大卫·唐纳德和霍夫斯塔特在各自讨论19 世纪 30 年代废奴主义者和 20 世纪初进步党人时所使用的“地位焦虑”（status anxiety）一词，指的就是这种情况。[30] 如果社会变革进程激烈而广泛，导致一些现有团体因当前“权力与尊严分配模式的变化”而感到忧虑，让另一些团体认为自己能够也应该实现某些改革时，信条激情就会出现。在这些情况下，“地位政治”——或者更准确地说，“文化政治”——也许有助于理解那些“经济学视角所不足以解释、错误解释，或者根本不沾边的政治行为”。[31]

第四，青年集体显然更倾向于道德主义行为。因此，整个社会沉迷于信条激情的程度可能与青年人的数量及其政治影响力有关，而青年人又会受到诸如战争、经济危机等外部事件的影响。诸多历史证据表明，青年人在革命运动和政治变革中发挥了领导作用，革命和变革的出现可能同人口中15到30岁人群数量的快速增长有关。[32] 20世纪60年代的特点之一正是青年人口的增长。1960年，15—29岁的青年构成了男性总人口的19.5%。1970年，这一数字达到了24.4%，其增速在人口记录中史无前例。60年代，14—24岁的青年人口绝对增长达1380万人，超过了1960年之前的7年间青年人口的增长总额（1250万人）。

可获得的统计数据也显示，虽然变动幅度算不上剧烈，但从1880年至1910年，青年人口占总人口的比例还是呈现出显著的增长。这一时期还以大学生抗议活动的高涨而著称。[33]将青年人同政治联系起来的关键人口因素包括青年人口的绝对数量、相对于其他人口的规模、相对于前一代青年人的规模。青年人口的增长可能导致其内部互动的增加，而减少他们对于跨年龄团体的参与。因此，“加强同龄人群的社会条件（如某个年龄段的人口突然增加，或者教育年限延长导致延缓参加工作）将导致年龄分层的潜在极化趋势”。詹姆斯·库尔斯（James Kurth）也提出了类似的看法，指出某一年龄段人口相对于其前辈的显著增长可能导致“相近年龄瓶颈”，那些已经习惯于青年人口保持在一般水平的机构将无法承受如此迅猛的增幅。这些机构面对青年人激增时表现的无能，反而会刺激后者发动社会和政治抗议。[34]

意识的循环

循环就是变量之间互动的一组有规律重复模式，其中，时间 t_1 互动模式是导致时间 t_2 互动模式的充分必要条件，时间 t_n 互动模式是再次导致时间 t_1 互动模式的充分必要条件。因此循环是有规律重复且内部自足的。在美国历史上，信条激情的大爆发有着相当规律的时间间隔——每六七十年一次。在间隔期，主要经济利益团体在政治权力方面发生了重大变化。相关案例虽然有限，但已经能够强有力地表明周期性的存在，这种循环模式可能早在美国革命之前就存在了。

前述的四种回应理想/制度间的鸿沟的方式都无法长期作用于大规模人群。诉诸其中一种回应方式将为另一种不同模式的出现创造心理条件：道德主义最终引发犬儒主义，犬儒主义产生冷漠，冷漠导致自我欺骗，自我欺骗则在某个时间点再度点燃道德主义。考虑到信条激情爆发的规律性，再加上不同回应模式的转换逻辑，可以假设美国公众意识过程的循环至少在一定程度上导致了激情时期的出现。

虽然无法证明四种回应模式间的逻辑顺序就是真实的历史顺序，但美国政治中频繁出现的循环仍然加强了上述假设的有效性。西欧各国的政治以阶级为基础，呈现意识形态多元特征，一般不会具有循环的特征。在现代社会，循环更可能出现在具备高度意识形态共识的后革命社会。根本共识为变革划定了边界，对变革的诉求被限定在边界内，从一极摆动到另一极。正如上文所述，1949 年以后的中国一直在红卫兵与专家、大众革命与经济发展之间反复摇摆。类似的还有 20 世纪 30 年代以来后革命时期的墨西哥，其政治生活自觉地在经济保守派与主张社会激进政策的总统之间交替变化。

作为最典型的共识社会，美国及其政治非常适合用循环理论来解释。美国的政党竞争被看作有规律的循环：举行关键选举，实现政党重组，产生新的多数党（“太阳”）/ 少数党（“月亮”），建立均衡，随后均衡因现有政党系统无法妥善解决新议题被逐渐破坏，而政党与个人、团体间的联系纽带日趋弱化，最后就是将政治过程带入新一轮循环的关键性或重组性选举。威廉·钱伯斯（William Chambers）总结道：“美国政治的总体发展和政党的个体发展遵循着某种循环模式。”[35] 许多观察家也发现，在美国的地方和国家层面也存在着不同的、具有一定联系的改革循环，最高法院也同样在司法能动和司法沉寂之间反复摇摆。[35] 小施莱辛格发现，美国政治的自由主义和保守主义潮流平均每16年交替一次，而另一位学者则将总统选举描述成以12年为一个周期的冲突、良知与和解的循环。[37]相同的逻辑还出现在思想领域，在美国，“价值变迁的历史既不是进步的，也不是倒退的，而是基本上处于循环状态”，这种循环变化既出现在148年跨度的长周期中，也出现在48年跨度的短周期中。弗兰克·L.克林伯格（Frank L. Klingberg）则在另一项著名的研究中令人信服地证明，美国外交史存在内向政策和外向政策的更替循环。[38]还有人认为，在美国社会的垂直流动渠道开放与否这一问题上，并不存在任何有意义的长期趋势，相反，顶层领导位置的人选实际上一直处于“相对短期的大规模循环变化中”。大卫·麦克利兰（David McClelland）将外交和内政结合起来考察，认为美国公众对于权力和扩张的交替需求导致了改革和战争两种政策的循环反复。[39]

引用上述理论并不代表对其观点的赞同。这些理论之所以引人注目，并非因其能高度“适配”过去的历史进程，而在于它们也许能够对美国政治的未来提供合理而精确的预测。小施莱辛格在1939年就曾预测，“二战”之后“自由主义的衰退”将于1962年结束，“误差大概在前后一两年左右”。他还预测美国政治的“下一波保守主义浪潮”将在1978年开始。1973年，内门卫斯（Namenwirth）在其著作中对其48年周期进行分析时指出，对于财富和经济问题的狭隘关注将在 1980 年达到顶点。50 年代的人们担心美国将回归过去的孤立主义路线，克林伯格在其 1952 年的著作中满怀自信地嘲弄了这种杞人忧天的情绪，而现在看来他的预测十分精准。他还曾预测 1940 年开始的 27 年外向时期将于 60 年代中期结束，现在这个预言也得到了准确的证实。[40] 甚至连约翰逊总统也没法跳出克林伯格循环。

因此，可以用周期理论准确地理解美国的政治变化，美国公众意识中道德主义—犬儒主义—冷漠自满—自我欺骗的循环能够准确地同美国政治的循环相匹配。

一切源头尽在英国革命

18 世纪 70 年代的美国革命是第一次在国家层面上大规模、有组织地申明美国政治的原则。然而早在六七十年前，即 17 世纪末到 18 世纪初，北美的英国殖民地就曾普遍出现动荡不安的状态。就是在这一时期，英国的殖民地逐渐转变成美国的省。在转变的背后是社会动员引起的不稳定和地位焦虑的迅速上升——“无论已经取得何种社会经济地位，所有殖民者都陷入极度焦虑中，因为摆在他们面前的是令人不安的现状和完全未知的未来”。[41] 在当时，新的权力和财富源泉不断涌现，新的移民蜂拥而至，英国政府试图加强对北美殖民地的控制并使之合理化，而殖民地居民正努力反对这一切。在北部殖民地，英国人试图建立新英格兰自治领（Dominion of New England）以加强国王对这一地区的控制，但效果并不理想，自治领最终遭到推翻的结局“令人震惊”。此后，塑造了17世纪秩序的“无所不包的新英格兰思想体系”，“在1690年之后迅速瓦解，到1730年已经销声匿迹”。[42]

从殖民地到省的转变“给殖民地的民众和制度造成了巨大压力”。“有时这种压力会强大到足以引发叛乱（虽然其中大部分很短命），还会导致濒临革命的非暴力剧烈变革。”[43]殖民地时期发生了18次大规模起义，其中有13次发生在17世纪的最后十年间，“其中包括培根起义（Bacon's）、库尔佩珀起义（Culpeper's）、莱斯勒起义（Leisler's）、反安德罗起义（anti-Andros）和库德起义（Coode's）”，这些起义体现了“北美殖民地普遍的反专制情绪”。在那个时代，“人们不甘于眼前的苟且。恐惧和疑虑可以被轻而易举地唤起，仇恨和愤怒深入每个人的灵魂，哪怕一点琐事也足以引发怀疑和猜忌”。“这一时期的殖民地社会处于动乱之中，对外部强力的回应迅速而激烈……从1676年到1690年，几乎所有殖民地都爆发了叛乱。”[44]

其中几次叛乱与1688年的光荣革命有关，其余的则有着各不相同的原因。大部分叛乱导致或反映了殖民地权力分配方面的变化——国王与殖民地精英间的权力对比，或者不同精英之间的权力对比。叛乱的目标是“改变詹姆斯一世到詹姆斯二世以来专断的寡头政治所导致的权力和财富的固化分配模式”。随之而来的信条激情时期至少有两个攻击目标：天主教（天主教阴谋的威胁）和奴役（“专制政府”的暴政），这恰恰相悖于英国人传统的权利和自由。1688—1689年间数次叛乱的参与者既有穷人也有富人，而在后来的日子中，革命者既向后看，也向前看。[45]在社会动荡和改革尝试的背后，是第二代和第三代美国人的意识觉醒，他们发现自己与之分离的英国社会结构无法在新大陆重建起来。总而言之，17世纪末的殖民地社会重构和后来激情时期的社会力量与政治制度重组有诸多明显相似之处。理查德·马克斯韦尔·布朗（Richard Maxwell Brown）认为，17世纪的最后几年是“第一次美国革命时期”。[46]

然而这并不是第一次革命。有意思的是，如果从17世纪末开始追溯这个持续了六七十年的主题，将正好把我们带回第一次真正现代革命的开端。沃尔泽（Michael Walzer）认为，“权力、集团和阴谋”的政治是历史的普遍现象，正如利益集团政治也在美国历史中随处可见。然而随着加尔文主义的崛起，政治生活里第一次出现了“政党组织与有序活动、反对与支持改革、激进意识形态与革命”。[47]这就是改革与革命的历史开端。人们渴望重建政治社会制度，按照理想状态再造社会。

英国革命以更加激进、更为戏剧化、更为颠覆性的方式，为后来出现的美国政治的信条激情树立了范式。革命的起因是1629年至1640年英王试图重建自身及天主教会的权力。国王和国会、天主教和清教、坎特伯雷大主教威廉·劳德（William Laud）和革命领导者约翰·皮姆（John Pym）之间的重重矛盾首先不是经济与社会的问题，而是政治、意识形态、基本法和宗教的问题。“17世纪30年代的财政政策之所以引起激烈的反抗，不是因为国王向某个阶级征收了压迫性的税赋——事实上英国社会的税收负担比欧洲任何其他地方都要轻，而是因为税款的征收方式是专断的、违宪的，其用途被许多纳税人认为是不道德的”。[48]

同信条激情时期的美国一样，17世纪30年代的英国试图使权威合理化、集中化，提高政府的运作效率，增强其控制、指导社会的能力。曾在都铎王朝甚至詹姆士一世时期拥有强大影响力的贵族们发现自己的权力被日益削减，这在接下来的时期中引起了反抗，但促成反抗的条件却源自此前的经济发展与社会变革：各阶层在地位、权力和财富方面的差距的逐渐拉大，识字率的提高，高等教育的扩张，英文版《圣经》的普及，以及受教育劳动力相对于合适工作的过剩。[49]

因此，英国革命在一定程度上是对查理一世与劳德大主教加强国王和国会权力的理性反应，也是外部经济、社会和文化发展的产物。这场革命还有许多其他信条激情时期的特征。由于当时的首要问题是政治和宗教的而非社会和经济的，社会的分裂不是沿着经济阶级的分界，而是沿着宗教、年龄和政治路径的分歧展开的。奥斯汀·伍尔瑞奇（Austin Woolrych）发现："每一个社会等级、每一种职业都有相当数量的成员加入到对立阵营之中。新教不仅是城镇居民的信仰，它已经蔓延至社会的每个阶级。从富裕的骑士到落魄的小地主，很多土地贵族都支持清教，转而皈依者也不限于少数参与商业活动的地主。1640 年有五分之一的贵族是清教徒；而在清教阵营的另一端则是大量手工业者和体力劳动者，与其说他们是上升中的资本主义的开拓者，倒不如说是受害者。"[50] 当反抗诉诸武力之时，英国革命和美国的一样，"不仅把地主阶级拦腰斩断、一分为二，还撕裂了家庭，令父子反目，兄弟成仇——有七分之一的贵族家庭因战争而分裂"。[51] 和后来的信条激情时期一样，英国革命中的道德大棒也有两个目标：首先是教会，其次是宫廷和国王。改革者的思想也存在着矛盾：用斯蒂芬·马歇尔（Stephen Marshall）的话来说，他们有着基督教启示录式的情怀，渴望"带领我们开辟新天地"；另外，他们又希望恢复传统的权利和特权。

革命的要旨在于其语言以及语言背后的激情。这来自清教徒强调的个人良知至上，以及通过与上帝的沟通引导良知走上救赎之路的必要性。清教擅长布道，其牧师"自认为是献身于传播上帝话语的使臣，而不是只会主持圣事的教士”。[52]同信条激情时期一样，媒体的影响急剧扩张，还采取了新的传播形式，其中最明显的是广泛流通的英文《圣经》，以小册子方式传播的布道辞及其他言论，以及由“第一位专业新闻记者”撰写的每周新闻通讯。劳伦斯·斯通（Lawrence Stone）指出，清教在某种意义上是一次文化革命，它将激情注入到思想和学说当中。清教的本质是激烈的道德主义。“清教的精髓不是被动地接受任何现成学说教义，而是满怀热情地在生活的各方面实现道德进步，是‘为履行所有使命而进行圣战’”。[53]清教的神学和政治思想未必是特别成熟的，也未必是完全原创的，克里斯托弗·希尔（Christopher Hill）指出，虽然这些思想“可能是（也可能不是）二手的，但它们背后的激情是独有的”。当信条激情在17世纪40年代达到顶峰时：

> 英国的一切都被颠覆、质疑和重新审视。人们对旧的制度、信仰和价值进行拷问，轻易地从一个批评阵营转到另一个，一名50年代的贵格派（Quaker）同当时的平等派（Leveller）、掘地派（Digger）以及浮嚣派（Ranter）之间的共同点要比同一名现代教友派成员更多。
>
> ……那是一个思想上激荡的年代，正如杰拉德·温斯坦利（Gerrard Winstanley）所言，“旧世

> 界……像烈火中的羊皮纸一样被付之一炬”。理论上一切皆有可能；被质疑的不仅有腐朽的等级社会的价值，连清教徒自己的新价值也遭到怀疑。
>
> ……世界可以被永久性颠覆这一新观念正是17世纪的新奇之处所在。[54]

英国革命以君主制复辟告终。国王、王权、贵族、王室、主教和国教在英国恢复了其全盛状态。“弥尔顿的先知国度变成了小店主的土地”。[55]清教的影响力在革命前就已在各阶层民众中建立起来，革命后却萎缩至仅对社会上范围有限的一小部分人有效。在接下来的几个世纪中，英国政治宗教传统的反国教传统被卫理会、激进派和工党所继承，但其继承自英国革命的激进主义内涵却被隐藏、限制起来，仅仅局限于特定阶级、地区和派别。而美国的清教激进主义则得以广泛传播扩散，成为了新社会信条的核心。英国发生了清教革命，却没能形成清教社会；美国形成了清教社会，却没有发生清教革命。英国社会建立起稳定的阶级分野，美国则拥有引发动荡的社会共识。在这里，“山巅之城”（city upon a hill）和山谷之城间的差距，为进一步努力实现英国革命未竟的清教目标创造了新的条件。

清教革命不仅是英国历史的一次独特事件，也是美国历史的原型之一。英国革命的痛苦、兴奋、激情、道德主义和改革意识，都在美国历史的重大时刻多次重现——17世纪末的殖民地动荡、18世纪的美国革命以及此后的历次信条激情时期，等等。清教牧师托马斯·凯斯（Thomas Case）于1641年在下议院布道时这样曾阐述改革精神：

> 改革应当是普遍的……改革所有领域、所有人和所有职业；改革所有的法庭和地方法官……改革大学，改革城市、改革乡村，改革初级学校，改革安息日（Sabbath），改革圣餐礼，改革对上帝的崇拜……要改革的不仅是我提到的这些……一切非我天父安排的事务都应被连根铲除。[56]

可以将这段话同两百年后爱默生对1841年美国盛行的改革精神的总结相比较：

> 在世界历史上，改革学说从未像今日这般昌盛。路德宗（Lutherans）、胡特派（Hernhutter）、耶稣会（Jesuits）、僧侣会（Monks）、贵格派、诺克斯（Knox）、卫斯理宗（Welsey）、史威登堡（Swedenborg）、边沁（Bentham）等派别和思想家在批判社会的同时，都会有所保留地尊重某些事物——教会或国家、文学或历史、惯例习俗、集镇、晚餐

> 桌、铸币。但是一声号角过后，所有这些及其他一切东西都被将接受审判——受到了新精神威胁的不是某个国王、城镇，不是某项法律、习俗，也不是某个职业，某一男女众生，而是整个基督教、法律体系、商业系统、教育制度、农业活动和科学事业。[57]

托马斯·凯斯的精神、英国革命的清教遗产永远地存留于美国人的思想之中。这些精神特质会周期性重现，每隔一代人就爆发一次，给平日里沉闷、物质化的美国政治生活留下自己的烙印。这时候，美国就从小店主的土地重新变为先知国度。因此，美国政治的源头在于英国清教革命。事实上，这场革命是对美国政治历史的形成最为重要的事件。

美国政治的新教主义

宗教与政治的混合物

作为 17 世纪早期决定性的宗教与政治事件，无论是作为美国历史特征的政治宗教混合物，还是构成了美国政治变革动机的道德激情，都以清教革命为源头。美国人不仅是生而平等，因此不必后天争取；而且他们生而为新教徒，故而不必后天皈依。德国神学家菲利普·沙夫（Philip Schaff）于1853年写到，在美国，"一切都有着清教的源头"。[58]所以美国的新教主义是"建设性的新教主义"，它的目的不是瓦解天主教，而是在一块处女地上建立一个崭新、纯洁的新教社会。清教徒相信这是上帝特意保留未开垦之地，直到他们做好准备用这块土地实现上帝旨意的时候，上帝才让欧洲人发现了它。[59]

这也解释了美国宗教团体的多元性和宗教信仰的普遍性。在殖民地早期，教会和国家通常紧密联系在一起。然而殖民地和教会的增加阻止了全国性宗教的创立。最终宗教与国家的统一被打破，甚至是马萨诸塞湾的政教合一政府也是如此。到19世纪，美国的圣公会（established church）被政教分离的教会以及持续增加的形形色色的教会、教派、宗派和其他宗教所取代。宗教的多元增长正是新教运动本质的产物。从乔纳森·爱德华兹（Jonathan Edwards）到莱因霍尔德·尼布尔（Reinhold Niebuhr），美国新教主义没能在这期间产生有重大影响的神学家，但它一直在自我更新。自17世纪初以来，美国产生的宗教团体数量是世界上最多的。宗教生活的丰富多彩是因为美国社会中新教徒占绝大多数，新教会和宗教运动的出现是因为对先前的教会和运动的异议与反对。"拥有若干不同形式的新教主义，并非针对某种宗教与政治生活秩序的一次性抗议的产物或载体，而是代表着一系列抗议，这些抗议针对的是许多相互联系的基督教信仰秩序，及其相应的政治保证人。”[60] 每一代人会建立起新的宗教团体，并根据规模大小重新安排不同团体间的次序。在这种背景下，天主教会不是新教徒所要挑战的国家宗教，而是“同其他教派一样是后来者，并总是居于次要地位”。[61]

同宗教团体的多元性相对应的是宗教信仰的普遍性。从18世纪以来，美国宗教活动的广泛性和美国人对宗教信仰的坚持一直吸引着外国观察家的注意，教会成员人数和做礼拜人数的有效数字证实了这点。托克维尔指出：“在美国，基督教对人的灵魂具有强大的影响力，这种情况是世界上其他国家无法比拟的。”[62] 他的判断在20世纪后半叶仍然正确。虽然统计数字表明，参与宗教的水平和宗教活动的程度（例如做礼拜的人数）可能随时间发生变化，但直到20世纪末也没有显示出美国公众在宗教信仰方面有任何长期衰退的趋势。总体而言，美国人的宗教信仰水平显著高于其他国家的人民。相比于同属一个教派的外国信徒，美国人做礼拜的频率更高。在美国，认为宗教信仰对自己十分重要的人是其他最发达工业国家的两倍之多。宣称自己信仰神的美国人高达94%，远远高于其他国家的比例。（见表4）

表 4　70 年代的宗教信仰情况

	认为宗教信仰非常重要（%）	信仰神（%）	相信死后重生（%）
美国	58	94	71
加拿大	36	98	54
意大利	36	88	46
比利时、荷兰、卢森堡	26	78	48
澳大利亚	25	80	48
英国	23	76	43
法国	22	72	39
西德	17	65	35
斯堪的纳维亚国家	17	65	35
日本	14	44	18

资料来源：Surveys in 1974-1975 by Gallup International Research Institute for non-U.S. countries and in 1978 by the American Institute of Public Opinion（Gallup）, Princton Religion Research Center, and the Gallup Organization, Inc., for the United States. Reported in *Public Opinion* 2（March/May 1979）: 38-39

a. 问题："你的宗教信仰对你的重要程度如何？非常重要，相当需要，不太重要，还是完全不重要？"

b. 问题："你相信上帝或者普遍信仰吗？"

c. 问题："你相信死后重生吗？你相信死后仍有生命吗？"

就像有关美利坚信条核心政治理念的共识一样，美国人在某些重要宗教观念上也存在共识。在各现代国家中，美国人对于宗教信仰的坚定可谓独一无二。原因何在？这在很大程度上源于最初新教遗产的本质。教派的多元化以及由此导致的政教分离极大地削弱了国家，却强化了宗教。作为自愿结社组织的教会和教派别无他法，只得尽可能发动信徒的力量实现自身的发展和扩大。大多数新教教派都热衷于积极地布道和劝说他人皈依。它们担负着传教士的使命，旨在引导信徒皈依和重生。“宗教在其自有领域内自由而强大，它满足于这块保留地，当完全依靠自身力量统治人的内心世界而不借助任何其他帮助时，宗教才真正建立起自己的帝国”。[63] 而且，新教派的建立意味着教会组织、宗教学说、仪轨和功能几乎可以无限变化，以满足特定种族、社会、经济和地域团体的需求。这使得每个教派都拥有自己的信徒，因此对于教会成员的热情追求就不会演变为同样激烈的排他性竞争。相反，几乎所有教派都认同最根本的新教道德价值与善行，并在自己的布道中强调道德的核心地位，由此导致了令托克维尔惊讶不已的现象——一个教会的牧师时常前往其他教会布道说教。托克维尔发现，这种现象的原因在于，不同新教教会的“道德说教从不提及任何宗教教条”。“……不同教派的牧师只讨论道德的共同点，因此不会相互攻击”。[64] 新教强调道德和善行，而不是神学和教条，因此人们更容易信仰一般性的宗教准则，而不必在非自愿的情况下深究艰深晦涩的教义或是践行特定的信条。

宗教组织的多元化和宗教信仰的普遍化导致了独特的政教关系。在欧洲历史上，一个单一、普遍的教会与多个不同国家共存。许多国家在宗教改革期间建立了自己的国家教会。而美国的情况则正好相反。在这里，一个单一、普遍的国家与多个不同的教会共存。这些教会的宗教目标从一开始就与形成中的美利坚国家的政治目标具有相通之处，并为后者的实现提供了支持。1776 年的美国革命者无须反对一个支持既存政治秩序的国家教会。因此他们也不需要像 1789 年的法国同人那样建立一个世俗宗教。所有的美国人都能皈依一种广义上的宗教信仰，以至于“甚至美国的无神论者都用宗教信徒的口吻说话”。[65]

宗教组织的多元化和宗教信仰的普遍化产生了三种形式的政治—宗教混合物。

第一，17 世纪的新教主义是诸多美利坚信条思想的源头，特别是那些涉及个人良知的根本作用的内容。广义的宗教价值首先被不同的新教派别接受，继而是天主教和新教教会、犹太教和东正教会，这使其很容易就同民族政治信仰融合在一起。19 世纪的美国，“世俗生活弥漫着一种公共的、普世的泛新教意识形态”。“在不干涉个人信仰的前提下，这种泛新教思想既有足够的模糊性去吸引不断增加的犹太和天主教移民，又能在学校课本和公共演说中灌输一种泛化的虔诚心理”。[66] 对于民主承诺和个人良知优先地位的强调最能够体现宗教与政治价值的一致性。美国的新教主义是“一种民主的、共和的宗教”，它强有力地推动了“公共领域中民主共和制度的建立”。从诸如“肮脏政治”（dirty politics）、“慈善之人”（the good man）、“道德问题”（the moral issue）、“心的变革”（change of heart）、“圣战运动”（the crusade）等流行词语就能看出，宗教在美国政治思想和话语的形成过程中发挥了关键作用。[67]

第二，缺少专门建立起来的国家宗教，使得广义宗教的诸多思想与符号能够直接与美国的政治行为相融。就像几乎所有的美国教堂都会升起星条旗一样，几乎所有的美国国家仪式与典礼也都会提到上帝。《独立宣言》确保美国人都被造物主赋予了不可剥夺之权利；美国人“在上帝面前”宣誓自己忠于国家，还在货币上声明自己信仰上帝，最高法院的大法官会说这套制度是上帝的旨意，而公共仪式必定要以某教派牧师的祈祷开头，以另一教派牧师的祝福结尾。没有哪个国家会像美国这样，其政治与宗教在制度方面的分离如此彻底坚决，在思想与符号方面的结合又如此紧密。

第三，由于国家认同是由一套政治理想界定的，与之相关的国家信条和政治实践也具备了某些宗教功能。多元化的教派确保了所有派别都有其特殊性，没有哪一个能够真正成为在尘世实现上帝旨意的工具。在没有国教的情况下，国家及其政治信条承担起世俗宗教的作用。美国人将国家视作“命运的普遍性，就像神学对普世教会的看法那样”，并认为国家是“上帝在历史中从事有意义活动的主要代理人”。[68]

结果是国家拥有了诸多教会的特征和功能。正如 G. K.

切斯特顿（G. K. Chesterton）所说，美国的确是“拥有教会灵魂的国家”。五十年后的另一位欧洲观察家同样发现：“存在于美国土地之上的不是国家，而是一个巨大的教会。”[69] 这一观点得到了广泛认可。美利坚主义作为社会主义的意识形态替代品的同时，也吸收了部分社会主义的价值；与此同理，它作为国家信条的时候，也成为了国家的世俗宗教。切斯特顿认为，美国“建立在一种信念的基础上”，这一信念“是由《独立宣言》以清楚明白的神学教条提出的”。《独立宣言》和美国宪法就是美国世俗宗教的《圣经》，其根本启示由国父们的言论加以详细阐述和延展。1918 年众议院通过的名为“美国人的信条”（American’s Creed）的决议，以《圣经》中使徒式的语言，简洁明了地概括了美利坚信条的本质：

> 我相信美利坚合众国是民有、民治、民享的政府，其正义之权力源自被统治者的同意，它是共和、民主的政府，是由诸多主权州组成的主权国家，是完美的联合、不可分离的整体，它建立的基础，是美国爱国者为之献出生命与幸福的自由、平等、公正和人道原则。因此我相信我有责任热爱国家，支持宪法，遵守法律，尊重国旗，为它抵御一切敌人。

难怪 D. W. 布罗根会对 20 世纪初美国校园中的信条教育

感到惊讶："学校里禁止传统意义上的宗教活动，但是年幼的男女学童仍然于每日清晨庄严起立，齐齐背诵'美国人的信条'，这种做法实际上与每天从'我相信全能的上帝'开始、宣称'上帝就是一切'是一样的，都是宗教训练。"[70] 和其他宗教一样，美国的世俗宗教也有赞美诗、祭祀、先知和烈士。它也有自己的使命：建立"山巅之城""人间最后的美好希望"（the last best hope of earth），通过在世上履行"荒原中的使命"（errand in the wilderness）建立"新天新地"（new heaven and new earth）。[71] 西德尼·米德认为，"共和国宗教在本质上是先知性的"，正是这种清教徒的使命感为美国政治的运动提供了源动力。

大觉醒与信条激情

清教革命给予美国人民的遗产是一种信念，即他们从事的是正义的事业，要确保正义战胜邪恶，在尘世实现上帝的意志。"这是美国历史中最明显不过的一个事实，即美利坚民族实际上是旧约的子民。"[72] 宗教是道德的源泉，后者一方面要求拯救灵魂，另一方面又要求重建社会。这两个要求都是可能实现而且必要实现的。无论对个人还是对社会而言，消极地接受应然与实然之间的鸿沟都是不可容忍的。这条鸿沟是邪恶的，允许它存在是在犯罪，用道德行动消灭它是使命的要求。纵观美国历史，旨在实现这些目标的重大努力均采取了宗教与政治复兴的形式——宗教大觉醒和政治信条激情。

清教革命期间的政治和宗教是不可分离的。此后的美国历史中，清教激情在政治和宗教方面采取了不同的表现方式。然而，美国政治历史上的四次信条激情同宗教历史学家所谓的四次宗教大觉醒在时间上是重合的，这绝不是个偶然。而且，虽然宗教觉醒和信条激情时期一样没有确切的起止日期，但是每次宗教觉醒都先于信条激情十多年开始，随后与后者在时间上重叠。第一次大觉醒于 18 世纪三四十年代横扫殖民地；第二次则始于 19 世纪初，并持续到约 1830 年；第三次大约开始于 1890 年，持续到 20 世纪的前十年；第四次则始于 20 世纪 50 年代末。[73] 虽然四次觉醒有所不同，宗教狂热和信条激情的表达却有着相似的特征和源头。正如年代学所显示的，它们之间可能存在着某种因果联系，改革的激情首先指向个人信仰的变革，然后才是整个社会的变革。

宗教觉醒和信条激情之间的平行关系令人吃惊且引人关注。只有在大批民众此前曾经笃信宗教，而信仰“倒退”又十分明显的情况下，宗教觉醒和复兴才会发生。宗教觉醒“是宗教的复兴，是旧事重演”。“……觉醒不是将宗教传入某个地区……除非有某种能够首先为复兴提供有意义环境的制度与意识形态框架，否则复兴就不会发生”。正如权威学者所指出的，如果“按照我们文化的核心标准和日常生活的经验来判断，社会已经过度偏离了那些赋予国家和教会权威的道德与宗教观念”，那么宗教觉醒就会发生。大觉醒为“克服规范与经验、旧信仰与新现实、腐朽的行为模式与新生的行为模式之间的种种矛盾”提供了途径。觉醒导致了“社会政治和经济制度的”激烈“重建”，推动美国人投入“尽快实现天定命运”的斗争。[74]第一次大觉醒的动力在于，“公共舆论能够激发潜意识中罪恶感和依附感，年轻人心中的享乐主义冷漠很难与之对抗，而对于那些表面上投身新教，内心的虔诚却趋于俗套的年长者而言，类似的感受又很容易被重新激发”。因此，在出现宗教觉醒的社会中，已经被内化的“宗教规范及权威”同“不符合公认戒律的日常行为”之间存在着一条鸿沟。[75]宗教复兴是应对个人层面认知失调的一种方式，使往昔的罪行得到宽恕，让迷途的羔羊重返神的道路。

就此而言，宗教觉醒对个体美国人起到的作用与信条激情对整个美国社会产生的影响是相同的。改变大量个体的努力与变革整个社会的努力有着相似的效果。美国革命“作为一次类似于宗教复兴的情感爆发，在很大程度上并非理性思考的结果”。它带有一种“类似于大觉醒的、新教式的革命冲动”。[76]为了探究18世纪40年代的大觉醒在美国历史上的真正意义，一位历史学家将其描述为类似于“20世纪60年代民权抗议、校园动荡、城市骚乱的结合”。“所有这些活动对于国家生活造成的影响加在一起也许能够接近大觉醒（但肯定不会超过它）”。另一位宗教历史学家从相反的方向提出了类似的观点，认为 20 世纪 60 年代“是另一次同样深刻地改变了人文环境的大觉醒”。[77]“在这期间，形成价值、希望、恐惧和世界观的领域显得相当动荡不安。”[78]

和信条激情时期一样，大觉醒也有着多种多样的起源。关于第一次大觉醒的原因有五种主要解释：社会的快速变迁、意识形态极化、西部扩张、英国影响的增强、阶级冲突。在一定程度上，这五种解释可以被归结为“权威与权力结构的变化”[79]。发生经济迅速变革的地区通常也是宗教复兴的中心。例如，东部的康涅狄格经历了近半个世纪的经济快速增长，其间人们疯狂地追求土地和财富。这导致高度的“个人不稳定”和罪恶感，进而使整个地区成为第一次大觉醒的中心。这次觉醒是新教思想对于“北美殖民地出现的贫富差距，以及令更为纯洁的先前几代人感到陌生的生活方式”的一次回应。[80]

以伊利运河（Erie Canal）开挖为标志的纽约州西部“炽燃之地”（burned-over district）的经济全面发展，被认为是第二次大觉醒在当地尤为激烈的原因。在那些经济增长趋于平缓稳定，“达到或接近农业经济成熟阶段”的地区，宗教热情最为激烈。[81] 更广泛而言，第二次大觉醒被认为是经济发展和人口增长导致的社会关系紧张扭曲的产物。“1800 年宗教能量的爆发是社会不满和政治意愿的公开表达”。[82] 第三次和第四次觉醒也是紧接着经济快速发展时期而出现，那时的经济增长导致了一系列问题——社会关系紧张，团体地位不稳，人们感到个人行为严重偏离了道德规范。

大觉醒用皈依宗教的办法为人民提供了释放心理压力的渠道。信条激情时期的道德主义是因为回归美利坚信条根本理想的渴望，大觉醒时期的宗教狂热则源于重返《圣经》基本要义的诉求。人们已经在此前将高要求的宗教规范内化于自身，因此当他们的行为偏离规范时，身上的罪恶感就会日益加重。大觉醒的布道者强迫人们直面自己的罪恶和无可逃避的谴责。正如有人在解释第一次觉醒所说的："面对罪恶是皈依的第一阶段，这使人们感到绝望，但是复兴分子并未弃信众于痛苦中。通过公开指认罪恶之源并加以谴责，布道者帮助信众治愈先前造成的创伤。接受了劝导的信徒相信，只要自己能承认并忏悔往日罪行，他们就不再是有罪之人。这个过程结束后，重获新生者尽享欢乐幸福，一如最开始他们承受的无限痛苦。"[83] 复兴分子认为，年轻人特别容易受到这一过程的感召，因此青年在第一次及此后历次宗教觉醒中都发挥了极其重要的作用。[84] 激情信条时期的"政治激进化"实际上是宗教觉醒中人们虔信皈依经历的世俗版本。

每次大觉醒期间都会出现悟道者和蒙昧者之间的两极分化。第一次大觉醒中长老会新派（New Side）与旧派 / 当权派（Old Side）之间、公理会新光（New Light）与旧光（Old Light）之间的分裂同样出现在此后的大觉醒中，而信条激情时期也有与之对应的“草根运动”（the Movement）和“建制阶层”（the Establishment）之争。和信条激情类似，宗教觉醒时期各教派的成员出身也是五花八门。在第一次大觉醒期间，“来自社会各阶层、各年龄段、各派别的人都经历了新生”。“事实上新英格兰的每一位会众都受到了触动。”[85]分歧跨越了原本的阶级与社会地位的分界。“马克思与比尔德（Beard）的分类方法并不适用于18世纪美国宗教的派别之争，因为大觉醒之后的分歧实际上是智识分歧，它更具有美学性质，而非经济或社会性质……就18世纪的‘大争论’而言，分化美国人的不是收入上的差别，而是审美的品位。”[86]从社会学的角度来看，审美的差别仅与时代相关。正如改革的成功一直有赖于具有坚强个性的改革者，大觉醒的虔信也是出色的复兴分子的功劳：乔治·怀特菲尔德（George Whitefield）、查尔斯·格兰迪逊·芬尼（Charles Grandison Finney）、比利·桑代（Billy Sunday）、葛培理（Billy Graham），这些都是历次宗教觉醒中最杰出的布道家。

和信条激情时期一样，随着新型大众传播与劝导方式的普及与运用，每次大觉醒都会有许多人改变信仰。那些福音派的伟大传道者同时也是大众动员技术的伟大创新者。在18世纪中期以前，宗教只是一种地方性现象，依赖由牧师、教堂、会众和教区组成的小型社区。而第一次宗教觉醒的标志正是那些巡回布道者，他们让宗教变得更加普世化、个人化，使其不再是小社区内的活动。[87] 在随后的 18 世纪 70 年代美国革命中，宗教觉醒时期的语言技巧和修辞风格被用于向大众宣传革命诉求。[88] 第二次大觉醒期间，芬尼等人改进、发展了野营布道的方法，同时运用“积极广告攻势”引起人们的兴趣和参与。19 世纪末，德怀特·穆迪（Dwight Moody）成为第一位大量使用报纸和广告板的复兴分子，他以此组织并训练“引路人、唱诗班、策士和祈祷会领头人”，并发展出为这些活动提供资金支持的劝募手段。在第四次觉醒中，上述技术已经得到充分发展，但这一次使千百万美国人受到感召的决定性因素，则是以葛培理为代表的传道者对于新兴电视传媒的熟练运用。20 世纪 50 年代的大觉醒和电视行业共同蓬勃发展。[89]

群众组织也是宗教觉醒的突出特征。1740 年到 1760 年，新英格兰成立了 150 个新教会，增加了三万到四万名教会成员。第二次大觉醒期间，卫理会和浸礼会成功的主要原因不是其神学理论或教义，而是对于群众组织、群众动员手段的改进和利用。例如，第二次觉醒在纽约州奥奈达县（Oneida County）的遗产就包括“摩门教、几个基督再生论派别、两种卫斯理宗，还有若干灵修派团体”。[90] 每一次觉醒都刺激了宗教组织的繁盛。新教派如雨后春笋，老教派则因分裂而更加强大。尼布尔认为，可以将美国新教的发展看成是反对既存体制的连续浪潮，它要让教会的历史成为“众多变革之一”，随着大觉醒中大量新教会的成立而达到顶峰。“改革、再生、觉醒、复兴”的浪潮“反对的不是长者权威，而是接受并固化人类道德与宗教生活的平庸形式”。[91]

从理论上讲，个人内心的成功变革可以消除对于有目的的集体社会改革的需求，一些杰出的福音派人士之所以反对社会和政治改革，正是由于这些改革没有将个人灵魂的重生作为目标。[92] 然而事实上，大觉醒不仅是和信条激情类似，它还是后者的先导，在时间上与之重叠；特别是在信条激情爆发的初期，大觉醒为之贡献了思想、技术、参与者和激情。在 18、19 世纪，大觉醒的宗教热情能够很容易地转化为政治改革的热情。就美国革命的意识形态及政治根源而言，第一次大觉醒中福音派加尔文主义的影响至少和启蒙运动的自由理性主义同等重要。阿兰·海默特（Alan Heimert）认为：“1740 年觉醒的殖民地人民想到的无非是独立和反抗。”另一位学者写道：“作为政治运动的美国革命深深根植于四十年前第一次大觉醒的土壤中，因此可以认为革命乃是这场深入广泛的宗教运动的自然产物。”[93] 第二次觉醒则被称作是美国人“以宗教形式进行的革命运动”，“内向的、精神的、福音派的、宗教复兴的第二次美国革命”。[94] 而以禁酒和废奴运动为标志的杰克逊主义伟大改革浪潮，则是以政治形式进行的宗教运动。宗教复兴主义是整个 19 世纪社会改革的主要源头。[95] 但是到了 19 世纪末，相对于此前宗教与政治激情之间的互动，第三次宗教觉醒同进步主义改革动机之间的联系变弱了。清教伦理是妇女选举权和禁酒运动的重要因素，但这些改革并未代表不断增长的城市工人的利益。[96] 个人救赎与社会改革至此分道扬镳。

到了 20 世纪五六十年代，这一分离趋势更为明显。在五六十年代的宗教复兴和六七十年代的信条激情之间有许多相似之处，以马丁·路德·金和南方基督教领袖会议（Southern Christian Leadership Conference）为代表的宗教领袖及组织在民权运动的发展、胜利中发挥了核心作用。然而很明显，第四次觉醒的矛头没有指向位于政治日程表前列的社会与政治改革。葛培理与纳德之间的相似点显而易见，但二者之间并无直接联系。尽管如此，他们都立足于同样的新教道德激情，无法容忍在应然的理想和实然的现状之间存在鸿沟。

自由与平等两种思想在美国的兼容共存，与二者在欧洲的激烈对抗形成了鲜明对比。美国历史中的宗教与政治、宗教运动与政治改革也相互增强，虽然有着宪政和制度层面的政教分离，但这可能正是相互增强趋势的部分原因所在。清教革命的激情在彼此互动的宗教与政治浪潮中不断重现，这两股浪潮同宗同源，形式类似，动员的群体相近，造成的结果相同。那些被唤起去变革自己内心的人，同样可以被唤起去改革社会。在大觉醒和信条激情时期，不符合规范要求的人和制度都难逃惊涛骇浪的洗礼。美国政治与宗教信念的共同源头既给宗教添加了政治的成分，又为政治灌输了宗教的激情。

注　释:

1. John Israel, "Continuities and Discontinuities in the Ideology of the Great Proletarian Cultural Revolution," in Chalmers Johnson, ed., *Ideology and Politics in Contemporary China* (Seattle: University of Washington Press, 1973), p. 25.

2. Ibid..

3. Milton B. Singer, "Shame Cultures and Guilt Cultures," in Gerhart Piers and Milton B. Singer, *Shame and Guilt: A Psychoanalytic and a Cultural Study* (Springfield, Ill.: Charles C. Thomas, 1953), p. 45.

4. See Richard W. Wilson, *The Moral State: A Study of the Political Socialization of Chinese and American Children* (New York: Free Press, 1973), pp. 20ff. Lowell Dittmer, "Thought Reform and Cultural Revolution: An Analysis of the Symbolism of Chinese Politics", *American Political Science Review* 71 (March 1977): 78–79. Lucian W. Pye, *The Spirit of Chinese Politics* (Cambridge, Mass.: MIT Press, 1968), p. 96.

5. Byung-joon Ahn, "The Cultural Revolution and China's Search for Political Order", *China Quarterly* 58 (April-May 1974): 257. Paul J. Hiniker, *Revolutionary Ideology and Chinese Realty: Dissonance under Mao* (Beverly Hills: Sage Publications, 1977).

6. Dai Hsiao-ai, quoted in Lowell Dittmer, *Liu Shao-ch'i and the Chinese Cultural Revolution* (Berkeley: University of California Press, 1974), p. 305. Hong Yung Lee, *The Politics of the Chinese Cultural Revolution* (Berkeley: University of California Press, 1978), pp. 326–328, 340–343.

7. Hiniker, *Revolutionary Ideology,* p. 17. Dittmer, *Liu Shao-ch'i,* pp. 305, 314.

8. Dittmer, "Thought Reform", pp. 75–78, and *Liu Shao-Ch'i,* p. 297.

9. Alan P. L. Liu, *Political Culture and Group Conflict in Communist China* (Santa Barbara: Clio Press, 1976), pp. 24ff.

10. George P. Jan, "Government and Politics of the People's Republic of China" (unpublished manuscript), ch. 9, pp. 26, 29.

11. See Israel, in Johnson, *Ideology and Politics,* pp. 14–15, 22–24.

12. Benjamin Schwartz, "The Reign of Virtue: Some Broad Perspectives on Leader and Party in the Cultural Revolution," in John W. Lewis, ed.,

Party Leadership and Revolutionary Power in China (Cambridge: Cambridge University Press, 1970), pp. 155–156.

13. Ibid., p. 165.

14. James R. Townsend, *Politics in China* (Boston: Little, Brown, 1973), pp. 335–336.

15. Richard M. Pfeffer, "Leaders and Masses," in Michel Oksenberg, ed., *China's Developmental Experience* (New York: Columbia University Academy of Political Science, Vol. 31, March 1973), p. 165. Lucian W. Pye, "Mass Participation in Communist China: Its Limitations and the Continuity of Culture," in John M. H. Lindbeck, ed., *China: Management of a Revolutionary Society* (Seattle: University of Washington Press, 1971), p. 30.

16. Michel Oksenberg, "On Learning from China," in Oksenberg, ed., *China's Developmental Experience*, p. 8. Townsend, *Politics in China*, p. 145.

17. For an intricate analysis of political cycles in China, see G. William Skinner and Edwin A. Winckler, "Compliance Succession in Rural Communist China: A Cyclical Theory," in Amitai Etzioni, ed., *Complex Organization: A Sociological Reader*, 2nd ed. (New York: Holt, Rinehart and Winston, 1969), pp. 410–438. They identify eight two-to-three-year cycles between 1949 and 1969.

18. C. P. FitzGerald, "Mao's Tse-Tung's Cultural Revolution," *American Political Science Review* 68 (June 1974): 800.

19. Richard Baum, "Ideology Redivivus," in Baum, ed., *China in Ferment: Perspectives on the Cultural Revolution* (Englewood Cliffs, N.J.: Prentice-Hall, 1971), pp. 70–71. See also Ahn, "The Cultural Revolution," pp. 252–253.

20. Richard M. Pfeffer, "The Pursuit of Purity: Mao's Cultural Revolution," in Baum, ed., *China in Ferment*, p. 207.

21. Marvin Meyers, *The Jacksonian Persuasion* (Stanford: Stanford University Press, 1957), p. 78.

22. See Ted R. Gurr, *Rogues, Rebels, and Reformers: A Political History of Urban Crime and Conflict* (Beverly Hills: Sage Publications, 1976), pp. 171–172, and, for a classic account of how reporters made a crime wave and

how Theodore Roosevelt stopped it, Lincoln Steffens, *Autobiography* (New York: Harcourt, Brace, 1931), pt. 2, ch. 14.

23. Theodore J. Lowi, *At the Pleasure of the Mayor* (Glencoe, Ill.: Free Press, 1964), pp. 182–183.

24. Herbert Croly, *The Promise of American Life* (New York: Macmillan, 1909), p. 141.

25. Ronald G. Walters, "The Erotic South: Civilization and Sexuality in American Abolitionism," *American Quarterly* 25 (May 1973): 177.

26. David Donald, *Lincoln Reconsidered: Essays on the Civil War Era* (New York: Knopf, 1959), pp. 22–23.

27. Walter Lippmann, *Drift and Mastery* (Englewood Cliffs, N.J.: Prentice-Hall, 1961), pp. 23–27.

28. For leads into this literature, see John Wilson, *Introduction to Social Movements* (New York: Basic Books, 1973). Michael Useem, *Protest Movements in America* (Indianapolis: Bobbs-Merrill, 1975). Joseph R. Gusfield, ed., *Protest, Reform, and Revolt: A Reader in Social Movements* (New York: John Wiley, 1970).

29. See Ted R. Gurr, *Why Men Rebel* (Princeton University Press, 1970), and Samuel P. Huntington, *Political Order in Changing Societies* (New Haven: Yale University Press, 1968), pp. 32–59.

30. See Donald, *Lincoln Reconsidered,* pp. 19–36, and Richard Hofstadter, *The Age of Reform* (New York: Knopf, 1956), pp. 134ff. For critiques of these interpretations, see: Robert A. Skotheim, "A Note on Historical Method: David Donald's 'Toward a Reconsideration of Abolitionists'", *Journal of Southern History* 25 (August 1959): 356–365; Richard B. Sherman, "The Status Revolution and Massachusetts Progressive Leadership", *Political Science Quarterly* 78 (March 1963): 59–65; Jack Tager, "Progressives, Conservatives, and the Theory of the Status Revolution", *Mid-America* 48 (July 1966): 162–175; and Robert W. Doherty, "Status Anxiety and American Reform: Some Alternatives", *American Quarterly* 19 (Sum-

mer 1967): 329–337. Hofstadter and other scholars also analyzed McCarthyism and other rightist movements of the 1950s and early 1960s in terms of status politics. See Daniel Bell, ed., *The Radical Right* (Garden City, N.Y.: Doubleday, 1963). For a stimulating and insightful effort to synthesize several theories on the origins of social upheaval in terms of a cognitive dissonance approach, see James A. Geschwender, "Explorations in the Theory of Social Movements and Revolutions," *Social Forces* 47 (December 1968): 127–135.

31. Hofstadter, in Bell, *Radical Right,* pp. 98–99.

32. See Herbert Moller, "Youth as a Force in the Modern World", *Comparative Studies in Society and History* 10 (April 1968): 237–260.

33. See Seymour Martin Lipset, "Youth and Politics," in Robert K. Merton and Robert Nisbet, eds., *Contemporary Social Problems,* 3rd ed. (New York: Harcourt, Brace, Jovanovich, 1971), pp. 754ff, and Lipset, in Lipset and Gerald M. Schaflander, *Passion and Politics* (Boston: Little, Brown, 1971), pp. 125, 133–139, 142–149.

34. Anne Foner, "The Polity," in Matilda White Riley, Marilyn Johnson, and Anne Foner, *Aging and Society* (New York: Russell Sage Foundation, 1972), 3:148.

35. William N. Chambers, "Party Development and the American Mainstream," in William Chambers and Walter Dean Burnham, eds., *The American Party Systems,* 2nd ed. (New York: Oxford University Press, 1975), pp. 29–30. The cyclical evolution of American party systems has been noted and analyzed in the work of Arthur N. Holcombe, Samuel Lubell, V. O. Key, Jr., Philip Converse, Charles Sellers, and Walter Dean Burnham.

36. Hofstadter, *Age of Reform,* pp. 16ff. Lowi, *At the Pleasure of the Mayor,* ch. 8, "The Reform Cycle." William J. Crotty, *Political Reform and the American Experiment* (New York: Thomas Y. Crowell, 1977), ch. 9, "The Reform Cycle." Arthur M. Schlesinger, *The American as Reformer* (Cambridge, Mass.: Harvard University Press, 1950), p. 4. Nathan Glazer, "Towards an Imperial Judiciary," in Nathan Glazer and Irving Kristol, eds.,

The American Commonwealth 1976 (New York: Basic Books, 1976), pp. 104–106. Glazer argued that the historical activism-quietism cycle was giving way to a lasting expansion of the judiciary's role.

37. Arthur M. Schlesinger, Sr., *Paths to the Present* (Boston: Houghton Mifflin, 1964), pp. 89–103. James David Barber, *The Pulse of Politics: Electing Presidents in the Media Age* (New York: W. W. Norton, 1980).

38. J. Zvi Namenwirth, "Wheels of Time and the Interdependence of Value Change in America," *Journal of Interdisciplinary History* 3 (Spring 1973): 649–683, and Namenwirth and Richard C. Bibbee, "Change within or of the System: An Example from the History of American Values", *Quality and Quantity* 10 (June 1976): 145–164. Frank L. Klingberg, "The Historical Alternation of Moods in American Foreign Policy", *World Politics* 4 (January 1952): 239–273, and "Cyclical Trends in American Foreign Policy Moods and their Policy Implications," in Charles W. Kegley and Patrick J. McGowan, eds., *Challenges to America: U.S. Foreign Policy in the 1980s* (Sage International Yearbook of Foreign Policy Studies, Vol. 4, 1979), pp. 37–55.

39. P. M. G. Harris, "The Social Origins of American Leaders: The Demographic Foundations," in Donald Fleming and Bernard Bailyn, eds., *Perspectives in American History* (Cambridge, Mass.: Warren Center for Studies in American History, 1969) 3: 159–346. David McClelland, *Power: The Inner Experience* (New York: Irvington Press, 1975), pp. 330–359.

40. Schlesinger, *Paths to the Present,* pp. 96–97. Namenwirth, "Wheels of Time," p. 679. Klingberg, "Historical Alternation", pp. 271–273.

41. Clarence L. Ver Steeg, *The Formative Years: 1607–1763* (New York: Hill and Wang, 1964), pp. 129–130.

42. Perry Miller, *The New England Mind: From Colony to Province* (Cambridge, Mass.: Harvard University Press, 1953), pp. 151, 172.

43. Ver Steeg, *Formative Years,* p. 149.

44. Richard Maxwell Brown, "Violence and the American Revolution," in Stephen G. Kurtz and James H. Hutson, eds., *Essays on the American*

Revolution (Chapel Hill: University of North Carolina Press, 1973), pp. 86–87. Charles M. Andrews, "General Introduction," in Andrews, ed., *Narratives of the Insurrections, 1675–1690* (New York: Charles Scribner's Sons, 1915), p. 4.

45. David S. Lovejoy, *The Glorious Revolution in America* (New York: Harper and Row, 1972), ch. 16.

46. Brown, "Violence and the American Revolution", p. 87.

47. Michael Walzer, *The Revolution of the Saints* (Cambridge, Mass.: Harvard University Press, 1965), p. 1.

48. Lawrence Stone, *The Causes of the English Revolution, 1529–1642* (London: Routledge & Kegan Paul, 1972), p. 123.

49. Ibid., pp. 110ff.

50. Austin Woolrych, "The English Revolution: An Introduction," and "Puritanism, Politics and Society," in E. W. Ives, ed., *The English Revolution, 1600–1660* (London: Edward Arnold, 1968), pp. 20, 89.

51. Stone, *Causes of the English Revolution,* p. 144.

52. Woolrych, "The English Revolution", p. 87.

53. Stone, *Causes of the English Revolution,* pp. 91, 99.

54. Christopher Hill, *The World Turned Upside Down* (New York: Viking Press, 1972), pp. 12, 14, 294.

55. Ibid., p. 306.

56. Thomas Case, quoted in Walzer, *Revolution of the Saints,* pp. 10–11.

57. Ralph Waldo Emerson, "Man the Reformer," in Emerson, *Prose Works,* rev. ed. (Boston: Fields, Osgood, 1870) 1: 125–126.

58. William Lee Miller, "American Religion and American Political Attitudes," in James Ward Smith and A. Leland Jamison, eds., *Religious Perspectives in American Culture* (Princeton: Princeton University Press, 1961), pp. 84–85. Philip Schaff, *America: A Sketch of Its Political, Social, and Religious Character* (Cambridge, Mass.: Belknap Press of Harvard University Press, 1961), p. 72. Charles L. Sanford, *The Quest for Paradise:*

Europe and the American Moral Imagination (Urbana: University of Illinois Press, 1961), p. 74.

59. H. Richard Niebuhr, *The Kingdom of God in America* (Hamden, Conn.: Shoe String Press, 1956), pp. 17ff. Sanford, *Quest for Paradise*, pp. 54–55.

60. H. Richard Niebuhr, "The Protestant Movement and Democracy in the United States," in James Ward Smith and A. Leland Jamison, eds., *The Shaping of American Religion* (Princeton: Princeton University Press, 1961), p. 27.

61. Schaff, *America*, p. 72.

62. Alexis de Tocqueville, *Democracy in America*, ed. Phillips Bradley (New York: Vintage Books, 1954) 1: 314. Seymour Martin Lipset, *The First New Nation* (New York: Basic Books, 1963), pp. 140–150.

63. Tocqueville, *Democracy in America*, 1:46.

64. Quoted in Lipset, *First New Nation*, p. 155.

65. Cushing Strout, *The New Heavens and New Earth: Political Religion in America* (New York: Harper & Row, 1974), pp. 51–52. Krister Stendhal, quoted in William G. McLoughlin and Robert N. Bellah, eds., *Religion in America* (Boston: Houghton Mifflin, 1968), p. xv.

66. John Higham, "Hanging Together: Divergent Unities in American History", *Journal of American History* 61 (June 1974): 13. See also Conrad Cherry, "Two American Sacred Ceremonies: Their Implications for the Study of Religion in America", *American Quarterly* 21 (Winter 1969): 754. Sidney E. Mead, *The Lively Experiment* (New York: Harper & Row, 1963).

67. Tocqueville, *Democracy in America*, 1:311. Miller, in Smith and Jamison, *Religious Perspectives*, pp. 105–113.

68. John Edwin Smylie, "National Ethos and the Church", *Theology Today*, October 1963, pp. 313–318, quoted in Cherry, "Two American Sacred Ceremonies", p. 750. On civil religion in America, see also: Robert N. Bellah, "Civil Religion in America," in McLoughlin and Bellah, *Religion in America*,

pp. 3–23; Russell E. Richey and Donald G. Jones, eds., *American Civil Religion* (New York: Harper & Row, 1974), passim; Sidney E. Mead, "The 'Nation with the Soul of a Church,' " *Church History* 36 (September 1967): 262–283; and Mead, *Lively Experiment*, pp. 134ff.

69. G. K. Chesterton, *What I Saw in America* (New York: Dodd, Mead, 1923), pp. 11–12. *New York Times*, January 12, 1975, p. 1.

70. D. W. Brogan, *The American Character* (New York: Vintage Books, 1959), p. 164.

71. Mead, "The 'Nation with the Soul of a Church'", p. 275.

72. Edward M. Burns, *The American Idea of Mission* (New Brunswick, N.J.: Rutgers University Press, 1957), p. 11. On American millennialism, see also Sanford, *Quest for Paradise;* Niebuhr, *Kingdom of God in America;* Strout, *New Heavens and New Earth;* Ernest Lee Tuveson, *Redeemer Nation: The Idea of America's Millennial Role* (Chicago: University of Chicago Press, 1968); Russel B. Nye, *This Almost Chosen People* (Lansing: Michigan State University Press, 1966); and Conrad Cherry, ed., *God's New Israel: Religious Interpretations of American Destiny* (Englewood Cliffs, N.J.: Prentice-Hall, 1971).

73. This dating generally follows that of William G. McLoughlin in *Revivals, Awakenings, and Reform: An Essay on Religion and Social Change in America, 1607–1977* (Chicago: University of Chicago Press, 1978). For slightly different dates, see his earlier writings: *Modern Revivalism: From Charles Grandison Finney to Billy Graham* (New York: Ronald Press, 1959), pp. 7–11, and *Billy Graham: Revivalist in a Secular Age* (New York: Ronald Press, 1960), pp. 7–11.

74. Donald G. Matthews, "The Second Great Awakening as an Organizing Process, 1780–1830: An Hypothesis", *American Quarterly* 21 (Spring 1969): 25.

75. McLoughlin, *Revivals, Awakenings, and Reform*, pp. 2, 10–11, 23.

76. Strout, *New Heavens and New Earth*, pp. 42–43.

77. Alan Heimert, *Religion and the American Mind* (Cambridge, Mass.: Harvard University Press, 1966), pp. 21, 481. William G. McLoughlin, "The American Revolution as a Religious Revival: 'The Millennium in One Country'", *New England Quarterly* 40 (March 1967): 99ff.

78. Richard L. Bushman, ed., *The Great Awakening* (New York: Atheneum, 1970), p. xi. Sidney E. Ahlstrom, "National Trauma and Changing Religious Values", *Daedalus* 107 (Winter 1978): 19–20.

79. McLoughlin, *Revivals, Awakenings, and Reform,* pp. 52–53.

80. Richard L. Bushman, *From Puritan to Yankee* (Cambridge, Mass.: Harvard University Press, 1967), pp. 189–192. Heimert, *Religion and the American Mind,* p. 32.

81. Whitney R. Cross, *The Burned-Over District* (Ithaca, N.Y.: Cornell University Press, 1950), pp. 75–76. For a detailed study of the causes of the awakening in Rochester, see Paul E. Johnson, *A Shopkeeper's Millennium* (New York: Hill and Wang, 1978).

82. Matthews, "The Second Great Awakening", pp. 27, 32, 34. Heimert, *Religion and the American Mind,* p. 534.

83. Bushman, *From Puritan to Yankee,* p. 192.

84. Strout, *New Heavens and New Earth,* pp. 38–43.

85. Bushman, *Great Awakening,* p. xii. Mead, *Lively Experiment,* pp. 31–34.

86. Heimert, *Religion and the American Mind,* p. 10.

87. William G. McLoughlin, " 'Enthusiasm for Liberty': The Great Awakening as the Key to the Revolution," in Jack P. Greene and William McLoughlin, *Preachers and Politicians* (Worcester, Mass.: American Antiquarian Society, 1977), pp. 65–70.

88. Harry S. Stout, "Religion, Communications, and the Ideological Origins of the American Revolution", *William and Mary Quarterly* 34 (October 1977): 519–541.

89. William G. McLoughlin, Jr., *Billy Graham: Revivalist in a Secular*

Age (New York: Ronald Press, 1960), pp. 15–18, and *Modern Revivalism: Charles Grandison Finney to Billy Graham* (New York: Ronald Press, 1959), passim.

90. William Warren Sweet, *Revivalism in America: Its Origin, Growth, and Decline* (New York: Scribners, 1944), p. 31. Matthews, "The Second Great Awakening", pp. 36–37. Cross, *Burned-Over District,* p. 356.

91. Niebuhr, "The Protestant Movement," pp. 24, 31–32.

92. McLoughlin, *Modern Revivalism,* p. 526.

93. Alan Heimert, quoted in McLoughlin, "The American Revolution as a Religious Revival," p. 99. McLoughlin, " 'Enthusiasm for Liberty,' " p. 48. See also Strout, *New Heavens and New Earth,* ch. 4, and Mead, *Lively Experiment,* pp. 34–35, 52, 61–62.

94. Matthews, "The Second Great Awakening," p. 35. Robert N. Bellah, *The Broken Covenant* (New York: Seabury Press, 1975), p. 44.

95. Sweet, *Revivalism in America,* pp. 152ff. Timothy L. Smith, *Revivalism and Social Reform in Mid-Nineteenth-Century America* (New York: Abingdon Press, 1957). Gilbert Hobbs Barnes, *The Anti-Slavery Impulse, 1830–1844* (New York: D. Appleton Century Co., 1933). John L. Hammond, *The Politics of Benevolence: Revival Religion and American Voting Behavior* (Norwood, N.J.: Ablex, 1979). McClelland also explores the relations among religious revivals, reform, and war in *Power: The Inner Experience,* pp. 346–359.

96. See Alan P. Grimes, *The Puritan Ethic and Woman Suffrage* (New York: Oxford University Press, 1967), esp. p. 71, and, more generally, Paul Boyer, *Urban Masses and Moral Order in America, 1820–1920* (Cambridge, Mass.: Harvard University Press, 1978).

第七章

S&S 时期：1960—1975 年

50—70 年代：变化回应模式

历史性时代的高潮通常是显而易见的。历史学家能轻松地说出文艺复兴、废奴主义和维多利亚时期在何时达到顶峰。然而时代的起点和终点总是湮没于历史的复杂性、模糊性和渐进性之中。构成美国独立以来第四次信条激情时期的“S&S 时期”（era of sixes and sevens，S&S Years）也是如此。* 这一时期的高潮显然出现于 1968 年至 1971 年，但是开头和结尾的时间呢？也许始于 50 年代末或 60 年代初的某个时间

---

* 如何称呼这一时期是个棘手的问题。人们经常使用“60 年代”这个词，但事实上这一时期一直延续到 70 年代。也许可以用“60 年代早期到 70 年代中期”，但是又过于拗口。或者，我们可以称其为“抗议时代”“愤怒时代”或者“曝光时代”，但诸如此类称谓只不过抓住了这一时期诸多特征中的一个，并且其他信条激情时期也同样具有这些特征。如果读者接受本书的观点，也可以把 1960—1975 年简单地称作“第四阶段”。然而，这个短语说的是一场体育比赛的收官阶段，更重要的是，它没能给这段时期贴上具有独立意义的标签（与“革命时期”“杰克逊时期”“进步时期”等标签相比），仍视其为一系列相似阶段中的一个。为了找到一个合适的名词以满足上述考量，我选择了“S&S 时期”（the era of sixes and sevens），这样既显示了时间范围，又符合时代特点。首先，这个名字的确体现了 60 年代和 70 年代。其次，根据《牛津英语词典》，“sixes and sevens”的意思是“产生、存在或无法消除的迷惑、失序或分歧”——对于当时发生的种种，这不失为合理的总结。

点？结束于70年代中期或晚期的某个时间点？任何特定的起点和终点都只能用于象征性目的。但这种做法仍然有用并且具有潜在启发性，第四次信条激情的象征性起始时间能够在一定程度上被精确地识别出来。

S&S时期始于1960年2月1日，当时四名黑人大学新生走进位于北卡罗来纳州格林斯伯勒（Greensboro）的一家伍尔沃斯餐厅，坐在餐台前点了咖啡，在遭到拒绝后选择了静坐抗议。而第四次信条激情的终点差不多正好是十六年之后的1976年1月29日，众议院在那一天以246票对124票通过决议，在白宫对国会情报特别委员会的报告作出澄清之前将不会公布该报告。格林斯伯勒的静坐开启了S&S时期第一幕的政治抗议运动，而众议院的投票标志着主导这一时期尾声的曝光政治的终结。这一时期起始于美国生活中民主理想和现实行为之间差距最为显著的领域，其最为重大的公共政策成果便是终结了政府对种族歧视的支持。60年代末、70年代初，时代的主调在针对几乎所有权威的普遍的、无情的质疑与反对声中得以确立，并随着1974年"国王之死"达到高潮——美国政治的核心权威人物被赶下台，而他刚刚在一年多以前以压倒性优势被民众选入白宫。数月之后，这个时代以美国情报机构的工作被曝光而告终，在这些机构身上，强调公开和民主的美国价值同保密和欺骗的工作需要存在明显冲突。种族主义遭到废除、总统被迫辞职、情报机构陷入瘫痪，这些强有力的证据表明，S&S 时期对于不平等、权威、等级秩序和保密制度的攻击至少取得了部分成效。

从 1960 年到 1976 年，美国政治表现出了只有在信条激情早期阶段才有的激烈和情绪化倾向。这期间政治生活的大部分参与者主要采取了道德主义的方式回应理想 / 现实间的鸿沟。然而，冷漠自满、自欺欺人和犬儒主义同样也有所表现。这些回应模式的相对重要性因时而异，主要取决于人们对理想 / 现实间的鸿沟的认知水平，以及他们致力于实现美国理想的热情程度。从 50 年代中期到 70 年代末，美国人面对理想 / 制度间的鸿沟时的反应模式的循环正符合本书之前提出的逻辑。对于政府权威以及旨在解决问题的政府行为的主流态度的变化也同这一进程有关。（见表 5）由此，S&S 时期始于冷漠，终于犬儒，而位于二者之间的则是强烈的道德主义。信条激情时期的几乎所有特征都得以显现出来，未来的许多年内美国政治系统的运转都将受此影响。

表 5　不同类型的反应模式在 S&S 时期出现的时间

对待政府行为的普遍态度	对待政府权威的普遍态度	
	支持	反对
支持	60 年代到 70 年代中期 道德主义	60 年代初期 自欺欺人
反对	70 年代后期 犬儒主义	50 年代中后期 冷漠自满

冷漠自满心理与意识形态的终结（？）

政治冷漠和自我满足是50年代中后期的流行心态。经历了50年代初因麦卡锡主义和朝鲜战争而起的尖锐分歧之后，艾森豪威尔在事实上实现了其目标——“更加宁静和谐、相互信任的社会氛围”[1]。这一时期的美国人在总体上支持政府权威，但是也认为没必要让政府更加强大积极。心满意足构成了主流氛围。直到50年代末，人们也没能清楚地认识到理想同制度之间的矛盾，也没有实现美国政治价值的强烈意愿。丹尼尔·布尔斯廷（Daniel Boorstin）在50年代中期写道，这些价值“源自专属于我们的特定地理和历史事实”。从历史上看，美国人总是“把‘实然’和‘应然’混为一谈”，美国制度中也暗含着美国价值。“在这块新大陆上，能够建设什么为应该建设什么提供了参考标准”。[2]在布尔斯廷看来，环境、制度和价值都是某种无缝网络的组成部分——美国历史缺少的正是制度与理想之间显著而直接的对比。

在信条激情处于消沉的50年代，对于权力集中和滥用的担忧仍然位于美国民众思想意识的边缘地带。共识主义和组织多元主义两种范式相结合，构成了美国政治的流行形象。多元化大型组织（否决集团）的权力不仅时常给政府行动造成麻烦，还让大肆滥用政府权力成为不可能。50年代还出现了对美国思想传统短暂而显著的反动。令当时的思想家们颇感兴趣的观点认为，大型组织具有善的本质。相比小型商业组织，大型商业组织更加负责、开明，更可能为公共利益采取行动。小商人也确实比大商人更有可能成为思想狭隘、抱有偏见、贪得无厌之徒或是麦卡锡参议员的拥趸。这种观点不仅接受大型组织的存在，还为其辩护正名，最具名望的辩护人士中有不少曾是罗斯福新政的支持者。李普塞特认为，“大型组织的增长”可能“在实际上导致更为重要的结果——为持久自由创造新源泉，为创新提供新机遇”[3]。反对大规模组织、大型公司、权力集中和军国主义的观点则被打入了政治光谱中的极左或极右行列。像米尔斯这样的学者可以出版一本雄辩滔滔、激情四射的作品，并将之命名为“权力精英”，但是要等上十年才能找到属于自己的读者。在此期间，美国人相信共识主义和多元主义，认为它们既是事实，又是价值。

50 年代降至低点的政治疏离感反映出冷漠自满的心态。公众对三个用于测量疏离感的关键问题的回应显示，1956 年的水平显著低于 1952 年，而 1960 年又低于 1956 年。然而从 1960 年起这一趋势开始扭转，疏离感从 60 年代到 70 年代初一直在稳定增加[4]。总之，50 年代的尾声见证了美国人对本国政治系统满足感与认同感的顶峰。因此下述事实变得不足为奇——当 1960 年的美国人被问起对本国的哪个方面最为骄傲时，85% 的公众提到了美国的政府和政治制度。

50 年代的氛围使知识分子相信，意识形态正在趋于衰退和终结。这种看法最初是由于受到了战后西欧国家复苏的刺激，1955 年民主国家知识界和政治界人士举行了一次重要会议之后，它成为了西方知识分子的常识。这次会议使人们发现，左右翼之间的分歧已经缩小，二者具有诸多共同之处（特别是在面临苏联式共产主义的挑战时）。“事实上，工业革命的基本政治问题已经被解决：工人得到了产业意义和政治意义上的公民身份，保守主义阵营接受了福利国家，民主左派承认全面加强国家权力对自由造成的威胁大于对经济问题的缓解”[5]，结果就是意识形态和意识形态斗争正在从民主政治中消失。具体而言，“意识形态的终结或衰落”指的是以下几种情况：（1）法西斯主义被消灭（因为战败），共产主义（等同于苏联）也不再作为民主社会的可能选项；（2）在知识分子和公众中间，围绕各式各样的意识形态选项、政治力量、远大目标和乌托邦理想的讨论日趋式微；（3）民主国家主要党派之间在政策和计划方面的政治差异不断减少；（4）社会经济阶层与投票行为之间的关联性正在减弱。

对于持意识形态终结论观点的理论家而言，出现上述情况的基本原因在于西方社会经济繁荣的稳定扩张。这显然表明马克思是错误的，繁荣使产业工人阶级更容易作为完全参与者被吸纳进经济、社会和政治系统中，大大增加了中产阶级规模，并且使国家有可能提供竞争性民主政治所要求的社会安全与福利。用约翰·肯尼迪的话来讲，结果就是“政治将会从哲学与意识形态的根本冲突蜕变为实现共同目标的方式和手段”[6]。

鉴于混合经济、民主政治和福利国家在表面上取得的胜利，意识形态终结论的支持者或公开或含蓄地表示，他们描述的这股潮流不仅普遍适用于发达工业社会，而且反映了经济发展新阶段的不可逆需求。然而即便如此言之凿凿，意识形态终结论也没能被事实证明。

首先，该理论未能充分考虑美国与欧洲社会在历史发展方面的基本差异。在它被提出的时候，哈茨等学者正在强调美国自由主义共识政治同典型的欧洲阶级意识形态政治之间的区别。由于这些区别，即便是同样的持续经济增长与繁荣，也可能并且确实在不同的地方造成了不同的结果。在欧洲，富足创造了阶级冲突缓和的基础，减少了主要政党在政策方面的分歧，并且至少暂时地平息了意识形态大争论。而在美国，繁荣没有导致意识形态的终结（在欧洲实际上也没有），反而为美国道德主义重新焕发生机创造了经济前提。在美欧两地发生的看似相同的事情，实际上是大不相同的两件事——在欧洲是阶级冲突的长期缓和，在美国则是思想冷漠的短暂流行。

其次，肯尼迪总统曾在1962年宣称，由于美国经济与社会的变迁，以后将不再需要“曾在以往的20世纪历史中经常扰乱这个国家的那种伟大‘激情运动’”[7]。他彻底错了。然而欧洲知识分子也犯了同样的错误，他们认为意识形态终结论的失败证明了美国共识的终结、“政治学说的开端”以及这些学说间的冲突——这真是“以偏概全”（“ex unibus plures”）！[8]那些被错误地理解为意识形态和政治学说冲突开端的事情，实际只是政治道德主义的这一美国共识产物的复兴。事关基本价值的美国共识并未在60年代土崩瓦解，而是焕发出勃勃生机。

在道德主义觉醒的影响下，60年代中期到70年代中期的政治生活成为美国政治史上鲜明而独特的一页。政治的议程、话语、问题、紧张程度、分歧、参与者、活动形式，全部都带有显著特点。因此，S&S时期的政治和50年代末、70年代末的政治有着很大不同。1960—1976年，一系列重要的政治行为量化指数曲线呈马蹄形凸起状，揭示出这一时期美国政治生活的独特形象。抗议、曝光、改革，这些在平时意义有限、在激情时期却十分常见的行为，成为这十多年的时间中主要的政治活动形式。作为这一时期事态发展的结果，70年代末的政治也显著不同于50年代末的政治。更具体地讲，政治态度的内容、政治制度的结构与权力在S&S时期发生了重大变化。这些变化代表了20世纪最后25年美国政治的信条激情留下的持久遗产。

自欺欺人的插曲和道德主义的激荡

50 年代末，尤其是 1957 年苏联成功发射第一颗人造卫星引起美国人的觉醒和忧虑后，社会上的冷漠自满心态开始退潮。艾森豪威尔总统于 1960 年成立了国家目标委员会（Commission on National Goals），反映出当时要求国家再次努力实现美国价值的呼声。肯尼迪在竞选和担任总统期间表现出对美国自由价值越发强烈的关注和承诺。在 1960 年的总统大选中，肯尼迪准确地把握了当时的社会心理，强调在面临苏联威胁之时实现这些价值的重要意义，以及“使国家重获生机”的必要性。这一时期的主流观点仍然高度支持政府权威，并且强烈赞同政府在国际领域采取积极行动。正是在肯尼迪任内，美国在和平时期的军费增长水平突破了历史纪录。他的就职演说准确描绘了当时的普遍反应，人们几乎完全致力于在海外推进美国价值，而忽视了这些价值在国内社会的实现。除了进展缓慢的民权运动，美国人对国内的理想 / 制度间的鸿沟几乎视而不见。想要一边鼓动美国人在国际上捍卫自由，一边让他们直击国内面临的自由匮乏与威胁，几乎是不可能的事情。结果，一些人在从冷漠自满向道德主义转换的过程中曾出现了短暂而有限的自我欺骗心态。与此同时，另一些人则未经任何迂回，直接从消极分子变成了改革的积极拥护者——60 年代初期和平队（Peace Corps）和民

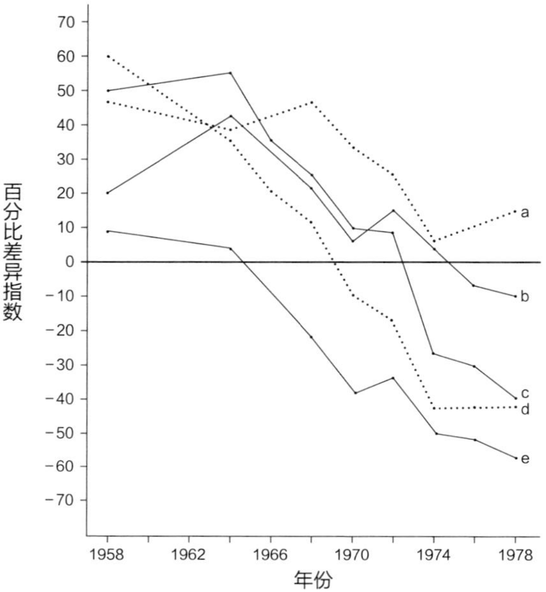

图1 测量政府信任水平的五个指标的百分比差异指数。对政府表示较高信任程度的人群所占百分比 - 对政府表示较低信任程度的人群所占百分比 = 百分比差异指数（PDI）。（资料来源：Based on data in Warren E. Miller, Arthur H. Miller, Edward J. Schneider, *American National Election Studies Sourcebook*, 1952－1978[Cambridge, Mass.: Harvard University Press, 1980], pp. 257－259）

a. “管理政府的人当中有多少是不正直的？几乎没有，不太多，还是相当多？” PDI= “几乎没有” + “不太多” - “相当多”。

b. “管理政府的人几乎全都是了解自己所做之事的聪明人吗？或者其中相当一部分人其实并不明白自己在做什么？” PDI= “知道他们在做什么” - “不知道他们在做什么”。

c. “你经常相信联邦政府能做正确的事情吗？一直相信，大部分时候相信，还是仅仅在某些时候相信？” PDI= “一直相信” + “大部分时候相信” - “有些时候相信或从来不相信”。

d. “你认为政府是被某些自私的大利益集团控制，还是为全体人民的利益服务？” PDI= “为所有人服务” - “为某些大利益集团服务”。（1958 年这个问题的文字表述和其他年份有所差别。）

e. “你认为政府人员浪费了多少纳税人缴纳的税款？很多，一些，还是不多？” PDI= “不多” + “一些” - “很多”。

权进军的成员都参与了60年代末的反战示威运动。肯尼迪兄弟显然是冷酷实用主义政治的熟练玩家，但也正是这一点，使得他们能够代表、利用当时美国民众追求更高目标的强烈愿望。正如约翰·斯坦贝克（John Steinbeck）在1960年看到的那样，这个国家表现出“对于某种未知事物的紧张、不安和渴望，这种事物也许就是道德”[9]。

在全世界范围内“不惜代价，勇挑重担”以保卫自由的意愿没能成为持久的主题。起初，肯尼迪有意让国内政策处于从属地位，只在政治利益需要的范围内支持民权运动。但是到了1963年，他开始倾听愤怒的呼声。民权斗争在黑人和白人活动家中引发的道德激情扩散到其他领域，尤以反对美国干预越南战事的运动最令人瞩目。外向型的爱国主义热情被内向型的道德愤慨所取代。美国政治制度在精英和大众眼中的形象发生了戏剧性变化，美国政治似乎与他们之前想象的应然情形截然不同。对权威的尊重急剧下降，同时，要求政府采取行动弥合理想/制度间的鸿沟的呼声越发强烈。重要的政治活跃团体将强烈的道德主义推向了前台。

任何量化手段都无法轻易测量出道德信念的强度，但60年代道德信念的增强是一个无可争议的事实。正如我曾在其他地方指出过的，这个时期

> 见证了美国民主精神的重大复兴……抗议的精

神、平等的精神、揭露并纠正不平等的冲动在这块土地上传播。60 年代的主题就是杰克逊民主党和扒粪的进步党人的主题，它们都体现了根植于美国传统的思想与信念，但只有 60 年代才拥有如此强烈的激情。这十年证明了民主理念的生命力。这是民主浪潮汹涌澎湃的十年，是重申民主平等主义的十年。[10]

60 年代以不亚于此前任何一次信条激情的激烈和狂热程度，重新阐述了平等、民主、自由、个人权利、限制权力等一系列美利坚信条的经典价值观念。

从冷漠自满到投身美利坚信条，伴随这一转变的是美国人对于美国政治系统看法的改变。民意调查显示了这些变化。从 60 年代初到 70 年代初，公众对政府的看法发生了急剧转变。图 1 显示了人们对五个关键问题的回答情况的变化趋势。1964 年，64% 的公众认为政府运作是为了所有人的利益，29% 的人认为政府被某些只顾自己好处的大利益集团操纵。1974 年的比例则差不多正好反过来：66% 的人认为政府被大利益集团控制，25% 的人认为政府服务于所有人的利益。类似的变化也出现在对其他几个问题的回答上，如能否相信政府会作出正确的选择、政府是否会浪费纳税人的钱、操控政府的是智者还是骗子，等等。对于政府回应公共舆论的情况，人们给出的回答也发生了较大的变化。例如在 1960 年，认为“政府官员不太关心像我一样的民众的看法”这一陈述为假的民众比例为 73%，相信这是真实情况的只有 25%。到了 1974 年，25% 的民众改变了看法——50% 的人相信官员不关心他们的想法，持相反观点的则为 46%[11]。

公众观念的变化并不局限于对政府的看法。从 60 年代末到 70 年代初，人们对美国社会其他诸多机构的信心水平出现断崖式下滑。从 1966 年到 1976 年，对联邦政府行政机构的领导有着“强烈信任”的民众比例从 41% 跌至 11%，对国会的信任率从 42% 变为 9%，最高法院则从 51% 变为 22%。同样在这十年间，人们对其他领域领导人的信任比例同样大幅下跌，其中，医药领域从 73% 降至 42%，高等教育领域从 61% 到 31%，军队从 62% 到 23%，大公司从 55% 到 16%，宗教组织从 41% 到 24%，劳工组织从 22% 到 10%。在美国社会的主要机构中，只有电视新闻行业的领导人在这十年间获得了上升的民众信任率（从 25% 到 28%）[12]。

更为强烈的自由民主价值信仰，再加上对政府和其他机构日益增长的反感，必然使道德主义和反对权威成为政治生活的主题。愤怒、抗议以及时常由此引发的语言和行为暴力，构成了 60 年代末、70 年代初的政治音调。政治的议题无关物质分配的多少或者领导人胜任与否，人们关心的是是非对错问题。

经济问题不再位于政治议程表的前列，这正是S&S时期的核心特征之一。从1950年至1959年，认为经济是“当前国家面临的最重要问题”的民众比例平均为23.6%；从1971年至1972年，平均有21.5%的民众认为经济问题具有关键意义；从1973年到1979年，持相同观点的人猛增至71.7%。然而在1960—1970年期间，只有11.1%的人认为经济问题是国家面临的最重要问题，民权、对外政策、越南战争、犯罪和失序、政府诚信等问题取代了经济在民众关切中的优先位置[13]。

信条政治和“常规”政治的区别具体地体现在新左派（New Left）和旧左派（Old Left）的不同上。塑造旧左派的是30年代的经济危机，他们进行的斗争是传统的，为的是承认工会合法地位、劳资谈判、就业保障、工资水平、社会保险及相关利益。30年代的主要议题是经济问题，不同阶级对待这些问题的态度决定了社会分裂线的位置[14]。旧左派实际上就是工人阶级和工会运动，马克思和半马克思主义（semi-Marxist）的语言塑造了其思想。60年代的新左派则脱离了工人阶级，强调道德主义而非意识形态。正如学生民主促进会的第一任主席于60年代初宣称的，“革命和粗糙的马克思主义阶级斗争理论要么被抛弃，要么被大幅修正”，新左派“源自作为绝对真理的道德价值”。其他早期新左派活动家也同样认为，这场运动必须强调“道德问题而非意识形态”，“新一代激进分子以原初的道德意识形态为标志”[15]。更直白地讲，新左派坚定地把在实践中实现美国政治根本价值作为自己的目标。60 年代中期的一份学生民主促进会声明认为，“新左派的源头不是意识形态（阶级）冲突，正相反，它来自对主流美国意识形态某些特征的庄严承诺”。“对黑人公民权利的否定导致了新左派的崛起。这种行为和强调机会平等、民主权利的主流话语形成了直接冲突”。[16]

新旧左派的区别，实际上就是关心经济问题的阶级政治和重视道德问题的信条政治之间的区别。稍作比较就会发现，作为当时政治精神主流表现形式的所谓新政治（New Politics）之所以不同于旧政治（Old Politics），就在于前者并未打算简单地借助现存制度来获取物质好处，而是试图通过改变这些制度更彻底地实现美国价值。

政治态度的变化更明显地反映在“公众对政治生活进行概念化的方式”当中。在第四次信条激情的高潮时期，人们“更愿意根据政策议题和意识形态选择候选人和政党”，同时也倾向于在政治问题上采取连续的、坚定的立场。结果，在 1964 年、1968 年和 1972 年的总统大选中，将意识形态作为投票依据的公众比例既高于此前的选举，也高于 1976 年的选举[17]。（见图 2）

据报道，当被问及 70 年代初期美国的道德状况时，亚历山大·比克尔（Alexander Bickel）回答说：“我们有被它

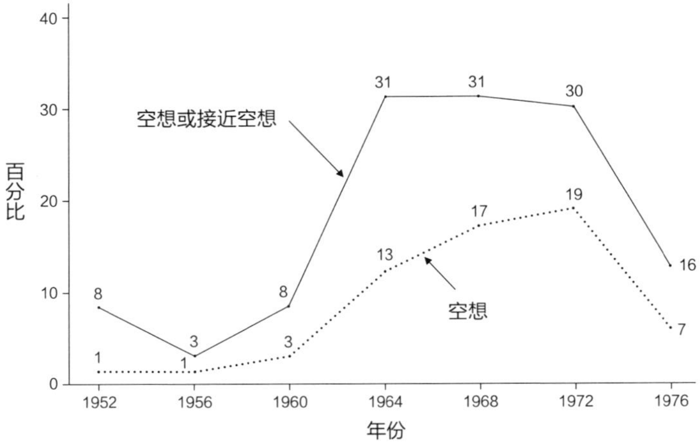

图2　总统候选人的意识形态评估1952—1976。［资料来源：Norman H. Nie, Sideny Verba, and John R. Petrocik, *The Changing American Voter*, enl. ed.（Cambridge, Mass.: Harvard University Press, 1980）, p. 367.］

吞噬的危险”[18]。他显然低估了事态，我们的确被道德洪流湮没了。但S&S时期的道德主义也具有大众性质。在私人领域和私人行为方面，旧的道德标准遭到挑战和破坏，经常为某些目的而被抛弃、废除。在公共行为领域，旧道德却再次得到伸张，重获生机，被一本正经地用来指导现实。这种道德主义的攻击目标几乎总是某种形式的既存权威。道德的傲慢超越了权力的傲慢，十余年间，政治、商业、教育、宗教以及其他领域的权威都遭到了严重的质疑和削弱。政治聚焦于等级秩序和官僚作风的丑恶——权力专断、回应迟钝、玩弄秘密、欺骗公众，等等[19]。结果，人们不再相信自己有义务服从那些曾被认为在年龄、等级、地位、专业、品质和天赋等方面高于自己的人。在大多数组织中，纪律开始瓦解，地位差别变得模糊。每个团体都声称拥有平等权利参加与其相关的决策过程（也许还不止是平等参与）。

在美国，权威的基础通常包括组织地位、经济实力、专业知识、合法竞争和民选代表。以等级制、专业能力和财富水平为基础的权威明显有悖于60年代的民主和平等思潮，于是这三种权威都遭到了猛烈抨击。在大学里，缺少必要专业知识的学生开始参与许多重大事项的决策。政府的等级组织制也被削弱，下级更愿意无视、抨击和挫败上级的意志。总体而言，在政治生活中，以财富为基础的权威遭到了挑战，改革措施得以引进，以揭露其影响并加以限制。源自法律和选举的权威不一定违背时代精神，但是只要有所不符，就会同样遭到抨击和限制。法官裁决和立法机构行动的合法性取决于二者在多大程度推进了平等和参与的目标（正如通常所做的那样）。“公民不服从”论认为，对道德不正确的法律采取不服从的态度，这终究是一件道德正确的事情。这意味着一个社会中的守法行为取决于法律的内容，而不是法律生效的程序。民选的合法性显然与民主潮流相一致，但即便如此也难免时常被质疑，“绝对”代表的价值被抬高，对选任代表形成了挑战。

在美国，机构的合法性源于自由、民主和个人主义的价值观。如果人们认为某个机构偏离了这些价值（正如在第四次激情时期那样），那它就是不合法的[20]。反过来，这种观念也为许多并非传统政治正常内容的行为解除了限制。“没有了纪律，就像琴弦绷断，听吧！刺耳的噪声随之而来！”来自莎士比亚的这句诗简明精炼地总结了六七十年代美国的政治状况。丹尼尔·帕特里克·莫伊尼汉（Daniel Patrick Moynihan）在1968年提醒当选总统尼克松的话语也表达了类似的看法：“机构（特别是政府机构）具有合法性，这种观念是维系社会团结的黏合剂。当它被削弱时，一切就会土崩瓦解。”[21]正是在60年代末，美国陷入了相当程度的混乱无序状态。

抗议活动的动员

和以往的信条激情时期一样，S&S时期政治的特征也是打着改革旗号的抗议和曝光行动。这三种政治活动并非激情时期独有，但此时它们主导了政治生活，而其他活动形式（如政党、选举和利益集团政治等）则呈显著衰颓势。道德愤怒产生的激情驱使人们揭露丑恶、抗议丑恶、革除丑恶。

政治参与的重大变化，以及主要针对民权问题和越战的抗议动员，成为第四次激情时期的早期阶段特征。在美国，政治参与率和社会经济地位有着明显联系，这一点比其他大部分工业化民主国家都突出。这种总体上的联系并未在 S&S 时期发生改变。然而政治舞台上最活跃人群的构成却发生了重大变化。在 1960 年之前，黑人和青年人是美国社会中最少参与政治的群体。然而，对于美国理想与种族歧视、对外战争等现实之间存在的巨大差距，这两个群体比其他人有着更敏感的认知。因此 60 年代这些人的政治参与比率急剧上升，成了政治上最为活跃的群体，仿佛他们就是有良知的美国选民派出的政治奇兵。

1952—1960 年的三次总统选举中，美国公众选举参与指数的平均值为 13.3；而在 1962—1976 年的四次大选中，这个数字达到了 17.3。这一变化完全是由于黑人选民参与的增加。前三次选举中白人选民的平均参与指数为 18.7，后四次则为 19.3。相比之下，黑人选民的参与指数从最初的-35.7 飙升至后来的 7.5[22]。黑人政治参与的实际增长水平显然高于其缓慢提升的社会经济地位所预测的水平。在 1952 年和 1956 年的选举中，黑人竞选活动远低于根据其教育程度得出的预期水平；在 1960—1970 年间，前者却远高于后者。白人的竞选活动水平则相对稳定，始终比根据教育水平得出的预期值略高。到 60 年代末期，黑人的整体政治参与水平已经比以往大为提高，和白人基本持平，而在社会经济地位相当的情况下，黑人往往比白人更具政治积极性。因此可以认为，民权问题凸显导致的群体意识增强是黑人参政率提高的原因[23]。

随着年龄的增长，人们通常会在政治上变得更为积极，直到五十多岁时积极性才开始下降；在社会经济地位不变的情况下，人们也会在将近70岁的时候逐渐丧失参与的热情。26岁以下人群是各年龄组中政治参与度最低的[24]。但是从60年代末到70年代初，上述常规被打破了。那些在1965年约为18岁的年轻人在此后的八年间（到1973年）平均参与了2.1次政治活动，而他们的父母只参与了1.7次。21—29岁的青年在1968年至1972年的选举中明显比那些年长一辈的人（44—64岁）更加活跃。总之，“六七十年代之交的青年的确在政治参与方面表现得出人意料”。“这一时期年轻人的参与率比其他时期都高，他们也比同时期的年长者更积极。这两种模式都颇为反常和意外”。[25]除此之外，这一时期各年龄段的自由派也比同年龄的保守派在政治上更为积极。年轻人比年长者更倾向于自由派，这也促使他们乐于参加政治活动。

人们一般将60年代到70年代初期看作是政治大鸣大放、大搞运动的时期，大批公民满怀热情地以不同方式投身于政治生活之中。然而，人们在投票这一政治参与的最普遍形式中的表现却不符合这种印象。投票率在50年代显著上升，在60年代达到顶峰，此后直到1980年则持续稳定下降，并在1968—1972年间急剧下跌。如果说60年代是政治行动的十年，那又该如何解释这反常的情况？

60 年代政治行动的目的提供了答案。在信条激情时期，政治的首要目标是抗议。政治抗议是通过集体行动表达对特定的条件、政策或官员的反对。它可以是合法的、和平的、分散的，也可以是非法的、暴力的、集中的。抗议既可以采取直接行动的形式，也可以是非暴力不合作；它可以包括会议、示威、座谈、骚乱、纠察队、集体进军、静坐、罢工等各种内容。在某些情况下，投票本身就是抗议的手段，不投票也是如此。除此之外还有许多其他更为有效、更令人满意的抗议方式。在 60 年代，所有年龄段的人都越来越不认可这句话："投票是像我这样的人能够对政府运转发表看法的唯一机会。"但是在 1952 年，20 多岁和 60 岁以上的人群当中同意这种看法的比例几乎相同。一条小小的代沟在 1960 年出现了，20 多岁的人当中有 69% 认可这个观点，而 60 岁以上的比例则为 78%。到 1968 年，分歧进一步扩大，持同意看法的年轻人和老年人比例分别为 37% 和 62%[26]。年轻人、黑人和其他选民丧失了对投票的幻想，转而参与各种其他形式的政治活动。

结果和以前的信条激情时期一样，在常规渠道之外实现政治参与的策略和领域大为增加。旨在让政治实践符合政治原则的新组织不仅在数量上变得更多，其活动强度也提高了。它们中既有激进和抗议的组织，也有温和的、改革的组织。

1972—1973 年对 83 个“公共利益”组织的调查发现，其中 52 个（63%）是 1959 年以后成立的[27] 人们还在新的层次上动员起来，参与到那些更具专业色彩、被认为是“非政治”的机构中——学生参加高校决策，股民叫板公司管理，军人要求组织工会和集体谈判的权力，政府律师组织起来抗议司法部长的决定，牧师宣称反对主教。部分地由于民权运动胜利的刺激作用，但主要还是受时代思潮的影响，美国社会的众多边缘群体，如妇女、印第安人、奇卡诺人、同性恋者、白种人族裔团体等，都在团体意识方面达到了新高度，并以更为激烈的形式从事政治活动。此外，和以往的信条激情时期一样，代表那些无力自助者（儿童、残疾人、精神病人、犯人、动物）的组织开始变得活跃。

美国人好打官司的特点可谓举世皆知。信条激情时期这种倾向有明显增长。从 1970 年到 1976 年，联邦法院启动的民权案件从 344 件增加到 5321 件，个人反托拉斯诉讼从 877 件增加到 1504 件。美国人越来越多地尝试用司法程序纠正暴露出来的社会错误。正如一个所谓的公益组织对公民的鼓动：“状告他们！状告国税局（IRS）！状告国会！把联邦机构送上法庭！连总统本人也别放过！你知道你可以的！”[28] 在爱默生看来，S&S 时期到处都是“没完没了、费尽心机、发自良知的批评声音”，人们积极地主张并且尝试实现之前被自己忽视的权利。

政治参与不仅在横向上扩展出新的形式和渠道，还在纵向上得以延伸，由草根派和反对现有秩序的运动发起的抗议变得更加激烈。虽然单次抗议的时间有限，特定的抗议表达仍然会集中爆发，在信条激情时期更是如此。而且在自由环境中，抗议可以激发新的抗议，受到刺激的当局可能会采取强制或暴力手段，这种反应本身就被视为对美利坚信条的破坏，使那些对抗议的最初内容不感兴趣的人也被动员起来。在曝光的政治中，政府企图掩盖丑恶是最吸引人的话题；在抗议的政治中，最吊人胃口的事情则是政府用强力镇压反对丑恶的抗议活动。在上述情况中，当局用违背信条道德的行动加以应对，实际上给更具感召力的抗议创造了条件。在自由社会中，特定议题吸引特定团体，而反对滥用权威则会吸引几乎所有的团体。

在 60 年代，抗议在动员公共舆论反对种族歧视和越南战争的过程中发挥了至关重要的作用。静坐示威、自由乘车、民权进军等行动，以及南方各州当局作出的反应，特别是经由大众媒体宣传和曝光后，为 60 年代中期颁布民权法案积聚了必要的公众支持。抗议策略非常符合媒体曝光的需要，对动员民众反对越战发挥了至关重要作用的座谈会、和平进军和示威等活动中也使用了类似方法。这些策略能够同时吸引公众和领导人的注意力，渲染了抗议者们对于信仰的坚定热情。如果不借助于抗议策略，反种族歧视运动和反越战运动

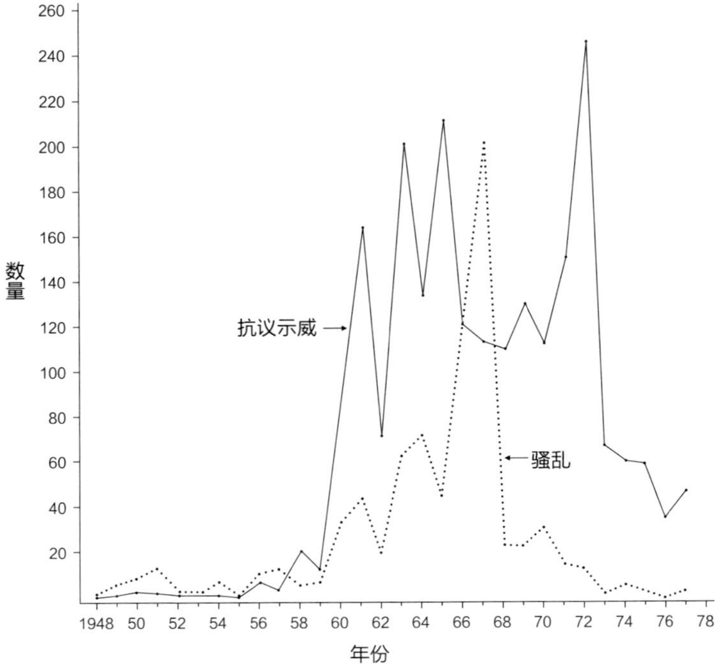

图 3　抗议示威与骚乱的频率变化情况，1948—1977。[资料来源：Based on data in Charles Lewis Taylor and Michael C. Hudson, *World Haudbook of Political and Social Indicators*, 2^{nd}ed. [New Haven: Yale University Press, 1972], pp. 88–89, 94–95, and Charles Lewis Taylor and David A. Jodice, *World Handbook of Political and Social Indicators III* (New Haven: Yale University Press, Forthcoiming, 1981).]

都不可能获得成功。

在 S&S 时期，政治上变得更活跃的人通常也倾向于采取更加激烈的抗议形式。1965 年的 18 岁年轻人在此后的 8 年间投身抗议示威活动的可能性是他们父母的 6 倍，他们中六分之一的人会参与其中。黑人也比其他群体更愿意支持作为政治行动的示威活动，其中又以青年人和中产阶级最为积极[29]。有关50—70年代抗议示威和骚乱事件相对频率的统计数据表明，抗议是S&S时期典型的政治参与形式（见图3）。1948—1959年，美国平均每年发生5次大规模示威；1962—1972年，这个数字达到了144次。从1973年起示威的数量陡然下降，在此后的5年平均每年只有57次。

骚乱数量的变化与此相似：50年代很少，从1960年起急剧增加，1967年以后的5年中又大幅减少至每年22起，到1973年，年均骚乱次数已经跌至个位数。相关数据的曲线勾勒出那个抗议年代的大致轮廓。

许多美国人在信条激情时期投身于抗议浪潮中。然而激烈的抗议正是激进主义政治策略的特征。改革是为了让政治制度与实践符合美国理想与价值的要求。革命则是为了将旧的政治理想和制度一并推翻，并用一套不同的（例如马克思主义）取而代之。那么激进主义又是什么呢？在美国社会的语境下，它意味着改革还是革命？这两极之间似乎没有太多中间地带。事实上，在这一问题上的矛盾态度正是美国激进主义的本质。在被问及“你是自由主义者还是马克思主义者”时，那些回答“都是”或者“都不是”的人就是美国的左翼激进分子。由于各种原因（见第八章），美国的激进主义同时包含了主张改良和摧毁现存政治系统的人。就策略而言，双方都将抗议作为最主要的手段。一方面，抗议活动避免将暴力作为首选工具，避免为了暴力而暴力。另一方面，抗议又远远超出了常规政治的陈规。它意味着走出会议室、立法院和投票站，“走上大街”参加大众行动，这些活动本身可能不违法，但包含着潜在违法的可能；或者是违法的非暴力行为，但可能很容易衍生出暴力。

因此，自由派改革分子和马克思主义革命者可以在动员和组织抗议的过程中走到一起进行合作。抗议有着不断缩短的半衰期。一大群人不可能一直处于高度义愤的状态，因而必须寻找新的方式应对失衡状态。他们可能会认为抗议已经取得实质上的成功，进而热情消退，感到满足，并寻求通过更加常规的政治行动实现特定的立法目标。他们也可能认为抗议是不成功的，自己的努力难以为继，由此产生犬儒心态。他们也可能反对包括政治理想和制度在内的整个政治系统，转而采取革命行动，试图摧毁、取代之。

50 年代末、60 年代初，以学生民主促进会为代表的新左派组织和以争取种族平等大会（Congress of Racial Equality，CORE）、学生非暴力协调委员会（Student Nonviolent Coordinating Committee，SNCC）为代表的黑人组织都采用激进策略追求改良主义目标。与其他激进派联合组织一样，学生民主促进会的成员“从温和派到毛主义分子”无所不有；1962 年的“休伦港宣言”（Port Huron Statement）公布了激进改革的总体目标，但它仍然没有超出美国激进主义在传统上的广义边界。一位历史学家认为："直到 1964 年，新左派实际上仍是坚定的改良主义者，相信美国的制度能够被改造，能够体现人尽皆知的政治理想。"[30] 然而改良主义在 1964 年以后逐渐失去了吸引力。1965 年，学生民主促进会废除了其章程中的反共内容，向所有左翼分子开放成员资格[31]。其组织也发生了变化，对官僚集中控制的需求腐蚀了参与式民主的价值。马克思主义曾在多年前被旧左派视作过时意识形态加以排斥，现在又受到了欢迎。1968 年大选之后，由于内部派系斗争造成的严重内耗，促进会开始拒绝和平抗议，转而采取暴力手段。1969 年 10 月芝加哥"复仇之日"（"Days of Rage"）的暴力抗议活动失败后，"气象员"（the Weathermen）（美国极端左翼组织——译者注）分子将促进会变成了革命组织，并在当年年底转入地下状态。1970 年 3 月，三名气象员分子在纽约西区第十一大街的一幢建筑内自制炸弹时发生爆炸，该事件标志着从抗议到革命转变过程的结束。促进会一直是激进的，但是从休伦港到第十一大街，"激进"本身的意义发生了巨大改变。它在早年间是激进的改革组织，希望实现美国自由主义的理想；最后它变成了激进的革命组织，想要摧毁美国的自由制度。但是它无法作为激进的抗议组织持久下去，其领导人不可避免地分化为两类——像凯西·布丁（Kathy Boudin）那样制造炸弹的恐怖分子，还有汤姆·海登（Tom Hayden）这种参与国会竞选的政客。

在民权运动中带头的抗议组织普遍经历了相似的变质过程。1960—1961 年，共有数万人参与了上百场静坐示威活动，要求废除快餐店和其他商业设施内的种族隔离措施；在学生非暴力协调委员会和南方基督教领袖会议（Southern Christian Leadership Conference）中，黑人和白人彼此合作，携手并进；25 万人参加了 1963 年向华盛顿进军活动。被成功动员起来的大众支持为 1964—1965 年民权法案的通过创造了政治环境，一些南方人粗暴地反对废除种族隔离的呼声，反而使这种动员变得更加容易。实现这些成果后，部分黑人领袖被权势集团的选举和官僚政治吸收进来，“从抗议转向了从政”[32]。而其他人则认为民权组织应该向更激进的方向前进。1965—1966 年，非暴力协调委员会改变了路线，用“黑人权力”作为新口号，代替了原来的“自由”，对组织内的白人员工实行隔离和驱逐，反对越战，支持抵制征兵。与此同时，争取种族平等大会放弃了其非暴力信条，转而支持黑人权力和加强北方的黑人社区组织[33]。

从抗议到暴力，从群众基础广泛到支持者寥寥，从源自美利坚信条的理想到根植于马克思主义和其他革命意识形态的理想，这是组织转变的一般模式。也许最引人注意的是从共同目标到个体目标的变化，对于“黑人权力”“学生权力”和“工人权力”的要求鲜明地体现了这点。在美国政治中，如果一个团体公开声称获取权力是其目标，就等于承认它没有能力实现这个目标。像“黑人权力”这样的口号带有两个负面象征含义。首先，人们在总体上对权力持不信任态度，因此任何声称把权力作为目标的团体都会立刻遭到怀疑。其次，“黑人权力”暗示一个团体获得权力需要以其他团体丧失权力为代价。一个团体如此定义自己的目标将严重地限制其号召力。白人因美利坚信条的感召而支持黑人民权运动，但它们没有义务支持黑人权力。在美国社会，争取民权是不可抗拒的结局，夺取权力则是自掘坟墓的开始。

曝光的动力

美国政府一直比包括民主国家在内的其他国家的政府更为开放。这是由于美国没有欧洲式的“国家”（“state”）。政府的事情就是公众的事情，因此理应受制于公众。这对大部分文化而言是完全陌生的，却是美利坚信条的基本内容。宪法对言论和出版自由的保障，媒体对政治领域和政治过程的渗透，英国式“官方保密法”（Official Secrets Act）的缺失，都体现了这一观念。结果是美国政府比其他任何国家的政府都更为广泛持久地暴露于自己的人民面前。

曝光有两种形式。调查型曝光用于揭露坏事，通常是媒体、国会委员会、执法部门等调查机构针对特定目标专门行动的结果。而监督型曝光则主要是要求公开或允许公开某类特定行为，以此阻止不道德行为。曝光政治通常来自调查型曝光，采取的形式包括阳光法案、信息自由法案（Freedom of Information Act）以及要求报告游说开支和竞选献金的立法。美国的调查型和监督型曝光比其他国家更普遍。

政治公开性虽然一直存在，但其最高水平出现在信条激情时期。除一些革命政权对其前任领导人的调查以外，美国政治权威在 60 年代末、70 年代初遭到的大曝光可谓现代史上前所未有。60 年代形形色色的自由派、激进派团体和出版机构加强了对政府行动的曝光，尤其是那些涉及对外政策和越战的内容。然而直到 1971 年，当埃尔斯伯格找到愿意披露五角大楼秘密文件的报纸时，曝光的伟大时代才真正来临。此后有关越战决策的内容被不断披露出来，1972 年夏天又发生了“水门事件”，在此后的两年中，该事件的影响不断扩大，成为全国性媒体的报道热点。（1973 年 5 月到 7 月，“水门事件”一直是《纽约时报》的每日封面故事，只有三天例外。）[34] 牵扯进“水门事件”的庞大关系网被不断揪出，在许多记者看来，这是无法抗拒的诱惑和大有前途的事业。此时尼克松录音带的内容又被逐渐披露出来，描绘出在任政治领导人漫不经心、陈腐平庸、动机卑鄙、视野狭隘的形象。

1973年秋天，副总统阿格纽由于受到调查和起诉而辞职，这可谓给“水门事件”火上浇油。次年夏天尼克松总统辞职，这实际上结束了对“水门事件”的曝光，但这一年的整个秋季，媒体都在继续做同样的事情，曾被提名为副总统的尼尔森·洛克菲勒（Nelson Rockefeller）的神秘外衣被剥了个精光，他的财富、生活方式、政治行动都被公之于众。1974年12月，《纽约时报》踢爆了中情局在国内从事情报活动的事情，接下来的一年，为了揭发美国情报部门和国内安全机构的丑闻，媒体、三个政府调查机构以及各种各样的好事者展开了一系列的竞争与合作。监视活动，暗杀计划，拦截邮件和电报通讯，利用传教士、商人和记者作为特工，支持并资助他国的政党、媒体、政治领导人，制造虚假信息，特工的名字，试图推翻或削弱外国政府——将这些信息大白于天下是一种尤为凶残的美式疯狂，而在那些满腹狐疑的外国官员和公众看来也的确如此。曝光势头在1976年春天有所减弱，但是差不多有5年，政府内部工作和政府官员幕后行为在公众面前遭到了史无前例的揭露。

大曝光集中在S&S时期的后期。从表面上看，这颇为令人不解。人们可能会认为，在信条激情时期应该首先揭露不公正和不道德行为。华丽的辞藻被戳破，官员的面具被揭穿，让人们看到美国政治野蛮的、非美国的现状。这将迅速引发大规模抗议，进而导致改革，消除丑恶。理想和现实之间的反差通常是改革必不可少的前提。但是直到信条激情的最后时刻才出现曝光风潮，该如何解释这一明显反常的现象呢？

第一，抗议和改革都可以出现在曝光之前，因为它们的首要敌人——种族歧视和对外战争都是公开存在、显而易见的。费力揭穿这些事情毫无必要，重要的是将相关的事实传播给公众，全国性媒体（尤其是电视）完成了这项工作，给美国政治造成了巨大影响。正如在其他信条激情时期一样，媒体在 S&S 时期的政治生活中扮演了核心角色。在 60 年代，这个角色主要属于电视，它将美国南方和南越正在发生的事情即刻生动地展现在观众面前。到了 70 年代，纸媒成为关键先生，揭露了华盛顿政府官员玩忽职守、滥用职权的事实。电讯媒体在传播公共事件的过程中获得了影响力，纸媒则依靠揭露秘密和丑闻。由于前者的作用，早在曝光过程达到高潮之前，抗议和改革运动就能够形成很大的规模，而事实也的确如此。

第二，行政机构是曝光行动理所当然的对象，国会和媒体则是其必需的代理人，只有当前者的权威被削弱而后者的权力被增强时，曝光风潮才会出现。揭露政府丑行的前提是政府权威被削弱，这是由曝光过程的本质决定的。抗议行动需要把反对政治权威的局外人动员起来，曝光则需要借助政治权威内部人的背叛。当政府和其他机构内部的权威与控制开始松弛瓦解，身处其中之人丧失了对领导者的忠诚并质疑其合法性的时候，曝光就具备了可能性。一次引起轰动的曝光行动需要一位埃尔斯伯格或者“深喉”（Deep Throat）的合作，70 年代初此类告密者的出现证明了白宫、五角大楼和司法部权威的崩溃。美国政治中的被曝光者是邪恶的，但他未必强大，反而十分虚弱。曝光将丑行的证据公之于众，而曝光行为本身则表明了其虚弱无力，并反过来加剧了这种虚弱。

历史上，国会委员会和报界有时也会承担调查工作，如军事、情报失误，在政府运转过程中因错误判断、沟通不畅、预见不足、管理混乱或纯粹的愚蠢导致的严重问题和事故，等等。然而这种曝光很少出现在激情时期，因为信条激情的敌人并非领导者无能，而是领导者作恶。曝光指向的是那些明显违反法律或道德标准的行为，如腐败、贿赂、欺骗、谎言、妨碍司法、裙带关系、任人唯亲、敲诈勒索等。在其他时候，负责调查中情局的国会委员会可能会追问，为什么刺杀卢蒙巴和卡斯特罗的行动遭遇了惨痛的失败。但是在 1975 年，没有人会对中情局的行动无能感兴趣，人们关心的是它奉命采取的不道德行为。要想出现这种类型的曝光，就必须存在一种普遍的舆论气候，使人们愿意相信领导人的丑恶，并且热衷于挖掘其丑恶。

政府权威虚弱是 60 年代政治生活的特征，也是 70 年代曝光政治的必要前提。尼克松就职的时候，他的政治劲敌和潜在敌人比任何前任都多。国会、全国性媒体、东部建制派、联邦官员，还有60年代兴起的抗议和改革组织，都被视为新政府的敌人（事实上的确如此）。评论家约翰·钱赛勒（John Chancellor）在谈到政府与媒体关系时认为，“其他政府与媒体的关系是爱恨交织，尼克松政府则只有绵绵恨意”。[35]身处联邦行政机构的权力顶端，尼克松及其班子成员在谈及自身孤立脆弱的处境时也是一针见血、感慨良多。那些供职于行政部门的告密者做好了准备与媒体和国会合作，揭露尼克松政府的虚弱。权威受损又刺激了政府滥用权威，进而制造出更多可供爆料的丑闻。

中情局和联邦调查局也以相似的方式成为引人注意的攻击目标。1969年，对越战的不满情绪已经成为普遍现象，这为1971年五角大楼秘密文件的披露以及随后1975年对中情局的调查创造了条件。1975年春天，当美国最终被逐出越南时，国会委员会并未调查美国为何输掉战争，也没有要求文武官员为这一后果承担责任。国会更想追究的不是越战失败，而是官员的丑恶，这就需要寻找一个虚弱的目标。回顾一下60年代早期就会发现，反对对外干涉的呼声为攻击美国情报机构创造了有利条件。这一次，选择恰当时机同样尤为关键。1967年年初，全国学生联合会（National Student Association）的一名激进成员发现，中情局对学联的某些国际活动提供了长期资助。随后，三篇揭露相关细节的文章被发表在一份激进的旧金山杂志上，《纽约时报》和其他报纸也报道了中情局通过基金会渠道对其他项目可能提供的资助。然而全国性媒体并未出于自身目的蜂拥报道此事，国会领导人也没有借此大做文章，反而选择了支持中情局的行动。约翰逊总统指派了内阁级别的委员会，负责对中情局的隐蔽资助活动进行秘密调查；国会方面则没有发起任何重大调查[36]。但是在1974—1975年，对中情局的最初曝光并非来自《壁垒》（Ramparts），而是来自《纽约时报》；国会和媒体蜂拥而至，追踪线索；福特总统任命委员会调查所谓的中情局不当行为，促使参众两院也发起了平行的、竞争的调查活动。调查记者和国会职员的活动让曝光和揭露持续了整整一年。

一旦出现了有利于揭发滥权行为的环境，曝光过程便依据其自身的特征和动力发展。

首先是曝光渠道的多元化。在美国的政治系统中，曝光一般需要三类人的参与：告密者、记者、国会议员及其助手。最开始，行政部门中的告密者会认为，无论出于公共利益还是个人利益的考虑，他都应该将一些信息公之于众，以此影响政策的内容或决策者的身份。由于不希望在曝光过程中暴露其身份，告密者一般会在媒体和国会中寻找信得过的代理人，后者将接收这些信息，并保证将其公布。在埃尔斯伯格与五角大楼秘密文件案中，找曝光渠道的过程花了很长时间。埃尔斯伯格首先寻求了参议院对外关系委员会主席的帮助，这毫无疑问是个错误。新闻界人士面对的禁区可能更少，比国会议员更愿意采取迅速行动。大部分情况下，告密者会希望把消息透露给全国性媒体的记者，这样将会引起制定全国性政策的决策者的关注。一旦消息通过媒体大白于天下，就会有相应的议员对报道中的指控和揭发进行调查。一旦发起国会调查，国会委员会成员就会和参与曝光的记者建立共生关系，相互交换信息和情报，通过尽可能持续的曝光活动推进双方的共同利益。

告密者将滥用权威的证据成功透露给媒体或国会，这将会鼓励有共同目标的人采取相同行动，并刺激另一些告密者对其他目标进行报复。结果，正如五角大楼秘密文件案和"水门事件"那样，一旦有记者捷足先登搞个大新闻，其他记者就会竞相追逐——盯住已有线索，追踪新线索，一场看谁的爆料能上明天头版头条的"扒粪大赛"就这样如火如荼地展开了。国会委员会（一般参众两院至少各有一个）也会进行类似的竞争。

其次是曝光目标的多元化。最初的焦点通常集中在一些特定官员的丑行上。然而对他们的曝光过程总会牵扯到其他人。除此之外，曝光还会导致官员采取相应措施掩盖错误——"水门事件"就是如此，这将反过来导致更多的曝光。而且，官员虽然会为恶，但其错误总是能穷尽的，因此曝光机器一旦启动，就会把目标一个接一个榨干吃净。“水门事件”之后，记者们想方设法找到新的“门”——“韩国门”（Korea gate）、“兰斯门”（Lance gate）、“比利门”（Billy gate），等等。针对某些目标的曝光会导致对另一些目标的曝光。尼克松总统滥用权威被揭发后，约翰逊、肯尼迪和罗斯福时期的类似事件也被曝光。成功曝光一个目标的机构会试图在其他目标身上如法炮制——痛击尼克松政府的人后来散布了伯格领导的最高法院的琐碎流言。

再次，正如最后一个例子表明的，曝光过程很快就会产生递减的边际收益，从而使机构的热衷程度迅速下降。“水门事件”造成的冲击，尤其是1974年7月曝光的、导致总统最终辞职的录音带，使迈克尔·金斯利（Michael Kinsley）和阿瑟·卢鲍（Arthur Lubow）所谓的“冒烟手枪谬误”（“the smoking gun fallacy”，认为“可以经由以下过程揭露重要的事实：派出记者，挖掘细微线索，进而发现更大的线索，并最终发现真相”）更加具有说服力[37]。这种思维倾向来自美式阴谋论——在政治生活的表面之下隐藏着重要的秘密，有必要花力气揭穿层层假象和谎言，揭露官员行为腐败的事实。然而事实正好相反。调查进行的时间越长，就越不可能发现新的重大丑闻。被揭露事实的重要性与揭露它所花费的力气正好成反比。对美利坚信条的严重侵犯——集中财富与权力、滥用权威、破坏司法公正与个人权利、歧视与不公——是很难藏得住的。证据就摆在那里，信条的追随者自然会看见、获取并使用之。然而，致力于揭露新的丑恶的曝光过程一旦被开启，其势头就会由盛转衰。70年代初聚焦于对外战争方面的曝光风潮，到了70年代末却以挖掘健在议员和过世总统的花边新闻为主，这种转变并没有什么值得惊讶的。

最后，要先“有料”才能“爆料”，也就是说，秘密越多越好。一定程度而言，某件事实的可信性取决于其秘密性。丑陋的行为将因其保密状态而更加丑陋。结果，有些并非秘密的事情也被说成是秘密，以便煽动公众的愤怒，夸大告密者的功劳——他们不仅是丑恶事实的传播者，还揭露了这些事实的存在。此类案例中最出名的也许就是尼克松政府于1969—1970年对柬埔寨进行的轰炸。总统在1969年3月16日作出了轰炸的决定，两天后美军执行了首次空袭行动。为了不让西哈努克亲王难堪，也为了避免同北越和谈的复杂化，政府没有公开宣布此事。5月9日，《纽约时报》在头版发表长篇文章，报道了空袭行动。此后的一周里，新闻杂志和媒体纷纷跟进报道此事。这次行动持续了一年，其中90%的时间里公众都知道它的存在。然而接下来的一年中，“秘密”轰炸柬埔寨成了对尼克松政府的控诉中最常被提起、最令人愤怒的事情。一个所谓的“秘密”在形成之初就几乎立即被公布，却在此后多年中一直被说成是秘密。* 这个案例说明，首先，美国政府没有能力保守秘密；其次，对于秘密的渴求驱使曝光者将实际上高度公开的事情也贴上了“秘密”的标签。

曝光机构和曝光目标的多样化并不局限于美国的联邦政府。

全国层面上的成功曝光行动将在州和地方层面激起“调查型报道”的新浪潮，地方性和区域性媒体会试图在其覆盖的地区内复制《纽约时报》《华盛顿邮报》在全国范围内取得的成功。这种传导效应有时很快就会出现，当美国国会的调查委员会发现了美国公司和外国政府官员之间腐败关系的证据时就是如此。信条激情的揭发和净化效应也将日本首相、意大利总理、荷兰首相的行为公之于众，让他们丢人现眼。

* 1974 年的《新共和》杂志专栏作家 TRB 是故意制造秘密的典型：“1969 年 3 月，尼克松上台刚刚两个月就发动了对中立国家的轰炸。他没有告知国会和公众，在长达四年的时间里一直如此。对轰炸行动秘而不宣理由是不想让西哈努克亲王难堪，1970 年 3 月西哈努克被政变推翻后，这个理由已经不成立了。然而尼克松作为美军总司令，却继续轰炸柬埔寨，并且精心掩盖，试图对反战运动保守其阴谋的秘密。五角大楼知道，柬埔寨人知道，我们的敌人知道，只有美国人民不知道（《新共和》，1974 年 9 月 7 日，第 2 页）。”可是如果美国人读报纸，就显然会知道轰炸行动的存在。这件事表明尼克松总统的批评者想要占尽好处。面对相关新闻报道的井喷，当局联系了几位新闻人士和下级官员，想要找出泄密源头（但没能成功）。批评者们一边激烈地谴责政府试图封堵信息，一边继续抨击政府进行秘密轰炸——然而，只有在信息没有被泄露的情况下，才可能有所谓秘密的轰炸。

在经济相互依存的时代，改革美国政治实践的努力也对他国的政治生活产生了影响，如果单纯依靠这些国家自身的政治过程，恐怕无论如何也不会出现这种情况。

美国政治系统一直面临着公开性的压力。在信条激情时期，这种压力有了新的表现形式，并且更为剧烈。曝光过程自有其动力，因此显著不同于抗议和改革运动。S&S 时期的曝光潮在 70 年代初达到顶峰，当时抗议活动的势头已开始迅速减退。曝光活动极大地揭露了总统、情报和安全机构、外交政策机构、国会、管理部门使用、滥用权威的情况。通过推动某些官员下台并以新人取而代之，曝光也对改革有所贡献。然而，曝光的升级也让主流公众情绪从愤怒的道德主义加快转变为带有偏见的犬儒主义。正是通过这种方式，曝光敲响了改革和 S&S 时期的丧钟。

遗　产

信条激情的政治——道德主义与抗议、愤怒与曝光、理想与改革——在 70 年代中期走向终结。像 17 世纪 50 年代的英国一样，美国再次从先知国度变成了小店主的土地。美国政治生活的一个阶段就这样过去了，至少从表面看来，70 年代末的政治至和 50 年代末没有多大区别。罗素·贝克

（Russell Baker）曾以极具洞察力的口吻说过，如果作家欧文笔下的里普·万·温克尔（Rip Van Winkle）在1957年沉沉睡去，然后在1977年猛然醒来，他将很难相信这个国家已经度过了如此跌宕起伏的10多年时间，其间“总统遇刺，美国陷入越战泥潭，离奇的政治阴谋被揭穿，总统遭到弹劾，人类登上月球，还给火星拍了照片，城市熊熊燃烧，抗议声势浩大”。贝克认为，美国人民在这个时期经历了“公共情绪的大起大落”，“最初得意扬扬（肯尼迪的新边疆计划），继而突感惶恐（肯尼迪遇刺），接着是愤怒（越战泥潭），然后是震惊（‘水门事件’），由此引发的调查曝光活动揭示出的政治腐败之深、之广，在1957年是难以想象的，使得人们的感受最终转变为厌恶”。然而，公共生活似乎最终回到了二十年前的样子，和艾森豪威尔一样，卡特总统也进行道德说教，虽然他运用的语法更加准确，但在内容上与前人并无二致。贝克于1977年写道：“那些街道上曾经挤满了热情参与伟大政治辩论的市民，校园中曾经爆发过袖珍革命运动，而今天的公民却和1957年一样，对政治和校园争论毫无兴趣，只是一心琢磨着哪份职业能够带来最舒适的退休生活。”[38]

然而历史不会回到起点。70年代末的政治明显不同于60年代末，但由于S&S时期的影响，它与50年代末的政治也有重大差别。70年代末的政治态度、实践与制度不可避免地受到了信条激情的影响。问题在于，信条激情造成的后果是什么？这些后果影响美国政治的深度和广度如何？

S&S 时期最重要的遗产包括以下四个方面：改革运动在缩小理想 / 制度间的鸿沟方面造成的不同影响；政治制度的重组；政治权威的损耗；公众态度的改变。

改革与理想 / 制度间的鸿沟

和典型的信条激情时期一样，S&S 时期的改革也涉及了各种不同的制度与实践，政治、社会、经济、文化等领域均牵涉其中。改革还同公共政策领域有关，如消费者问题和环境问题。但是 S&S 时期的改革运动主要聚焦于民权、外交—军事政策和政治过程三个领域。那么这些改革的努力究竟在多大程度上实现了其目标呢？

恐怕无法就此给出精确而有意义的计算结果。然而即便是依靠经验进行估计，也可以得出结论：从改革者的目标来看，改革通常是不彻底的、暂时性的，有时候还会自我挫败。改革取得的成功有多少，主要受到以下四个因素影响：（1）有待消除之丑恶行径的显著程度，践行信条基本价值之改革的急迫程度；（2）改革在多大程度上可以通过一锤定音、简便易行、不可逆转的决策来实现；（3）在不具备上述条件的情况下，改革的施行能在多大程度上获得政治上行动有力、组织上持久牢固的团体的支持；（4）改革针对的那些行为，是来自美利坚信条影响下的制度与实践，还是由于外部因素（如国际环境、私人企业经济体系的基本规则、不可改变的人类本性）的制约而产生。这些因素使改革在三个最重要的领域中取得了不同的结果。

S&S 时期最深入、最激烈的改革莫过于扫除南方各州支持种族隔离和种族歧视制度的法律。以任何评价社会变革的标准来看，这场运动都是非常成功的。它需要来自政治体系顶端和底端的合作——联邦法院、国会和联邦政府的权威行动，再加上黑人和白人民权分子的广泛动员和积极参与。不到 10 年，南方各州的政治、政府和教育就发生了根本性的、无可逆转的变革。1965 年《选举权法案》（*Voting Rights Act*）通过之前，拥有投票资格的 7 个南方州的黑人中，只有 29% 进行了选民登记，而在白人中相应的数字则为 73%。到 1972 年，选民册上的黑人增加了 100 万之众：56% 的黑人进行了登记，白人则为 67%。在全国范围内，1956 年有 77% 的白人声称自己参加了投票，而黑人则只有 35%；到了 1977 年，这组数字变成了 73% 和 65%。50 年代中期，全国担任民选官员的黑人只有一两百名；而到了 1979 年，有差不多 4500 名黑人当选，虽然大约只占民选官员总数的 1%，其中却包括了 17 位国会议员，还有底特律、洛杉矶、亚特兰大、新奥尔良等大城市的市长[39]。

与之类似的是教育领域的变化，黑人与白人在受教育程度上的差别也显著缩小了。单纯取消学校的种族隔离制度却并未产生深刻影响，当联邦政府积极地在南方执行最高法院对布朗诉教育委员会案（*Brown v. Board of Education*）的裁决时，巨变才真正发生——布朗案过后十年的 1964 年，98.2% 的南方黑人学童仍然在黑人学校就学；到了 1972 年，这个数字降至 8.7%。而北方学校的去种族隔离进程相对更为缓慢且参差不齐，其中的原因包括现有种族分区居住模式，白人中产阶级迁往市郊居住，地方社区对强制校车计划越发强烈的抵制，以及尼克松政府缺少支持校园去隔离化的热情。然而在最为重要的经济领域，变革并未如前两个领域那样显著。60 年代初，黑人家庭收入中位数相当于白人的 54%，1975 年这一数字上升至 62%，越来越多的黑人提升了自己的社会阶层，找到了薪水更高的工作。然而到 70 年代末，黑人和白人的经济情况仍然存在实质性差异，这尤其反映在失业率等指标上，居住方面的去隔离化也进展甚微[40]。一位细心的观察家这样总结 1978 年的形势："黑人不平等"仍然是"美国社会的主要问题"，然而过去 20 年的成果已经"使黑人在总体上比从前接近平等地位——无论如何定义平等都是如此"。更重要的是，黑人的自我意识已经觉醒，他们建立起组织良好的特殊利益集团，有效地防止了既得改革成果的倒退与丧失。有人认为，1978 年的美国"无法回到 60 年代之前的样子”，“因为黑人已经高度自觉，反对歧视的民权立法成为政治实践的重要部分，黑人民众已经建立起足够牢固的政治立足点，阻止社会重新回到实际上并无善意的漠视之中”[41]。在理想/制度间的鸿沟中属于缪达尔所谓的“美国困境”的那部分问题，已经在S&S时期得到了极大的、持久的改善。

在S&S时期，美国社会边缘团体（印第安人、亚洲人、女性、同性恋者）也展开了争取更多平等权利的行动，但其成效不甚清晰。其中一部分原因在于，这些团体遭到侵犯的情况不像南方黑人的遭遇那样骇人听闻；另一部分原因则在于，这些团体的平权努力在很大程度上是追随黑人民权运动的步伐前进的，而在这些团体取得与黑人运动相当的成果之前，改革的道德激情就已趋于平息，形势开始朝着相反的方向发展。最明显的例子就是《平等权利修正案》（*Equal Rights Amendment*），它在70年代中期差一点被写入宪法，已经得到国会和35个州的批准。但就在此时，反对力量被动员起来，修宪运动陷入僵局。

外交和军事政策领域的改革包括三个方面。首先是要求美国减少对越南的干涉，并最终退出越战。这些努力很快就取得了成功。1965—1968年，声势越发浩大的抗议活动使反战力量逐渐壮大起来，在尼克松竞选总统期间，越战已然成为中心议题。到了1969年，主流民意已经对美国干涉越南持反对态度。新上台的尼克松政府几乎立刻开始减少驻越美军的人数。然而1970年入侵柬埔寨的行动再次激起了大规模抗议浪潮，没过多久就迫使美国同意停战，退出冲突。1973年，国会又通过法案，禁止美国卷入在印度支那半岛的军事行动，因此撤销了为支持当年1月达成的停火协议而实施的制裁行动。其次，在改革分子的要求下，从事海外行动的主要政府机构（军队和情报机构）得到的资源投入减少了，其部门自治程度和影响力也趋于下降。“二战”结束以来，国会第一次拒绝批准并大幅减少了主要武器装备项目的资金。扣除物价因素后的计算显示，1969—1975年美国的军事开支呈逐年下降趋势。武装力量的兵力已经少于越战扩军前的数量。情报部门的预算也被大幅削减。情报部门不得进行情报搜集之外目的的行动，除非经由总统批准并呈报国会对外关系委员会。最后，总统的外交权力也被国会中的改革派认为过于强大，因而遭到了限制。《战争权力法案》（*War Powers Act*）限制了总统派遣武装力量采取军事行动的能力。还有众多其他措施被用于重新安排行政和立法机构在对外事务领域的权力分配关系。

迫使美国政府撤出越南的行动显然是成功的。无论这些行动本身是否有意于此，它们的确让1975年的北越更加轻松地控制了整个越南。裁减、削弱军事和情报部门的行动导致的影响至少持续了10年。然而到了70年代末，出于对国家面临的安全威胁的本质的理解，加上美国实力相对衰落引起的担忧，使公众和国会对这两个部门的态度发生了剧变。增加军费开支得到了更多的支持，对军事和情报行动的限制也放松了，原本用于阻止情报机构滥权的所谓“情报特许法案”（“*intelligence charter*”）也在国会陷入停滞，和《平等权利修正案》一样，成了 S&S 时期未竟的改革事业。最终，立法和行政机构之间的权力天平开始缓慢地向后者倾斜。

第三类主要改革针对的是官员选举和政府决策等政治过程。无论在全国层面还是各州层面上，政党、选举、立法和官僚机构都是主要的改革目标。在这些领域中提出了大量改革建议，并且有相当一部分得到了实施，其中包括：取消或放松选举资格限制（选举税、识字测验、年龄要求、居住要求），扩大动议权和公民表决的适用范围，1971 年和 1974 年两个竞选财务法案，改变党内程序以提高党首代表性，以及最主要的——将总统初选的范围从 1968 年的 17 个州扩大到 1980 年的 37 个州。国会改革的目标是削弱资历体系，扩大国会职员规模，增加在国会内部担任领导职位的机会，加强国会对预算过程的控制，向公众开放国会委员会的会议和听证会，颁布“道德规范”将潜在的利益冲突最小化。至于官僚机构方面，“阳光法案”（其中以 1966 年和 1974 年的《信息自由法案》最为著名）试图让官僚机构的运作过程和记录接受公共监督。从总体上看，这些有关选举、政党、立法和执行过程的改革，主要是为了让政治决策具有更强的公共性，减少金钱和“特殊利益”的影响，使其面向大众参与和控制开放，让理应对人民负责的决策制定者更好地代表人民。

各项改革实现其支持者目标的程度各不相同。改革的总体情况最好的也只能说是喜忧参半，有时候则是完全事与愿违。选举资格限制放宽了，随之而来的却是1960—1980年投票人口比例的持续下降。动议权和公民表决是60年代的民粹主义者和自由主义者提出的，到70年代却成了想要削减税收和政府开支的保守主义者的有力武器。按照最高法院的解释，竞选财务法强化了现任官员和富豪的有利地位，并且很可能导致投票率的下降。总统初选的扩大十分有利于在野候选人和艾奥瓦、新罕布什尔两州的选民。改革使政党的全国大会能更好地代表社会的构成成分，却损失了对于党内投票者的代表性。国会权力的分散使其越来越难以通过重大的立法项目，即便旨在推进改革目标的法案也是如此。对国会议员外部劳动收入的限制，反而使外部非劳动收入更加重要——对“阿拉伯骗局”（Abscam）的调查表明，议员们变得更容易被贿赂了。数量增长的国会职员成了新的权力中心，但是他们对公众负责的意愿并不比行政部门的职员更强烈。公开性的诉求将真正的决策过程撵到了非正式的、缺少记录的渠道中。为了按照信息公开法案的要求回应信息公开请求，政府官僚机构的雇员大大增加，而这些请求中的大多数并非来自媒体、公共利益团体或一般大众，而是来自商业企业和游说集团。日落法案要求官僚机构承担新的责任，为了维持自身的存续，官僚部门寻找政治支持者的动机更加强烈。

改革派在其他两个领域取得的主要成果是废除种族隔离制度和退出越战，但是在政治领域并未取得如此令人瞩目的成功，改革的结果经常有悖于改革的初衷。从改革成就的总体持续性来看，只有废除种族隔离得到了长久保持。这说明理想/制度间的鸿沟具有反复出现的特性，也证明了汤姆·海登站在70年代末的高点回顾往昔时的困惑与不解："我们结束了一场战争，赶走了两位总统，在南方废除了种族隔离，还推翻了歧视的藩篱。我们怎么可能成就如此之多，却在最后收获寥寥？"[42]

机构重组

同革命时期、杰克逊时期和进步主义时期一样，60年代至70年代初的政治体制重组涉及了主要政治机构在结构、功能、权力和支持者方面的变化。安东尼·金（Anthony King）及其同事认为，和1960年的政治相比，70年代末期已经出现了"一种全新的政治系统"。在总统候选人提名等关键事务上，1960年的系统和1932年、1912年的更相似，而不是

1976年的[43]。关于S&S时期机构变革的深度和广度，已经有许多著作讨论过，这里不再赘述[44]。

然而值得一提的是机构角色方面的四个变化，这既是因为这些变化涉及了社会的核心政治机构，也是因为它们在S&S时期的变革中具有代表性。四个变化是指媒体和国会的功能与权力有所增加，以及总统和政党的功能与权力相应减少。这并不仅仅是权力的零和再分配。媒体新近获得的重要地位导致了政党的衰落，但导致政党衰落的因素却不止电视行业崛起这一个。同样，国会的武断只是导致总统权势衰落的众多原因之一。

这些变化对政治系统的运作产生了独特而重要的全局意义。历史上，在将不同利益整合进有效运转的选举与统治联盟的过程中，总统和政党发挥了重要作用。国会和媒体则不适合承担此类功能，而更适合扮演批评、调查、监督和制约的角色。正如我们所看到的，后两个机构权力的上升是70年代初期曝光政治出现的前提。由于机构权力分配发生的这些变化，70年代的美国政治系统难以像60年代那样将不同利益整合进政治联盟，也难以将不同的政策偏好结合起来带入立法程序。

在技术进步、社会潮流和政治需求的作用下，媒体在美国政治生活中的地位出现了四方面变化。首先，五六十年代出现了真正的全国性媒体，其中以全国性的周刊和报纸为主力，如《纽约时报》《华盛顿邮报》以及《华尔街日报》，它们与其他媒体构成了全国性媒体机构的核心。美国大城市的地方性报纸与市长、当地权威部门之间的那种长期联系，在全国性媒体与总统和全国性权威部门之间也同样存在。在很大程度上，是记者和全国性媒体联合起来决定了哪些事情可以成为新闻，并为如何报道、理解这些事件提供了模板。其次，电视行业的崛起对于人们如何获取新闻，谁能获取新闻（这点更为重要）产生了巨大的影响。晚间电视新闻网吸引的观众比纸媒多得多。除此之外，电视镜头也影响了新闻的定义和制作。最初是电视为新闻而生，没过多久就变成了新闻为电视而生。再次，媒体规模的扩大、角色的改变，也影响了相关的就业情况。媒体职业吸引了更多的大学毕业生，尤其是那些来自高水平著名文科院校的学生。由此出现了一批更加自信、更具活力的记者，以及更为深刻、更加广泛的新闻报道。最后，前三个变化使媒体角色的定位也发生了变化，从事件的消极观察者、记录者变成了政府的“对手”。相应地，“调查报道”也成了媒体的首要功能，这和进步主义时期的“扒粪”其实是一回事。

上述新情况使S&S时期的媒体获得了比50年代更多的权力。政治学专业的学生主要使用两种办法评价权力的多少。第一种是声望法，即在相关人群中抽样，询问他们认为谁拥有权力。另一种是分析竞争性决策，看看哪一方会获胜。无论用哪一种方式，S&S 时期的媒体都表现出色。1974—1980 年的年度民调显示，数百位美国领袖人士认为媒体具有仅次于白宫的全国政策影响力；1974 年，他们很显眼地将媒体放在了白宫前面，将其视为国内最有影响力的机构。报纸在民调中总能跻身于最有影响力机构的行列，并在 1974 年达到了最高排位，仅次于电视、白宫和最高法院，位列第四[45]。1966—1973 年，公众对大部分机构领导能力的信任度下降了 15—30 个百分点；相比之下，对电视业和新闻业的信任度却分别上升了 16% 和 1%[46]。

媒体，尤其是电视，通过传播新闻画面，在动员公共舆论的过程中扮演了重要角色，推动了 1964 年和 1965 年的民权立法以及 60 年代末美国从越南的撤出。迈克尔·罗宾逊（Michael Robinson）认为，电视上播出的南方民权斗争的画面“超乎寻常的生动”，在很大程度上导致了 1963 年的民意在短短数月内急剧变化——认为民权是当前最重要问题的美国人的比例从 4% 暴涨至 52%[47]。而在越南问题上，“最强的反战情绪来自电视新闻纪录片的报道”。“我们无法忘记电视中没完没了的美军伤亡画面……可以将越战以前和越战期间媒体对美军战场失败（如巴丹半岛战役、凯瑟琳隘口战役、突出部战役和越战的春节攻势）与战争暴行（这方面在“二战”期间根本没被提及）的报道做一番对比，其中的强烈反差会驱使有心之人去寻求答案。”[48]或者正如美国报界资深人士在越战最后一天所观察到的："也许历史学家将会认为，记者和摄像机才是最后关头的决定因素。它们将战争议题推到人民面前，推到国会和法庭面前，迫使美国从越南撤回了自己的军队。"[49] 在和尼克松政府最为激烈的对抗中，《纽约时报》和埃尔斯伯格击败了政府，赢得了五角大楼秘密文件案的胜利，而《华盛顿邮报》则成功地将水门大厦案意外引出的丑闻公之于众，最终击垮了白宫。《华盛顿邮报》的执行主编简洁有力地指出："媒体取得了水门大捷。"[50] 在其他针对机构特权的斗争中（信源保密、提起司法诉讼、诽谤法），媒体也取得了引人瞩目的胜利。

六七十年代的人们经常提起政党衰落这个话题，许多有见地的观察家都同意奥斯丁·兰尼（Austin Ranney）的观点，即美国正在接近一种"无政党的政治系统"[51]。以前各党派承担的传统功能越来越多地被其他的机构和手段所取代，这体现出政党衰落的程度。随着初选体系的扩大，提名公职候选人这一核心功能逐步从政党组织和领袖手中转移出去。包括筹集经费在内的政治竞选活动更多地由候选人的私人组织、专业选战经理人、民意调查机构和政治顾问（可以在一个州为民主党工作，在邻近的另一个州为共和党工作）来承担。直邮组织在筹集资金的过程中占据了关键位置。在总统竞选中，公众资助也发挥了一定作用。选战中，候选人主要依靠电视接触选民，意味着他们不会再花那么多力气发动当地助选人员或尝试利用个人接触争取选民。

政党的第三个功能是指导民众投票。然而在60年代，单次选举中的一致选票（straight-ticket，在一张选票中只需勾选一个政党，就被视为将选票投给所有公职中该党侯选人的选票——译者注）数量和历次选举中政党投票的一致性出现了急剧下降。四五十年代的独立选民只占总数的20%—23%，从60年代初起这个数字开始攀升，到了60年代末已经达到37%—38%；在60年代末和70年代获得选民资格的年轻人中，有45%—50%的人表示自己不是任何大政党的支持者。人们在选择候选人时不再以政党为首要指南。以具体议题为导向的投票显著增加，以政党为导向的投票则减少了。在1976年的总统大选中，议题投票有所下降，而政党投票略有回潮[52]。政党仍有其存在的意义，只不过这份意义远不如50年代那么重要，候选人的个人品质、他们对待具体问题的立场，成为了影响美国人投票趋势的最重要因素。

政党在历史上承担的第四个功能是作为政府选拔政务官的渠道和手段。70年代末的政党仍在一定程度上具备这项功能。不论是在州政府还是白宫，政府换届都意味着行政机构的高级职位将面临大换血。然而政党分肥制已经因20世纪初公务员系统的扩张而受侵蚀，“议题网络”在世纪中叶的兴起，又使行政和立法部门越来越多地使用特定问题专家担任要职，从而进一步削弱了政党的相关功能[53]。

最后，政党在公共政策的形成和实施中也发挥了重要作用。在美国，政党的这项功能并不像在其他国家那么重要（威尔逊总统的第一个任期是个例外）。60 年代，两党活跃分子对待公共政策的看法越发呈现两极分化的态势。这一变化使政党很难通过建立竞选联盟发挥政治整合功能，而行政部门和国会内部的权力分散状态，也限制了政党制定、实施连贯立法行动的能力。通过修改党团会议的资历制度等方式，政党对于公共政策的形成更加重要，但是这些变化无法有效抵消政党进一步弱化的大趋势。

导致政党衰落的原因是多种多样的。更高的受教育水平和富裕程度，使选民更倾向于根据具体议题以及与议题相关的整体意识形态立场投下选票。（有钱的）候选人能够利用电视轻松地接触选民，令政党提供的竞选组织和工作人员不再那么重要。六七十年代引进的许多改革措施进一步削弱了政党的地位和作用（如果不是有意如此的话）。最后，社会议题复杂性的持续上升需要更多的专家和更高的专业化水平，而政党通常不具备相关能力。

总统的主导地位始于罗斯福新政，在“二战”和冷战期间得到强化，S&S 时期国会权力的上升是对这一长期现象的自然反应。此外，一批更加年轻、更加自由主义、受教育程度更高、更具政策导向的议员于五六十年代之交进入参议院和众议院，国会构成的这种变化也导致了其权力的增强。在

20 世纪的大部分时间中，自由主义者都把总统看成是开明领导和进步立法的主要来源，而将国会视为由南方民主党人和共和党人把持的保守主义堡垒。但无论是印象还是事实，都在六七十年代发生了改变。自由派开始对总统权力感到恐惧，于是想方设法找机会，利用国会推动进步改革。S&S 时期的国会成了自由派尝试推动美国政府、社会以及对外政策（这方面最为显著）变革的主要制度渠道。

国会内部的改革，如减少对议员资历的依赖、向年轻议员开放专门委员会的职位、增加小组委员会主席数量等，也有利于国会权力的增强。由此造成的国会内部的分权态势反而增强了国会权力，削弱了个别领袖和小集团操纵国会与总统或其他外部官员达成妥协的能力。S&S 时期，国会职员提供了更多帮助，从而大大增强了国会的能力，使其在制定公共政策的过程中能够发挥更加积极主动的作用。在 1972 年和 1974 年分别成立了两个新的国会服务机构——技术评估办公室（Office of Technology Assessment）和国会预算办公室（Congressional Budget Office），而已有的两个服务机构，即国会研究服务中心（Congressional Reseach Service）和总审计署（General Accounting Office），也进行了大幅扩张。1957—1975 年，国会委员会的职员数量增长了两倍，而议员的私人助理数量增长一倍有余[54]。

正如我们之前提到过的，国会内部强势集团希望在外交一军事政策方面进行的改革，需要在总统和国会之间重新分配权力，扩大国会对行政机构活动的控制范围。在外交政策领域，国会削减了总统的自由裁量权，迫使行政机构向国会承担更多责任。参议员理查德·拉塞尔（Richard Russell）曾于50年代说过："如果国会开始为军事战略立法，那一定是上帝在帮助美国人民。"70年代的国会的确这样做了。1970年，国会设定了将美军地面部队从柬埔寨撤出的最后期限。1973年，它禁止"美国在柬埔寨、老挝、北越和南越的领土、领空和海岸进行的所有作战行动"。也是在这一年，国会通过了《战争权力决议》（*War Powers Resolution*），规定总统可以动用美军作战的若干情况，在需要动武时应立即向国会报告，使用武力的期限非经国会批准不得延长。1975年，为了反对得到古巴支持的安哥拉人民解放阵线（MPLA），政府要求向安哥拉叛军提供秘密援助，遭到国会禁止。1974—1975年，国会在给予苏联最惠国待遇和继续向土耳其提供军事援助的问题上强加条件，严重影响了美国同这两个国家的关系。从60年代末到70年代初，国会在处理军事项目和防务预算时表现出新的果断态度，毫不犹豫地对前者的效能作出独立评判，对后者进行大幅削减。

国会还于1974年通过了《预算控制与截留法案》（*Budget Control and Impoundment Act*），该法案限制了总统对专项资金支出的控制权，还通过新组建的预算委员会和国会预算办公室加强了国会从规模和目标方面全面控制政府开支的能力。在同一年，国会要求行政管理与预算办公室（Office of Management and Budget）主任及其在总统办公厅（Executive Office of the President）的代表须经参议院批准方可任命。S&S 时期的国会为了控制政府行为还频繁地动用立法否决权。1976 年的一项调查发现，从《美国国铁改进法案》（*Amtrack Improvement Act*）到《对外军售法案》（*Foreign Military Sales Act*），国会一共对 37 部法律行使了否决权，其中大部分法律在此前的 10 年间已经得到通过。[55] 其他立法规定则大大扩展了政府需向国会报告的事项范围。与此同时，国会通过对“水门事件”、情报机构活动及其他事件的调查，进一步巩固了对行政部门的控制。

国会还发起了“立法限制总统”的攻势。[56] 不过，导致这一时期总统权力衰落的原因还有很多。美国在世界舞台上扮演积极角色的企图遭到了反对，意味着总统在美国政治中的作用有所下降。政党的衰落也削弱了总统作为党的领袖的重要性，使其无法确保自己能获得再次提名。[57] 1961—1981 年，4 年的总统任期成了常态，其间一位总统遇刺，一位被迫辞职，一位宣布放弃连任，还有两位在连任竞选中败北。在任何政治系统中，“长寿”都会导致权力。总统任期通常是短命的，华盛顿的参议员、众议员、最高法院法官、官僚、游说集团和媒体记者却能长期履职，这必然使总统处于更加不利的位置。除此之外，正如前文所述，总统的虚弱地位还表现在其与媒体和官僚的关系上。官僚系统不能对命令作出迅速、积极的回应和执行，让 S&S 时期的每位总统都深感受挫。

一般而言，能够成功组建竞选联盟的人就能当上总统，这在 S&S 时期是显而易见的。但是这并不能使总统获得统治国家的手段。选举授予他的是合法性，而不是权力，要想行使权威，二者缺一不可。要想制造权力，就得建立统治联盟，但是由于权力自身在社会中变得更加分散，即便有可能建立联盟，也将会是越来越困难的。总统无力找到合适的手段来实现自己必须成就的事业，因而感到越发无助。约翰逊总统是历史上高票当选的总统之一，他曾仔细思考过获取“媒体……东部人……知识分子的支持”对他有多重要，因为“没有这些支持，我就绝对没有机会治理国家”。然而他失去了这些支持中的绝大部分。尼克松则根本没有获得支持，在同样以历史上最大优势当选总统后四个月，他恼火地总结道：“面对现实吧，我们根本没有朋友。”一位资深白宫助理送给年轻新手的建议准确地反映了白宫这种深陷重围的心态：“有件事情你越早明白越好——我们其实困在孤岛上。”最高使命就是“保护总统”，抵抗围绕“孤岛”的敌对势力。70 年代末的福特总统可以理直气壮地宣称，与其说美国总统君临天下，不如说他是四面楚歌。[58]

如前文所述，作为美国新政治系统的主要特征，机构权力出现的四种变化在 S&S 时期的最后时刻达到了顶点。70 年代后期，也许是由于政治影响力的式微，媒体的公共声望有所下滑。花费了大量时间和精力之后，卡特总统终于能够在国会为自己提出的主要外交政策争取到有限的支持——虽然他在国内政策方面显然不够成功。到了 80 年代初，国会挑战总统的意愿和能力都不如 10 年前那么强大。虽然共和党尝试重建组织，利用支持全国性政党的联邦资金在国会选举中发挥了重要作用，但政党在整个 70 年代仍然继续呈衰落态势。上述权力变化的普遍趋势在 80 年代初有所退潮，可是远不足以消除 1960 年以来美国政治发生的基础性变革。总统比以前大为弱势；政党成了昔日奴隶的跟班；国会用制度巩固新夺取的权力；至于媒体，特别是全国性媒体和电视行业，则在塑造精英与大众的政治态度和行为方面发挥关键作用。

权威的滥用与侵蚀

政治权威就是公共官员对权力的合法使用。导致权威不足的情况有两种。权威的滥用就是公共官员没有采取社会主流观点认为合法的方式行使权力，权力的范围超出了合法性的范围。而权力的侵蚀则意味着合法性的范围小于权力的范围，使一些行使权力的方式不再像以前那样被认为是合法的。权威滥用导致了官员行为的变化，权威侵蚀则意味着社会规范的实质和对规范的遵守发生了变化。这两种形式以不同的方式造成了合法性与权力的分离，使权力的运用摆脱了合法性的束缚。权威滥用和权威腐蚀还以复杂的方式相互滋长。在一定程度上，这两种现象对任何社会都是不可避免的，如果发展到极端形态，就会破坏社会的运转。在美国，权威滥用明目张胆，同时也更容易纠正；权威侵蚀虽然不太显眼，却很难对付。

美国的政治权威在S&S时期同时遭遇了这两种情况。联邦政府官员滥用权威的事实在1973年和1974年被大量曝光。可以为位高权重者的罪行拉一份长长的列表：密谋妨碍司法、收取回扣、非法竞选献金、窃取政治对手情报、贿赂、侵犯公民权利……而被指控和被证实犯下这些罪行的官员的名单更是触目惊心：总统、副总统、三位内阁秘书、差不多一打白宫职员、一大堆其他联邦官员……这些记录显示滥权现象达到了令人难以置信的程度，有力地证明了滥权行为的恶性循环。

然而相关记录也表明了另外一些事实，证明美国政治系统能够相对有效地处理滥权现象。宪法起草者们的重要动机就是建立一个能够阻止滥权的政府系统，如果发生此类事件，这个政府能够公开事实，提供正确的应对手段，并确保相关责任者受到公正的法律处理。为了防止权力集中导致的威胁，麦迪逊曾说过："野心必须用野心来对抗。在位者的利益必然是与法定权利相联系。"因此才有了权力制衡系统，才有了"依靠人民是对政府的主要控制"。1787年以来，宪法审查大为增强，并实现了制度化；政府也更加依赖民众，至少是更加依赖后者的选票；至于活跃的独立媒体等宪法以外的制约机制，也通过预防和阻止滥权实现了宪法的目标。在世界历史上，没有其他哪个大国的政府被置于如此之大的监督和制约网络中。在70年代初对滥权的曝光过程中，宪法系统和政治系统精准有效地按照制宪者当初的设想发挥了其功能。

六七十年代的权威不仅被滥用，还遭到了侵蚀，在某些领域和某些时候，权威几乎被破坏殆尽。S&S时期，政府官员的行为中被主流观点认为是合法的越来越少。以前被默许的行为，现在却会引起公愤。民众认为政府不再服务于公共利益，政府的权威因此衰退。权威侵蚀主要表现为民众对政府机构和政府领导的信任感下降。政府权威遭遇严重的挑战，公众态度的变化只是其众多症状之一。

可以一厢情愿把权威侵蚀看成是权威滥用的产物，这显然是个宽慰人心的好办法。在某些方面，公众对政府的信心的确在六七十年代之交加速下滑，这毫无疑问与某些政要的不道德行为遭到揭穿有关。但如果认为这是最重要的因果关系，那就大错特错了。权威侵蚀不受权威滥用的影响，后者并非其主要原因。正如我们所看到的，许多领域中的权威侵蚀发生在权威滥用之前，或者更准确地讲，发生在权威滥用遭到大揭发之前。权威侵蚀早在60年代初就已初露端倪，权威滥用则直到60年代末、70年代初才被发现。除此之外，质疑权威并不局限于政治领域和政府机构，这是针对几乎所有社会领域的权威发起的总体性挑战——家庭、学校、大学、教会、商业、民间社团、军队等。总之，相比于权威滥用，权威腐蚀出现得更早，缘由也更广。

另外，权威滥用在一定程度上来自权威腐蚀。首先，公共官员权威的衰退，尤其是他们对于自身权力及合法性的认知变化，可能刺激他们为重建权威而滥用权威。约翰逊和尼克松时期的白宫弥漫着偏执狂的氛围，当时总统及其班子面对着越发强势的国会、怀有敌意的媒体和拒不从命的官僚。在五角大楼秘密文件和轰炸柬埔寨的案例中，攻击权威和滥用权威之间存在着明显的因果关系。更为重要的是第二点，权威的受侵蚀程度不仅导致权威滥用实际程度的加重，还会改变公众对滥权的态度。正如前文所述，对官员不当行为曝光的增加，实际上并非不当行为数量增加的结果，而是由公众担忧上升导致的。相关的心理学依据表明，公众态度的变化可能比官员行为的变化更为频繁。因此之前没人在意的行为过了几年就可能成为众矢之的。这方面有个虽小但却颇具代表性的例子。1969 年，全国各大媒体都用大量篇幅报道了在加州圣克莱蒙特（San Clemente）修建“西部白宫”（Western White House）花费大量公款的事情。当时的大多数人对此表示认可——为了保护总统的安全和健康可以不惜代价。然而 5 年后，媒体又对这项开支进行了“曝光”，认为这是不当使用公共资金为私人牟利。每个人都对如此明目张胆地滥用权力感到愤怒。在这期间出现变化的并非官员的行为，而是公众对这些行为的看法。官员行为的变化并未导致愤怒，而是愤怒导致了对官员行为看法的变化。人们转而反对、挑战、质疑政治权威，这反过来又导致了权威的滥用。义愤不是曝光的产物，而是曝光的动机——犬儒主义才是曝光的产物。义愤影响了人们的认知，认知又使义愤合法化。因此公众对滥用权威的认识实际上是权威崩溃的结果。

60 年代的权威受到了严重侵蚀，60 年代末、70 年代初严重滥用权威现象的部分事实正来源于此。但是和此前相比，这一时期滥权现象造成的危害程度真的有所不同吗？滥权的诱因和机会因时而不同，但不大可能出现太大变化。有些人可能比其他人更容易有不当行为，但所有的公共官员都会在其职业生涯的某个时刻违反道德和法律规范。可是当做出同样的行为时，为何一部分官员会遭受曝光、起诉和追究，而另一部分则无人问津、安然无恙？对于包括 S&S 时期在内的信条激情时期，答案主要不在于官员的行为，而是时代气质，是理想 / 制度间的鸿沟释放出的道德主义魔鬼主宰了美国人心智的程度。此时的权威只能被道德主义洪流冲垮。美国政治系统为阻止和纠正权威滥用做了精心设计，面对权威侵蚀却颇为无力。

犬儒主义与权威重建

60 年代初期道德主义愤怒的高涨，催生了对理想 / 制度间的鸿沟的抗议浪潮。抗议又导致了政治实践的改革，其间还伴随着关键政治机构在权力与功能方面的重大变化。这些变化反过来又推进了曝光政治，进一步揭露了理想和实践之间的巨大差距。最后，无休止的曝光破坏了改革的动力，人们适应了现有的行为模式，认识到这是普遍存在、不可避免的。可以这样概括 S&S 时期事态的发展逻辑：道德主义导致抗议，抗议显性丑恶导致曝光隐性丑恶，曝光导致犬儒主义，犬儒主义消除抗议和曝光的动机。冷眼相看的社会心态最终为信条激情时期画上了句号。

60 年代中期的美国人强烈地否定政府，认为它缺少回应能力，不值得信任。这种态度到了 70 年代末一如既往，甚至比以前更强烈。80 年代初，84% 的美国公众认为特殊利益者从政府那里得到的好处比人民更多，78% 认为贫富差距在拉大，70% 认为华盛顿的政客脱离了人民，64% 认为自己的想法根本无法影响政府，50% 认为治理国家的人并不真正关心人民的处境。[59]

60 年代，类似的看法还夹杂着愤怒感，人们做出努力，试图改正种种已知的政府缺陷。到了 70 年代末，对政府的负面看法仍然存在，但采取修正措施的动力却消失了。S&S 时期也和其他信条激情时期一样，留下了一批各式各样的组织——公共利益游说集团、环境组织、妇女组织、少数族裔组织，等等。它们在政治意识和活动方面的制度化水平比之前已经存在的组织有所提高。然而到了 70 年代，这些组织的号召力无论在强度还是在广度上都比几年前的巅峰时期有所衰退。愤怒耗尽了自己的能量。曝光和改革的冲动开始退潮，政治参与日趋减少，人们对政治的兴趣也逐渐减弱。下面的数字对比很好地说明了这种变化：1966 年，58% 的大学新生认为“紧跟政治时事”对于自己“至关重要”或“非常重要”，而 1978 年持相似观点的人只有 37%。[60] 美国人民的政治效能感——对于自己有能力影响政治过程的信心程度——开始滑坡。疏离和冷漠导致了犬儒主义。

到了 70 年代末，人们不再幻想社会力量能够改革政府，也不再期待政府能够改良社会。吉米·卡特在 1976 年的总统大选中敏锐地把握了社会心态的这一变化。他一方面强调道德、诚实和正直（迎合公众情绪中残留的道德主义），另一方面主张限制政府行为（反映出日益流行的犬儒主义和政治冷漠）。卡特声称，这个国家值得拥有“一个和它的人民一样优秀的政府”（言外之意即政府应当达到人民的要求），然而他同时又暗示自己的政府不会也不能为人民做太多好事。“降低期待”成了当时的基调。

保守主义势头增强，大部分公众反对政府，知识精英持有保守主义反政府观念，这些要素构成了70年代末政治气候的特征。政治向右转首先表现在1976年的总统选举结果中，当时卡特在民主党内部提名的争夺中击败了自由派对手，而罗纳德·里根则差点把在任的共和党总统挤下台。1978年，自由派候选人在州和地方公职的竞选中再次败北，保守的、反对征税的选民则在好几个州获得了胜利。接下来的1980年，卡特和里根双双在党内初选中胜出，最终卡特在当年11月的大选中被击败，一批民主党自由派参议员也失去了自己的位子。美国人不仅不信任政府权威，他们还对政府活动采取敌对态度。1959年，当被问及哪个才是“今后国家最大的威胁”时，只有14%的公众选择了“大政府”，41%选择了“大工会”，15%选择了“大企业”。而在1978年，47%的人把这个“殊荣”给了大政府，选择企业和工会的则均为19%。与之相似，1964年只有43%的美国公众认为联邦政府“过于庞大”；到了1976年，这一比例已经超过58%；在1972年和1976年，50%或更多自我认同为自由派、温和派或保守派的人持有上述观点。[61] 总而言之，美利坚信条中隐含的反政府主义在 S&S 时期走上了公众意识的前台。

S&S 时期在公众态度方面留下的直接遗产是对政府的高度不信任，是坚信当下状况无可挽回的固执看法。只要美国人认为自己的政府偏离了本应遵从的政治理想，他们就必须以道德激情或犬儒主义作出回应。既然其道德激情已全部于 S&S 时期耗尽，他们便只能倒向犬儒主义。

然而人类总是需要领导、指引和权威，这种倾向在 70 年代末逐渐显现出来。政治评论员和社会批判家开始将矛头指向权力分立以及其他旨在分化、限制权力的宪法机制。人们越发强烈地感觉到，现任总统无法提供强有力的领导。卡特能在 1976 年当选，部分原因在于当时的美国人想要一位人格上无可指摘、远离华盛顿肮脏政治的总统，而他正好迎合了这些需求。1980 年卡特竞选连任失败，部分原因在于人们希望总统不仅要品行优良，还应该足够强势果断。正如 1980 年的一位年轻国会议员所说，我们一直在“渴望一位领导者”，但是“饥饿的羊群仰望着，却没有得到食物”。[62]

总统权力被削弱引起了人们的担忧。有些时候变化来得非常快。1975 年 3 月 13 日，约瑟夫·克拉夫特（Joseph Kraft）以“对外事务终究难逃国会干预”为题撰写专栏，表现出对此前 10 年中总统优势权力的恐惧。18 个月之后，他又写了另一篇专栏——“是时候结束‘国会外交政策’了”，清楚地表明了在短短数月之内民意的变化。[63] 1978 年到 1979 年，舆论更多地表达了对总统虚弱地位的担忧和对总统领导的需求。距离人们朝着"帝王总统"发泄满腔怒火还不到 10 年，华盛顿的分析家们就已经着手研究总统的"威严"了。[64] 正如我此前说过的，这些认为总统权力虚弱的论调反而表明总统权力正在东山再起。

上述迹象表明，公众对理想与现实间鸿沟的回应仍处于循环往复的运动中——从不信任政府权威、敌视政府活动的犬儒主义，转变为既认可政府权威，又接受现有水平政府活动的满足情绪。然而公众对待权威态度的变化本身不会导致权威的重建。重建权威不仅需要在主观上呼唤领导，还需要具备实现领导的客观条件。这些条件包括：第一，那些积极反对权威的机构和团体在角色和影响力方面发生变化；第二，地方层面支离破碎的权威结构得到重构。

在 S&S 时期，媒体权力大为扩张，对政府权威形成了最严重的挑战。在对待政治权威的态度方面，全国性新闻比地方性新闻更具敌意，全国性电视节目比全国性新闻更为苛刻。这在一定程度上表明，全国性媒体的从业人员不仅在政策问题上有自由主义倾向，在制度问题上也倾向于反对政府。沃尔特·克朗凯特（Walter Cronkite）认为："大部分新闻人认为自己并不忠于现存秩序。我认为他们站在人性一边，而非与政治权威或机构为伍。"[65] 媒体选择与政府保持敌对关系，也反映出其反权威的态度。罗杰·马德（Roger Mudd）评论道："媒体已经成了国家的批评者。这意味着无论政治当局多么努力也无法让他们满意。"著名的纸媒记者西奥多·H.怀特（Theodore H. White）也得出了相同的结论："对于所有无法立刻彻底完成我们这个时代未竟事业的政府，媒体永远是它们挑剔的反对派。"因此，"没有哪个政府能够让媒体满意"。[66] 针对媒体给政治机构合法性造成的负面影响，一位分析家总结出一条"铁律"："在新闻生产以商业和独立形式进行的国家，最受重视的政府层级（或部门）也将在长期内最受公众鄙视。"[67]

电视灌输给人们的通常是简单的、情绪化的、争议性的内容，它在削弱权威的过程中扮演了尤为重要的角色。"虽然只是在近期才有了不完全的记录，但电视网的新闻的确比纸媒更加'反建制'，和那些没什么名气的报纸相比更是如此"。[68] 在 S&S 时期之初的 1963 年，主要电视网开始播放半小时的晚间新闻联播，这极大地提升了大众对于电视这一新闻来源的依赖，电视观众的群体规模大为扩张。60 年代末，人们更加依赖电视获取新闻，与之相伴的是较低的政治效能感和社会信任感、犬儒主义以及弱化的政党忠诚。到了 70 年代中期，上述情况在选民中是如此普遍，以至于人们的政治态度实际上已经无关于对电视新闻的依赖。[69] 媒体——尤其是电视——在 S&S 时期发挥的全部作用就是削弱政府的合法性。斯坦利·罗斯曼（Stanley Rothman）在1979年发现："在过去十五年中，普通大众得到的信息造成了一种印象，即这个国家的体制是腐朽的，现代技术正把我们引向死胡同。"[70]

一位《华盛顿邮报》的编辑在水门闹剧达到高潮时发问："我们该如何重建对体制公信力的信心？"[71]可能的办法之一是《华盛顿邮报》这样的媒体巨人不要再去削弱美国体制的可信性。这意味着媒体可以重新定义自身角色，从敌对者变成支持者。另一种减少媒体对政府权威冲击的办法是降低媒体对公众态度和行为的影响力。70年代末的某些迹象表明这条路或许行得通，其中之一就是媒体自身成了争论的对象——1979年，有40%的美国人认为对媒体的既有限制"不够"。[72]法庭在对待媒体权力时也转而采取更具限制性的姿态，否认宪法第一修正案赋予的言论和出版自由权利天然优先于其他权利，拒绝了媒体在该修正案下享有特殊"受保护地位"的观点，并扩大了诽谤法的适用范围。相对于70年代初的登峰造极，70年代末的媒体权力已经有所衰落。

S&S时期的动荡最为广泛、普遍、根本的后果，在于对整个美国社会权威结构造成的冲击。在参与式民主和平等主义浪潮的冲击下，任意机构的任意个人给他人发号施令并使其立刻执行的可能性虽然尚存，但已经微乎其微。在这种情况下，支持总统更加强势并不会自动导致强势总统的事实。事实上，只有当其他机构的权威得到恢复，高层领袖间复杂的私交和效忠网络得以重构之时，强势总统才会出现。总统要在全国层面上行使领导权，就必须存在可与其在次国家层面上打交道的机构、官僚、社团和地方领导人。正是通过这样一个体系，而非仅仅借由向公共舆论发出广泛呼吁，总统才能实现其中意的政策结果。精力充沛、敢于负责的全国领袖需要一个由“小暴君”构成的网络。S&S 时期的抗议、曝光、改革和重组活动严重地破坏了这个网络。重新构建类似的网络将会是一个复杂而漫长的过程。当网络重构完成时，人民期待的领导和政治系统要求的领导之间的差距将会进一步削弱领导者的可信性，使其在恶性循环中难以施展身手。

由此，S&S 时期留给美国的是更为平等的社会、更为开放的政治、更为犬儒的公众，以及一个更为缺少权威和效率的政府。美国人面临着一系列需要运用权力加以应对的国内外挑战，却始终不愿给权力穿上合法的外衣。

注　释：

1. "Eisenhower on the Presidency," interview with Walter Cronkite on CBS television, October 12, 1961, quoted in Emmett John Hughes, *The Ordeal of Power* (New York: Atheneum, 1963), p. 331n.

2. Daniel J. Boorstin, *The Genius of American Politics* (Chicago: University of Chicago Press, 1953), pp. 9, 161.

3. Seymour Martin Lipset, *Political Man* (New York: Doubleday & Co., 1960), p. 414. For representative works rationalizing bigness, see: David E. Lilienthal, *Big Business: A New Era* (New York: Harper & Row, 1953); Adolf A. Berle, *The Twentieth Century Capitalist Revolution* (New York: Harcourt Brace, 1954); and John Kenneth Galbraith, *American Captialism: The Concept of Countervailing Power* (Boston: Houghton Mifflin, 1952). For the roots of this line of thought in the New Deal, see Richard Hofstadter, *The Age of Reform* (New York: Knopf, 1956), pp. 310ff.

4. Philip Converse, "Change in the American Electorate," in Angus Campbell and Converse, eds., *The Human Meaning of Social Change* (New York: Russell Sage Foundation, 1972), pp. 327ff. James S. House and William M. Mason, "Political Alienation in America, 1952–1968", *American Sociological Review* 40 (April 1975): 123ff. See also James D. Wright, *The Dissent of the Governed: Alienation and Democracy in America* (New York: Academic Press, 1976), ch. 7.

5. Lipset, *Political Man*, p. 406. See also Daniel Bell, *The End of Ideology* (Glencoe, Ill.: Free Press, 1960), esp. pp. 369–375.

6. Address, June 1962, Yale University, quoted in Seymour Martin Lipset, "Ideology and No End", *Encounter* 39 (December 1972): 19.

7. Address, May 1962, New York, N.Y., quoted in Lipset, "Ideology and No End", p. 19.

8. Bernard Crick, "The Strange Death of the American Theory of Consensus," *Political Quarterly* 43 (January–March 1972): 59.

9. Henry Fairlie, *The Kennedy Promise* (Garden City, N.Y.: Doubleday & Co., 1973), p. 19.

10. Samuel P. Huntington, "The United States," in Michel Crozier, Samuel P. Huntington, and Joji Watanuki, *The Crisis of Democracy* (New York: New York University Press, 1975), pp. 59–60.

11. Warren E. Miller, Arthur H. Miller, and Edward J. Schneider, *American National Election Studies Data Sourcebook, 1952–1978* (Cambridge, Mass.: Harvard University Press, 1980), pp. 256–260.

12. Louis Harris, "Confidence in Leadership Down Again," press release, Harris Survey, March 22, 1976.

13. These averages are computed from sixty-six Gallup surveys reported in *The Gallup Opinion Index,* 1950–1979, and distributed as follows: 1950–1959, twenty surveys; 1960–1970, nineteen surveys; 1971–1972, seven surveys; 1973–1979, twenty surveys. The question asked was: "What do you think is the most important problem facing this country today?"

14. Everett Carll Ladd, Jr., and Seymour Martin Lipset, "Public Opinion and Public Policy," in Peter Duignan and Alvin Rabushka, eds., *The United States in the 1980s* (Stanford: Hoover Institution, 1980), pp. 72–74.

15. "Revolution": Al Haber, quoted in Edward J. Bacciocco, Jr., *The New Left in America* (Stanford: Hoover Institution Press, 1974), pp. 228–229. "Moral issues": David Horowitz and Michael Rossman, quoted in Lawrence Lader, *Power on the Left* (New York: Norton, 1979), p. 169.

16. "Toward a Theory of Social Change in America, or the Port Authority Statement," position paper released at SDS–REP conference, Princeton University, February 1967, quoted in Bacciocco, *New Left*, p. 229.

17. Norman H. Nie, Sidney Verba, and John R. Petrocik, *The Changing American Voter*, rev. ed. (Cambridge, Mass.: Harvard University Press, 1980), pp. 365–369. The authors of this study attribute these changes largely to the nature and political appeals of the candidates. It seems not unreasonable to assume, however, that the candidates were themselves responding to the temper of the times with the sort of appeal they thought would mobilize support.

18. Quoted in Paul Seabury, "The Moral Purposes and Philosophical Bases of American Foreign Policy," *Orbis* 20 (Spring 1976): 13.

19. The following two paragraphs are from my essay, "The United States," in Crozier, Huntington, and Watanuki, *Crisis of Democracy*, pp. 75–76.

20. See Ladd and Lipset in Duignan and Rabushka, *United States in the 1980s*, pp. 65–67, for a summary of the evidence on public confidence in institutional leadership.

21. Daniel Patrick Moynihan, letter to Richard Nixon, *New York Times,* March 11, 1970, p. 30, quoted in Lawrence Stone, *The Causes of the English Revolution, 1529–1642* (London: Routledge and Kegan Paul, 1972), p. 79.

22. Miller, Miller, and Schneider, *Election Studies Data Sourcebook,* pp. 310, 323. This electoral participation index is a percentage difference index calculated by subtracting the percentage of respondents who neither voted nor engaged in any of five campaign-related activities (talking to people, attending meetings, working for a candidate or party, displaying a bumper sticker or wearing a button, or contributing money) from the percentage of respondents who both voted and engaged in one or more of these activities.

23. Sidney Verba and Norman H. Nie, *Participation in America: Political Democracy and Social Equality* (New York: Harper & Row, 1972), pp. 151–160, 254–255. Anthony M. Orum, "A Reappraisal of the Social and Political Participation of Negroes", *American Journal of Sociology* 72 (July 1966): 32–46. Marvin E. Olsen, "Social and Political Participation of Blacks", *American Sociological Review* 35 (August 1970): 682–697.

24. Verba and Nie, *Participation in America,* ch. 9.

25. Paul Allen Beck and M. Kent Jennings, "Political Periods and Political Participation", *American Political Science Review* 73 (September 1979): 748.

26. Data adapted from Thomas Agnello by Anne Foner, "Age Stratification and Age Conflict in Political Life", *American Sociological Review* 39 (April 1974): 190.

27. Jeffrey M. Berry, *Lobbying for the People* (Princeton: Princeton University Press, 1977), p. 34.

28. *New York Times,* May 18, 1977, pp. A1, B9; Common Cause, 1978 mailing, signed by David Cohen.

29. Beck and Jennings, "Political Periods and Political Participation", p. 739; Miller, Miller, and Schneider, *Election Studies Data Sourcebook,* p. 299.

30. Lader, *Power on the Left,* p. 172.

31. Irwin Unger, *The Movement: A History of the American New Left, 1959–1972* (New York: Dodd, Mead & Co., 1974), p. 88.

32. Frances Fox Piven and Richard A. Cloward, *Poor People's Movements* (New York: Pantheon, 1977), pp. 32–33.

33. Milton Viorst, *Fire in the Streets* (New York: Simon and Schuster, 1979), pp. 347ff, 369, 375–379. James Q. Wilson, *Political Organizations* (New York: Basic Books, 1973), p. 183.

34. Theodore H. White, *Breach of Faith* (New York: Atheneum–Reader's Digest Press, 1975), p. 234.

35. John Chancellor, quoted in *Newsweek* 81 (January 15, 1973): 42.

36. Cord Meyer, *Facing Reality* (New York: Harper & Row, 1980), pp. 86–90.

37. Michael Kinsey and Arthur Lubow, "Alger Hiss and the Smoking Gun Fallacy", *Washington Monthly* 7 (October 1975): 52.

38. Russell Baker, "Ready for Sleep", *New York Times,* February 1, 1977, p. 29.

39. Elliot Zashin, "The Progress of Black Americans in Civil Rights: The Past Two Decades Assessed", *Daedalus* 107 (Winter 1978): 247–250. Miller, Miller, and Schneider, *Election Studies Data Sourcebook, 1952–1978,* p. 317. "Blacks in America: 25 Years of Radical Change", *U.S. News and World Report* 86 (May 14, 1979): 59.

40. Zashin, "The Progress of Black Americans", pp. 250–255, 260. Richard Freeman, "Black Economic Progress since 1964," *The Public Interest* 52 (Summer 1978): 52–68. *Washington Post,* April 2, 1978, pp. A1, A18.

41. Zashin, "The Progress of Black Americans", p. 260.

42. *Time* 110 (August 15, 1977): 67.

43. Anthony King, "Introduction" and "The American Polity in the Late 1970s: Building Coalitions in the Sand," in King, ed., *The New American Political System* (Washington, D.C.: American Enterprise Institute for Public Policy Research, 1978), pp. 2, 388.

44. See: King, *New American Political System;* Nie, Verba, and Petrocik, *Changing American Voter;* Seymour Martin Lipset, ed., *The Third Century* (Chicago: University of Chicago Press, 1979); Huntington, "The United

States," in Crozier, Huntington, Watanuki, *Crisis of Democracy;* Nathan Glazer and Irving Kristol, eds., *The American Commonwealth 1976* (New York: Basic Books, 1976); and Everett C. Ladd, Jr., with Charles D. Hadley, *Transformations of the American Party System,* 2nd ed., (New York: Norton, 1978).

45. See *U.S. News and World Report* 76 (April 22, 1974): 34; 78 (April 21, 1975): 34; 80 (April 19, 1976): 30; 82 (April 18, 1977): 36; 84 (April 17, 1978): 38; 86 (April 16, 1979): 40; 88 (April 14, 1980): 41.

46. Louis Harris, "Confidence Climbing," press release, Harris Survey, March 14, 1977.

47. Michael Robinson, "Television and American Politics: 1956–1976," *The Public Interest* 48 (Summer 1977): 12–13.

48. Peter B. Clark, "The Opinion Machine: Intellectuals, the Mass Media, and American Government," in Harry Clor, ed., *Mass Media and Modern Democracy* (Chicago: Rand-McNally, 1974), p. 69.

49. James Reston, quoted in Max Kampelman, "The Media," in Harvey C. Mansfield, Jr., ed., *Congress against the President,* Proceedings of the Academy of Political Science, Vol. 32, No. 1 (New York, 1975), p. 95.

50. Benjamin Bradlee, quoted in Kampelman, "The Media", p. 89; and, in general, Max M. Kampelman, "The Power of the Press: A Problem for Our Democracy", *Policy Review* 6 (Fall 1978): 7–39.

51. Austin Ranney, "The Political Parties: Reform and Decline", in King, *New American Political System,* p. 213.

52. Ladd and Hadley, *Transformations,* pp. 320–333. Nie, Verba, and Petrocik, *Changing American Voter,* passim, but esp. chs. 4, 7–10, and Epilogue.

53. Hugh Heclo, "Issues Networks and the Executive Establishment," in King, *New American Political System,* pp. 87ff; and idem, *A Government of Strangers: Executive Politics in Washington* (Washington, D.C.: Brookings Institution, 1977).

54. Harrison W. Fox, Jr., and Susan Webb Hammond, "The Growth of Congressional Staffs," in Mansfield, *Congress against the President,* pp. 112–124.

55. See "When Congress Has the Veto", *National Journal* 8 (May 29, 1976): 745.

56. Fred I. Greenstein, "Change and Continuity in the Modern Presidency," in King, *New American Political System,* pp. 80–82.

57. King, "American Polity", pp. 374–375.

58. Lyndon B. Johnson, quoted in Doris Kearns, *Lyndon Johnson and the American Dream* (New York: Harper & Row, 1976), pp. 177–178. Richard M. Nixon, March 13, 1973, quoted in *New York Times,* May 5, 1974, p. 40. Dwight Chapin, quoted in *New York Times,* August 5, 1973, p. 40. Gerald R. Ford, "Imperiled, Not Imperial", *Time* 116 (November 10, 1980): 30.

59. ABC News–Harris Survey, Vol. 2, No. 67 (June 2, 1980).

60. "Opinion Roundup," *Public Opinion* 2 (June–July 1979): 32.

61. "Opinion Roundup,"*Public Opinion* 1(November–December 1978):

29. Nie, Verba, and Petrocik, *Changing American Voter*, pp. 370–371.

62. Quoted in John Cole, "Lament for a Faded Dream", *The Observer*, August 31, 1980, p. 11.

63. Joseph Kraft, *Boston Globe*, March 13, 1975, p. 33, and *Washington Post*, October 25, 1977, p. A19.

64. George F. Will, *Newsweek* 91 (March 6, 1978): 108. High Sidey, *Time* 116 (December 1, 1980): 18.

65. Walter Cronkite, interview, *Playboy*, June 1973, p. 76, quoted in Michael Robinson, "American Political Legitimacy in an Era of Electronic Journalism: Reflections on the Evening News", in Richard Adler, ed., *Television as a Social Force: New Approaches to TV Criticism* (Aspen: Praeger, 1975), p. 123.

66. Roger Mudd, quoted in Kampelman, "The Media", p. 94. Theodore H. White, "America's Two Cultures", *Columbia Journalism Review* 8 (Winter 1969–1970):8.

67. Robinson, "American Political Legitimacy", p. 117.

68. Robinson, "Television and American Politics", pp. 18–19, 35.

69. Ibid., p. 35.

70. Stanley Rothman, "The Mass Media in Post-Industrial Society," in Lipset, *Third Century*, p. 383. Samuel P. Huntington, "Postindustrial Politics: How Benign Will It Be?" *Comparative Politics* 6 (January 1974): 182–186.

71. Harry Rosenfeld, metropolitan editor of *The Washington Post*, on BBC television, May 7, 1973.

72. *New York Times*, January 18, 1980, p. A10.

第八章

美国理想与制度的活力

理想/制度间的鸿沟的未来

美国政治理想与价值，即美利坚民族认同的核心，一直且完全是自由主义、个人主义、民主主义的。美国的政治制度体现了这些价值，但总是无法以令人满意的方式实现它们。由此导致的理想/制度间的鸿沟成为紧张和认知失调的持续源头，美国人尝试采用道德主义、犬儒主义、冷漠自满和自欺欺人四种回应模式的不同组合加以缓解。罗伯特·潘恩·沃伦称之为“马鞍下的毛刺”，从18世纪甚至更早开始，除掉“毛刺”的努力就成为美国政治的最重要特征，并定义了其动力与形态。现在的问题则是：在未来的美国政治中，理想/制度间的鸿沟以及对它的回应还会发挥和以前一样的作用吗？或者说，美国政治的理想、制度以及二者间的关系，是否正在或者可能发生某些变化，致使其未来将明显不同于以往？

存在三种可能的答案。第一，理想与制度的关系可能在本质上保持不变；第二，这种关系可能被美国社会内部的发展所改变；第三，这种关系可能被美国社会之外的发展和美国的对外活动所改变。美国社会的内部发展或国际环境的变化可以通过四种方式影响美国政治理想与制度间的关系：政治理想的内容可能改变；政治理想共识的覆盖范围可能改变；美国政治制度可能在本质上更加接近美国理想的要求，从而缩小二者间的差距；政治制度也可能朝着非自由主义、非民主主义和反个人主义的方向发生巨变；当然，结果也可能是上述四种情况在某种程度上的混合。

历史 vs 进步?

历史上，美国人一直试图用信条激情时期的道德努力去改革制度与实践，以此消灭或缩小理想 / 制度间的鸿沟。这些激情时期具有诸多共同之处，改革的支持者几乎总是未能彻底实现其目标。然而就改革的相对成功而言，不同的时期却有着较大的差别：最初几次激情时期实现的改革目标比后来更为广泛。对于自由、平等、民主和人民主权等目标的肯定，在早期是为了摧毁或修正传统的政治经济制度，在后期则是为了消灭或改变历史发展进程中出现的政治经济制度。简言之，在早期，历史和（实现美国理想意义上的）进步携手并肩而行；在后期，成就美国理想更多地意味着恢复过去而非实现未来，进步和历史越发背道而驰。

18世纪70年代的革命者是第一批以民族为基础阐述美利坚信条的人，他们在总体上成功影响了美国制度的若干重大变革——推翻英王统治，终结君主制，基于民众同意的政府获得广泛接受，选举权范围得到一定程度扩大，消除了封建行为与特权的残余，用意见政治取代身份政治。就某种程度而言，革命者对其目标的表述是保守的，他们为自己主张的权利辩护时援引了英国人的习惯法和权利。但是从政治理论和政治辩论的角度来看，对这些权力的阐述与公开宣示却是革命性的事件。

美国意识形态在杰克逊时期还是新事物，其目标仍然是消除民主的政治束缚，扩大民众对政府的参与，废除身份制，削弱公职领域的特殊化（既包括先赋规范也包括成就规范），摧毁合众国银行以及其他“金权”的象征，向社会敞开经济机会的大门。“杰克逊主义运动最初的斗争对象是政治特权……后来扩大到反对经济特权，笼络了众多‘乡土资本家和农村企业主’作为其支持者”。[1] 除了南方问题和黑人地位问题，杰克逊改革的确在事实上废除了传统的制度与实践。这些制度和实践要么继承自旧殖民地时代，要么是联邦党商业寡头的图谋，总之都背离了自由民主的价值观念。宽泛而言，所有这些行动都具有进步意义，但也带有保守主义内涵。杰克逊主义者的矛盾在于，虽然他们为发展自由放任式的资本主义扫清了障碍，却在政治上回到了农村共和党人的朴素理想[2]。他们传递的信息不是革命，而是复辟。

当然，杰克逊时期的制度变革并未使政治现实完全符合杰克逊主义的原则。无论是财富还是权力都没有实现平等分配。在大城市中，少数富人（其中大部分人的地位得益于继承）控制了大量财富[3]。然而和通常一样，收入的分配比财富的分配更为平等；在集中了 90% 人口的乡村，无论是财富还是收入的分配都远比城市更为平等。除此之外还有高度的社会与政治平等，来访的欧洲人无论对此持批评还是赞同态度，都必然留下深刻的印象。总之，在杰克逊时期，金钱、地位和权力在美国白人男性中的分配平等达到了空前绝后的水平。美利坚信条的其他核心价值——自由、个人主义、民主——也在这一时期美国制度的各个方面更为明显地体现出来。

出于上述原因，伍德认为，杰克逊主义的那一代人"经常被认为是最'美国'的一代"。美国历史上的这段时期被贴上了恰当"协调时期"的标签，因为：

> 美国历史最初两百年的诸多发展似乎是这个时期的前奏，此后导致今日现状的那些变化则像是从这个时期的倒退。就传统意义上的美国特色而言，1820—1860 年的这段协调时期标志着整个美国历史发展轨迹的顶点。在那个个人主义盛行、制度虚弱无力、无拘无束的时代，美国人享受的"自由"是

> 此后未曾有过的；无论是经济、社会还是政治权力，都和历史中的其他时候一样处于支离破碎的分散状态。[4]

在政府实现民主化而工业尚未发展之前，协调时期是美国历史上距离社会失调最远的一段时期。那时候的美国人相信自己已经“实现了自由的要义”，因此无须进行“更深入的划时代变革”[5]。人们需要做的一切就是维护过去的成就。

总之，协调时期的美国梦想与美国现实可谓携手并进，虽然不久之后二者就分道扬镳了。在杰克逊时代的美国，理想与制度间的鸿沟已经清晰可见，但比历史上的其他时期都要窄（南方地区除外）。社会等级和政治贵族导致的旧的不平等已经减少，工业财富和组织等级创造的新的不平等尚未出现。长子继承制被废除了，白人男性普选权得以实现，而标准石油托拉斯尚未出世。

在协调时期及之后的时间里，奴隶制和奴隶继承是主要制度遗产中唯一严重违背美利坚信条的，直到南北战争结束100年后，人们仍在清除其残余。美利坚信条一直在黑人地位问题上发挥着进步作用，面对公然违背“人人生而平等”观念的种族歧视与隔离制度发起的挑战正是以此为基础的。因此在分析30年代困境时，缪达尔才能对问题的最终解决抱有本质上乐观的态度。他能在美国看到希望，是因为他的注意力集中在美国人生活中的一个不平等领域，而这种不平等显然是过往时代的错误遗留。

更一般地讲，协调时期标志着美国进步的本质性转折。此前，“进步”意味着实现自由和平等的美国理想，这与改善经济、巩固安全的“历史发展”并不矛盾。然而在协调时期之后，进步和历史开始分道扬镳。用克罗利的话来讲，“实现民主理想”的进步经常违背历史发展的潮流——大规模组织、等级制、专业化、权力与财富不平等，这些都是物质发展所必需的。政治进步意味着回到最初的原则；美国人在政治上前进的方式就是向后看，再次献身于过去的理想，以其作为未来的指南。历史发展则要求对社会经济不断增加的规模和复杂性作出实用主义的回应，并增加与其他国家间的合作性和竞争性互动。

杰克逊时期最著名的外国观察家很好地记述了协调时期的显著特征，还发现了这些特征与历史发展方向的格格不入。托克维尔针对美国的平等提出了两个核心经验命题（一个静态的，一个动态的），就某种意义而言，他的尝试可谓对错各半。他认为美国社会最独特的一面在于“人民间条件的普遍平等”。这“推导出所有其他结论的基本事实，也是我所有观察的最终落脚点”。其次，美国和欧洲社会的平等潮流都导致了“不可避免的革命”；“平等原则的渐进发展”是一个“幸运的事实”；它“一直在持续，不断地排除所有人为干扰，所有的人和事都对其进步做出了贡献”[6]。像在他之前和之后的其他欧洲观察家一样，托克维尔也将美国价值理想同政治社会现实混为一谈。然而他的描述性假设仍然真实可靠。总体而言，协调时期美国社会的特征是普遍的条件平等，与欧洲国家相比较时尤其如此。相比之下，托克维尔的历史映射显然没有将财富的分配纳入其中，而仅仅考虑了政治权力的分配。

在试图总结杰克逊时期的多样性和共同目标时，约瑟夫·L. 布劳（Joseph L. Blau）打了个有趣的比方：“就像是一个人开车驶出大城市，走上一条高速公路，他一定能看见一块大路牌，上面的箭头指出许多可能到达的目的地的方向。这些箭头只有一个共同点——全部从他刚刚离开的城市指向远方。这块牌子就象征着杰克逊主义者。虽然他们指出了美国未来的若干种不同可能，但这些方案唯一的共同点就是让国家摆脱特权和垄断。”[7]杰克逊主义者能精确地指出美国追求民主价值与理想的道路，却不擅辨明政治经济发展的真实方向。南北战争后的工业化带来了新的财富分配不平等，政治过程的腐败更加明目张胆，还出现了杰克逊时期料想不到的新型“特权与垄断”。进步主义时期历史与进步的“离婚”给重申美国政治价值的行动造成了两方面影响。

第一，在革命时期和杰克逊时期，对美国政治理想的阐述都在一定程度上采用了保守主义的、向后看的语言，这是对以往权利的再确认，是用此前具有合法性的原则重塑政治生活秩序。在进步主义时期，这种政治理想和视野上的向后看特征更加突出。正如霍夫斯塔特所言，国父们“梦想并规划了长远的未来”，协调时期的人们完全沉浸于当下，进步主义者则明确自觉地向过去看齐。“从布莱恩（William Jennings Bryan）起，主流的美国理想就一直聚精会神于以前的制度和条件。在20世纪早期的进步主义中，这种向后看的观念出现了严重的矛盾。进步主义复兴的英雄，如布莱恩、拉·福莱特（La Folllette）和威尔逊，都声称自己正努力纠正过去40年的错误，以期按照以下原则再造昔日的国家——权力有限且分散、真实竞争、民主机会和小企业”。[8] 进步主义重申旧日理想，以此反对那些正在建构、塑造20世纪面貌的新型大规模政治经济组织。这点在布莱恩的身上体现得最为明显，用克罗利的话来讲，他基本上就是“一个协调时期的民主党人”。而按照李普曼的说法，布莱恩“认为他正在和富豪统治作斗争”，但实际上“他正在斗争的事物远比那深刻得多——他反对的是更大规模的人类生活”。因此布莱恩是一个“真正的保守主义者”，代表了“美国大众的传统”，而其敌人正试图摧毁这个传统[9]。但他又是个激进主义者，一心想要践行美国革命的理想。实际上布莱恩和加里森一样激进，只不过加里森与时俱进，布莱恩却逆历史潮流而动。面对大型经济组织的增长，威尔逊的反应也是呼吁“恢复”美国政治，找回以往原始的、个人主义的力量与活力。威尔逊愿意为了达成目标动用政府权力，然而正如李普曼指出的，这恰恰给进步主义的核心观点制造了内部矛盾。在众多进步主义者中，西奥多·罗斯福最清楚地指出必须接受大规模经济组织；但他也是旧日理想的坚持者，其观点源自实用主义而非意识形态："这是兼并的时代，阻止一切兼并不仅是无用的，最终还是有害的，因为无法执行法律将不可避免地导致蔑视法律。"[10]

第二，革命时期和杰克逊时期对美国理想的肯定，使这些理想在很大程度上得到了实现，于世纪之交重申理想的进步主义却难以做到这一点。最为极端的布莱恩就是美国政治的堂·吉诃德，为着一个永远无法再现的美国社会的幻象而战斗。革命时期和杰克逊时期的制度改革是切实有效的。然而进步时期的改革，无论是经济还是政治方面的，最多都只能算是部分成功。反托拉斯法以及其他遏制大企业的措施的确对美国商业的发展产生了影响——稍微对比一下欧洲就能发现这一点——但显然并未阻止、扭转商业兼并和寡头垄断的趋势。在政治领域，初选制的引入非但没能终结政治机器和老板政治，在某些人看来反而是助长了这些现象。在国会里，对"沙皇"约瑟夫·坎农（Joseph Cannon）的攻击建立起了资历体系，实际上是用老人寡头统治取代了家长式独裁。让政府承担更多责任的行动刺激了总统权力的增长。这一时期的种种制度变革无可争议，但从总体事实来看，在实现其支持者的希望和目标方面，它们远不如革命时期和杰克逊时期那么成功。

从某些方面来看，六七十年代的激情比进步党人的理论更具意识形态纯洁性。也许正是出于这个原因，这一时期对政治权威的侵蚀更为有效。然而除了种族关系问题，其特定改革并不比进步党人更成功。经济权力虽受打击，但仍然保持集中。总统权威虽遭削弱，但还是得以恢复。70 年代，军队和情报机构在财力、装备和士气方面屡受打击，而到了 80 年代初，它们已开始在这三条战线上重整旗鼓。1985 年美国社会的权力分布和制度结构看起来和 1960 年没有太大区别。除了种族关系这个重要的例外，80 年代初理想与制度之间鸿沟的宽度与 60 年代初一模一样。

在不同的信条激情时期，变革的成功情况也各不相同，这表明改革的本质是不断变化的。早期的改革主要是“消灭”导致理想 / 制度间的鸿沟的社会、政治和经济制度。美国政治的不和谐被认为是人为的——很大程度上的确如此。移除了人为障碍后，社会和政治就会自然地朝着理所应当的道德方向前进。在进步时期及之后的信条激情时期中，理想和现实之间自然一致的假设被人为一致的观念取代了。为了缩小理想与制度的差距，有意为之的政府政策与行动是必要的。“二战”之后，“平等在美国历史上第一次成了政府政策的主要目标”[11]。为了打击垄断权力、促进竞争，进步主义者创建了反垄断机构和监管委员会。20世纪60年代的改革者带来了“帝王式的法官”，以此消除种族隔离与不平等。比早期改革更为严重的是，后期的改革者为实现美国价值不得不设立众多制度化机制，反过来却对这些价值本身造成了威胁。

从更宽广的视角来看，制度发展的真实路径是社会、政治、经济和意识形态力量复杂互动的结果。在美国，任何由政府官僚扩张导致的权力集中都会受到多元力量的抵制，权力分散于官僚机构、国会委员会和利益集团之中，让下级行政官员服从上级的努力也被破坏。然而，日益复杂的经济和对国际事务的积极参与，似乎更为迫切地需要等级制、官僚、集权和专业知识，特别地需要大型政府，普遍地需要大型组织。社会将以某种方式回应这些需求，同时仍然努力实现与之矛盾的美利坚信条的价值。如果历史反对进步，那么进步又能抵挡历史多久？

共产党中国成立的最初25年中，发展需求和意识形态规范之间的高度紧张关系造成了重要的影响。只要领导者们能够就孰先孰后达成一致，中国就能避免此类冲突。而在美国，没有哪个领导集团能够用命令去压制定义了国家认同的自由价值。除非有其他力量改变、稀释或者消灭美利坚信条的核心理想，否则六七十年代毛泽东治下中国的那种发展需求与意识形态规范间的冲突很可能会在未来的美国重现。

发生这种情况的概率有多大？是否存在这样的力量？这里将描述几种可能的情况。

第一，信条的核心价值是 17 世纪和 18 世纪的产物。其根源在于英美革命经验、17 世纪的新教道德主义和 18 世纪的自由理性主义。历经两百年之久，这些理想的历史活力和号召力可能趋于自然衰退，特别是在纷繁复杂的现代经济和威胁重重的国际环境面前，它们越来越被视为无关紧要。除此之外，由于其新教信仰的起源，这些理想必定要受到即便在美国也同样存在的世俗主义倾向的侵蚀。出现信条激情爆发之前，并与之有着密切关系的四次宗教大觉醒，对美国社会的重要性也在不断减退——同 18 世纪 40 年代的那一次相比，20 世纪 50 年代宗教觉醒的冲击力已经十分的边缘化。当宗教热情退去之时，美国还可能维持对传统价值的信仰吗？一个失去了新教核心的美国还会是美国吗？

第二，从工业化向后工业化社会转变过程中出现的社会、经济和文化变革也可能导致新政治价值的兴起，从而取代在中产阶级社会和工业化上升时期占主导的传统自由主义。在六七十年代，美国和欧洲的社会科学家都发现了“后中产阶级”，或曰“后物质主义”价值观日益流行的证据——这在年轻人中间尤为显著。同样地，乔治·洛奇（George Lodge）也曾预见洛克式的、个人主义的意识形态将在美国被一种“社群主义”意识形态取而代之，后者与传统日本的集体主义模式有诸多相似之处[12]。

第三，正如霍夫斯塔特和其他人的观点，20 世纪初来自中欧、东欧和南欧的天主教、东正教和犹太移民在美国城市中引入了一种不同的“道德”。20 世纪后期的美国正在经历独立后的第三波移民潮，其中大部分来自波多黎各、墨西哥、古巴，其他的则来自拉美和加勒比地区。和其前辈一样，这些新近到来的移民也会把显著不同于洛克式自由主义的政治与社会价值观引入美国社会。在这种情况下，对自由主义的共识很可能土崩瓦解或逐渐淡化。

第四，可以预见，美利坚信条在定义国家认同方面发挥的历史作用可能会越来越小，普遍的信条共识对于美利坚国家的存在与维系也不再至关重要。作为有效运转的民主社会和政治实体，美国存在的时间已经超过两百年，未来的它也许不再那么需要以信条理想定义国家认同。数个世纪以来，美国像其他国家一样，拥有了历史、传统、习俗、文化和共同经验，这些也可以用于定义美国认同，而抽象理想和价值的重要性也许会下降。国家认同的观念基础可能会被有机基础取代。“美国例外论”将会消失。美国不再是“拥有教会灵魂的国家”，而会变为拥有民族灵魂的国家。

上述四个因素的部分或全部都可能改变美国的政治价值，从而缩小政治价值和制度实践之间的差距。然而发生这种情况的可能性并不高。虽然美国价值与理想源自 17、18 世纪，但它仍然在20世纪展现出极强的生命力和弹性。凭借内容上的模糊性和抽象性，这些理想能相对容易地适应一代又一代人的需要。美国社会的持续变迁让它们得以永生。新兴的社会、经济和种族团体需要重申这些价值，使之再现活力，以便从美国社会获取更多的好处。六七十年代青年人中出现的价值重心转移并不必然意味着传统范式的终结。从许多方面来看，对美国价值的宣示都和过去一样，是对公然出现的新权力中心的抗议。六七十年代的青年人渴望“归属感、理智和审美方面的自我实现”[13]，实际上可以被理解为“对后工业主义的官僚化和技术化潮流做出的浪漫的、勒德分子式的反应”。可以很容易地将这种意识形态与制度的对抗纳入已有的美国范式中。“后工业社会比过去的美国拥有更高的教育和政治参与水平，美国的政治制度也比以往更加官僚化、等级化，在此情况下，意识形态与制度间的冲突将会达到前所未有的程度”。[14]

类似地，50—70年代拉美裔移民带来的更为广泛、长期的冲击，也会加强美利坚信条的地位，它仍然是政治、经济和社会平等诉求合法化的重要渠道，也是定义国家认同必不可少的要素。20世纪早期欧洲移民的子孙没过多久便成为传统美国中产阶级价值的热情拥护者。国家的文化多元程度越高，特别是当多元文化中包含着多元语言时，作为美国人共性的信条政治价值就越重要。早晚有一天，以自由、平等、个人主义和民主为核心的传统美国理想会丧失吸引力，和种族歧视、君权神授等一样被扔进历史的意识形态垃圾堆。然而没有证据表明这将会是20世纪发生的事情。

如果理想/制度间的鸿沟仍然是美国政治的核心特征，那么问题就来了：回应鸿沟的传统模式将发生哪些变化（如果存在的话）？大致的可能有三种。

第一，原有的回应模式将继续存在。如果过去的周期规律仍然奏效，那么在21世纪的第二个或第三个十年将会出现一段持续的激情时期。在间隔期中，为了应对理想/制度间的鸿沟，不同的美国人将会以不同方式运用道德主义、犬儒主义、冷漠自满、自欺欺人这四种回应模式。鸿沟引起的紧张将会持续，或许还会有所加强，但造成的结果不会比以前更严重。

第二，回应模式的循环可能比以前更加稳定。美国人将更好地理解自身的认知失调现象，因此能够比过去更加轻松地面对社会困境，在回应问题时采取的方式更为复杂，更具内在一致性和连贯性。

第三，不同回应模式间的频繁变动可能使美国理想与制度面临毁灭的危险。

就未来的美国政治系统而言，第一种情况最为可能，第二种最为理想，第三种则最为危险。下面让我们集中讨论第三种情况。

从历史上看，美国政体一直是虚弱的政体——没有国家概念，在其大部分历史中也没有欧洲国家那样的中央集权和官僚机构。它被有意设计成这个样子，在漫长的历史中，是传统遗产和社会环境共同支持了制宪者的目标。20 世纪的外部威胁和国内社会经济需求形成了压力，要求建立更为强大、更具权威的决策制定和执行机构。然而美国社会的主要团体一直有着强烈的道德情绪，这令分裂、虚弱的政府得以继续存在，权威则处于缺失状态，无法令人满意地应对国家面临的经济、社会和外交挑战。历史与进步冲突的加剧可能导致越来越强的挫败感，在道德主义和犬儒主义之间的波动也会更为剧烈。美国道德主义导致政府永远无法真正有效，权力的现实则让政府永远无法真正民主。

这种情况将导致辩证关系的两个阶段：首先是改革政府的激烈举措；当改革努力没能在自由民主方向上取得进步，反而不利于满足迫切的功能性需求时，继之而起的便是强烈的挫败感。为了改革政府而对其进行削弱，最终可能导致人们强烈要求抛弃虚弱、无效的政府，以更具权威性、更能有效满足历史发展需求的结构取而代之。鉴于改革的乖张本性，追求自由民主的道德极端主义可能会产生一股追求独裁效率的逆流。正如柏拉图所言："真理就是，就社会的构造而言……任何过分行为都会导致同等激烈的反应。无论在个人方面还是在国家方面，极端自由的结果不可能变为别的什么，只能变成极端的奴役；这意味着，民主制下的极端自由，恰恰给暴君治下最残酷的奴役创造了条件。”[15]

美国政治理想，它对于希望改进美国政治制度的人是一件有用的工具，对于意图摧毁制度的人也是如此。出于对理想的信仰，自由主义的改革者试图让制度变得更接近理想。而自由主义的敌人既反对自由理想，也反对自由制度，他们企图用前者削弱后者。理想 / 制度间的鸿沟简直就是为后者专门定制的机会。他们可以把自由民主制度与其政治理想的原型作比较，突出其在效率方面的缺陷与不足。这是持批评态度的外国人对美国政体的常见回应，但并不局限于自由主义的外国敌人。南方启蒙运动（Southern Enlightenment）的主要理论家津津乐道于北方“工资奴隶”体系下的压迫与不公，不是因为他们认为所有工人都应享有平等和自由，而是因为他们想让威胁南方奴隶制未来的经济体系名声扫地[16]。

然而，用自由理想大棒猛击自由制度的人大多来自左翼，而非右翼。可以用保守派、自由派和革命派对政治平等的看法解释其中的原因。传统的保守派反对平等。他们认为美国政治制度实现的平等已经超出了合适的水平。在这种情况下，保守派通常会要求美国社会停止支持内外移民。美国平等表象与说辞的背后仍然存在权力与不公的现实，传统保守派也可能觉察到这点并暗自窃喜。美国制度的自由派捍卫者则对此作出了自欺欺人式的回应——认为事实上没有也不应该存在不平等现象。因此从某种意义上讲，敏锐的保守派和虚伪的自由派都是墨守成规者，而令二者都对现状感到满意的唯一原因，是他们对究竟何为现状、平等是好是坏这两个问题有着截然不同的看法。因此传统保守派和虚伪自由派合作维持现状的能力十分有限——对方的观点他们从不买账。此外，在美国的政治舞台上，能够清晰表达其观点的传统保守派不仅是少数，而且处于边缘化的位置，这主要是因为其价值观和美利坚信条完全背道而驰。（见表 6）

表 6　政治信仰与政治平等

	传统保守派	自由主义		马克思主义革命派
		虚伪自由派	道德自由派	
政治平等是否存在?	不存在	不存在	不存在	不存在
政治平等是好是坏?	不好	好	好	好
	维持现状		激进主义	

政治光谱另一头的情况则大不相同。道德自由派和虚伪自由派的相同之处在于都认为不平等是错误的；不同之处则在于，前者发现美国制度中仍然存在着不平等，因此积极地投身于消灭不平等的改革活动中。在光谱上位于道德自由派左侧的是马克思主义革命派，其观点和信念至少在表面上同道德自由派一致。革命派认为不平等是邪恶的，现存制度处

处不公，因此对制度展开了猛烈的攻击。在更为深刻、更具哲学意味的层面上，革命派深信有必要用暴力方式推翻资产阶级秩序，建立无产阶级专政，以纪律森严的列宁主义政党作为革命的先锋队。但是如果革命派直言其信仰，就等于将自己置于美国政治的最边缘地带，宣布放弃所有的意识形态和政治影响力。将改革视为革命的催化剂，这是列宁主义的良好传统。[17] 因此，马克思主义革命派有动机去强调将其政治信仰与自由主义共识的共同思想，回避分歧理念，以此团结自由派改革分子。有了对改革的共同追求，道德自由派和马克思主义革命派就能联合起来攻击现存制度，虽然前者的长远目标是让制度更好地运转，而后者则想将其彻底推翻。

因此，马克思主义在美国共识社会中扮演了截然不同于西欧意识形态多元社会中的角色。在欧洲，自由主义和马克思主义在政治目标和诉求方面的分歧被严重放大，二者得到了形形色色的选民和政党的支持，彼此间的冲突从未停止。而在美国，自由主义占据主流，这意味着存在一套用于评价社会制度的共识标准，别无选择的马克思主义也只能采用这套标准。为了共同的短期利益，改革的自由主义与革命的马克思主义搅在了一起，形成了某种无可名状但又存在政治关联的激进主义，从而模糊了二者的哲学分歧。而且这种融合不仅存在于社会层面，也存在于个人层面：某些人会在自己的思想中同时掺进自由改革主义和革命马克思主义的内容。

美国的激进分子能很容易地察觉理想与制度间的鸿沟，却很难发现改革自由主义与革命马克思主义间的矛盾。在共同的短期目标之下，这两套截然不同的哲学观念常常共存于同一个头脑中。

自由派改革者和革命派马克思主义者具有支持激进改革的共同立场，这同虚伪自由派和传统保守派之间的距离形成了对比。虚伪自由派捍卫美国制度的唯一办法就是扭曲事实现状，保守派则用一套令大多数美国人憎恶的价值观为制度辩护。马克思主义者为颠覆自由制度而赞同自由共识，保守派却为保卫自由制度而拒绝自由共识。二者的合力效应使现存秩序遭到了更猛烈的攻击。矛盾之处在于，保守派从保守论调出发捍卫美国制度（制度是好的，因为它使政治不平等制度化），激进派则出于相同的原因攻击制度，而前者对制度造成的破坏至少和后者一样大。自由派—马克思主义激进联盟与维持现状阵营之间的分歧矛盾造成的最终影响，加剧了上述政治理念对美国政治制度造成的威胁，而美国制度的持续活力对于这些政治理念的生存恰恰是不可缺少的。

由此可以明确两点。美国的政治制度，比现在和过去的任何其他主要国家都更为开放、自由和民主。如果美国人想要放弃或摧毁其制度，他们也会以自由民主理想的名义采取行动。美国人对外来思想的诱惑免疫，而只需为自己的思想感到恐惧。

美国 vs 世界？

理想 / 制度间的鸿沟给美国与世界的关系提出了两个重要问题。首先，在外交关系和国家安全方面，这条鸿沟对美国政治制度与过程产生了哪些影响？政治制度与进程应该在多大程度上与自由主义、个人主义和民主主义的价值观相契合？其次，在美国与其他国家社会的关系方面，理想 / 制度间的鸿沟又产生了哪些影响？美国应该在多大程度上使其他社会的制度和政策符合美国价值的要求？在大部分历史时期中，当美国像 1815—1914 年那样相对隔离于外部世界时，它就不必认真对待上述问题。然而到 20 世纪中期，美国开始深入、复杂、不可避免地卷入到世界上其他国家的事务当中。这便将上述两个长期存在、紧密相连的问题推向了前台，并赋予其新的意义和紧迫性。说这两个问题紧密相连，是因为弥合外交制度与过程中理想 / 制度间的鸿沟的尝试，反而不利于美国运用权力处理国际事务，还会削弱美国缩小本国价值与他国制度政策之间差距的能力。反过来说，鼓励外国制度与实践向美国理想看齐则需要美国权力进行扩张，这又会让美国的制度与政策更难以符合其理想。

外交政策的制度

比起其他国家，外交制度与过程同政治意识形态的理想与价值之间的关系问题在美国显得更为严峻。美国和西欧国家在这方面表现得尤为不同。首先，西欧国家是意识形态多元社会，并不存在评判对外政策制度与实践的单一政治原则。西欧国家内部一直存在的保守主义、自由主义、基督教民主主义、马克思主义等不同意识形态立场，也使外交制度和其他领域的制度一样，在合法性方面有所受益。更重要的是第二点，早在意识形态出现之前，大多数西欧社会已至少出现了民族共同体的萌芽，并在很大程度上形成了民族国家。因此它们也就需要处理外交关系，保护民族共同体和国家的安全。当意识形态在 18 世纪和 19 世纪出现之时，国家安全部门、军事力量、外交部门、情报机构、国内安全部门和警察系统都已经被建立起来。意识形态毫无疑问对上述机构产生了一定影响，提出了某些要求，但其支持者也承认，这些机构首先代表的是处于国际竞争中的本国民族共同体的需求。欧洲民主政权因此接受了安全机构的存在，后者在很大程度上独立于民主政治的一般过程，无论主导政治的意识形态如何变化，它都代表并捍卫共同体和国家持续的利益。

因此，欧洲的各种意识形态是在此前已经存在的民族共同体和民族国家中发展起来的。在美国，美利坚信条的意识形态早在民族共同体和政治系统形成之前就已经出现了。当这些原则定义共同体认同的时候，美国还没有建立起与世界上其他国家打交道的外交制度。和其他政治制度一样，对外政策制度也被认为应当体现先前已经存在的、占据绝对主导地位的意识形态的基本价值。然而恰恰是外交、军事、情报、警察等具有强制功能的机构，与美利坚信条的自由民主价值理念产生了最尖锐、最剧烈的冲突。信条的本质就是反对权力，反对中央集权。由此导致了一系列行动：最小化权力资源（如武装力量），限制专业化官僚等级制度的效率，限制行政部门在对外政策方面的权威，等等。常备军和职业军队应在自由社会中扮演何种角色这一经典问题最能体现制度与价值的冲突。美国在其大部分历史中得以完全避免此类冲突的影响，是因为得天独厚的地理位置允许其采取“根除”政策——几乎废除军队，将仅存的武装力量弃置于社会和地理空间的边缘地带。[18] 同样，美国似乎不需要，也没有建立情报机构、专业外交部门和国家警察力量。

随着隔绝于世界在 20 世纪成为不可能，美国开始建立并完善上述部门。然而这些机构只能艰难地与主流意识形态的价值体系共存，二者在根本上是不相容的，这比欧洲国家同类机构遭遇的情况要严重得多。“二战”后，全球性的角色与责任意味着美国有必要大规模发展、维持此类组织，让其在对外政策领域发挥中心作用，这导致制度与价值间的不相容性更为尖锐。从 50 年代到 60 年代初，美国人沉浸在幸福的满足感中，没有意识到在外交和防务领域已经出现了一条宽广的理想 / 制度间的鸿沟。与此同时还出现了各式各样的理论，认为外交和安全部门不应受到自由社会政治需求的影响，如凯南（George Kennan）提出的超然于政治的职业外交官理想，以及亨廷顿的“客观文官控制”概念。[19] 然而自由派的干预最终还是难以避免，从 60 年代末到 70 年代，巨大的政治压力要求外交和安全机构遵从自由主义意识形态的要求。随着信条激情的猛烈喷发，美国人展开斗争，声讨中情局和联邦调查局，反对防务开支、海外用兵，批判军工复合体和帝王总统，并试图曝光、削弱、瓦解甚至废除那些保护自由和抵抗外来威胁的机构。谎言、暴力、践踏个人权利——政府为保护美国社会而采取的这些行为在他国看来不过是理所应当，但怒火中烧的民众仍然以充满道德激情的自我批判作为回应。

美国人有质疑、破坏政治制度权威的倾向，就连事关国家安全和外交的部门也不放过，这让欧洲人和其他非美国人感到不解，其反应也是颇为混乱的。对于五角大楼秘密文件、“水门事件”和针对中情局的调查，他们的第一反应是惊愕和困惑。“你们美国人到底在做些什么？为什么要给自己拆台？”紧接着，他们通常会勉强地称赞美国社会珍视自己的原则，称赞美国人能用行之有效的手段实现自己的原则。随之而来的还有带着羡慕和向往意味的评论，将美国的情形同本国政府至高无上的权威作一番对比。最后则是深深的担忧，怀疑信条动荡造成的冲击会影响美国外交政策的执行，削弱其保护盟国和友好国家的能力。

自由主义价值观是否允许美国维持捍卫其全球利益所需的物质资源、政府制度和政治意愿？这个问题变得越来越重要，不仅因为美国无可避免地卷入了国际事务，也因为美国被牵扯进他国的变革之中。20世纪前期美国对外关系的中心在西欧，在那里，大部分国家的主要政治组织奉行着同美国相似的政治价值观念。更为重要的是，托克维尔给西欧政治家和知识分子灌输了一种根深蒂固的观念，即美国政治价值在一定程度上代表了未来的潮流，美国人的信仰早晚会成为整个文明世界共同的信仰。这种同情可能是潜在的、有失公允的，却给美国提供了相当重要的外交资源。欧洲社会或许对美国人的道德优越感有所不满，但双方都清楚，美国人推崇的道德价值（不论真诚与否）将在欧洲社会引起共鸣，在某些时刻还会与后者的社会政治运动产生联系，这是欧洲人根本无法忽视的。

20世纪中期，民主价值在德国和日本青年人中的广泛传播，为上述的价值趋同理论提供了一定的支持。然而在更广的层面上，这种将欧洲的未来等同于美国的观念却大为弱化。更为重要的是，在20世纪后期，美国与苏联、中国和日本之间合作性和竞争性的互动变得越来越多。在与它们的关系中，完全没有美国同欧洲之间那种片面的认同感和未来趋同感。和美国一样，这三个国家的社会政治价值与意识形态也具有高度的共识性和同质性。然而它们的内部共识却和美国截然不同。虽然形式有所不同，但三国都认为人际关系中的不平等具有普遍性，主张“权威神圣”，[20] 要求个人服从集体和国家，对挑战权力、提出异见等行为的合法性持怀疑态度。战后的日本固然建立起一套有效运转的民主体制，但其传统价值观强调的是等级制度、垂直体系和服从。这套价值观也导致了一定程度的“不和谐”，这与美国颇为相似，不过两国的不和谐在内容上是完全相反的。这三个国家的主导价值观同美国的开放、自由主义、平等、个人权利、自由异见等理念形成了鲜明对比。苏联、中国和日本的主流政治价值与社会规范增强了核心政治机构的权威，提升了这些机构同其他国家竞争的能力。而在美国，只要美国人还抱以严肃认真的态度，美国的主流规范就会破坏、削弱政府的权威和权力，在严重的情况下还会损害政府的国际竞争力。在西方的小圈子里，美国是人见人爱的万人迷表兄；在包括东方的更大的世界里，美国却常被视为天真的异乡人。美国的政治系统中存在着“不和谐”因素——源自美国思想的、对政府权威或公开或隐蔽的持续挑战。面对全球权力竞争中那些历史传统完全异于本国价值的国家，美国该如何行事呢？

外交政策的目标

在美国人眼中，不仅是外交机构的构成和运行应当遵循自由主义价值，美国的外交政策本身也应致力于在世界上促进美国价值的实现。这赋予了美国独特的国际角色。帕默斯顿子爵曾有名言曰，英国没有永远的朋友，也没有永远的敌人，只有永远的利益。和英国及其他国家一样，美国也拥有以权力、财富和安全定义的国家利益，其中一些利益延续了足够长的时间，以致可以将其看作是永久的。然而作为一个人为建构的社会，美国又拥有独特的政治原则与价值，并以此定义了国家认同。在国家利益之外，这些原则为美国外交政策提供了第二份目标清单，形成了评价外交成败得失的另一套标准。

在这份思想遗产的作用下，外交政策领域也出现了理想/制度间的鸿沟，从而又一次将美国同其他国家区别开来。西欧国家显然并不否认道德和政治意识形态同外交政策的执行存在着关联性。然而它们的确相信，外交政策的目标就是实现安全和经济领域那些重要的、持续的国家利益。政治原则虽然为外交提供了界限和参考，但并非外交的目标。于是除了极少数情况，欧洲国家有关道德与权力在外交政策中关系的公开争论并没有像在美国那么重要。在共产党国家的外交中确实出现过这种问题，有关苏联外交政策的分析已经对意识形态与国家利益间的冲突作了大量讨论。然而在苏联，此类冲突的严重性要比在美国低得多。原因有三。首先，独裁政治系统排除了对这类问题的公开讨论。自从1920年托洛茨基与斯大林的永久革命之争以来，虽然苏联外交时而过于权力导向，时而过于意识形态导向，国内却再未出现过针对外交政策的公开批评。其次，马克思列宁主义意识形态在其基本学说和战略战术之间作出了明确区分。前者是不变的，后者则视特殊历史环境而定。党的路线的变化转折，即便在事实上主要出于国家利益的动机，也会经常被说成是在特定时期为实现共产主义的长期目标而具有意识形态上的必要性。美国政治价值通常被认为是普世的，实用主义不是在特定环境下实现价值的手段，而是对价值的背弃。最后，苏联和其他共产党国家的领导人都试图按照自己的想法塑造外交政策，当需要追求特定的国家利益目标时，他们有能力迅速地摆脱意识形态的束缚。

然而对美国人来说，外交政策目标不仅应当反映国家安全利益和国内主要集团的经济利益，还要包括那些定义了美国认同的政治价值与原则。如果这些价值被用于界定政策目标，那么外交政策就具有道德合法性，而国内外的政策反对者在道德上就是非法的，美国人必须竭尽全力战胜这些反对者，实现外交目标。因此，美国外交的主流不是斯蒂芬·德凯特（Stephen Decatur）（“我们的国家，无论对错！”），而是卡尔·舒尔茨（Carl Schurz）（“我的国家不一定总是正确的；当它正确时，保持它的正确；当它错误时，促使它正确！”）。然而实现自利与道德的统一并非易事。美国历史有两种常见的趋向：退守大陆，独善其身，只同外部世界保持最低限度的联系，从而无须在腐朽的、不友好的环境中为了平衡利益诉求与价值原则之间的关系而伤脑筋；或者与之相反，发动一场“十字军东征”以净化世界，使其符合美国原则的要求，并在这个过程中实现权力扩张以保护国家利益。

用外部标准评判国家和政府行为的是非对错，导致美国经常因其参与的战争而备受批评与反对。只有当国家安全和政治原则都受到明确威胁时，美国上下才会对战争作出一致反应。独立战争结束以来的两百年，只有第二次世界大战达到了这个标准。这也是仅有的一次，国内没有人用战争目标与手段偏离了美利坚信条基本原则作为理由反对战争。从这个意义上讲，“二战”对于美国来说是“完美的战争”；除此之外的每一场战争都由于无法同美国原则保持一致而遭到一部分美国人民的反对，因此都是不完美的战争。美国人可以毫不犹豫地认为自己的政府打了一场“反美”战争，这在外国人看来真是咄咄怪事。

对美利坚信条的追求超越了现实权力的考量，可能会导致十分虚伪、武断的政策立场。正如李普塞特所指出的，如果只能为道德目标而战，那敌人就必定是恶魔，因此必须对其发动全面战争，打到对方无条件投降为止。如果战争不具有道义合法性，那从事战争的领导人就必定是恶魔，用一切手段反对这样的战争是合乎道义的，而且是一种道德义务。

一个很容易对战争产生十字军圣战热情的国家，恰恰也是最激烈地用良知反对战争的国家，对美国而言这绝非偶然现象。[21]

在海外用美国外交政策推进美国价值的尝试引发了一个核心问题。存在两种明显不同的政治行动，第一种旨在让美国的国内政治实践符合美国价值，第二种旨在让美国的外交实践符合美国价值。缩小美国制度与美国价值之间的差距是合法行为，但是缩小他国制度同美国价值之间的差距还是合法的吗？答案并非不言自明。

至少有四个理由支持否定的回答。首先，美国试图操纵他国制度的行为在道德上是错误的。这些制度应当体现的是其所在国家人民的价值和行为。从外部强加干涉是帝国主义、殖民主义的行为，这本身就违背了美国价值。其次，美国实际上很难、在大多数情况下也不可能对他国的制度发展施加重大影响。美国拥有的知识、技术和资源难以满足这项任务的要求。此类尝试经常会适得其反。再次，任何改变他国内部制度的企图都将毫无必要地引起其政府的不满和敌对，进而使其他方面的外交活动复杂化，破坏已有的、更为重要的成果——尤其是国家安全和经济福利方面的成果。最后，影响其他社会的制度变迁，需要美国政府大幅扩充其军事力量和经济资源，这反过来则会威胁民主政府在美国国内的运作。

肯定的回答同样也有四个理由。第一，如果他国制度对美国制度与价值在国内的生存造成直接威胁，那么美国改变他国制度的行为就具有合法自卫性质。然而很难在特定环境下判断他国制度是否造成了直接威胁。即便对于1940年的纳粹德国，美国国内也有广泛的不同看法。“二战”后，人们对不同于苏联政策的苏联制度是否威胁了美国也存在认识分歧。

第二，所谓直接威胁的观点可以被大而化之，即任何大陆上的独裁政权都对自由制度与价值在美国的生存构成了潜在威胁。自由民主体制只有在自由民主国家构成的国际环境中才能获得安全。这种观点在过去没什么影响力，是因为美国在地理上隔绝于不同政体的国家。然而世界正变得越来越小。各国间的互动与日俱增，出现了在许多国家同时运作的跨国机构，政治系统彼此融合的压力越来越大。独立与共存可能是不相容的。在这种情况下，世界就像19世纪的美国和20世纪的西欧一样，奴役和自由将无法共存。因此，民主制度与价值在国内的生存将依赖于它们在国外的扩张。

第三，美国使他国制度符合美国价值的行为是正当的，因为其他国家的人民也认可这些价值。历史上，西欧和拉美国家对美国价值的支持要多于亚洲和非洲国家，但毫无疑问的是，几乎所有社会都存在对自由、平等、民主和个人权利的支持。在美国人看来，支持、帮助那些拥有和自己相同价值观的外国个人、团体和组织是完全正当的行为。同时他们也应当明白，截然不同于美国的制度也可以在其他国家实现美国价值。

第四，让他国制度符合美国价值的行为是正当的，因为无论其他国家的大部分人民是否相信，这些价值都具有普世效用。美国人如果不相信美国价值的普世性，就会陷入道德相对主义：自由民主在本质上并不优于其他政治价值，它只是由于历史和文化原因才流行于美国。这种相对立场同美国历史文化中强烈的道德绝对主义和救世主观念产生了冲突，所以是相对主义的原因导致道德相对主义在美国难成气候。此外还有观点认为，如果人们相信一套政治理想具有普世性，就能够激发出活力和热情，来捍卫以其为模板的美国社会理想与制度。

大体上讲，美国人在历史上一直相信其价值具有普世性。美国人在“二战”结束之际迫使德国和日本实现了自由，但他们从未停下来思考过自由民主是否真的是这两国人民想要的。美国价值放之四海而皆准是他们思维中暗含的假设，如果不能让德国和日本按照这套价值观重建政治制度，那美国就至少在道德上是不负责任的。美国思想传统强调美国的救世主角色，导致美国人试图将其价值与制度强加给其他社会，对于美国价值普世性的信念显然反映并且助长了这种虚伪的思想。不过，如果能够承认美国价值的普世性并非在任何时间与地点都成立，就能够对上述趋势形成一定的限制。

美国人希望美国制度和政策能够在处理对外关系的过程中体现自由主义的标准和原则，外国人也在很大程度上有同样的想法。无论美国还是外国的公民，都对美国采取了一套通常不会用于其他国家的评判标准。例如，人们希望法国能够无视意识形态和价值因素，径自追求经济、军事和政治方面的国家利益，但是对美国的期望就大为不同了：同样的事情发生在法国身上，人们不过耸耸肩而已，倘若是美国犯下的，则会令人感到惊讶、错愕和愤怒。“欧洲承认美国是与众不同的国家，因此采用一套单独的利他标准评价其行为也是合情合理的；欧洲人认为，对于不符合这套标准的缺憾之处破口大骂是理所应当的；当代美国走向堕落的每一个案例，都不可避免地让他们感到快慰”。[22]

这种双重标准实际上间接承认了美国人将其原则转化为实践时的严肃性。它还为批评美国的外国人提供了现成的武器，就像在国内的情形一样。在很长一段历史时期内，经济不平等、政治与宗教不宽容都是美国社会的常态，这同美利坚信条宣称的理想形成的强烈对比，为好几代欧洲批评家提供了充足的把柄。“这种形式的反美主义是一种抗议，它针对的不是美国主义，而是美国主义明显的失败”。[23]这句话或许在表面上是正确的。但是美国主义的失败——美国制度与政策中持续存在的理想 / 制度间的鸿沟——为带有敌意的外国抗议提供了借口和机会，抗议的真正对象就是美国主义本身。

权力与自由：美国压迫的神话

美国参与世界事务的模式经常被解释为两种力量冲突对抗的产物。冲突的一边是国家利益和权力，另一边是政治原则和道德。不同的学者用不同的方式描述这种二元对立：自利对理想，权力对道德，现实主义对乌托邦，实用主义对教条原则，历史现实主义对理性理想主义，华盛顿对威尔逊，等等。[24]然而几乎所有的分析都假设确实存在这种二元独立关系，并在历史中追溯国家利益和道德对于塑造美国外交政策的相对重要性。例如有观点认为，在联邦党时期，现实主义和权力考量总体而言占上风，而20世纪的前40年中，政策制定者在头脑中优先考虑的是道德问题和意识形态原则。“二战”结束后，一批在外交政策领域有影响力的作家和思想家——其中包括莱因霍尔德·尼布尔、乔治·凯南、汉斯·摩根索（Hans Morgenthau）、沃尔特·李普曼、罗伯特·奥斯古德——阐述了所谓的“新现实主义”（“new realism”），并对此前流行于美国对外关系领域的道德主义、法制主义、“乌托邦主义”的威尔逊外交进行了批判。新现实主义的典范，在理论上是权力均势的中心作用，在实践中则是亨利·基辛格的外交活动。基辛格认为，外交政策应当以影响他国的外交政策为目标，“以改变外交对象国家的国内社会结构作为美国外交政策的首要目标”是不正确的。[25]

然而五六十年代的“新现实主义”在70年代遭到了“新道德主义”（“new moralism”）的挑战。战后曾摆向一边的钟摆更为猛烈地荡向了另一边。这是越战、“水门事件”以及60年代民主浪潮和信条激情导致的最具重大意义的结果之一，说明此前瞄准美国内部制度的道德主义现在转向了外部世界，美国人又开始以自欺欺人的态度回应美国价值与制度之间的鸿沟。新道德主义首先表现在国会的行动中，对外援助法案于1966年增加了旨在推进外国民主制度的第九条（Title Ⅸ），70年代初又添上了有关人权条件的内容。1976年，吉米·卡特严厉地批评了福特总统，因为后者相信“外交活动中没有考虑道德问题的余地，我们必须把本国利益置于道义准则之上”。[26]卡特成为总统后，人权就成了美国对外关系的核心议题。

因此，道义主义者和现实主义者之间的界限是很明显的。不过双方还是有一点共识：他们都认为道德与自利、理想与现实之间的冲突是真实存在的。在某些方面的确如此，不过就另一些方面而言——特别是谈及自由与权力间的冲突时，这种看法就不成立了。从定义上看并不存在所谓的二元对立。这种观点没能准确地理解美国政策制定者在同外部世界打交道时面临的真正选择，而是用反权力伦理的假设理解美国与世界关系的结果。美国人从建立社会之初就认识到，在政府权力的强制性与人的自由与权利之间存在着冲突。因为权力和自由在国内是对立的，所以人们假设二者在国外也同样如此。因此，美国政府在世界上追求权力的行为必定威胁世界的自由，正如在国内追求权力也会威胁国内的自由一样。美国社会内部权力与自由的矛盾被投射到外部世界，变成了美国权力与外国自由之间的矛盾。

六七十年代，这一思想导致很多知识分子宣扬所谓“美国压迫的迷思”——美国对他国政治的干涉必然不利于自由，还会支持那里的压迫。汉斯·摩根索认为美国是“压迫之友”：“自从‘二战’结束以来，我们代表保守分子和法西斯压迫进行干涉，去反对别国的革命和激进改革。在这个时代，各个国家要么正在革命，要么准备革命，于是我们就成了世界上最反动的维持现状大国。这样的政策只能导致道德和政治的灾难”。[27]摩根索的这番话和其他支持“美国压迫神话”的知识分子的观点一样，存在两个根本的问题。

首先是将支持左翼和反对压迫混为一谈。这表明，拥有共同的短期目标能够在很大程度上模糊自由派与革命者之间的界限。然而，那些支持他国“革命与激进改革”的人并不比支持“保守分子和法西斯压迫”的人更关心自由和人类尊严的实现。事实上，如果非要在右翼分子和独裁家之间挑一个的话，有至少三个好理由能够让自由派选择前者而非后者。（1）右翼威权主义政权对自由的压制不像左翼极权主义政权那么全面。在六七十年代，韩国侵犯人权的情况之所以被美国媒体广泛报道，是因为尚有能够呼吁外界关注的韩国记者、宗教团体、知识分子和反对派政治领导人的存在。媒体上没有关于朝鲜的此类报道不意味着朝鲜没有压制自由，反而表明它对自由的迫害是全面、彻底的。（2）有关记录显示，右翼独裁者的政治寿命不像其左翼同行那么持久。葡萄牙、西班牙和希腊就是右翼独裁统治被民主政权取代的例子。然而直到 1980 年，还没有哪个共产党政权被民主政府取代。（3）美苏的全球性竞争，导致右翼政权比左翼独裁统治更容易受到美国和其他西方国家的影响，而这种影响完全是支持自由价值的。

最后一点引出了摩根索等人所谓“美国压迫神话”的另外一些根本性缺陷。他们描绘的六十七年代世界图景，是由一个拥有绝对权力优势、具有绝对压迫性的美国所主导的。事实上他们相信现代版的“美国全能幻想”，把其他社会的丑恶全部归罪于五角大楼、中情局和美国企业的阴谋。然而他们对美国的看法在两个维度上是有问题的。六七十年代的美国相对其他国家的权力出现了明显的衰退。到 70 年代中期，美国对其他国家内部社会的影响同四分之一个世纪之前相比已是苍白无力。然而在美国拥有这种影响力的时候，美国权力对其他社会产生的总体影响就是推进自由、多元和民主。在用于影响其他国家时，美国权力和美国原则之间的冲突事实上消失了。在这种情况下，那些令人们意识到理想与现实间鸿沟的因素，恰恰也在现实中限制了这条鸿沟的宽度。实际上，美国是世界上最自由、平等、民主的国家，它为公民权利提供了比任何其他国家好得多的制度化保护措施。正由于此，美国在国际事务中的权力和影响力的任何增长都会在总体上（虽然不是必然，但也是经常）导致全世界范围内自由与人权状况的改善。美国权力的扩张不等于自由的增长，但是在美国权力的涨落与全球民主自由的兴衰之间的确存在显著的相关性。

世界历史上最大一波自由民主扩张出现在“二战”后，当时战败的各轴心国——德国、日本、意大利以及曾被德国吞并的奥地利——都建立起稳定的民主政权。到 80 年代初，这些国家的总人口已经超过两亿，其中还包括世界第三和第四大经济体。要求这些国家建立民主政体几乎完全是美国的功劳。尤其是在德国和日本，美国政府在设计两国民主制度时发挥了主要作用。前轴心国家的“被迫自由”是美国决心与力量的结果。[28] 相反，在波兰、捷克斯洛伐克和匈牙利，向自由民主过渡的温和步骤很快遭到逆转，斯大林式的镇压体制建立起来，民主力量被消灭殆尽，美国从此无法在东欧使用其权力。如果“二战”没有以全面胜利告终，或者美国没有在夺取胜利的过程中发挥那么重要的作用（事实上在易北河以东地区就是如此），那么中欧和东亚的民主过渡就不会发生。但是美国军队开到哪里，民主就会随之到来（韩国在一定程度上是个例外）。

“二战”结束四分之一个世纪以来，这些国家民主制度表现出的稳定性在很大程度上表明，美国“栽下”的制度与实践已经在当地找到了适宜生根发芽的社会政治气候。而美国在西欧和东亚持续的政治、经济与军事存在也是民主获得成功所不可缺少的。如果美国在战后的任何时刻撤回其安全保证和军事力量，这些都会在未来给中欧和日本的民主造成最严重的动荡，甚至导致灾难性的后果。

在冷战初期，美国的影响力主要用于确保意大利民主政府的延续，以及在希腊促进自由选举。美国在这两个国家的民主政治中具有双重利益目标：建立稳定的民主政府系统，确保共产党无法获得权力。在这两个案例中，共产党没能获得大多数民众的哪怕一丁点支持，因此没有出现主张废除民主的政党通过民主手段获得权力的尴尬情况。在美国的支持下，民主制度在意大利得以生存，在希腊也坚持了一段时间。此外，美国获得“二战”胜利也刺激了土耳其，导致了政治史上罕见的一幕——威权主义的一党制政治系统以和平方式主动转变为民主的多党制系统。

在拉美地区，民主政权的兴衰也和美国影响力的涨落保持一致。20世纪二三十年代，美国对尼加拉瓜、海地和多米尼加共和国进行了干涉，带来了这3个国家历史上最自由的选举和最开放的政治竞争。在这3国以及其他的中美洲、加勒比地区国家，美国经常施加影响力支持自由选举，这是为了回应当地反对派团体对本国政府压迫行径进行的抗议，同时也是为了防止因重要社会政治力量失去平等参与政治进程的机会而导致革命或内战。正如西奥多·赖特在其综合研究中明确指出的，美国的目标是“通过支持自由选举促进政治稳定”，而非巩固军事独裁。在1900—1933年对8个加勒比和中美洲国家的干涉中，“在革命爆发前予以阻止，或在其爆发后判断其是否正当的唯一办法就是保证选举自由”这一假设成为美国采取行动的基础。[29]在古巴，通过支持“反对派团体的兴起与巩固”，大幅增加“政治权力的来源，从而使任何单一团体乃至政府都无法将其意愿长期强加于社会经济生活”，《普拉特修正案》（*Platt Amendment*）和美国的干涉实现了“使古巴政治系统多元化”的效果。“自由主义的精神与实践——竞争性的、非管制的政治、经济、宗教、社会生活——席卷了多元化的古巴”。[30]近年来，美国海军陆战队在海地、尼加拉瓜、多米尼加共和国以及其他地方进行的干涉，与60年代联邦法警对美国南方选举活动的干涉十分相似：登记选民，防止选举暴力，确保投票自由和计票公正。

美国政府在中美洲及加勒比地区的直接干涉于30年代

暂告一段落。结果，该地区的政权无一例外地朝着更为独裁的方向发生了变化。即便是最温和的民主活动也需要有美国权力的支持。美国干涉结束之日，便是民主覆灭之时。对加勒比和中美洲国家而言，有个好邻居的时代也是暴君横行的时代。如果美国努力做好邻居，就会给特鲁希略（Trujillo）、索摩查（Somoza）、巴蒂斯塔（Batista）这样令人讨厌的当地政治人物做暴君的机会。

“二战”后初期，美国主要将注意力和行动放在了欧洲和亚洲。拉丁美洲在很大程度上被忽视了。50 年代末，情况开始变化，到了卡斯特罗在古巴夺权时已是一场巨变。60 年代初，美国向拉美提供了大量的军事训练、军事援助和经济援助项目，还在那里展开宣传攻势，总统和高官也经常关注拉美动态。在进步联盟（Alliance for Progress）的名义下，美国的权力被用于促进、维持民主政府，在西半球的其他地区推进社会平等。美国在拉美权力的巅峰时期正好也是拉美民主的高潮时期。这个时期见证了“暴君的黄昏”——十个南美洲国家中除巴拉圭外全部建立起了某种程度的民主政府。[31]

美国的政策与权力显然不是这一时期民主政权大获成功的唯一原因，但肯定发挥了重要作用。美国小心翼翼地扶持 50 年代末哥伦比亚和委内瑞拉出现的民主政府，除了加以鼓励还提供经济支持。美国花了很大力气阻止左翼游击队和右翼军官推翻委内瑞拉贝坦科尔特（Betancourt）政府，从而确保了该国历史上首次向民选总统继任者移交权力过程的有序进行。在长达30年的时间里，“美国政府对多米尼加的事务不感兴趣，也很少介入”——这也正是特鲁希略统治多米尼加共和国的时期。50年代末，美国对这位独裁者的反感与日俱增。1961年特鲁希略遇刺身亡后，“美国实施了自好邻居政策以来对拉美国家的最大规模干涉”。[32] 美国阻止了特鲁希略家族成员卷土重来，发起了改善经济和社会福利的计划，并采取行动保证民主自由和竞争选举。1962年的选举使胡安·博什（Juan Bosch）成为了总统。第二年，军队发难反对博什，美国官员先是试着阻止政变，在政变成功后又试图引导军人集团尽快恢复宪政秩序。然而，当时美国“影响（新政府）的手段十分有限”，美国承认军政府所得到的唯一回报就是在1965年举行选举的承诺。[33]

1962年秘鲁发生军事政变后，美国更为有效地运用了自己的权力，恢复了民主政府。美国召回了驻秘鲁的大使，终止了两国的外交关系，价值8100万美元的援助也被取消。其他9个拉美国家也追随美国，断绝了同政变军人集团的联系——只有当美国手握数10亿美元慷慨馈赠，即将撒向这块大陆时，才能取得这样的成就。[34] 结果秘鲁第二年就举行了新的选举，贝朗德（Belaunde）经自由投票当选总统。然而当6年后贝朗德被政变推翻时，美国不但无力扭转局势，甚至无法阻止新掌权的军政府将美国公民的大量资产国有化。

在秘鲁，60年代末期的美国已经没有了60年代初期的力量和意志，因此也就没有可能保持秘鲁的民主政体。美国影响力的下降还以更为复杂的方式在智利导致了相似的结果。在1964年的智利大选中，美国倾尽全力支持爱德华多·弗雷（Eduardo Frei），在他击败阿连德（Salvador Allende）的过程中发挥了重要的，很可能是决定性的作用。在1970年的选举中，美国政府没有为战胜阿连德做出任何类似的努力，使其得以凭借微弱优势赢得普选。当时美国试图诱使智利国会拒绝承认阿连德胜选，并鼓动军事政变阻止其上任。这些活动不仅违背了智利的政治规范，也违背了美国道德，最终也没能成功。然而，如果美国能够像1964年那样积极干预1970年的普选，也许智利的民主就不会在1973年被摧毁。

总而言之，60年代末、70年代初，美国在拉美的作用下降了，也正是在这一时期，拉美的独裁政权越来越多。随之而来的是民主道德与人权标准的倒退，而美国本应在这两个方面向拉美国家施加影响。60年代初美国的拉美政策目标是民主竞争和自由选举（正如20世纪10—20年代）。然而到了70年代中期，这一目标已经从扶持民主政府退步为劝导独裁政府不要公然侵犯公民权利。

在亚洲，美国权力与民主政府之间也存在类似的关系。美国在亚洲的权力也于60年代中期达到顶点，而美国权力的下降同样伴随着自由民主的衰落。美国对菲律宾有着全面的影响力，在“二战”后的四分之一个世纪中，菲律宾有着东亚和东南亚地区（除了日本以外）最为开放、民主的政治系统。1949年那次无可辩驳的不正当选举之后，面对胡克（Huk）叛乱给菲律宾政府造成的日益严重的威胁，美国大幅增加了军事和经济援助。美国对菲律宾政治的直接干涉，不仅在拉蒙·麦格赛赛（Ramon Magsaysay）当选总统的过程中发挥了绝对作用，还确保了1951年的国会选举和1953年的总统选举是“没有欺骗和恐吓”的公开选举。[35]在后来的三次选举中，菲律宾的民主经受住了最严峻的考验——在任总统竞选连任失败。然而此后美国对菲律宾的干涉和影响力都下降了，使菲律宾民主失去了重要的支持。当马科斯（Marcos）总统于1972年建立起戒严政体时，美国在东南亚的影响力已经逐渐衰退，拿不出什么有效手段去影响菲律宾的政治进程。越南政治自由和民主的高潮与美国在越南影响力的最高点有着更为直接的联系。这个国家历史上唯一一次自由的全国选举就发生在1967年，当时正是美国军事干涉的巅峰。和在拉美一样，美国的干涉在当地政治生活中引起了多元化，限制了政府，鼓励、增强了政治反对派的力量。而当美国在越南遭遇失败，其力量完全撤出印度支那地区时，彻头彻尾的专制政权随后便控制了印支三国。

美国与韩国的关系也是如此。40年代末，在美国的支持下，由联合国监督的选举建立起大韩民国政府，李承晚

（Syngman Rhee）当选总统。尽管严格地讲，韩国几乎总是在事实上处于戒严状态，但是从朝鲜战争（1950—1953）到50年代中期，美国的经济援助最多，韩国也得以保持温和的民主体制。1956年，李承晚以微弱优势竞选连任成功，反对党则赢得了副总统职位，并在中心城市大获成功。

然而在50年代后期，随着美国对韩经济援助的减少，李承晚政权变得越来越专制。1960年的副总统选举是一次公然的骗局，学生和民众进行了强烈抗议。由于军队作壁上观，李承晚被迫放弃了权力。以张勉（John M. Chang）为首的民主政府随后成立，但难以有效行使权威、维护秩序。虽然张勉得到了美国大使馆和驻韩美军的大力支持，但还是于1961年5月被一次军事政变推翻。随后的两年中，美国一直向军政府施压，要求其重开选举，还政于文官政府。军队内部为此发生了激烈争执。最后，得到了美国支持的朴正熙击败了军人集团内部的反对派，随后在1963年10月举行了一次具有一定公开性的选举，朴本人以43%的选票当选总统。在同军方内部强硬派的斗争中，一位记者发现，“美国的声望与承诺受到了严峻考验”。然而美国“摆脱了危机，其决心令韩国人震惊，获得了他们的尊重——这种尊重不仅来自积极支持美国给军政府施压的人，还来自激烈反对这么做的官员”。[36] 但是13年之后，美国无力再对韩国政治施加同样的影响力。一位美国官员说：“你没法跟这帮人谈论纯粹的杰斐逊主义。必须得使用一点威胁，否则他们就不听话……但是我们在韩国没什么手段可用。我们只能试着一直和韩国当局讨论各类民权问题，希望这样做能有点效果。”[37]到了1980年，美国在韩国的势力已经严重萎缩，就像1961年和1962年那样，已经不存在所谓给军方领导人施压，要求其尽快举行公正选举的问题。美国能做的仅仅是劝告韩国政府不要处决反对派政治领袖金大中（Kim Dae Jung），而一位韩国官员发现，即便是在这个问题上，“美国也没有什么砝码”。[38]随着美国在韩影响力的下降，韩国国内的政治压迫越来越严重。

美国权力对其他社会的自由能够产生积极影响，一部分原因在于像肯尼迪和卡特这样的总统有意为之，将促进民主和人权列为对外政策的优先目标。即便没有故意这样做，美国力量在他国的存在和运用通常也会导致类似的效果。70年代的新道德主义者坚持认为，美国“别无选择”，道德与政治价值定义了这个国家存在的意义，美国必须以此行事。他们明确表示这一观点带有规范含义，但实际上它也表明了某种历史必要性。尽管那些沉浸于“美国压迫神话”的人不愿意承认，但从事实来看，美国给世界带来的影响的确在很大程度上符合新道德主义。美国的本性使其必定要站出来带头支持自由民主。显然，没有哪个国家能够像美国那样，在推进自由民主方面对世界事务产生那么大的影响。

权力导致腐败，绝对的权力导致绝对的腐败。美国的权力也不能幸免——在自由、民主和人权方面，它既服务于好的目标，也服务于坏的目标。但同样是在这些方面，相比任何其他大国政府的权力，美国权力腐败和滥用的程度要轻得多。原因有两个。首先，美国领导人和政策制定者毫无疑问是美国文化的产物，他们自己就信奉自由民主价值。这不意味着某些领导人就不会在某些时刻采取违背这些价值的行动。感知能力趋于迟钝，安全需求指导一切，权宜之计大行其道，只顾眼前无视全局，这些情况显然都曾出现过。但是和其他国家相比，美国政策制定者对于不同目标间的权衡取舍更为敏感，也更不愿意牺牲自由民主价值。其次，美国政治系统的制度多元化与权力分散限制了官员滥用权力的可能——这是其他社会所没有的，任何此类行为一旦发生，必定为公众所知晓。在曝光腐败官员和糟糕政策方面，享有高度自由的、强大的美国媒体表现得十分积极。美国国会有着其他国家立法机构无可比拟的调查权、立法权和财政控制权。因此，美国官员侵犯美国社会主流价值的能力十分有限，报纸上充斥着相关报道，并不意味着此类行为在美国比在别国更普遍，而是说明美国社会比别国更不能容忍此类行为。无论在国内事务还是国际事务中，认为美国在自由民主旗号下就不会做错误的事情，这种想法显然是不对的。但是 70 年代美国知识分子中十分流行的那种观点，即美国在自由民主的旗号下从来没做过正确的事情，也是不对的。美国权力更有可能被用于支持而非反对这些价值，美国比其他任何大国都更愿意为了自由民主而使用自己的权力。

人们通常认为，美国自由的健康状况与其他社会自由的健康状况有直接关系。如果一个生了病，另一个肯定也会被传染。因此理查德·厄尔曼（Richard Ullman）认为："其他国家政治生活的质量也会影响美国政治生活的质量。政治自由在智利被消灭殆尽，在葡萄牙和捷克斯洛伐克则有所增长，这些都会对美国的政治自由产生微妙而重要的效果。"紧接着他又反过来说："正如其他国家的政治自由水平会影响我们的社会，美国政治生活的质量也会在国外产生重要影响。"[39]他的这个观点经常被阐述成所谓的"清白原则"——只要其国境之内还存在对自由的严重侵犯，美国就无法真正在他国推进自由。美国需要依靠榜样的力量，就像霍夫曼说的那样，"先把自己的房子打扫干净"，"乐善好施、井然有序的正义运动应当从我做起"。[40]

但是这两种观点——腐朽环境与光辉典范——都只是部分真理。无论采用何种方式进行观察，像智利和捷克斯洛伐克这样的国家，其国内的自由状况都没有对美国的自由产生影响。外国人通常也会承认美国人容易忘记的一点——美国是世界上最开放、自由、民主的国家。因此，美国自由状况的任何改进都不太可能对外国产生影响。然而，如果向等式中添加一个新的变量，上述两种观点就会包含真理的成分。

这个变量就是权力。

其他国家的自由状况能够对美国自由产生多大影响，取决于这些国家有多少权力，以及它们对美国行使权力的能力。智利和捷克斯洛伐克发生的事情不会影响美国国内的自由，是因为这些国家既弱小又遥远。但是如果英国、法国或者日本的自由消失，就会对美国自由的健康造成后果，因为它们是强大、重要的国家，和美国有密切的联系。反过来，美国自由状况对别国的影响，并不取决于美国自由的变化（这种变化在外国人看来是微不足道的），而是取决于美国在目标国家的权力以及干涉的直接程度。拥有权力的榜样才会产生榜样效应。如果美国在世界舞台上以强大、自信、卓越的形象示人，其他国家将对此印象深刻，相信自由是力量之源，从而模仿美国的自由。1946 年，土耳其未来的总理阿德南·门德列斯（Adnan Menderes）在解释土耳其为何转向民主时，对以上内容做了颇有说服力的阐述：

> 二战期间土耳其遭遇的困难，揭示了一党执政体系下国家结构的弱点。一党制国家在战争中纷纷失败，因此人们对一党制奇迹不再抱有幻想。在二战血与火的动荡中，一党制思想被摧毁了。没有国家能够远离重大国际事件和当前主导意识形态潮流的影响。我们的国家也同样如此。[41]

总而言之，没有人会效仿失败者。

因此，世界自由的未来与美国权力的未来有着直接、密切的联系。但是，新道德主义是把双刃剑，既能在全世界扩大自由，又会减损美国的权力。70 年代美国权力的相对衰退有多个原因，60 年代到 70 年代初国内出现的民主浪潮（新道德主义也是其内容）必定是其中之一。那一时期对民主、自由和民粹价值的强烈信仰，最终导致人们采取行动限制、削弱美国在海外的军事、政治和经济权力。来自媒体、知识分子、国会议员和政治领袖的持续、猛烈攻击不可避免地导致了这一结果。美国国际权力的下降，意味着他国自由民主得到的支持减少了。因此，美国民主与外国民主可能是负相关的。由于权力的中间作用，二者间的关系与厄尔曼的假设明显相反。

因此，外国自由的增进需要美国权力的扩张；美国国内的自由运动则要求限制美国的权力。要想同时在国内和国际实现民主目标，就需要承认这个矛盾，在二者间有所权衡。例如，欢迎美国西半球霸主地位终结，同时又谴责拉美国家内部严重的政治压迫，这两个目标之间就存在矛盾。在 70 年代，恰恰是最坚定地支持在他国促进人权的那批国会议员，对于削弱实现该目标的手段——美国权力——也最为积极。在第 94 届国会的关键投票中，132 位国会议员一直支持对外援助法案中的人权修正案。其中 78 名议员坚持反对一项扩大军队规模的法案，28 名议员该问题表态前后不一。132 人中，只有 26 人在赞成人权修正案的同时，坚持要求增加有助于实现人权目标的军事力量。

新现实主义盛行的四五十年代正是美国扩张其国际权力的时期，美国支持的自由民主也在全世界得以推进。70 年代，新道德主义与美国权力的相对衰落同时发生，与之相伴的还有全球自由民主的退步。新道德主义对美国权力的限制加剧了其衰落，其自身在一定程度上就是美国权力衰落的结果。新道德主义对全世界人权状况的担忧，明显反映出自由民主价值在世界范围内的倒退。矛盾之处在于，随着捍卫人权能力的下降，美国却更执着于捍卫人权的各种方式。1966 年，国会通过了对外援助法案的第九条，这次旨在促进海外民主价值的立法行动，正好发生在美国对外经济援助持续下降期的中点。类似地，70 年代的国会还在对外援助法案中增加了各种严格限制，当时美国正在用海外军售广泛替代海外军援。在美国权力占有明显优势的时候，这些立法条款和限制措施都是多余的——没必要用《哈尔金修正案》（*Harkin Amendment*）强调自由价值的优先地位，美国的军队规模、航母特遣舰队、对外援助活动、情报行动已经表明了相同的信息。在美国权力开始衰退之际，国会认为有必要在立法中为保护人权设置更明确的条件和要求。然而，对于缩小国外的理想 / 制度间的鸿沟，国会立法仍然不能替代权力的作用。

因此，与所谓“现实主义者”“道德主义者”的看法正好相反，美国全球角色导致的矛盾，首先并不在于美国外交政策应当追求权力、自利还是自由、道德，而是限制美国政府权力以增加国内自由，与扩张美国权力以促进别国自由之间的内在张力。

令人失望的承诺

“美国例外论”指的是历史上形成的一系列令美国不同于欧洲社会的特征——比如相对较少的经济灾难、社会冲突、政治创伤和军事失败。威廉·克拉克（Willliam Clarke）曾于 1881 年说过：“常备军、君主、贵族、巨额债务、苛捐杂税、欺压成性，这些在欧洲司空见惯的事情根本不会出现在新大陆。亚美利加大陆属于纯洁的人性，它的制度是为了全人类的进步与福祉。”然而，正如亨利·费尔利（Henry Fairlie）于 1975 年指出的那样：“美国现在有了常备军，时不时会出现非常类似君主制的东西，允许一定程度的遗产继承，从而导致了一定程度的贵族制，税负也越来越重。”[42] 丹尼尔·贝尔也在同一年用不同的方式得出了相似的结论，他认为，从“帝国的终结、权力的削弱、对国家未来的信念丧失”中，都能看出“美国例外论的终结”。“内部张力急剧增加，政治和文化方面出现了深刻的结构性危机，解决起来可能比国内经济问题更为棘手”。[43]

20世纪后期美国遇到的许多问题，其实也是其他国家所共有的，只不过在此之前美国得以幸免罢了。然而这些问题对美国例外论的影响仅限于那些附加内容——权力、财富、安全，等等。它们没有改变美国政治价值，只是拉大了对美国国家认同至关重要的那条理想/制度间的鸿沟。因此，美国历史上形成的最独特一面并没有被改变，一位南斯拉夫持异见者对此作了如下精辟总结与辩护：

> 美国是和法国、中国、英国等国都不一样的国家，如果哪天美国变得跟他们一样了，那将是一个大悲剧。区别何在？首先，美国不是单一民族国家，而是多民族国家。其次，美国的建国者认为个人自由高于自己的国家。
>
> 因此，美国首先是自由之国。这才是最重要的。来自其他国家的所有人都会说，我的祖国是德国、俄国或者其他什么国家；但是只有美国人能说，我的祖国是自由。[44]

美国人一直持有同样的看法，纵观美国历史，贯穿其中、无可避免的，是自由的理想、半自由的制度以及二者间的鸿沟。除去自由民主理想，除去为实现自由民主理想而付出的努力，美国就变成了没有存在意义、没有集体认同、没有政治文化甚至没有自己历史的国家。

作为社会存在的特征，每个社会都有其独特形式的内在张力。美国的特征正在于自由理想与制度现实间的张力。它定义了美国政治的痛处与承诺。如果这个张力消失了，我们所熟知的美利坚合众国便不复存在。

美国的存续，意味着美国仍然要承受认知失调，意味着他们将继续尝试利用道德主义、犬儒主义、冷漠自满和自欺欺人四种回应模式的某种组合加以应对。如果相当比例的美国人将某种回应模式极端化，理想 / 制度间的鸿沟导致的危险也将最大化。在美国政治系统中，道德主义、冷漠自满和自欺欺人都可能走向极端。对理想 / 制度间的鸿沟完全采取漠不关心的态度，可能导致自由民主制度的腐朽蜕化；如果自欺欺人，不提出任何批评，无视鸿沟的存在和美国原则的强烈信仰，则可能导致帝国主义扩张，最终在国外造成政治军事灾难，或是破坏国内民主；以犬儒态度接受鸿沟，可能使美国理想被逐渐抛弃，特拉西马库斯式的“强权即公理”或是其他政治信仰将取而代之；最后是强烈的道德主义，这可能会让美国人认为自己理应得到更好的东西，从而亲手毁掉世界上最自由的制度。

为了维护美国的理想与制度，美国人别无他法，只能对自己的回应模式加以调节，使之更加平衡稳定。要化解未来美国受到的威胁，美国人需要做到：

——继续信仰自由、民主和个人主义理想，同时承认现有的制度与行为同这些理想存在一定的差距；

——为理想 / 制度间的鸿沟感到内疚，但也能认识到美国的政治制度比世界上任何过去和现在的人类社会都更加自由民主，并因此感到宽慰；

——试图缩小制度与理想之间的差距，但是接受人类本性不完美的事实，这意味着鸿沟将永远无法被消灭；

——相信美国理想的普世性，同时明白这些理想对其他社会的适用性是有限的；

——赞成美国维持必要的权力，以保护、促进世界范围内的自由理想及其制度，但也承认权力可能给国内的自由与制度造成威胁。

批评者会说美国是个谎言，因为它的理想与现实离得太远。他们错了。美国不是谎言，而是失望。但它之所以是失望，正因为它也是希望。

注　释：

1. Richard Hofstadter, *The American Political Tradition* (New York: Knopf, 1951), pp. 65–66.

2. Marvin Meyers, *The Jacksonian Persuasion: Politics and Belief* (Stanford: Stanford University Press, 1957), p. 8.

3. See Edward Pessen, "The Egalitarian Myth and the American Social Reality: Wealth, Mobility, and Equality in the 'Era of the Common Man'", *American Historical Review* 76 (October 1971): 989–1034, and *Riches, Class, and Power before the Civil War* (Lexington, Mass.: D. C. Heath, 1973), passim. For critical discussions of Pessen's evidence and argument, see Whitman Ridgway, "Measuring Wealth and Power in Ante-Bellum America: A Review Essay", *Historical Methods Newsletter* 8 (March 1975): 74–78, and Robert E. Gallman, "Professor Pessen on the 'Egalitarian Myth'", *Social Science History* 2 (Winter 1978): 194–207. For Pessen's response, see his "On a Recent Cliometric Attempt to Resurrect the Myth of Antebellum Egalitarianism", *Social Science History* 3 (Winter 1979): 208–227.

4. Gordon S. Wood, *History Book Club Review*, June 1955, pp. 16–17, commenting on Rush Welter's *The Mind of America: 1820–1860.*

5. Rush Welter, *The Mind of America: 1820–1860* (New York: Columbia University Press, 1975), pp. 7–10.

6. Alexis de Tocqueville, *Democracy in America*, ed., Phillips Bradley (New York: Vintage Books, 1954), 1:6–17.

7. Joseph L. Blau, ed., *Social Theories of Jacksonian Democracy* (New York: Liberal Arts Press, 1954), pp. xxvii–xxviii.

8. Hofstadter, *American Political Tradition*, p. vi.

9. Herbert Croly, *The Promise of American Life* (New York: Macmillan, 1909), p. 156. Walter Lippmann, *Drift and Mastery* (Englewood Cliffs, N.J.: Prentice-Hall, 1961), pp. 81–82.

10. Hofstadter, *American Political Tradition*, p. 223.

11. J. R. Pole, *The Pursuit of Equality in American History* (Berkeley: University of California Press, 1978), p. 326.

12. See Ronald Inglehart, *The Silent Revolution: Changing Values and Political Styles among Western Publics* (Princeton: Princeton University Press, 1977), and George C. Lodge, *The New American Ideology* (New York: Knopf, 1975).

13. Ronald Inglehart, "The Silent Revolution in Europe: Intergenerational Change in Post-Industrial Societies", *American Political Science Review* 65 (December 1971): 991–1017.

14. Samuel P. Huntington, "Postindustrial Politics: How Benign Will It Be?" *Comparative Politics* 6 (January 1974): 188–189.

15. Plato, *The Republic,* tr. Francis MacDonald Cornford (New York: Oxford University Press, 1945), p. 290.

16. Louis Hartz, *The Liberal Tradition in America* (New York: Harcourt, Brace, 1955), p. 181.

17. Samuel P. Huntington, *Political Order in Changing Societies* (New Haven: Yale University Press, 1968), pp. 362–369.

18. See Samuel P. Huntington, *The Soldier and the State: The Theory and Politics of Civil-Military Relations* (Cambridge, Mass.: Harvard University Press, 1957), esp. pp. 143–157.

19. George F. Kennan, *American Diplomacy 1900–1950* (Chicago: University of Chicago Press, 1951), pp. 93–94. Huntington, *The Soldier and the State,* pp. 80–97.

20. Lucian W. Pye, *The Spirit of Chinese Politics* (Cambridge, Mass.: MIT Press, 1968), p. 91.

21. Seymour Martin Lipset, "The Banality of Revolt", *Saturday Review* 53 (July 18, 1970): 26.

22. Peregrine Worsthorne, "America—Conscience or Shield?" *En-*

counter, No. 14 (November 1954) : 15.

23. Henry Fairlie, "Anti-Americanism at Home and Abroad", *Commentary* 60 (December 1975) : 35.

24. See, for example, Hans J. Morgenthau, *In Defense of the National Interest* (New York: Knopf, 1951), and "Another 'Great Debate': The National Interest of the United States", *American Political Science Review* 46 (December 1952): 961–988; Reinhold Niebuhr, *Christian Realism and Political Problems* (New York: Charles Scribner's Sons, 1953), and *The Irony of American History* (New York: Charles Scribners Sons, 1952); Kennan, *American Diplomacy 1900–1950;* Robert E. Osgood, *Ideals and Self-Interest in America's Foreign Relations* (Chicago: University of Chicago Press, 1953); Richard H. Ullman, "Washington versus Wilson", *Foreign Policy,* No. 21 (Winter 1975–76) : 97–124.

25. Henry A. Kissinger, quoted in Raymond Gastil, "Affirming American Ideals in Foreign Policy", *Freedom at Issue,* No. 38 (November-December 1976) : 12.

26. Jimmy Carter, address, B'nai B'rith convention, Washington, D.C., September 8, 1976.

27. Hans J. Morgenthau, "Repression's Friend", *New York Times,* October 10, 1974, p. 46.

28. See John D. Montgomery, *Forced to be Free: The Artificial Revolution in Germany and Japan* (Chicago: University of Chicago Press, 1957).

29. Theodore P. Wright, *American Support of Free Elections Abroad* (Washington, D.C.: Public Affairs Press, 1964), pp. 137–138.

30. Jorge I. Dominguez, *Cuba: Order and Revolution* (Cambridge, Mass.: Harvard University Press, 1978), p. 13.

31. See Tad Szulc, *The Twilight of the Tyrants* (New York: Henry Holt, 1959).

32. Jerome Slater, *Intervention and Negotiation* (New York: Harper & Row, 1970), p. 7.

33. Abraham F. Lowenthal, *The Dominican Intervention* (Cambridge, Mass.: Harvard University Press, 1972), p. 16.

34. Jerome Levinson and Juan de Onis, *The Alliance that Lost Its Way* (Chicago: Quadrangle Books, 1970), pp. 81–82.

35. H. Bradford Westerfield, *The Instruments of America's Foreign Policy* (New York: Thomas Y. Crowell, 1963), p. 416.

36. A. M. Rosenthal, *New York Times,* April 8, 1963, p. 14.

37. Quoted by Andrew H. Malcolm, *New York Times,* June 11, 1976, p. A2.

38. *The Economist* 275 (August 30, 1980), pp. 27–28.

39. Ullman, "Washington versus Wilson," pp. 117, 123.

40. Stanley Hoffmann, "No Choice, No Illusions", *Foreign Policy,* No. 25 (Winter, 1976–1977), p. 127.

41. Adnan Menderes, *Cumhuriyet,* July 18, 1946, quoted in Kemal H. Karpat, *Turkey's Politics* (Princeton: Princeton University Press, 1959), p. 140, n. 10.

42. Fairlie, "Anti-Americanism at Home and Abroad", p. 34, quoting William Clarke, 1881.

43. Daniel Bell, "The End of American Exceptionalism," in Nathan Glazer and Irving Kristol, eds., *The American Commonwealth 1976* (New York: Basic Books, 1976), p. 197.

44. Mihajlo Mihajlov, "Prospects for the Post-Tito Era", *New America* 17 (January 1980): 7.

图书在版编目（CIP）数据

美国政治：激荡于理想与现实之间 / （美）塞缪尔·亨廷顿著；先萌奇译．
-- 北京：新华出版社，2016.12
ISBN 978-7-5166-3030-3
书名原文：American Politics: The Promise of Disharmony
Ⅰ．①美… Ⅱ．①塞… Ⅲ．①政治－研究－美国 Ⅳ．① D771.2

中国版本图书馆 CIP 数据核字 (2016) 第 303761 号
著作权合同登记号：01-2016-3748

美国政治：激荡于理想与现实之间

作　　者：[美] 塞缪尔·亨廷顿　　译　　者：先萌奇　景伟明

选题策划：江文军　　特约编辑：张　彦
责任编辑：江文军　　封面设计：今亮后声 HOPESOUND pankouyugu@163.com 田松
责任印制：廖成华　　责任校对：刘保利

出版发行：新华出版社
地　　址：北京石景山区京原路 8 号　　邮　　编：100040
网　　址：http://www.xinhuapub.com
经　　销：新华书店、新华出版社天猫旗舰店、京东旗舰店及各大网店
购书热线：010-63077122　　中国新闻书店购书热线：010-63072012

照　　排：今亮后声 HOPESOUND pankouyugu@163.com
印　　刷：三河市君旺印务有限公司
成品尺寸：145mm × 210mm　　字　　数：230 千字
印　　张：13.75
版　　次：2017 年 7 月第一版　　印　　次：2023 年10月第六次印刷
书　　号：ISBN 978-7-5166-3030-3　　定　　价：59.00 元

版权所有，侵权必究。如有质量问题，请与出版社联系调换：010-63077101

世界一ラクにスラスラ
書ける文章講座

模板写作法

世界上最简单的写作课

[日]山口拓朗　著

中国青年出版社
CHINA YOUTH PRESS

图书在版编目(CIP)数据

模板写作法：世界上最简单的写作课/(日)山口拓朗著；金香兰译.
—北京：中国青年出版社，2021.4
ISBN 978-7-5153-6339-4
Ⅰ.①模… Ⅱ.①山… ②金… Ⅲ.①写作－方法 Ⅳ.①H052
中国版本图书馆CIP数据核字(2021)第054585号

SEKAIICHI RAKUNI SURASURA KAKERU BUNSHOUKOUZA by Takuro Yamaguchi
Copyright © 2019 Takuro Yamaguchi
Original Japanese edition published by KANKI PUBLISHING INC.
All rights reserved
Chinese (in Simplified character only) translation rights arranged with
KANKI PUBLISHING INC. through Bardon-Chinese Media Agency, Taipei.
Simplified Chinese translation copyright © 2021 by China Youth Press.
All rights reserved.

模板写作法：世界上最简单的写作课

作　　者：〔日〕山口拓朗
译　　者：金香兰
策划编辑：刘　吉
责任编辑：肖　佳
美术编辑：杜雨萃
出　　版：中国青年出版社
发　　行：北京中青文文化传媒有限公司
电　　话：010-65511270 / 65516873
公司网址：www.cyb.com.cn
购书网址：zqwts.tmall.com
印　　刷：大厂回族自治县益利印刷有限公司
版　　次：2021年4月第1版
印　　次：2022年6月第2次印刷
开　　本：880×1230　1 / 32
字　　数：120千字
印　　张：6.5
京权图字：01-2020-6242
书　　号：ISBN 978-7-5153-6339-4
定　　价：49.00元

中青版图书，版权所有，盗版必究

版权声明

未经出版人事先书面许可，对本出版物的任何部分不得以任何方式或途径复制或传播，包括但不限于复印、录制、录音，或通过任何数据库、在线信息、数字化产品或可检索的系统。

前 言

“迟迟写不出一篇文章。”

“写文章不知如何构思。”

“明明有想法，却不知如何整理成一篇文章。”

“文章总是写得支离破碎。”

“总会被质疑‘到底想表达什么’。”

“说实话，写文章就是一种折磨。”

……

正在读这本书的你，也有过类似的烦恼吧。

平时，我们除了编写工作相关的业务报告、策划书等文件以外，还会发微博、写电子邮件、使用聊天工具进行沟通等，由此可见，我们写文章的机会变得越来越多了。

然而，因写不出文章而感到烦躁不安，因传达不清而感到焦虑的情绪也随之增加。

必须引起重视的是，写作质量低不但会影响工作效率、导致生产力低下，还会给相关人员带来不必要的困扰。一篇具有误导性的文章，可能会导致重大失误，甚至会招致极大的麻烦。由此，便会影响自身的声誉，失去他人的信任。

不会写文章的人，无论在写商务文件还是写个人文章时，都潜藏着很大的风险。

恰好，本书中介绍的模板（结构）就可以帮助你瞬间解决这些问题。

所谓模板，就是指文章走向的“结构模式”。如果按照“先写什么，然后写什么，接着写什么，最后写什么”的指定顺序来写的话，你就不会在文章构思上消耗大量的时间了。与此同时，你会非常流畅地写出通俗易懂的文章。

本书介绍3种基础模板。

模板① 无压力阅读的“列举型”
模板② 提升信服度的“结论优先型”
模板③ 易产生共鸣的“故事型”

掌握以上3种模板，就会帮助你轻松创作9成以上的文章。

如果再巧妙地将3种模板进行排列组合，便可以应对所有文章的创作。

被称赞“妙笔生花”的写作者，不论他们自己有没有意识到，其实他们都在用自己喜欢的模板写作。换言之，他们所用的写作模板就是本书中介绍的3种模板，或是3种模板的整合。只要精通这3种模板，至少可以摆脱“不知道怎么写”的困境。

或许有人会问：“使用固定的模板会不会抹杀作者的写作个性？”其实这种理解是错误的。如果因使用模板而失去了个性，那么原本就不能称之为个性。

模板只是起到规划文章走向的向导作用。在使用模板的基础上，在填充内容、词汇选择、表现方式以及文章体裁等方面再下些功夫，作者的个性会自然而然地散发出来，从而创作出扣人心弦的文章。

正因为能将文章结构“托付”于模板，作者才可以更专注地创作内容精深的作品，凸显自己的个性。

写文章时不用模板，就好比没有设计图就想盖房子。若想建造坚固又完整的房子，设计图是必不可少的。

写作模板就是给予你的设计图纸。有了这个设计图纸，你才得以轻松地写出魅力无穷、通俗易懂的文章。你一定会感叹“真没想到写作如此轻松啊”！本书送给你的礼物——3种基础写作模板，赶紧收藏起来吧！

山口拓朗

第1章

写作模板就是写文章时的救星

第2章

用“列举型”模板开启轻松、无压力的写作征程

第3章

用“结论优先型”模板写出让读者认同的文章

第4章

通过“故事型”模板引起读者的共鸣

第5章

用组合型模板写一篇文章

专栏

适用于SNS的小技巧

第 1 章

写作模板就是写文章时的救星

正如烹饪有食谱一样，写文章也有指导写作顺序的“文谱”。有了“文谱”，任何人都可以轻松写出能够引人共鸣的文章。

写文章，
要从写作模板开始学起

自由写作太难

在日本的学校，教学生写作文时使用写作模板的老师几乎为零。相反，依然有很多老师的教学方法是“**请同学们自由抒发自己的情感**”。

说实话，没有比“请同学们自由抒发自己的情感”更粗暴的教法了。因为，这就像给从未织过毛衣的孩子毛线和编织针，让他们“随便织一件毛衣”一个道理。这种教法怎么可能让学生顺利织出来毛衣呢？况且，自由、随意写出来的文章不可能是“易读的文章”或“条理清晰的文章”，大部分都是陶醉于自我满足的零散的段落。

步入社会以后，仍有不计其数的人还在为“不擅长写文章”“讨厌写文章”“写作真麻烦”“不得不写”而发愁。令人可悲的是，就因为学生时代受到的“自由写作”的教育，掐掉了提高写作能力的萌芽，甚至让人产生了自卑感。这简直就是舍本求末。

写作其实也有“文谱”

1.想到什么就写什么

2.不由自主地按照时间顺序来写

以上是典型的无法引起读者共鸣的错误的写作逻辑。

“想到什么就写什么”“不由自主地按照时间顺序来写”，这些做法只是图方便。写文章时应时刻提醒自己，要按照“**易于读者理解的顺序**”来写。

假设仅给从未下过厨的人提供素材（食材），要求他们做几道美味的料理，这种情况下他们恐怕是做不出来的。下厨者实际需要的是记载了食材调配过程和烹饪方法的食谱。

写文章如同烹饪。即使有很多素材，如果不知道怎么调配，也是写不出好文章的。不擅长写文章的人真正需要的是记载有写作方法和过程的“文谱”，即写作模板（思路）。

打破“起承转合”的枷锁

我们所掌握的唯一的写作方法，即写作模板（思路），不就是“起承转合”的写法吗？

其中也有人深信不疑地认为，文章必须使用起承转合的写法。

关于“起承转合”的使用方法有很多种说法，以下是其中一例。

> 起——写事实或事件。
>
> 承——承接“起”的内容加以申述。再者，对根据“起”引起的问题点、写作者的感想或意见进行描述。
>
> 转——描述与“起”和“承”无关的其他事情。
>
> 合——贯穿全文，归纳总结。

似懂非懂……

我想可能有很多人会有一头雾水的感觉。

追根溯源，起承转合是汉诗的结构形式，是否适用于所有文章的编写，不太好下结论。

“起→承→转→合”的各个部分的作用比较模糊，每个部分应该具体写什么内容没有具体说明，因此为此烦恼的人不在少数。

在“起”的部分，作者必须快速展开话题；到“合”的部分为止，作者必须下好结论……总之受到很多约束。也有人指出起承转合根本不合乎逻辑。

可以确定的一点是，在这个文章很容易被淹没的信息过载的时代，将结论置于最后的起承转合的写作顺序已经被淘汰了。

尤其在商务文件中更起不到什么作用。如果写了一篇看不到结论的文章，也别怪读者吐槽“这文章究竟想表达什么”。

当然，如果是写文学类、艺术类的文章，或者是人气作家、散文家、博主等以文采见长之人，那就另当别论了。

他们凭借“受益匪浅的文章”“有趣的文章”稳稳地积累了信任。读者对自己信任的作者是宽容的。

但是，恐怕你不是专业的写作者。这样的你如果轻易使用“起承转合”的写作方式，后果可能不尽如人意。

这个后果就是，尽管你写得很辛苦，却没有人读。对写作者来说，没有比这个更悲伤的事情了。

因此，写文章时不要拘泥于起承转合的写法。

为什么说3种模板就足够了？

你们听说过“守破离”吗？

“守破离”原指以剑道和茶道为首的武道以及艺道的“修行阶段”。“守”，是指最初阶段需遵从老师和流派的教诲，勤练基本功及技巧，达到熟练的境界。“破”，是指听取其他老师或流派的教诲，达到吸取精华并发展心术的境界。“离”，是指脱离某个流派后，独自创新招数，另开辟新境界。

本书传授的模板相当于守破离中的“守”。

模板1——无压力阅读的“列举型”
模板2——提升信服度的“结论优先型”
模板3——易产生共鸣的“故事型”

这3个模板的适用范围非常广，从商务文件到私人文章，可用于各种各样的文章类型。在思考写文章的目的和希望读者做出的反应的同时，请选择最合适的模板。

如果不使用任何模板会怎样？

掌握好3种写作模板就足够了

细数常用的写作模板应该有几十种，但是，除非结合特定的场景正确运用，否则知道再多的模板也没有意义。

可怕的是，了解过多的模板反而会带来弊端。除了会受各种各样的干扰以外，选择错误的风险也会增加。

因此，重要的不是了解，而是运用自如。

本书将向不擅长写文章的人介绍**至少要掌握的3种模板**。这3种模板都非常出众且实用。

只要牢牢记住这3种模板，就可以搞定大部分的文章了。

【模板1】无压力阅读的“列举型”

将手头的信息按要点分门别类后具体阐述的就是“列举型”。

写作顺序为“**A:整体构思→B:列举要点1→C:列举要点2→D:列举要点3→E：总结**”。

当你想阐述多个信息时，此模板非常有用。

【列举型的文章】

【A】碳酸水有3个优点

【B】第一点，入口时的爽快感

【C】第二点，具有防止暴食的效果

【D】第三点，具有缓解疲劳的效果

【E】碳酸水是有益身心健康的

如上，把碳酸水的优点分成三点，读者就很容易接受了。另外，当手头的信息处于待具体化的状态时，需要有“敢于分成几个要点”的想法。相反，手头的信息分得过于详细时，需要有“敢于把信息合并在一起”“敢于给信息排优先顺序（按排名高到低）”的想法。

【模板2】提升信服度的“结论优先型”

当你想重点传达核心内容时，这个模板再适合不过了。

写作顺序为“**A：结论→B：理由・依据→C：具体事例・详细内容→D：总结**”。

当你想通过文章得到读者的认同，就用这个“结论优先型”模板。

【结论优先型的文章】

【A】我每天散步30分钟。

【B】原因是适度流汗能焕活身心。

【C】自从一年前开始坚持散步，精神压力减小了，也不容易感冒了。

【D】今后我会坚持每天散步。

围绕“我每天散步30分钟”这个核心内容（结论）写，不但使逻辑更清晰，还会降低跑题的风险。

理由（焕活身心）和具体事例（精神压力减小+不容易感冒）是为了使结论（我每天散步30分钟）更有说服力所必需的支撑信息。

这种结构的文章，更有说服力。

【模板3】易产生共鸣的“故事型”

想通过故事记叙时就用这个模板。

写作顺序为“**A：消沉状态→B：转机→C：转变与成长→D：展望未来**”。

当你想唤起读者的共鸣时，就用这个“故事型”模板。

【故事型的文章】

【A】以前的我最不擅长整理收纳。

【B】改变我的价值观的是一本叫《怦然心动的人生整理术》的书。

【C】按照这本书的方法，如果只保留让自己“心潮澎湃的东西”，身边的一切会变得焕然一新。

【D】今后我也想一边听从自己的心声一边做好整理收纳。

不擅长整理收纳的人，通过遇见一本书，观念和习惯发生了翻天覆地的变化。

这个扣人心弦的故事情节，就是引起读者共鸣的关键。相比“应该这样整理”这种说教的方式，唤起读者共鸣的写作方式更能打动读者的心。

证明模板有效的其他理由

模板的各个部分会帮你完成自问自答

写文章时，用“自问自答”的方式思考是非常重要的。

举个例子，“我的兴趣爱好是看电影”中隐藏着“我的兴趣爱好是什么？”的设问。

“我最喜欢看《肖申克的救赎》”中隐藏着“我最喜欢看哪个作品？”的设问。

在很多情况下，自问自答是在无意识中进行的，那些擅长写作的人则始终有意识地进行着自问自答。他们很清楚如果提出一个尖锐的问题，则会得到尖锐的回答；如果提出一个深刻的问题，那么获得深刻回答的概率会更高。

另一方面，不擅长写作的人中会有觉得“自问自答太难了”“不知道怎么写”的人。对于这些人来说，模板更是非常难得的存在。

为什么这么说呢？因为模板中保留了“自问”形式。举个例子，结论优先型文章的写作顺序为“A：结论→B：理由・依据→C：具体事例・详细内容→D：总结”。实际上，模板接手了本来是作者应该做的自问自答。

自问1（为了写内容A而提出问题）
→你想推出怎样的结论？

自问2（为了写内容B而提出问题）
→其结论的理由及依据是什么？

自问3（为了写内容C而提出问题）
→与其结论相关的具体事例及详细内容是什么？

自问4（为了写内容D而提出问题）
→可以总结一下全文吗？

如上所述，模板就是像这样向你提出问题的。写作者通过回答这些问题，会收集到写作所需的素材。

自问 1　你想推出怎样的结论？
回答 1　建议想帮助孩子提高语言能力和阅读理解能力的家长给孩子读绘本。

自问 2　其结论的理由及依据是什么？
回答 2　这是因为孩子们可以通过比较图片和词汇来有效地理解并记住词汇的含义。

自问3　与其结论相关的具体事例及详细内容是什么？
回答3　举个例子：一位老爷爷在门廊坐着，没见过门廊的孩子是无法理解“门廊”这个词的。但是，通过绘本可以确认到门廊的图片。这时，孩子会把图片和语言结合起来记忆。

自问4　可以总结一下全文吗？
回答4　经常“和大人看绘本”的孩子，他们在看绘本的同时会在大脑中构思画面。其结果是，无论是语言能力还是阅读理解能力都有提升。

像这样，通过认真回答提问的内容，收集到了写作所需的素材。不擅长自问自答的人也可以使用模板发出的“提问”代替“自问”，写出具有实际意义的文章。

使用模板可以加快写作速度，提升文章质量

当你想去一个从未去过的目的地兜风时，如果没有导航你觉得会怎么样？恐怕这一路都在晕头转向，或者是绕好大一个圈子。

写文章时起导航作用的就是模板。

本书分4个至5个部分介绍模板。该部分相当于导航中的“显示目的地”。只要跟随“显示目的地”的路线前进，驾驶员就不会迷失方向或绕道行驶。当然，你可以用最短且最快的方式到达目的地。

模板其实还有一个优势，就是没必要为路线而烦恼，可以把注意

力全部集中在内容写作上。

换句话说，**使用模板不仅可以加快写作速度，还可以提高内容质量**。

然而，不使用模板的人很容易发生走弯路、走错路线、朝相反的方向前进等情况，会被迫低效推进。

最糟糕的情况是，不仅没有达成目的，还被质疑文章支离破碎，看不明白到底想说什么……不知道正确的路线而陷入混乱的状态，当然无法集中精力写文章了。

虽然开车兜风时不知行驶路线而受困扰的人是自己，但是换成是写文章，除了给自己带来困扰，还会给其他人（读者）带来麻烦。

写作模板作为导航赋予了你安全感，为你增添了写作的乐趣。要说为什么，就是因为你不必每次费尽心思地纠结应该走哪条路。

“写文章真麻烦”“写文章真无聊”这样的问题大部分都可以通过使用模板来解决。模板是每个写作人员必备的工具。

使用写作模板前需确认的5项内容

①写这篇文章的目的是什么?

写文章一定是有目的的。

你想邀请朋友出来喝酒时，给朋友发的信息中是不是含有某种目的呢？应该不是只想问朋友去不去喝酒这么简单……肯定是希望朋友爽快地回复“好啊”。

同样，写食谱的目的是帮人轻松地做出美味佳肴，制作宣传单的目的是让顾客购买东西，写业务委托相关邮件的目的不就是想得到对方肯定的反馈吗?

当然，根据不同的写作目的，你选择的模板也会有所不同。

想毫无遗漏地传达给对方信息时使用“列举型”，想提高说服力时使用“结论优先型”，想引起读者共鸣时选择“故事型”则更有效。或者也有使用组合型模板更有效的情况（在第5章中将介绍组合型模板）。请根据写作目的选择最适合的模板吧!

②读者是谁?

为了达到文章的目的，一定要明确对方，即读者是谁。未明确对方是谁的情况下，我们是无法写出好文章的。就好比你连恋爱对象都没有，怎么能写得出来情书呢？不要以“有很多读者……”为借口而逃避。举个例子，在制作宣传单时，你最希望谁看到宣传单呢？是70后的男性还是90后的女性呢？如果是90后的女性，根据已婚还是未婚，她们的思维和需求是不同的。或者，即使是90后的女性，有孩子或没有孩子，她们所关注的事情和对事物的认知水平也是有很大差距的。

比如，关于写影评这件事。超级喜欢看电影的人群和一年只看两三部电影的人群关注的信息是完全不同的，而且，他们之间也存在很大的认知差异。再如，关于写策划书这件事。根据读者是同部门的同事、公司领导、合作方还是客户……使用的言辞和策划书的内容是要随之变化的。进一步说的话，公司领导也分好多人，假设有铃木部长、小林董事、佐藤社长等，而他们的关注点却各不相同。铃木部长的关注点在于这个项目的人员成本，小林董事的关注点在于这个项目的盈亏平衡点，而佐藤社长的关注点在于这个项目给企业带来的品牌价值。

思考读者是谁是为了达成文章的目的，是确认读者的反应，理解他们的需求、认知及理解水平的关键过程。

无论写什么文章，必须先明确读者是谁。

③读者的需求是什么？

明确好目标读者后，接下来必须要落实的事项是，掌握读者渴望（需求）的东西。通过收集以下事项的答案，你就会大致了解到读者（对方）的需求是什么了。

- 他需要的是哪方面的信息呢？
- 什么样的信息会让他满意呢？
- 他有怎样的顾虑和苦恼以及未解的难题呢？
- 他有怎样的价值观呢？

如果是为了诱导对方购买商品和服务而写的文章，那么关于金钱观的调查也是大有必要的。为了在超市买到多节省一分钱的纸巾而翻遍整个货架的人和看都不看一眼价签直接把手感好的高级纸巾装入购物车的人，他们对“购物”的思维方式和标准是不一样的。

写文章好比给读者送礼物。

无论写作者多么有自信地说“读者看了这个一定会很高兴”，如果未能满足读者的需求，恐怕读者是高兴不起来的吧。相反，如果正合读者的需求，那么读者自然会欣然接受。

为了满足读者的需求，应该多和读者（对象）进行沟通，多关注读者、多一些调查和了解，这点很关键。

未经交谈、观察或调研，仅凭空想象是很危险的。

反过来说，即使写得有点生硬、粗糙，只要能满足读者的需要，文章的目的就很容易达成。

④希望读者作出怎样的反应？

为了达成文章的目的，你希望读者有怎样的反应呢？

进一步说，你需要什么样的策略来实现你的目标呢？

假设看到情书的人作出的反应是“从来没有收到过让我这么开心

的信”，那么可以说你基本上已达成目的了。

【读者的反应（示例）】

- 真有趣！
- 很受益！/涨知识了！/很有用！
- 说到我心坎上了！
- 真棒啊！/精彩极了！
- 了不起！
- 通俗易懂！
- 原来如此啊！/终于明白了！
- 令人震惊啊！/不可思议！
- 很有创意嘛！/新颖！/第一次听说！
- 好感动啊……/真难受……
- 好伤心啊……
- 深感歉意……
- 让我鼓起了勇气！/让我振作起来了！
- 很深刻！/很尖锐！

写作者不能交由读者决定该作出怎样的反应。

读者的反应该由写作者决定。

“决定读者的反应=设定目标。”当你设定完目标，大脑就会开始思考，为了达成这个目标我应该怎么做？（我应该写怎样的文章？）其结果是，大大提高了文章的质量。

⑤读者的知识水平如何?

当你阅读大学教授或研究人员写的文章时，有没有觉得“很难”“专业性太强”“无法理解”?

实际上，头脑聪明的人、学识渊博的人、专业性高的人，未必能写出浅显易懂的文章。相反，因文章过于复杂导致读者无法理解的事情时有发生。

这是因为，多数情况下，写作者在写文章时根本没有考虑读者（对象）的水平，误认为读者的知识水平及理解能力都与自己持平。其结果是，搞得读者一头雾水。

- 迎合读者的知识水平
- 迎合读者的阅读理解水平

这是写出条理清晰的文章的秘诀。写文章无非是使用易于捋清的顺序和易于理解的词汇向读者传递信息。

尤其当编写你认为理所当然的事情（信息）时，需要特别注意。因为**你认为的理所当然的事情可能并非是读者认为的理所当然**。很多情况下，读者对这些事情是一无所知的。

订阅服务也呈现出了变革的态势。

如果读者对订阅服务有充分的了解，那么上面这种表达方式是没有问题的。但是，如果读者对订阅服务毫不知情，那么这篇文章就属于自以为是的糟糕的文章。必须补充说明内容，让读者充分了解。

订阅服务也呈现出了变革的态势。所谓订阅服务，是指通过支付费用享受一定期间内的服务，包括亚马逊会员（Amazon Prime）和网飞公司（Netflix）的定额收费服务。

像这样补充说明订阅服务的定义，读者才能理解“哦，订阅服务原来是这个意思”。

还有像“呈现出了变革的态势”这种比较生硬的措辞，可以改为“正在发生巨大的变化”这种普通的说法，这样或许读者更容易理解。

因此，写文章时提前了解读者的立场、知识水平和阅读理解能力是很重要的。

在把握了这些情况之后，能写出让读者容易理解的文章的人才是妙笔生花的写作者。

写文章
先从一行字开始

一行字概括是迈向“条理清晰”的第一步

每一篇文章最终都可以用一行字来概括，与文章的长短无关。

论文的题目、书籍的名称，都是用一行左右的文字来体现的。

如果作者无法用一行文字概括的话，那么这篇文章也不会好到哪去，因为这说明作者没有把握好自己想传达的核心内容。用一行文字传达不了的东西，用10行、100行都是无法传达的。这就是把握好中心思想的重要性。

本书介绍的模板都分为4~5个部分。如果是平时经常写的文章（已整理写作素材），很快就可以进入写作状态中了。如果是第一次写或者是还未整理写作素材的情况，可以先练习列提纲，一行字概括各部分内容。

以第3章介绍的结论优先型模板为例，提纲的格式如下。

A 推出结论 ▼	预防感冒是一件非常重要的事情。
B 阐述理由·依据 ▼	感冒的成本是很高的。

C 阐述具体事例·详细内容 ▼	一旦感冒就要去医院看病，会增加医疗费、药费的开销。
D 总结	平时就应该保证充分的休息，提高身体免疫力。

实际上，如果能用一行文字准确地概括每段的内容的话，就能写出条理清晰、易于理解的文章。

其实有些人读完上述提纲后已经理解了文章想表达的内容，这是因为作者已经准确地提炼出了想要传达的中心思想。

反过来说，如果无法用一行文字提取文章中心思想的话，通往“条理清晰的文章”和“有魅力的文章”的道路就会很艰难。

如果提纲不是很完美，或者不太满意，则说明尚未达到扩充内容的阶段。“零”再怎么扩充也只不过是“零”。

列提纲就是用一句话提炼每段内容的中心思想的过程。当无法列出提纲时，要意识到自己头脑尚处于混乱状态，需要先整理信息。

【信息的整理方法】

①将手中的信息分为“有用信息”和“无用信息”。

②给“有用信息”进行先后排序。

③将靠前的信息作为一行概括的素材。

假设你去听了一场演唱会，给你留下了非常深刻的印象。如果想把印象深刻的理由反映到提纲中，那么你需要按如下方式整理手头的信息。

① 划分信息→列出印象深刻的理由后，将其划分为“有用信息”和“无用信息”。

比如，从“这是时隔两年举办的复出演唱会”“音响和舞台太惊艳了”“歌曲撩人心弦、富有真感情”“演奏了好多热门歌曲”中选出“这是时隔两年举办的复出演唱会”和“歌曲撩人心弦、富有真感情”作为有用信息。

② 定先后顺序→接下来给选出的两个有用信息进行先后排序。按照印象深刻的顺序排序为“歌曲撩人心弦、富有真感情”“这是时隔两年举办的复出演唱会”。

③ 一行字概括→使用顺序最靠前的“歌曲撩人心弦、富有真感情”作为中心思想。

示例：声情并茂，动人心弦。

也可以将排第二位的内容加进去。

示例：在时隔两年举办的复出演唱会中，他（她）的表演声情并茂，动人心弦。

列出令人满意的一行概括，相当于文章已经写了一半。接下来，围绕中心思想丰富内容就可以了。

抽象概念与具体概念相互转换

写作就是将抽象概念和具体概念进行融合的过程。比如，在第37页的提纲中提到的“成本”，这个词本身就很抽象，不同的人理解的意思是不同的。成本的释义中含有生产成本、成本价格等，也包含劳力和时间的含义。

在C“阐述具体事例・详细内容”中，针对B“阐述理由・依据”中体现的“成本”做了具体的描述。“去医院看病”指的是时间和劳力上的成本，“会增加医疗费、药费的开销”指的是金钱上的成本。

像这样，通过抽象概念与具体概念相互转换使读者理解起来更容易。下面接着展示抽象与具体关系的示例。

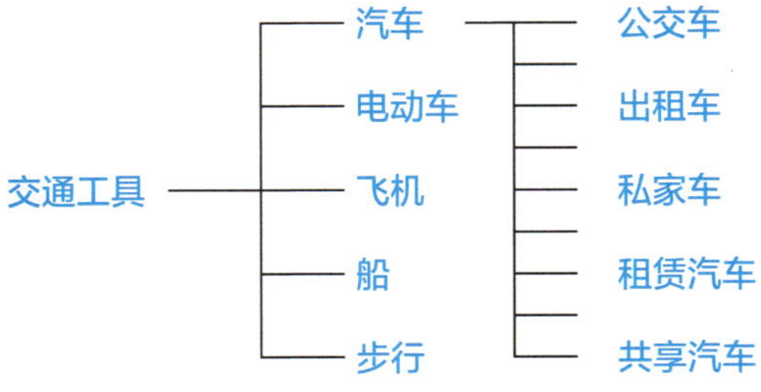

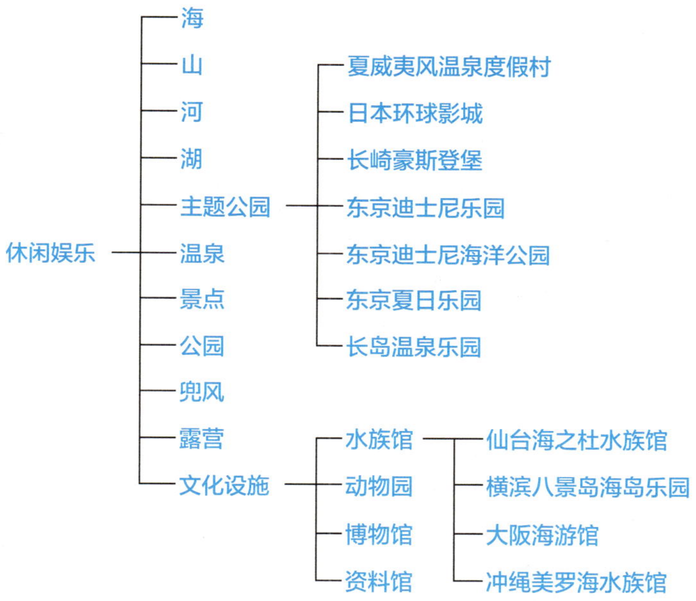

当然，如果把这里具体的各个设施进一步具体化的话，各个休闲设施的特征就会更加凸显。

写文章时，具体到什么程度，要根据写作者想传达到什么程度和读者想了解到什么程度而变化。

需要注意的是，有时即使写作者认为这样写应该可以看得懂，但是对于读者来说还没有具体到能够理解、认同的水平（高度抽象）。

重要的是，写作者不能随心所欲地决定具体化的程度，而是需要结合读者的理解、认知水平而定。

从列提纲到扩展句子的过程可以理解为将中心思想（=高度抽象）具体化的过程。

写作之前需确认的“清单”

通过确认这5项内容，可以更轻松地创作文章，并且大幅度地提高文章质量，最终达成写文章的目的。

① 写这篇文章的目的是什么?

② 读者是谁?

③ 读者的需求是什么?

④ 希望读者做出怎样的反应?

⑤ 读者的知识水平如何?

第 2 章

用“列举型”模板开启轻松、无压力的写作征程

想整理并传达多个信息时，使用列举型模板是比较方便的。即使有很多需要传达的事项，也可以条理清晰地传达给对方，避免给对方造成思维混乱。

组织并传达多条信息的“列举型”

“列举型”模板

A **传达整体构思**（告知列举的数量）

└ 文章中有3个……

▼

B **列举要点1**

└ 第一个是……

▼

C **列举要点2**

└ 第二个是……

▼

D **列举要点3**

└ 第三个是……

▼

E **总结**

└ 因此……

什么是“列举型”模板?

列举型模板是针对某一个主题、分成几个要点传达的模板。在文章开头部分表明接下来要传达的主题和列举的要点的数量后，再依次传达要点。

【列举型的文章】

铃木医生为健康敲响的警钟有以下3点。第一点是慢性睡眠不足，第二点是精神压力过大，第三点是不合理的饮食习惯。只要改善这3点不良状况，身体状况就会显著好转。

试着分解以上内容。

A 传达整体构思	铃木医生为健康敲响的警钟有以下3点。
▼	
B 列举要点1	第一点是慢性睡眠不足。
▼	
C 列举要点2	第二点是精神压力过大。
▼	
D 列举要点3	第三点是不合理的饮食习惯。
▼	
E 总结	只要改善这3点不良状况，身体状况就会显著好转。

通过传达整体构思，可以了解到接下来具体会讲几方面的内容。这样可以让读者提前做好心理准备，更容易接受接下来讲的内容。

这种结构不仅可以应用于写作，善于表达的人经常会套用于各种场合。

比如，婚礼上嘉宾的致辞。不善言辞的人说话不得要领、啰里啰唆地说个不停，参加婚礼的其他嘉宾是根本听不进去的，甚至会引起诸如“这个人到底想说什么啊？”“到底想说到什么时候？”这样的烦躁和焦急的情绪。

相反，如果是擅长演讲的人就会开门见山，亮出主旨“今天我要分享保持夫妻关系和谐的三个秘诀”，或者是“我要对新郎大辉先生提出两个请求”，像这样传达整体构思。

“传达整体构思”也可以理解成“交出文本地图”。拿到“地图”的读者，通过了解话题的行进方向，可以专注地听下去。

条理不清晰的文章与列举型的文章相比……

【原文（条理不清晰的文章）】

我建议大家养成读书的习惯。读书就像畅游在未知的世界里，可以学到很多知识，也可以积累词汇量。积累了丰富的词汇量后，你就可以在各种场合正确地使用词汇，继而从自己的个人经验和体验中获得丰富的知识和教养。一边接触书本上各种各样的信息，一边加深知识和自身素养，同时还可以加强词汇能力，这是读书的乐趣所在。

另外，读书可以让人变得更加宽容，因为书中会出现很多与自己的价值观和人生观不同的人物。通过了解不同人的思维方式，对与自己的风格完全不同的人也可以宽容以待，做人的气量也会变大。读书不仅可以促进自己成长，还可以为人生和工作创造更多的机会。

最有价值的自我投资不就是读书吗？是的，没错，词汇能力不在于掌握词汇的数量，而是每次都能正确使用的活用能力。

坦白地说，这篇文章真的不敢恭维。文章混乱无章，貌似没有被梳理过。有可能是写作者想到什么就写什么的缘故（恐怕都没有重新读过）。

写作者本人可能因为把自己想表达的内容都写出来而感到心满意足。但是，对于读者来说却是一种困扰。因为这种文章理解起来非常吃力，不仅看着乏味，还看不出文章主旨，读者是无法专注地读下去的。

因此，如果想列举多个并列关系的信息（有必要一一列举出来的话），列举型模板就是法宝。

【修改文（列举型的文章）】

A
传达整体构思
▼

我建议大家养成读书的习惯，读书的好处有以下3点。

B 列举要点1	第一点是，增加知识和提高自身素养。个人的经历和受到的教育是有限的，但读书可以打破这种局限，使人不断获取新知识，提高自身素养。这是读书的一种极大的乐趣。
▼	
C 列举要点2	第二点是，加强词汇能力。词汇能力不在于数量，而是每次都能正确使用的“活用能力”。从读书中获得的语言应用能力，可以帮助你发挥和提高（表达·写作）潜在能力。
▼	
D 列举要点3	第三点是，变得更加宽容。书中会出现很多与自己的价值观和人生观不同的人物。通过了解不同人群的思维方式，可以培养对“异己人群”宽容的品质。换句话说就是“使自己的格局变大”。
▼	
E 总结	读书不仅可以促进自己成长，还可以为人生和工作创造更多的机会。最有价值的投资，不就是读书吗?

在开头部分明确表明要传达的内容一共有几点，相当于交给读者一份文本地图。在此基础上，按照“地图”上的说明依次列举出来。

一共有3点→第一点→第二点→第三点，看修改后的文章仿佛在看一场流畅的接力赛，从易读和易理解这两方面就完胜原文。对于读者来说这应该是一篇亲切耐读的文章。

使用技巧①
说明文章的写作意图

列举型模板的最大特点是A“传达整体构思”。

在文章开头就明确表达讲什么、讲几点，这样的话，读者更容易掌握文章的来龙去脉，从而更容易理解下文。

- 来龙去脉不详→读者会感到精神紧张，有可能理解不了后面的文章。
- 来龙去脉明确→读者会感到安心落意，轻松地就能理解后面的文章。

下面是一些关于传达整体构思的示例：

- 我爱用这支圆珠笔的理由有2点。
- 学生创业的好处有以下3点。
- 每天步行30分钟对健康有5个好处。
- 今天我对各位提出3个请求。
- 我公司今年开展了4项工作。
- 是否患有手机依赖症，有5项判断标准。

在传达整体构思时，也可以不用数字，而是用“有如下几点”这样的表达方式：

- 有几种提高时间效率的方法。
- 想顺利毕业，必须通过几项考试。
- 想要解决这个问题，需要研究几个方案。

如果文章含有特意让读者坐立不安的目的，这种写法也不是不可以。但是，没必要卖关子时，最好用数字表示出来，这样显得文章一目了然。

- 有4种可以提高时间效率的方法。
- 想要顺利毕业，必须通过3项考试。
- 想解决这个问题，需要研究如下3个方案。

使用技巧②
列举的要点要简洁

在开头部分传达整体构思后，再将需要传达的事项（列举要点）一一阐述清楚（B~D）。

下面是表述B~D的列举要点时使用的典型的连接词。

B第一 ↓ C第二 ↓ D第三	B第一点是 ↓ C第二点是 ↓ D第三点是	B首先是 ↓ C其次是 ↓ D再次是

另外，在列举B~D的要点时，每一部分开头要简单地写一下想分别传达的结论。前面讲过的修改文章中，就有相对应的部分。

> B第一点是，增加知识和提高自身素养。
> C第二点是，加强词汇能力。
> D第三点是，变得更加宽容。

如果在列举事项的开头啰里啰唆地写不得要领的文字，则会写出读者难以理解的文章。

【列举事项啰嗦复杂的示例】

这个第一点吧，其实从自身经验和体验中获得的知识和教养是很有限的。因此，通过了解书中各种各样的信息来加深知识和提高自身素养是读书的极大乐趣。是的，你可以从读书中获得知识并能提高自身素养。

冗长的说明连绵不断，结论却抛在最后。好不容易运用列举型整理了信息，结果把列举要点弄得乱七八糟，这种写法毫无实际意义。

专栏

适用于SNS的小技巧①
传达的内容越多越需要归纳总结

SNS的好处是可以轻松自在地发表自己的心情和想法，可以是书评、影评，也可以是旅游攻略、美食点评。

虽然如此，也不能想到什么就啰里啰唆地乱写一通，读者的耐心可是有限的。

想传达的事项越多越应该用列举型归纳总结。

- 我认为这个电影有3个看点。
- 我从这本书中学到了2个方面的知识。
- 听完老师的演讲后，我给自己设定了5个待做课题。

当给读者呈现主题和数字时，会自然而然地勾起读者的求知欲。

使用技巧③
总结时把共通项抽象化

整理完B~D的列举要点后，最后写E的总结部分。写文章的总结部分时，要意识到将所有的列举要点概括起来。

前面讲的例文中将增加知识和提高自身素养、加强词汇能力、变得更加宽容这3个好处作为未来的志向进行了概括。

读书不仅可以促进个人成长，还可以为人生和工作创造更多的机会。

并且用写作者想表达的观点来结束文章。

最有价值的自我投资，不就是读书吗？

如果说列举要点是具体化的，那么最后的总结应该是抽象化的。在总览列举要点的同时，找出列举要点的倾向及共通点，就能做出经典的总结。

例文①　PR文章（宣传类文章）“关于上门做饭服务的介绍”

首先，列提纲把握文章中心思想。

A 传达整体构思	“微笑餐饮服务”有如下3种特色。
▼ **B** 列举要点1	第一，料理品质上乘。
▼ **C** 列举要点2	第二，美食大师会提前了解情况。
▼ **D** 列举要点3	第三，陪同购买食材。
▼ **E** 总结	请拨打直通热线或访问下面的网址进行咨询。

接下来，扩展各部分的内容。

A 传达整体构思	我司提供的“微笑餐饮服务”是上门做饭的服务，由专业的美食家亲自到访贵宅精心制作美味的料理。本服务有如下3种特色。
▼	

B 列举要点1	第一点是，料理品质上乘。 到访贵宅的美食大师（料理人）已全部通过我司研修中心3个月的严格培训。每个料理人对自己的烹饪实力充满自信，受到了客户的一致好评。如果您有需求，我们还可以在短时间内快速做出多种菜品（只要是在规定的时间内，菜品数量无限制）。美食专家还可提供很多丰富的预制食谱。
▼	
C 列举要点2	第二点是，美食大师会提前了解情况。 美食大师会提前与客户通话沟通了解客户的需求和忌口的情况，从而向客户提供满意的料理。
▼	
D 列举要点3	第三点是，陪同购买食材。 根据客户的需求，可以提供陪同购买食材的服务。可以在到超市一同选购食材的同时商量要准备的菜品。
▼	
E 总结	为满足客户的多样化需求，给客户提供满意的美味佳肴是“微笑餐饮服务”的宗旨。请通过拨打直通热线或访问下面的网址进行咨询。

这是一篇营销类文章，其目的是让读者（对服务感兴趣的人）动心并认可，最终让读者心甘情愿地购买服务。

通过扩展料理品质上乘、美食大师会提前了解情况、陪同购买食材这3点的内容（写得具体详细），读者对服务内容的理解会更加深刻。

用列举型的形式整理的要点，会使读者对每个要点都记忆深刻。假设将要点整理得乱七八糟，那么读者就很难理解，甚至会过滤掉重要的信息。

当然，服务的魅力不一定就是3点，5点或者7点都是可以的。尤其是那些价位比较高的服务产品，展示的魅力越多，成交量（申请购买量）就会越多。

写作者经常会问的一个问题是：一篇文章的理想的长度是多少？对于这个问题的唯一的回答就是：为了达成目的而需要的长度。

如果是1000日元的产品，可能用5行到10行的文案就能卖得很好，如果没有相当的品牌力，用5行到10行的文案卖30000日元的商品是极其困难的。营销文案需要具备与价格相匹配的说服力。

如果是服务相关的推广文案，其目的是让读者购买该服务。为了达成目的，则需要准备充足的具有说服力的亮点来提高读者的购买欲望，让读者下决心去购买。

总之，可以根据商品或服务的内容以及价格把握文章的长度。

例文②　会议报告（商务文件）“关于展会上展位的决定事宜”

首先，列提纲把握文章的中心思想。

A 传达整体构思	关于参加“2020年度春季工作项目展示会”事宜，新作出了以下3点决定。
▼ B 列举要点1	【展位大小】展位的大小为6m×3m。
▼ C 列举要点2	【展位搭建方】展位搭建方是“BOOSTAR”。
▼ D 列举要点3	【推荐商品】主推的商品是，最新出品的“超级速干工作服VITA”。
▼ E 总结	提高“VITA”的认知度，争取3日内接收1500个订单。

接下来，扩展各部分的内容。

A 传达整体构思	现将昨天（21日）的项目会议精神传达给大家。关于参加“2020年度春季工作项目展示

会”的事宜，新作出了以下3点决定。

▼

B
列举要点1

【展位大小】
展位的大小为6m×3m。今年定的展位虽然比历年的小一些，但是从附件资料可以很清楚地看到展位的样子，展位位于一个角落（C-2），有两面是通道。而且其中的一个通道是从正门连接至舞台的主通道，预计今年的客流量将是去年的两倍以上。

▼

C
列举要点2

【展位搭建方】
这次合作的展位搭建方是“BOOSTAR”。“BOOSTAR”是一家拥有40多年老字号的专业装饰公司，利用广告牌展示产品性能的视觉传达效果是他们的强项。我们已经和活动组负责人进行了多次沟通，展位设计方案也已经到位（上层领导正在审批）。

▼

D
列举要点3

【推荐商品】
展会期间我们主推的商品是，最新出品的超级速干工作服VITA。如今，对抗暑产品的需求不断增长，最新的速干技术VITA有可能成为我们未来的旗舰产品。在展会上，我们将布置速干体验空间，积极推广我们的品牌。

▼

E
总结

本次出展期间我们竭尽全力提高VITA的认知度，争取3日内接收1500个订单。感谢大家的支持与配合。

这是一篇将会议的决定事项传达给项目组成员的商务文件。这个例文使用列举型模板将参展相关的3个决定事项作成了一份报告。

就商务文件而言，采用逐条列举的形式是比较常见的（有效进行信息传输）。

在这个例文中，虽然不是完整的逐条列举的形式，但是通过【展位大小】【展位搭建方】【推荐商品】这种中括号来强调了3个传达的重点事项。每个要点需具体到什么程度，取决于读者需要多少信息。

在某些情况下，稍微丰富一下概括的内容就可以满足读者需求，而某些情况下，最好对每个列举要点再做更详尽的补充。

假设进一步需要关于【展位搭建方】的信息，则需要简明易懂地解释全面。

加底纹标颜色的部分为扩展的内容。关于扩展内容的事宜刚刚也提到过，就是将信息进一步具体化的过程。

当无法再进一步具体化时，说明掌握的信息不够充足。需要通过查资料、听取他人的意见、实地考察（亲自体验）等方式，收集写文章所需的素材。

C 列举要点2	【展位搭建方】 这次合作的展位搭建方是“BOOSTAR”。“BOOSTAR”是一家拥有40多年老字号的专业装饰公司，至今已为xxx公司、xxx公司等

1300家企业提供了展位搭建服务。

使用广告牌发挥视觉传达效果是他们的优势，利用其别出心裁的宣传语、logo设计、配色、灯饰等的宣传作用，在各展会上发挥了出众的招揽客人的能力。改为与“BOOSTAR”合作后，不少企业的客户增长率、商谈率、销售率都提高了3倍以上。

我们已经和活动组负责人进行了多次沟通，凸显我司风格和商品的展位设计方案也已经到位（上层领导正在审批中）。

专栏

适用于SNS的小技巧②

用排行榜单吸引读者眼球

以个人的名义发SNS时，可以考虑发布个人喜欢的排行榜。

比如，标题写“我最喜欢的5个电影”，再依次公布，第1位：《老爷车》；第2位：《千钧一发》；第3位：《摇晃》；第4位：《恋爱小说家》；第5位：《无间道》。再如，想公布你最喜欢吃的面包时，标题可以写“我最喜欢吃的3种面包”，再依次公布，第1位：奶提包；第2位：肉桂卷；第3位：牛角包。

排行榜从广义上来讲也属于列举型。用这种排行榜的形式既通俗易懂又带有娱乐性，说不定会很受欢迎。如果再添加各自的理由就更好了。

例文③　提供经验（博客文章）“预防夏日倦怠症的3种食材”

首先，列提纲把握文章的中心思想。

A 传达整体构思	下面介绍对预防夏日倦怠症非常有效的3种富含维生素B1的食材。
▼ B 列举要点1	第一个是猪肉。
▼ C 列举要点2	第二个是荞麦面。
▼ D 列举要点3	第三个是豆腐。
▼ E 总结	经常吃这3种食物，一起平安度过炎夏吧。

接下来，扩展各部分的内容并完成文章。

A 传达整体构思	烈日当空、骄阳似火的夏季，为了不患上夏日倦怠症，应该注意怎样的饮食习惯呢？维生素B1是必须要摄取的，因为它具有很好的去除

乳酸的效果，被称为“消除疲劳的维生素”。这次我们就来介绍富含维生素B1成分的3种食材，对预防炎夏效果很显著哦！

▼

B
列举要点1

＜1＞猪肉

其实猪肉中维生素B1的含量比牛肉和鸡肉高5~10倍。提起猪肉，有些人可能第一个想到的就是价格便宜的五花肉，其实五花肉大部分是脂肪，而且维生素B1含量很低，对预防夏日倦怠症起不到什么作用。

如果想以预防夏日倦怠症的目的选择猪肉的话，建议选择富含维生素B1的里脊肉和大腿肉，尽量选择购买瘦肉。另外，洋葱和大蒜是猪肉的绝配食材。洋葱和大蒜中富含的烯丙基化合物有助于促进维生素B1的吸收，加快恢复精力。

▼

C
列举要点2

＜2＞荞麦面

荞麦中不仅含有维生素B1，还含有可增强身体抵抗力的维生素B2，以及优质的蛋白质和膳食纤维。如果再加上营养丰富的秋葵或山药，可以期待更高的抗疲劳效果。

但是，不推荐以小麦粉为主成分的荞麦面。建议食用100%荞麦面（荞麦含量100%）或80%荞麦面（荞麦含量80%）等荞麦含量较高的面（含有丰富的维生素B1）。

▼

D
列举要点3

＜3＞ 豆腐

豆腐不仅口感好，还可以凉拌，非常适合夏季食用。除了优质的蛋白质之外，还富含维生素B1。最经典的吃法还是炸豆腐，配料可以选用含有“姜油酮”的生姜，这种辛辣的成分有助于缓解疲劳。

另外，吃含有生姜和大蒜的麻婆豆腐发汗，对预防夏日倦怠症很有效。大蒜中含有的大蒜素可以促进维生素的吸收。

▼

E
总结

暑热长期持续会导致食欲下降，体力减弱，很容易疲劳。不能让这个原因影响我们的工作与生活。所以我们要经常吃猪肉、荞麦、豆腐等富含维生素B1的食物，平安度过难熬的苦夏。

写博客文章时列举型模板是很适用的。作为预防夏日倦怠症&有助于恢复精力的食物有：猪肉、鳗鱼、毛豆、韭菜、糙米、芝麻、梅干、柠檬、猪肝、鲅鱼、西兰花、瘦肉鱼、西瓜、鳄梨、纳豆、香蕉、黄瓜……像这种只列出一堆食物名称的话，读者会不知所措的。

在这类文章中，可信度和说服力是很重要的。如果不能显示出各个食材所含的营养成分以及营养对于预防苦夏的效果的话，就无法得到读者的接纳。

由此可见，集中体现三种食材的例句不仅增强了读者的专注力，还会给予读者“只要经常吃这3种食物就可以了”的心理上的安全感。

当然，为了给予读者安全感，有必要将这些食材“为什么可以有效预防夏日倦怠症”的依据罗列出来。

例文中针对3种食材的营养成分及其效果做了具体的描述,并且还推荐了每种食材的最佳配料，通过这种组合说明法将原有信息升华为更有价值的信息。

另外，在开头部分就写了有用的信息，即“摄取维生素B1是至关重要的，因为它具有很好的去除乳酸的效果，被称为恢复精力的维生素”，这样的开头起到引起读者阅读兴趣的重要作用。

相反，如果仅以“摄取维生素B1是至关重要的”这种抽象的描述开头，则不会吸引读者。

列举型文章的开头部分是传达整体构思的部分，为了引起读者的阅读兴趣，应该在开头的内容和写法上多下功夫。

专栏

适用于SNS的小技巧③
畅销书中学到的大脑处理信息的秘密

精神科医生桦泽紫苑先生曾写道："大脑一次性最多可以记忆并处理3个信息，如果超过3个，大脑就会崩溃并忘记所有的信息。"

这句话的意思就是想说明列举的数量不宜过多。在Facebook和Instagram等社交网络平台上，用户通常都是走马观花式地浏览。

越是想要表达的时候，越要尽量集中在3个方面，一定要有这种写作意识。

例文④ 咨询文（邮件）
“关于贵公司提供的新服务”

首先，列提纲把握文章的框架。

A 传达整体构思	关于新商品“热甜点 MORE”，有如下3点咨询事项。
B 列举要点1	<1>是否有举办新品发布会的计划。
C 列举要点2	<2>是否已准备商品资料。
D 列举要点3	<3>销售店铺是否为xxx和xxx的所有店铺。
E 总结	请确认以上疑问点后给予回复。

接下来，扩展各部分的内容并完成文章。

迪内尔公司——推广部
佐藤一美女士

感谢您一直以来对我社业务的支持。
我是xxx出版社xxx编辑部的山口。

A 传达整体构思

我们计划在12月号（11月26日发行）的《Brand New Goods》杂志上登载贵司的新商品“热甜点MORE”的信息，研究了一些策划方案。
对此，我社有3点咨询事项。

▼

B 列举要点1

<1>
贵司是否有举办新品发布会的计划？
（试吃会之类，只要是可以采访的活动即可）

▼

C 列举要点2

<2>
是否已准备商品资料？
如果已准备好，是否可以将电子版资料发送给我们？

▼

D 列举要点3

<3>
销售店铺是否为xxx和xxx的所有店铺？

▼

E 总结

希望通过杂志的推广文章提高“热甜点MORE”的认知度。
在您百忙之中打扰，非常抱歉，还请您确认后给予回复。非常感谢！

给对方发邮件通常是向对方传达某些事项、向对方提出疑问或者是需要确认的事项。当有多项传达内容或多个疑问事项时，使用列举型模板是非常合适的。

那么，如果不用列举型模板，会写出怎样的文章呢？下面是没有使用列举型模板写的文章示例（收件人和寒暄语省略不写）。

> 我们计划在12月号（11月26日发行）的《Brand New Goods》杂志上登载贵司的新商品“热甜点MORE”的信息，正在研究一些策划方案，贵司是否有新品发布会的计划呢？是否已准备商品资料了呢？
>
> 如已准备商品资料，是否可以给我发一份电子版呢？（试吃会之类，只要是可以采访的活动即可）

内容本身是相同的，但是在七零八碎的内容中包含提问的内容，这种写法很可能让收件人遗漏提问事项。也就是说很有可能针对你提出的3个问题，对方只给你答复了2个。

如果没有得到你想要的回答，那么责任究竟在于谁呢？是收件人的责任？并非如此。责任当然在于发送了一封令对方无法理解的邮件（无法准确把握提问内容）的写信者。

如果想要得到3个提问内容的完整的答复，一定要好好思考如何构思文章。灵活运用列举型模板就是一个很好的解决办法。列举型文章至少会让收件人清楚一共收到了几个提问，避免遗漏。

然而，邮件的内容与一般的文章有所不同，邮件的文本中包含很强的沟通元素。邮件不仅仅是传达自己的需求，还要根据场景**向对方说明必要的事由，或者是讲一些寒暄的话，一定要考虑周全**。

前面的例文中，除了向对方传达将商品信息登载到杂志上以外，还强调了有助于提高新商品知名度的好处。无论是哪一点，都是令对方欢喜的事情。

例文中使用了“百忙之中打扰，非常抱歉”这种礼貌语，在希望对方接受自己的请求时，这是不可或缺的表达方式。

发邮件与面对面交流完全不同，很容易引起误会。因此，为了避免冒犯对方，一定要谨慎使用语言。

立竿见影的技巧①
列举的数量控制在2~7项

在列举型模板的第一步——传达整体构思中，建议列举2~7项内容。进一步说的话，因为奇数会给人一种紧凑感，所以一般多使用5或7这样的奇数。

如果列举项目超过8项，会给人一种压力过重的感觉，让人难以接受。

比如说，开头部分写“一共有8个重点”，看到数字“8”读者的心理负担会加重，当场就会打消读取的念头。

即使文章写得非常出色，没有人读，那就是一篇无价值的文章。就算有人读，但因列举项过多，也会让人很难记忆深刻，这就是文章的一个缺陷。

某心理学研究表明，人在短时间内能够记住的记忆容量为7 ± 2。

结合这个结果思考的话，列举的要点控制在7项以内应该是最理想的。

立竿见影的技巧②
按照重要性由高到低的顺序排列

在多数情况下，列举的要点是可以调换顺序的。比如，调换列举要点1和3的位置，文章是不会被破坏的。

虽然如此，**对于读者来说，他们会认为列举要点1要比列举要点3重要**。

举个例子，假设锻炼肌肉的效果有不容易变胖和睡眠变深这两项。这时，应该把哪项作为列举要点1呢？

答案是“根据具体情况而定”。如果文章的题目是《锻炼肌肉有效塑造完美身材》，那么在列举要点1上安排“不容易变胖”的内容是最适合的。而如果题目是《锻炼肌肉是治愈疲惫的处方》，那么在列举要点1上安排“睡眠变深”是最适合的。

既然读者比较重视列举要点1，那么写作者就不能随心所欲地排列信息。**尤其是，习惯想到什么就写什么的人要注意**。将读者最重视的事项放在第一位，再按照重要性由高到低的顺序列举。

立竿见影的技巧③
分类别列举

列举要点有两个类别时也可以使用列举型模板。在类别1和类别2中分别列举3个要点，按照：1-（1）→1-（2）→1-（3）→2-（1）→2-（2）→2-（3）的方式列举。

A 传达整体构思	当建造新房时，很多人都会考虑设计一间通风好的客厅。通风好的客厅有两大优点和一个缺点。
▼	
B 列举要点1	第一个优点是给人以开放感。这种格局会显得客厅非常宽敞，而且通过安装天棚玻璃窗，会显得客厅更加明亮。
▼	
C 列举要点2	第二个优点是通风好。可以使矮窗和高窗之间的空气流通，起到自然通风的作用。如果在天棚上安装一台吊扇，空气循环会更加顺畅。
▼	
D 列举要点3	有一个缺点就是冷暖效果差。通透的客厅因为空间较大，开空调时，房间冷暖的效果会比较差。在冬天，暖空气容易向上方流失；而在夏天，大量的阳光会涌入房间内，从而更容易保持热量。

E 总结	是否要设计为通透的客厅，要充分考虑利弊之后再决定。

例文是按照：1-（1）→1-（2）→2-（1）的顺序列举的。类别1是通透的优点，类别2是通透的缺点。假设把这个文章按照：1-（1）→2-（1）→1-（2）的顺序列举的话，读者的思维可能就会变得混乱。

在存在多个类别的状态下使用列举型，不能把不同类别的列举点混在一起。一定要遵循先列举完类别1之后再列举类别2的顺序。

立竿见影的技巧④
在“整体构思”部分只阐述一个关键点

毋庸置疑，只传达一个事项时，列举型模板是派不上用场的。但是，作为强调其中之一的手段，也可以利用列举的形式传达整体构思。以下的句子就是示例：

- 工作再忙也不用加班的方法只有一个。
- 黑杰克的必胜法只有一个，就是……
- 注意仪表的人容易成功的原因只有一个……
- 想让孩子提高成绩，请妈妈亲自体验一下接下来要讲的这一个习惯。
- 大有人气的……服务，其实是一个坑。

通过“有一个……”这样的表达方式，能让对方觉得它非常重要。

【例文1】

拍外景时，通过给背景增添绿色，就可以让人感觉到齐藤柔和而温暖的个性。

【例文2】

拍外景时，有一个需要特别留意的地方，就是给背景增添绿色。通过加入绿色元素，可以让人感觉到齐藤柔和而温暖的个性。

例文1和例文2的内容其实是一样的。

但是，能促使读者理解要点的，是在开头部分强调“有一个需要特别留意的地方”的例文2。

就是因为加了“一个”这个数量词，更能强调其重要性，读者的注意力会更集中。

编排①
按照“首先”“其次”“最后”的顺序

列举型模板中有一个模板是按照首先→其次→最后的顺序。列举要点并不是以并列关系体现，而是按时间顺序说明的，这就是编排的成果。

A 传达整体构思	会员积分的使用方法请按照下面3个步骤操作。
▼	
B 列举要点1	首先，下载专用APP并注册为会员。
▼	
C 列举要点2	其次，在“我的”界面中点击“使用积分”。
▼	
D 列举要点3	最后，输入要使用的积分，再点击“确认”。
▼	
E 总结	如果出现错误提示画面，请先退出后再登录，并按照同样的顺序重新操作。

因为列举要点1~3是按照时间顺序说明信息的，所以按照“首先”→“其次”→“最后”的顺序是最适合的。

在最后的“总结”中，以备不时之需做了友情提醒。**由此可见，**

“总结”部分不一定起到总括内容的作用，也可以作为补充说明使用。

重要的是让读者（使用者）易于理解。根据情况，可以按照逐条列举的形式列举要点，请见下面示例。

B 列举要点1	第一步：下载专用APP并注册为会员。
▼ C 列举要点2	第二步：在“我的”界面中点击“使用积分”。
▼ D 列举要点3	第三步：输入要使用的积分，再点击“确认”。

编排②
按照“首先”“其次”“再者”的顺序

下面介绍的是使用“首先”→“其次”→“再者”的顺序的示例。

A 传达整体构思	生活中遇到问题时的应对方法其实很简单。请尝试以下3个步骤。
▼ B 列举要点1	首先，找到问题的原因。
▼ C 列举要点2	其次，消除那个原因。
▼ D 列举要点3	再者，为避免发生同样的问题，采取预防措施。
▼ E 总结	这3个步骤，可应用于工作、社交方面，以及生活中遇到的所有问题。

这里“首先”→“其次”→“再者”的连接词，也可以替换为表示时间顺序的“首先”→“其次”→“最后”。

另外，这个“首先”→“其次”→“再者”也可以用于非时间顺序的文章，请参考下文。这是“首先”→“其次”→“最后”所没有的特性。

A 传达整体构思	容易受到他人青睐的人有3个共同点。
▼ B 列举要点1	首先，他们都非常守时。
▼ C 列举要点2	其次，他们都面带微笑。
▼ D 列举要点3	再者，他们经常说感谢的话。
▼ E 总结	如果你也想成为受欢迎的人，请一定做到这3点。

“他们都非常守时”“他们都面带微笑”“他们经常说感谢的话”，调换这3句话的顺序是没有影响的。因此，这个例文中是不可以使用“首先”→“其次”→“最后”的。

另外，也可以换用列举型最基本的表达方式“第一”→“第二”→“第三”。下面就是换用之后的例文（变化为比较拘谨的感觉）。

A 传达整体构思	容易受到他人青睐的人有3个共同点。
▼ B 列举要点1	第一，他们都非常守时。
▼	

C 列举要点2	第二，他们都面带微笑。
D 列举要点3	第三，他们经常说感谢的话。
E 总结	如果你也想成为受欢迎的人，请一定做到这3点。

最后，总结一下目前为止介绍的几个连接句之间的区别。可以根据是“并列”还是“时间顺序”来区别使用。

【连接句之间的区别】

“第一”→“第二”→第三”

→只能用于无时间顺序的并列关系

“首先”→“其次”→“最后”

→只能用于按时间顺序列举

“首先”→“其次”→“再者”

→既可用于并列列举，也可用于按时间顺序列举

专栏

适用于SNS的小技巧④

用三字法巧妙传达的方法

听说过“三字法”吗?

所谓三字法，就是用三个字（词）表示一个事物的修辞方法。像“心技体”“守破离”“松竹梅”“走攻守”“衣食住”“饭浴寝”“人物钱”等，种类及用途多种多样。

当谈论某个主题时，很适合引用这种三字法。举个例子，先表明“力争成为优秀视频博主的人应具备怎样的‘心技体’呢？我思考了一下这个问题，并且有了几个答案”，再以列举的形式分别说明：首先，关于“心”，其次，关于“技”，再者，关于“体”。如果内容能让读者觉得“哦！”“确实！”“原来如此”，那就算合格了。

编排③
8条以上的信息采用逐条列举的方式

前面讲过“列举要点尽量最多控制在7项”。虽然如此，也有必须传达8项并列信息的时候。这时，可以使用逐条列举的形式写出来。

A 传达整体构思	你是否有过发完邮件后发觉“糟糕！写错了！”而惊慌失措的时候？泼出去的水是收不回来的。同样，发出去的邮件是不可能撤销的。 为了避免出现这种失误，发送邮件前一定要做好确认工作。在这里介绍一下发送邮件前应确认的12项事项。
▼	
B 把列举要点逐条写出来	1. 是否在24小时以内回信 2. 收件方邮箱地址是否有误 3. 抄送、暗抄送是否有误 4. 收件人名是否有误/对收件人的敬称是否正确 5. 邮件的主题是否具体且清晰 6. 是否已添加需要的附件 7. 邮件的正文内容是否一目了然 8. 是否有遗漏信息 9. 是否写了无关或多余的内容

10. 是否有错别字或漏字
11. 是否使用了易理解的词汇
12. 是否有让对方不快的表达方式

▼

C
总结

邮件中发生的大部分错误，都可以通过发送前做好检查来防止。因为忙而疏忽检查的话，会提高犯错误的概率。所以，我们要养成按下“发送”键之前做好检查的习惯。

这是一篇介绍如何将12项列举要点逐条列举出来的文章。

通常，列举要点越多，读者接受起来就越费劲。但是，如果是以逐条列举的方式写出来的话，读者接受的压力会减小很多。

当然，文章的深度取决于写文章的目的和读者可接受的文章的长度。如果仅用逐条列举的方式写出来，有些读者可能觉得不够全面，这时，就可以考虑将逐条列举的项目再丰富起来（写得再具体详尽一些）。

然而，如果把12项内容都丰富起来的话，文章的长度就会随之变长（一般来说，精读率会下降）。

因此，要限制为让对方认为“信息量多也没关系”的情况、一定会读懂的情况。

下面是将逐条列举的部分丰富起来的示例。

<1.是否在24小时以内回信>

如果已超过24小时，那么有必要解释回信不及时的情况并表示歉意。

<2.收件方邮箱地址是否有误>

如果邮箱地址有误，那么对方可能收不到邮件或误发给其他人，这样的话给任何一方都会添加麻烦，甚至有可能造成信息泄露。

<3.抄送、暗抄送是否有误>

如果将需要以“暗抄送”发送的邮件误以“抄送”发送，那么容易漏掉某个或某些收件人。

<4.收件人名是否有误/对收件人的敬称是否正确>

如果把收件人名称或敬称写错了，很容易破坏对方的心情。比如像“渡边/渡部/渡邉”这种比较容易混淆的名字一定要再三确认。

<5.邮件的主题是否具体且清晰>

写主题时应避免使用类似于“您好”“辛苦了”“我是小林”这种主题不明确的表达方式。比如，“关于8日举办的营销会议的事宜”，主题写类似于这种既简洁又明确的内容会一目了然。

<6.是否已添加需要的附件>

这是比较常见的失误。重新发一遍邮件是费时间和精力的。一定注意检查附件的添加情况。

<7.邮件的正文内容是否一目了然>

密密麻麻的文字读起来很费劲。可以考虑换行或加入空格等方式，写出工整且易读的格式。

<8.是否有遗漏信息>

不能让对方一头雾水地问道“什么意思？”“那件事到底进展得怎么样了？”注意千万不要省略重要的信息。

<9.是否写了无关或多余的内容>

不要过多谈论与正题无关的话题、偏离主题的话题、不必要的说明等。要认清对方的需求是什么。

<10.是否有错别字或漏字>

如果邮件内容上出现很多错字或漏字现象，对方会判断你是“不认真”“语文水平差”的人。

<11.是否使用了易理解的词汇>

你认为很简单的表达，对于对方来说可能是很难、专业性太强、不易于理解的。因此，要尽量使用对方易于接受和理解的表达方式。

<12.是否有让对方不快的表达方式>

自说自话的邮件、居高临下的邮件、欠缺礼节的邮件都很容易引起对方的不快。

通过丰富逐条列举项的内容，就可以提高邮件的可读性和价值。

是仅逐条列举要点还是把要点丰富起来，需要根据写文章的目的和读者的需求判断。

用“列举型”模板列提纲

<题目>请想象一个你喜欢的地方。可以是景区、休闲娱乐设施、餐饮店、公园、温泉、山、海等，只要是你喜欢的地方就可以。选出一个地方后，请想好喜欢的3个理由，使用“列举型”模板练习列提纲把握文章中心思想吧。

A 传达整体构思

我非常喜欢……有以下3个理由。

B 列举要点1（第一个理由是……）

C 列举要点2（第二个理由是……）

D 列举要点3（第三个理由是……）

E 总结（特别推荐给……的人）

第 3 章

用“结论优先型”模板写出让读者认同的文章

“结论优先型”可以大大提高读者的认同度。当广泛地进行宣传、汇报、联络，或者持反对意见时，此模板非常有用。

提升信服度的“结论优先型”

“结论优先型”模板

A 先推出结论

└ 我认为是……

▼

B 阐述理由·依据

└ 这是因为……

▼

C 阐述具体事例·详细内容

└ 比如说，有……这样的案例

▼

D 总结

└ 由此，我的观点是……

什么是“结论优先型”模板?

“结论优先型”，顾名思义就是开门见山先说结论，再针对结论阐述详细的见解。

在开头部分先痛快地推出结论，然后写“为什么会得出此结论”

的理由，再写具体事例和详细内容来提高结论的说服力。

按照“结论→理由→具体事例”的顺序写的文章更能提高读者的认可度。

【结论优先型的文章】

我在睡觉的前一小时尽量不看手机，因为手机释放的光会使交感神经活跃，大脑的兴奋状态会一直持续下去。睡觉前，从原来的看“手机”变成看“书”后，我惊讶地发现睡眠质量改善了很多。以后我会继续坚持“睡前戒手机”的好习惯。

接下来，我们分解一下这个内容。

A 推出结论	睡前1小时不看手机。
▼ B 阐述理由·依据	因为手机释放的光会使交感神经活跃，大脑的兴奋状态会一直持续下去。
▼ C 阐述具体事例·详细内容	睡前从看手机改为看书后，睡眠质量变好了。
▼ D 总结	以后也要坚持“睡前戒手机”的好习惯。

通过在A部分“推出结论”，可以明确此篇文章要表达什么。这是为了适应当今快节奏生活的传达方式。有些人因没有及时看到结论，

中途就放弃继续读了。

另外，人在读书时，注意力最集中的时间通常在开始读的前几秒到几十秒。如果在这个期间能让读者看到感兴趣的结论的话，读者就会满怀期待地继续读下去。

这个结论优先型模板是让读者记忆比较深刻的模板。有很多不太好读或者不太好理解的文章，总是让人忍不住想吐槽“结论呢？”“到底想说什么？”

结论优先型文章开头就揭晓文章的结论（最重要的信息）。推出结论后，接下来阐述的理由和具体事例也会令人过目不忘了。

结论优先型模板对写作者也有不少好处。为了在开头部分推出结论，写作者不得不让自己考虑“我到底想传达什么内容？”

推出结论的过程也是从头脑中的大量信息中提取有效信息并进行编辑的过程。提取的有效内容即是文章的主干，通过提前完成推出结论这一过程，可以防止写成“支离破碎的文章”。

而且，结论优先型不仅可以在写文章时发挥作用，口头传达时也具有同等效果。

“我目前在客服部门工作，每天要处理100多封邮件，还要协助客户统计相关数据，前几天遇到了一点小麻烦，就被总经理叫去了……”

如果你在使用这种沟通方式，那么你要注意了。看不到结论的沟通方式会给对方造成很大的困扰。听你讲话的人可能会有以下的印象：

- 什么意思呢？
- 是想和我商量什么吗？
- 只是想说点儿总经理的坏话吗？
- 在征求解决问题的方法吗？
- 没说结论呢，难道这就讲完了吗？

听者的脑中肯定会浮现出好多问号，这种做法就等于浪费了对方的时间。不，不仅是时间，还让对方为你费心思、费精力、伤脑筋。

像这样讲话时不先说结论的人，使用结论优先型模板是最有效的。通过先把自己必须要表达的结论（信息）讲出来，可以避免“漏掉结论”的情况。

“伊东先生，如果您方便的话可以帮我点忙吗？我在客服工作上遇到了一些麻烦。”

通过在开头部分开门见山地传达“结论（=请求帮忙）”和“理由（=遇到了一些麻烦）”，听者就会了解到整体情况。

关于具体发生了怎样的矛盾，可以在后面的具体事例·详细内容中阐述。遵循结论优先型的流程，就是按照“干（结论）→枝（理由·依据）→叶（具体事例·详细内容）”的顺序传达。

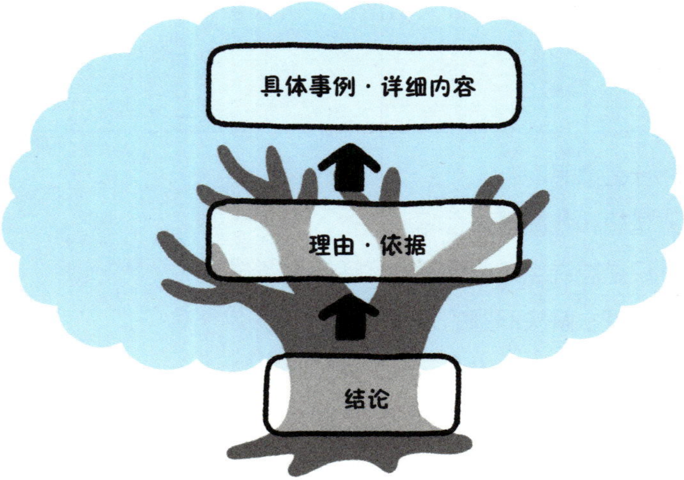

词不达意的文章与结论优先型的文章相比……

【原文（词不达意的文章）】

随着少子老龄化社会的到来，社会将发生怎样的变化呢？尽管人才外流是中小企业面临的主要问题，但许多中小企业仍未找到解决问题的突破口。

人才招聘改革、获取人才培养经验、导入远程办公制度等多种方案的具体方法和效果正在经受验证。

远程办公可以防止因生育或监护而不得不离职的人才流失，还可以为育儿中的宝妈和中老年人创造就业机会。

特别是没有财务能力的中小型企业，他们只能提高每个员工的工作时间和劳动生产量。尽管如此，据说只有不到5%

的中小型企业在真正致力于人才招聘和开发人力资源。经营者变得只在意眼前利益，而不懂得长远考虑。

另一个问题是，受改革的影响，生产效率低下，其中也有生产力不足的问题。

我个人认为，X公司实践的远程办公制度是提升中小企业销售业绩的典范。中小企业的经营者应该意识到不变化和不挑战才是最大的风险。

很多人可能都觉得这是一篇令人头疼的文章。虽然写了很多内容，但就是不清楚写作者到底想表明什么结论，可以说是欠缺连惯性和逻辑性。

这种时候，恐怕写作者本人也不清楚自己到底想表达什么，未能总结好结论。所以，在这种思绪混乱的状况下写出来的文章也是杂乱无章的。

并不是说所有的信息都要写出来，而要为了读者能够正确地理解、认同，判断哪些信息需要发表，哪些信息需要隐藏。这个取舍和选择是写作者应具备的能力。

另外，传达的顺序非常重要。写作者必须按照读者易于理解的顺序写，**而不是自己想怎么安排就怎么写**。

如果读完文章的人满脸疑惑地问“所以，到底想说什么？”说明这是一篇不合格的文章。为什么这么说呢？因为不合格的文章不仅使读者白白费脑筋，还遗留了很多疑惑和问题。

造成读者理解不了的原因就在于写作者。为了防止此类的悲剧发生，模板（特别是结论优先型模板）起到了至关重要的作用。

【修改文（结论优先型的文章）】

A 推出结论	越是因人才紧缺而苦恼的中小型企业，越应导入远程办公制度。
B 阐述理由·依据	因为远程办公可以防止因生育或监护不得不离职的人才流失，还可以为育儿中的宝妈和中老年创造就业机会。 此外，对于普通员工而言，也可以减少通勤所需的时间成本和身心成本（肉体疲劳和精神压力），并且可以提高工作效率和生产率。
C 阐述具体事例·详细内容	X公司成功导入了远程办公制度。X公司通过让300名以上职员中的半数在家办公，使女性离职率降低了33%，并将企业生产率（职工人均销售额）提高了15%。作为典范企业，不仅吸引了教育行业的关注，还吸引了其他行业的关注。
D 总结	远程办公制度也可以成为让中小企业充满活力的王牌。作为适应少子高龄社会的一种体系，今后一定会引来越来越多的关注。

若在开头部分推出结论，读者就可以放心地读下去。后面的“B：理由·依据”和“C：具体事例·详细内容”起到了提高“结论（信息）”说服力的作用。继续往下读的同时，说服力就会随之提高。

专栏

适用于SNS的小技巧⑤

利用开头3秒就能吸引读者的写作技巧

随着互联网、邮件、SNS的兴起，数字信息量持续暴增。据预测，到2025年这个数字将比2016年增加10倍。当然，社交平台上的信息量还会继续增长。

在这种现状下，个人投的稿子相比以前更容易“被埋没”了，尤其是不见结论的“含混不清的稿子”和“无聊的稿子”。除非是知名作家写的稿子，否则没人会读的。

这时，就要发挥结论优先型模板的魔力了。好不容易写好的文章，想让读者读到最后，开门见山地推出结论是必须的，还要用这个结论深深吸引读者的兴趣和关注。文章开头3秒决定胜负。以这样的心态思考如何推出文章的结论吧！

使用技巧①
用结论引起兴趣

结论优先型模板最典型的特点就是A部分，即“推出结论（传达最重要的信息）”。开门见山式地亮出结论，可以提高读者的理解度。

如果结论不易理解或过于错综复杂，那么读者的理解度会下降。千万不要写得啰里啰唆，直截了当地传达到位才是最重要的。

但是，这并不意味着只要简洁且准确地传达好就万事大吉了（尽管在某些情况下仅作为传达信息的目的使用）。为什么这么说呢？**那是因为如果结论写得一点吸引力都没有，读者根本不会有读的欲望。**

举个例子，下面的两篇文章中，你想继续读下去的是哪一篇呢？

> ① 如果想让孩子提高成绩，那么就送课外辅导班吧。
>
> ② 如果想让孩子提高成绩，就让孩子每天“擦皮鞋”吧。

①和②都是写作者推出的结论，但是，其中第②个结论是不是更吸引你呢？

这是因为，结论①是比较常见的（没有新鲜感）表达方式，而结论②的表达比较新颖且有趣。读者会带着“嗯？孩子的成绩怎么还能跟擦皮鞋有关系呢？”的疑问想继续往下读。

当然，并不是说结论都应该很奇葩。重要的是，**要思考如何表达自己想讲的事情，才能引起读者“我想读！”的欲望**。

如果是平凡无趣的结论，或者是不愿意花时间继续读下去的结论，还不如不写。

在A“推出结论”的部分应该写吸引读者的内容，如果还能提供有价值的东西，那就是最理想的。

以下是文章开篇就很吸引读者的示例（推出结论的示例）：

- 当你决定减肥时，应该最先考虑采用基因检测来确定自己的体质，再选择适合的减肥方法。

- 那些整天为“存不到钱”而苦恼的人有一个共同点。这个共同点既不是因为没有记账，也不是因为奢侈浪费，而是他们心中都有着“未治愈的伤痕”。

- 为了变聪明而盲目地猛进学习的方法是不可取的。首先，你必须精通欺骗大脑的话术。

- 如果一个人认为“AI是人类的敌人”“AI夺走了人类的工作”并因此而感到不安，那么这个人的视野可能相当狭窄。

- 我喜欢在外面吃饭，不是因为我不喜欢做饭，或者是因为我是美食家，而是为了降低因持续食用同样的几种菜而造成营养不均衡的风险。

文章的魅力不是单由“写法”决定的，而是由“内容+写法”的完美结合决定的。其中“结论”是内容的核心部分，起着至关重要的作用。

推出结论时，不采用“不容易引起兴趣的结论”，采用“容易引起兴趣的结论”；不采用“过于平庸的结论”，采用“新颖的结论”。

使用技巧②
提供足够有说服力的理由或依据

B部分的“理由·依据”为结论提高说服力起着重要的作用。下面①~③的句子中，你最认同的是哪一个呢?

> ① 这个星期六可能会下雨，因为上个星期六就下雨了。
> ② 这个星期六可能会下雨，因为正处于梅雨季节。
> ③ 这个星期六可能会下雨，因为今天的天气预报说“星期六的降水概率为90%”。

针对“这个星期六可能会下雨”的结论，有3种不同的依据。

依据①完全没有说服力。不能说上星期六下雨，就能断定这个星期六也会下雨。

依据②虽然比依据①好接受一些，但是说服力还是不够的。因为，梅雨季节也会有不下雨的一天。

三个依据中最有说服力的就是③了。天气预报是由气象局和气象专家基于最新的科学技术收集到的气象信息发表的，其准确度不是个人预测可以比拟的。天气预报的“降水概率为90%”作为支撑“这个星期六可能会下雨”这一结论的依据是充分的。

理由和依据是为了使开头推出的结论更具有说服力。因此，在阐述理由和依据时要充分考虑到，理由和依据是否“合情合理”。

如果让人觉得“嗯？这算什么理由？”“到底怎么回事？”“没有任何说服力啊……”，那么说明文章写得很失败。读者期待的是“原来如此！”“说得太对了！”“终于明白了！”这种感受。

在阐述理由和依据时，也要考虑插入客观事实。如果能加上具有说服力的数据和资料的话，其逻辑性会更加突出（提高有效性）。

举个例子，据文部科学省发表的“关于孩子读书活动推进计划的调查研究”报告书概要版了解，过去一个月里有69.8%的小学生、62.1%的初中生、47.4%的高中生在读“纸质图书”。像这样，如果加上客观数据或引用官方发布的文件的话，结论的说服力会提升一大截。

另外，个人的主观感觉和判断，作为支撑结论的理由和依据是比较弱的。因为读者会认为“这只能代表你个人的体验（意见/判断/感觉）”而不认同你的观点（根据结论的类型，某些情况下个人体验也是可以说服读者的）。

尽管结论很有魅力，如果理由和依据不够完美的话是不会得到读者的认同的。特别是奇特的结论或出乎意料的结论，有必要加入充分的理由和依据让读者信服。

如果你每次写的都是理由和依据不充分的文章，那么读者会质疑你的写作水平，从而影响你的信誉。写作之前做好调研工作并收集理由和依据的素材是非常有必要的。

使用技巧③
使用具体事例表达真实情感

从B“阐述理由·依据”转到C部分，C“阐述具体事例·详细内容”要求阐述个人的体验经历和实际案例。**理由和依据要求具有一定的“逻辑性”，而具体事例要传达情感**（情绪）。前者是方便读者理解的必要信息，后者是为了让读者心服口服所需的支撑信息。

假设文章的题目是“新型的治疗感冒的方法”，那么如果你在C的“具体事例·详细内容”中将你是如何治疗感冒的具体事例描述出来，读者就能大致明白了。

比如，“横滨是我最喜欢的城市之一，因为横滨有很多美食景点”，如果是这种“结论+理由·依据”结合的文章，那么可以在C的“具体事例·详细内容”中介绍“横滨中华街”“港湾未来”等美食景点，这样的话更具有信服力和说服力。

再如，如果以“前几天为了吃遍横滨美食去了趟横滨中华街”的方式写出作者在横滨中华街享受美食的攻略，就能给读者一种身临其境的感觉。这是因为会引起读者的“伴随体验（自己亲身体验别人的经验）”。

即使自己认为“结论+理由·依据”很清晰，读者却可能没有完全明白。在这一点上，具有真实感的经验之谈和实际案例才会有满满的诱惑力。

想要提高自己写的文章的说服力，就要**有意识地插入具体事例**，这要比讲一堆大道理强很多。

例文①　介绍文（博客文章）“个人色彩诊断的介绍”

首先，列提纲把握文章中心思想。

A 推出结论	对于想要改善第一印象的人，推荐做一下个人色彩诊断。
▼	
B 阐述理由 · 依据	因为你会明白适合自己的颜色（个人色彩）。
▼	
C 阐述具体事例 · 详细内容<其一>	个人色彩分4种类型。
▼	
C 阐述具体事例 · 详细内容<其二>	从接受过个人色彩诊断的人那里不断地传来喜讯。
▼	
D 总结	为了不损坏您的外观或第一印象，接受个人色彩诊断吧。

接着，扩展内容并完成文章。

A
推出结论

如果要使外观更具吸引力并给人留下良好的第一印象，建议您做一下个人色彩诊断。个人色彩诊断是根据天生的肌肤、眼睛和头发的颜色确定适合本人的颜色类型的诊断。

▼

B
阐述理由 · 依据

接受个人色彩诊断后，你会了解适合自己的颜色（个人色彩）。个人色彩会突出你高雅而大方的气质，使你的肌肤透明有光泽，脸部线条清晰且显得脸小。另外，还将在选择衣服、鞋子、帽子、彩妆产品、配饰等的颜色方面更有创意，因此，每当你做出门准备时，你都会非常激动、兴奋。

▼

C
阐述具体事例 · 详细内容<其一>

个人色彩分4种类型，分别为春、夏、秋、冬，都是季节的名字。没有哪种简单的分类方法可以将不同的类型定义为“适合红色”或“适合蓝色”。既有适合“憨厚的藏蓝色”的类型，也有适合“清爽的天蓝色”的类型，像这样，几种类型各自有适合的颜色倾向。就如蓝色有适合春天的蓝，也有适合冬天的蓝一样。

▼

C
阐述具体事例 · 详细内容<其二>

接受过个人色彩诊断的人对自己的结果非常满意，他们说：“我现在知道如何组合色彩了”“我更擅长使用时髦的色彩了”“我不用再花不必要的钱买衣服和化妆品了”。他们发现，穿上适合自己的颜色，身心都会变得轻盈，生活的面貌也会发生巨大的改变。

▼

D 总结	只需改变选择穿着颜色的方式，即可明显改善外观和气质。通过受到别人的称赞，你也可以获得自信。为了避免损坏个人形象，最好做一次个人色彩诊断吧。

这是一篇按照“结论→理由·依据→具体事例·详细内容”的顺序读取的过程中加深“个人色彩诊断”知识的文章。读完这篇文章后，一定会有想尝试“个人色彩诊断”的读者吧。

我们把C部分“具体事例·详细内容”分成了两段。在<其一>中阐述了“个人色彩诊断的详细内容”，在<其二>中阐述了“接受个人色彩诊断的人的具体事例”。

为了提高“推荐做个人色彩诊断”的结论，有必要深入阐述详细内容和介绍具体事例。

假设省略了<其一>的“个人色彩诊断的详细内容”，则无法加深关于个人色彩诊断的知识。其结果是，会给读者留下“个人色彩诊断到底是什么东西？”的疑问。如果发生这种情况，就很难引起读者的兴趣。

假设省略了<其二>的“接受个人色彩诊断的人的具体事例”，则读者无法体会到个人色彩会给自己带来怎样的好处，和省略<其一>的内容一样，很难引起读者的兴趣。

由此可以证明，<其二>中介绍的通过个人色彩“获得喜悦”的事例是非常有效的内容。通过体验者的心声，读者可以领会到个人色彩的实际效果。

例文②　异议书（商务文件）“我反对”

首先，列提纲把握文章中心思想。

A 推出结论	反对下调新一批加盟者的入会费及月费。
B 阐述理由・依据	不仅会造成会员质量低下，还会造成组织整体氛围变差。
C 阐述具体事例・详细内容	X公司的做法“价格下调→失败”。Y公司的做法“价格上调→成功”。
D 总结	基于X公司和Y公司的实际案例，要求重新审视调整价格的事宜。

接下来，扩展句子并完成文章。

A 推出结论	我先表明一下我的结论，我反对下调新一批加盟者的入会费及月费。

B 阐述理由 · 依据	反对的原因是，存在造成会员质量低下的风险。消极散漫、没有热情的人数一旦增加，不但会扰乱组织的秩序，还会削弱会员的士气。
▼	
C 阐述具体事例 · 详细内容	之前，X公司实施了降价。虽然入会人数有所增加，但出现了“会员质量低下”“组织氛围恶化”的不良状况，导致会员留存率下降。 另外，Y公司实施的是入会费和月费各上调10%的政策，后来发现虽然入会者数量有所减少，但是会员质量有所提高，会员留存率明显增加。随着会员的活跃度提升，组织的氛围也变得越来越美好。
▼	
D 总结	入会费和月费的下调会造成怎样的后果，X公司和Y公司的经验已经给出了答案。请求组织从长远的角度来权衡降价的利弊。

不管是赞同的文章还是反对的文章，理由都起着极其关键的作用。理由合情合理，结论的说服力就会高；反之，则说服力就会下降。

“消极散漫、没有热情的人数一旦增加，不但会扰乱组织的秩序，还会削弱会员的士气”，像这样的具有说服力的理由才能打动读者。

然而，即使了解了反对的理由，还有些人可能会认为“不管怎么样，价格下调会不会更有利呢？”那么C部分的“具体事例 · 详细内容”就是为了说服这类人群所用。

例文中引用了其他公司的实际案例。通过比较因价格下调而失败的X公司和因价格上调而收获成功的Y公司，我们发现读者的认可度明显提高。

结论优先型就是像这样按照“结论→理由·依据→具体事例·详细内容”的顺序展现给读者并获得读者的认可的，当发表自己的见解或观点时，结论优先型模板是非常有效的。

例文③　PR文章（简历）“回答‘你的长处是什么？’”

首先，列提纲把握文章中心思想。

A 推出结论	我的长处是想象力和策划力。
▼	
B 阐述理由·依据	我做兼职时策划过很多活动，也有过成功的案例和经验。
▼	
C 阐述具体事例·详细内容	我的“填补时代代沟”的策划方案获得了很大的成功。
▼	
D 总结	我对我的策划能力很有自信，希望能在贵公司得到最大限度的发挥。

接下来，扩展内容并完成文章。

A 推出结论	我最大的长处是想象力和策划力。
▼	

B 阐述理由·依据	依据是我在一个咖啡店做兼职时担任了2年的“活动策划负责人”。每当换季时我会思考怎样才能吸引顾客到店消费，然后给店长提出各种各样的活动方案，从而创造了很多业绩。
▼	
C 阐述具体事例·详细内容	在店里布置“昭和风格的复古空间”期间，有很多女高中生到店。女高中生把照片发布到社交平台后，活动期间的来客数创造了过去的最高纪录（约5倍的到访量）。 另外，我还开展过“带爷爷奶奶一起嗨！”的活动。这个活动的主题是“填补时代的代沟”，还受到了电视台的跟踪采访。
▼	
D 总结	我非常喜欢思考如何才能让客户高兴，并很享受实现这个想法的过程。成为贵公司的一员后我会最大限度地发挥我的能力。

填写书写空间有限的简历时，结论优先型模板是很有用的。如果先写一堆没用的废话，空间会瞬间被填满。

在删减无用的语句之后，为了写出具有说服力的文章，按照“结论→理由→具体事例”的顺序写是最理想的。

如果用“我在咖啡店做过2年兼职工作”这种“看不到结论的故事”开头的话，读者会想“结论是什么”“没劲”，从而失去读下去的欲望。

在商务场景中“结论在先”的表达方式很被看好。企业的面试官通过审核简历推断应聘者的表达能力和传达能力是很常见的事情。

应试者经常会被问到的“你的长处是什么？”“你的应聘理由是什么？”“大学时你认真做过的事情是什么？”——在回答任意一个问题时，开头部分一定要明确且简洁，这样你才能获得高度评价。

然而，为了让面试官看好自己，写一堆自卖自夸的内容，可能会导致自己的简历与他人的雷同，没有一点吸引力。

例文中的“我最大的长处是想象力和策划力”也是如此。正因为是谁都可以写的内容，所以没有任何亮点。

因此，通过B部分的“阐述理由·根据”和C部分的“具体事例·详细说明”，展示具有独创性的经验之谈是很重要的。像例文那样举出具体的经验之谈（活动成功案例），就可以证明结论是“真的”。你想在众人中脱颖而出，那么取胜的关键就在于如何阐述“经验之谈”。

当然，可以对开头部分的“我的长处是想象力和策划力”重新组织一下语言。比如，可以写成“我的特长是具有吸引各年龄段不同性别用户的策划能力”，这样面试官会产生好奇，对你另眼相看。

专栏

适用于SNS的小技巧⑥

试着写出动人心弦的开头

你是否考虑过把SNS投稿文章的开头第一句作为宣传语使用呢？当你吃了一碗超级好吃的拉面，写成“今天是我的舌头第一次投降之日……”“千万不要再吃拉面了！”这种标语如何呢？

至少完胜“今天我去吃了朋友推荐的拉面”这种平淡无奇的标语。读完第一行的读者就会很好奇：“啊？”“什么情况？”“好像挺有意思！”“还有这种事情！”这说明已经成功打动了读者的心。

例文④　联络文（商务文件）“会议内容的变更事项”

首先，列提纲把握文章中心思想。

A 推出结论	下个月举办的管理层成员会议，特别以全员参加的形式进行。
▼	
B 阐述理由・依据	为鼓励全体成员之间的协作与交流。
▼	
C 阐述具体事例・详细内容	尽可能地为成员创造互动的氛围。
▼	
D 总结	如果这次会议取得成功，我们准备定期策划并举办全员会议。

接着，扩展内容并完成文章。

A 推出结论	下个月举办管理层成员会议时，我们不再采取以往的分3组的形式，而是改成全部成员共同参加的形式。
▼	

B 阐述理由 · 依据	通过全体成员面对面的交流，可以促进与团队外成员之间的互动；通过跨越团队的交流，可以收获不同寻常的信息和灵感。另外，还可以找到在业务方面能够与自己互补的成员，或者可以利用彼此的优势创造出完美的合作方案。
▼	
C 阐述具体事例 · 详细内容	活动当天，除了安排3组成员混坐在一起的席位（指定席）外，还会设定比以往更多的讨论时间，尽可能多地给成员创造交流的机会。 前台会发放写有成员公司名称、业务内容、姓名的名签。会议开始时，给每台桌的每一位成员安排30秒钟的自我介绍时间。 将当天的讲师发言时间缩短为30分钟，主要给大家创造尽情交流分享的机会。
▼	
D 总结	如果这次会议举办成功，今后我们准备定期策划举办全员会议。

这是一篇通知举办与以往不同的会议的文章，像这样的联络文也可以使用结论优先型模板，每个部分中隐藏的问题如下：

> [A] 结论："变更什么内容?（What）"的回答
> [B] 理由："为什么要变更?（Why）"的回答
> [C] 详细："变更为何种形式?（How）"的回答

在传达这次不分组的意向（结论）的同时，说明了变更的理由。

如果未谈及其理由或理由不够充分，则得不到读者的认同。

正是因为是一篇联络事项的文章，所以需要在C的“具体事例·详细内容”部分描述具体有哪些变更事项。

- 分座位
- 名签
- 自我介绍的时间
- 缩短讲师发言的时间

这些都是为了促进成员之间的交流而安排的。通过具体事例读者会因为主办方真是下了不少功夫而感到认同和欣慰。

反之，如果没有详细内容的记载（为了促进交流而准备的具体方案），读者可能还是会担心“尽管是这种形式，恐怕也没有太多的交流和互动的机会”。

而且，如果之前有过举办的经历，那么可以考虑在C的“具体事例·详细内容”的部分插入之前的“成功经验（具体案例）”。

当了解到曾经有过成功案例，读者就会产生“有过成功案例就放心了”的想法。

立竿见影的技巧①
结论优先型的常用短语

下面介绍一些结论优先型各部分的开头经常用到的短语。对于不知道该写什么的人来说，这会成为触发写作思路的一个触发器。

【推出结论】

- 结论是……
- 我赞成……
- 我的想法是……
- 最重要的不就是……吗?
- 对于……的人，我比较推荐……
- ……的方法就是……
- 说实话……

【阐述理由·依据】

- 为什么会这么说呢? 就是因为……
- 理由（依据）是……
- 这是因为……
- 之所以……是因为
- ……就是其理由（依据）。

【阐述具体事例·详细内容】

- 例如……
- 比如说……
- 举个例子……
- 具体来说……
- ……是其中一例。
- ……的数据显示……
- 事实上，我也是……

【总结】

- 总之……
- 由此可见……
- 像这样……
- 正因如此……
- 再强调一下……
- 至于……
- 通过……，可以期待……的好结果。
- 尝试一下……怎么样呢？

立竿见影的技巧②
将可靠的数据作为“理由、依据”

“我也不知道为什么，但……”，很明显像这种说法，因过于模糊，称不上什么理由。读者肯定会认为这没有任何说服力。

例如，如果你得出“早上散步可以提高工作效率”结论的理由是“这是因为比较健康”，有些读者就会很失望地反问“什么嘛？”还有些读者会认为“前言不搭后语，没有一点逻辑”。

像这样，如果理由过于杂乱或不温不火的话，会破坏读者的兴趣和关注度。

再看这个例子：“这是因为，从视网膜进入的太阳光刺激视神经后，会促进令大脑觉醒的荷尔蒙——血清素的分泌量增加。这是经脑科学证明的事实。”像这样的理由不仅没有反驳的余地，反而会令人不由自主地接受，因为它的依据具有科学道理。

- 科学依据
- 学术论据
- 物理性依据
- 基于计算和数据的依据

如果能加入这样的数据就更好了。加入数据的时候，除了体现数字以外，还可以加上保证数据可靠性的描述。

类似于“哥伦比亚大学的研究报告显示”“根据文化部、科技部发布的文件”“某某企业对2000名20多岁的单身女性进行的调查结果显示”的表达。

“我取得了……的成绩”，这种以个人经验作为理由和依据的行为有点冒险。因为有些读者会认为“也许正巧是你擅长的呢？”“不要以偏概全，说不定不适合其他人做呢？”“理由・依据”一定要选择大众都能认同的内容。

在此基础上，在C“具体事例・详细内容”的部分插入个人经验，说服力会更高。按照“B：高度可信的数据→C：个人经验”的顺序传达是提高说服力的一个技巧。

立竿见影的技巧③
具体事例中插入亲身经历

在所有的具体事例中，最有效（也最有说服力）**的就是写作者的自身经历**。

比如，写一篇“按摩眼部周围具有提神作用”的文章时，就需要阐述医学依据。依据越坚定，说服力越高，读者的期待感也随之增加。

然而，在接下来的文章中，写作者表明“其实我没有实际按摩过眼部周围”……就这样依据也被毁掉了。读者会想“什么嘛，自己都没有尝试过？”从而感到非常失望。

如果写这篇文章的话，在阐述依据后，最好加上“我实际按摩了一下，提神效果真的很明显！”这样亲身体验的内容。

在C“阐述具体事例·详细内容”的部分加入自身经验的文章，普遍都会引起读者共鸣。这是因为自身经验谈代表着真实。

写出真实的体验，会引起读者的伴随体验。伴随体验是指“将他人的体验当作自己的体验”。在文章中指，读者把写作者的体验当作自己的体验，从“用大脑理解”转变为“心理认同”的过程。

当然，写作者的经验是独一无二的，是全世界唯一的原创作品。写经验之谈，在谋求与其他众多文章区别开来时也很有效。

如果实在没有值得一提的“亲身经验之谈”（或者写不出来），可以加入其他人的经验和事例。虽然不如自己亲身经验真实，但也比起没有任何具体事例（经验）的效果要好。

当加入自身经验的同时也加入其他人的经验时，原则上按照“自身经验→其他人的经验”的顺序写。但是，当自身经验明显弱于其他人的经验时，按照“其他人的经验→自身经验”的顺序写也是可以的。

编排①
表明某种观点时，加入对可预见反驳的回应

在开头结论处表明写作者的观点，“结论优先型”会变化为“**观点优先型**”。

A 表明观点
└ 我的观点是……

▼

B 阐述理由·依据
└ 理由是……

▼

C 阐述具体事例·详细内容
└ 比如说……这个案例。

▼

D 对可预见的反驳进行慰藉
└ 当然，关于……的情况我也理解。

▼

E 再次表明观点
└ 但是，我的观点是……

但是，观点往往会遭到反驳。根据如何应对反驳，文章的说服力会产生差异（如果应对妥当，则观点容易被接受）。

对反驳的回应，不要拖到写完文章之后，而要在表明观点的节点上完成。

这个“观点优先型”可应用于写论文、商务文件中的意见书、SNS

A 表明观点	小型企业的老板不能轻易降低产品的价格。
▼	
B 阐述理由 · 依据	这是因为，降低商品的价格会卷入价格战。卷入价格战的商品，多数情况是被竞争企业（多数是大型企业）的定价所迷惑，被迫降价。这样的话，迟早会被逼入绝境。
▼	
C 阐述具体事例 · 详细内容	X公司的Z商品的降价就是很好的例子。尽管原本就具备其他公司所没有的出色的性能，还是轻易地下调了价格。被卷入价格战的1年后不得不停止销售。而且，X公司的品牌形象也受到了影响。 如果X公司没有下调价格，而是利用其优越的性能继续开拓市场的话，很可能早就成为长销款了。
▼	
D 对可预见的反驳进行回应	当然，降价的苦衷是可以理解的。如果对产品没有信心，那么在决定价格时就会犹豫不决。另外，在大多数的情况下，下调价格可以在短期内提高销售额。如果对产品没有绝对的认可，那么“降价的诱惑”就会肆无忌惮地向你

	袭来。
▼	
E 再次表明观点	没有底气的降价，很难会给企业带来长期的利益。小型企业的老板需要做出的决策不是降价，而是在确保产品具有独创性和优越性的基础上吸引顾客。不应该轻易下调价格。

投稿文章等任何想明确表明自己的意见和观点的文章。

可以试着比较一下省略了D“对可预见的反驳进行回应”部分的文章和加入D部分的文章，给人的感觉应该是有很大差异的。

如果只是一味地强调“不要降价！”而没有说明具体的理由，那么那些已经降价、正在考虑降价或者是赞成降价的人可能会反驳道：“降价也没什么不好的吧！”“降价肯定有一定的道理啊！”

而加入D部分的文章引起反驳的风险明显变小。你可以**对异议表示认同**，但不要全盘否定。先理解和亲近他们，那些赞成降价的人就不会那么高调反驳了。也许其中会有人完全同意你的观点，从而站在反对降价的一方。

当然，如果你认为“不管什么样的反驳都无所谓，没必要回应”，就可以省略D的部分。

这种情况下，你要做好心理准备，你可能会与赞成降价的人发生冲突，甚至遭到严厉的批判。

编排②
加入“背景”，提供有益信息

为在社交网络平台发布实用信息的写作者推荐这个模板，即在**结论优先型中加入“背景”**。在开头部分推出结论之前，阐述你提供的信息“为什么是有必要的”。目的是让读者产生共鸣，感同身受。

在这个背景中描述的大部分是一种问题、一种挑战、一种焦虑或一种担忧。在描述背景的部分，**要让读者觉得有“饥渴感”，这样有助于读者更加有效地吸收信息**。

A **描述背景**

└ 现代社会中存在着……的状况。

▼

B **推出结论**

└ 在这种状况下，需要……

▼

C **阐述理由・依据**

└ 这是因为……

▼

D **阐述具体事例・详细内容**

└ 比如，有……的例子。

▼

E 总结

└ 因此，需要……

一起看一个例文吧。

A 描述背景	策划方案不尽如人意，想不出好的主意，学习和工作举步维艰，我想每个人都有过类似的经历。每天都能保持良好的精神状态、创造出色的业绩，其实不像嘴上说的那么简单。
▼	
B 推出结论	整个人都不在状态时，请试着离开现场换一个崭新的环境。通过改变身处环境，也许会想出好的策划方案和主意，同时加快学习和工作的进展。
▼	
C 阐述理由・依据	为什么改变环境会使整个状态变好呢？这是因为，它刺激到了大脑的海马区的“位置神经元”。位置神经元是控制记忆力和学习能力的部分，最近的脑科学证明，当一个人从一个地方移动到另一个地方时，该部分就会被激活。
▼	
D 阐述具体事例・详细内容	最好是移动到一个从来没去过的地方，如果条件有限也可以到附近的咖啡厅或公园，这样也能激发位置神经元活跃起来。如果实在脱不开身，那就借用一下公司的会议室或者公共区域临时坐下来，环境的改变会给你带来不同的效果。最近很多企业开始采用一边散步一边开会

	的方式，还有很多企业组织员工在公园开会。这些做法都是经脑科学证实过的“正确的做法”。
▼	
E 总结	在自己的办公位上一动不动，抱头苦恼，唉声叹气，这样是很难脱离困境的。越是这种状态，越应该换个环境。当注意力不集中时，你就应该拿出这个能够提高工作效率和产出的“绝招”了。

当然，也可以从类似于“想要提高学习和工作效率，就试着改变环境”的结论开始。只不过，如果话题展开得过于突然，读者会诧异道：“嗯？在说什么呢？”甚至导致读者不想再接着读了。

为了避免发生这种状况而准备的就是预先加入“背景”的结论优先型模板。

A的背景部分应加入的内容是“实际存在”且有同感的内容，让读者认为“对呀，这种事情时有发生呢！”“跟我想的一样呢！”产生共鸣的读者会迫不及待地想接着了解下面的内容（结论）。当你向他人提供一些有益的信息时，这种编排很有效哦！

专栏

适用于SNS的小技巧⑦

展示你的个性

SNS属于自媒体。因此，以何种方式展示出自己的个性是很重要的。想要获得大众的认同感，关键在于如何把自己最真实的一面展现给大家，而不是藏形匿影。

因为是“最真实的一面”，所以产生不同意见和感想也很正常，不要过于在意。把自己的所思所想发布到SNS上到底有什么意义呢？在结论优先型的开头部分写上自己率真的意见和感想。只有这种意识才能帮助你完成有魅力的稿子。

（注：投稿文中不得含有诽谤、诬蔑、伤及他人的言辞。）

用“结论优先型”模板列提纲

<题目>请给你的职场或者家庭提一个建议。使用“结论优先型”模板列提纲，并把握文章的中心思想。

A 推出结论

我提议……

B 阐述理由 · 依据（因为……所以……）

C 阐述具体事例 · 详细内容（具体的方法是……）

D 总结（如果落实这个提议的话，将来会变成这样）

第 4 章

通过“故事型”模板引起读者的共鸣

利用讲故事的形式引起读者共鸣的模板就是“故事型”模板。这个模板给人的感觉并非刻板——好像在给你讲一堆大道理，而是一个能够传递热情洋溢的回忆和感动的故事，给读者留下深刻印象。

引人入胜的“故事型”

“故事型”模板

A 阐述消沉状态

└ 以前，我的身心状态是如此糟糕。

▼

B 阐述转机

└ 一个偶然的机会，我遇见了……

▼

C 阐述转变·成长的过程

└ 我发生了很大的改变。

▼

D 展望未来

└ 我要继续保持这种良好状态。

什么是“故事型”模板?

故事型模板是指，以引起读者共鸣为目的，将某个故事情节通过“连续剧形式”呈现出来的模板。

在开头部分描述主人公的消沉状态（不良状态），接着描述是什么改变了主人公、主人公具体发生了哪些转变，是如何成长的，最后以快乐圆满的结局收尾。

故事型模板可以用以下示意图表示。

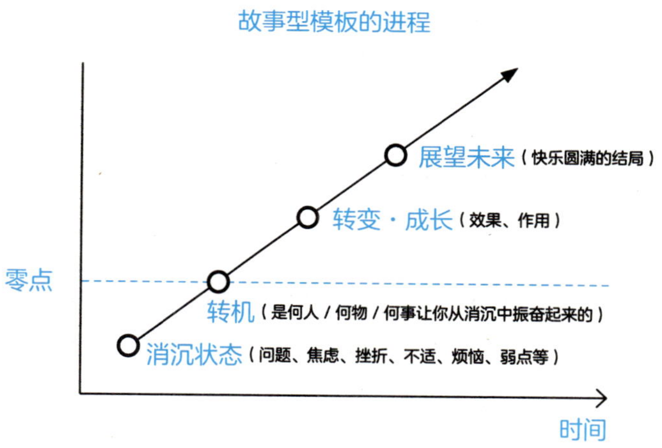

【故事型的文章】

直到今年的春天，我的成绩一直没有起色，以此成绩考入第一志愿的大学肯定是没戏了（模拟测试的成绩是D级）。一个偶然的机会，妈妈的一个朋友决定做我的家教。这位老师的教学方式非常好理解，重新燃起了我的学习兴趣。经过一段时间的学习，我的成绩突飞猛进，在秋季模拟测试中我的成绩达到了B级。明年就要高考了，我想继续保持这种良好的学习状态，再提高一点成绩，考入第一志愿的大学。

我们来分解一下这篇文章。

A 阐述消沉状态	成绩一直没有起色。
▼ **B** 阐述转机	请了一位家教。
▼ **C** 阐述转变·成长的过程	成绩不断地提高。
▼ **D** 展望未来	为了考入理想的大学，想继续努力提高成绩。

为什么有那么多人喜欢看电影和电视剧呢？正是因为被故事情节深深吸引了。在追剧时，你情不自禁地进入了剧情，仿佛自己正在经历这个故事。是的，这会引发超越大道理和得失的“伴随体验”。

读完下面的①和②的内容，你会产生怎样的感受呢？或者，它有没有打动到你呢？

① 主人公是一个特别好学的学生，成绩始终名列前茅，没有遇到过什么挫折。以主人公的成绩考入志愿大学是轻而易举的。

② 主人公一直在发愁自己的成绩止步不前……一段时间之后也没有任何起色，成绩还是老样子。恐怕考不上理想的志愿大学了。

恐怕没有一个能让你产生共鸣吧。这是因为故事本身没有任何起伏。

例子①只是在单纯地自吹自擂，有的读者可能会一边读一边觉得这个人非常“讨厌”。这种没有受过挫败的优等生的故事，以及顺畅的经历反而会遭到妒忌和反感。

例子②刚开始的部分可能会引起读者共鸣，但是后面的内容越读越让人觉得心情沉重。如果呈现的“消沉/负能量”的信息过多，人物接二连三地面临困境，那么读者会很疲倦，而且容易产生腻烦心理。

平铺直叙的文章很难引起共鸣

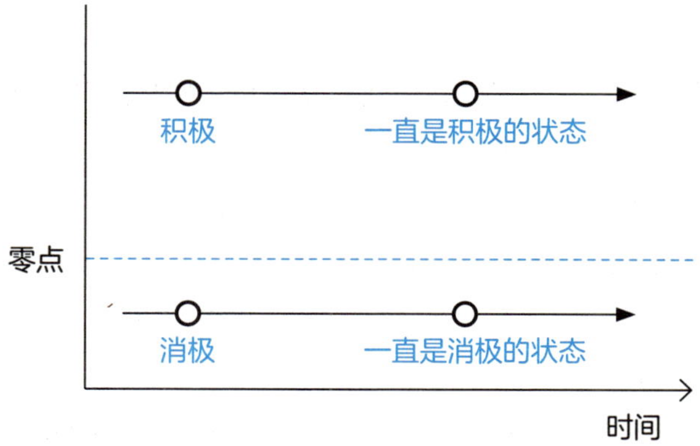

无论是一篇全程自吹自擂的文章（①）还是一篇持续低落没有起伏的文章（②），都会破坏读者的阅读兴趣和关注欲。**如果剧情过于平淡，人的情感是不会被动摇的。**

所以大多数电影和电视剧的剧情都是跌宕起伏的。状态不佳的主人公迎来一次转机，看到主人公一点一点转变的样子，读者不禁受到深深的感动，深铭肺腑。还有些读者可能从主人公的身影中看到了自己未来的样子。

应该有很多人还记得小时候读过的童话、绘本、漫画以及看过的动画片里的情景。再有就是，学到的知识中，通过故事习得的知识仍然记忆深刻，而那些死记硬背得来的知识早已忘得一干二净，很多人应该都有过这种经历。能够深深地扎根于读者的记忆中，正是故事型模板的精髓。

没有故事情节的文章与故事型的文章相比……

【原文（没有故事情节的文章）】

我现在在一家制造厂的销售部工作。保持良好的社交与沟通是销售人员的重要职责之一。

为了提高销售业绩，不仅要努力销售自家的商品，还要积极地为遇到困难的人和企业提供帮助。

商品直到给某个人创造了价值才算大功告成。这种想法成为了销售工作的使命。

今后，我会继续背负着销售工作的使命，勇敢面对各种挑战，并最大限度地发挥自己的潜力。

这是一篇很容易理解的文章。读了这篇文章，很多读者都会认为写作者的价值观非常“了不起”，但读完后会有“真的很感动”“深铭肺腑”“给了我很大的勇气”“我也要加油！”的感觉的读者却不多。**作为道理理解的“了不起”和受触动的感觉是不一样的。**

为什么没有心动的感觉呢？缺乏故事情节就是其原因之一。原文中描述的只是“我现在是这么想的”，也就是说只提到了现在这个“节点”而已。

当然，以传达信息为目的的商务场景中，很多时候不适合用故事型模板，**结论优先型**（第3章）**和列举型**（第2章）**模板**可能更适合。

另外，想引起读者的强烈共鸣、打动读者的心、让读者行动起来，就不要用某一个“节点”的传达方式，而是要按照贯穿过去→现在→未来的“线索”来写。这时，故事型模板就可以派上用场了。

【修改文（故事型的文章）】

A
阐述消沉状态

虽然我成功进入了梦寐以求的公司，但是我分配到的部门不是丰富多彩的产品开发部，而是一个既普通又压抑的销售部。我感受不到这份工作的快乐，整天也没有什么干劲儿，销售业绩也是垫底儿的那一个。

▼

B
阐述转机

有一天，公司的一位前辈给我推荐了一部电影。这部电影的名字叫*WOOD JOB !*(《哪啊哪啊神去村》)。一个生长在城市里的吊儿郎当的弱小青年，有一次去乡村的山林参加林业研讨项目。这个青年被林业的魅力所唤醒，他一点点成长的样子给我留下了极其深刻的印象。我顿时发现自己还没有真正挑战过一件事情，感

	觉特别惭愧。由此，我决心要积极面对我的销售工作。
▼	
C 阐述转变 · 成长的过程	自从有了工作的主动性和积极性之后，我意识到销售也是非常有价值的工作。特别是开始重视社交关系和交流之后，我的业绩节节攀升。销售的职责是，不仅要考虑销售自家商品，还要积极帮助遇到困难的人和企业。研发的商品直到给某个人创造了价值才算大功告成。这样的想法使我心中萌生了对销售工作的使命感。
▼	
D 展望未来	找一个外在的借口而放弃或偷懒是非常容易的，但是，这么做就相当于荒废人生。无论环境多么恶劣，只要珍惜身边的人，积极主动地生活，你就会发现工作的价值和生存的价值。我认为我的这份销售工作是上天赐予我的，我决定积极面对这份工作，并努力最大限度地发挥自己的潜力。

与原文的差异是不是一目了然呢?

原文比较好理解，而故事型的修改文更容易打动人心。

关键的内容在于A部分的“阐述消沉状态”。**通过阐述消沉状态，很容易令读者感同身受**。这是因为大部分的读者会认识到自己的心中也有“弱小的一面”，正巧文中描述的“弱小的一面”和自己心中“弱小的一面”产生了共鸣。

但即使这样，如果始终是关于“软弱无力”的话题，那么产生的共鸣最终会被减弱。**读者仿佛给自己寄托希望一样，期待着弱小的主人公身上出现奇迹**（起死回生的剧情）。

是的，随着描写出现转折的剧情，读者的心是会被动摇的。有的读者可能一边读一边给主人公加油鼓劲，越富有同理心的人，越可能将主人公的变化和自身的变化结合起来，使自己沉浸在故事的世界中。

D“展望未来”的部分传递了作者的期望（无论环境多么恶劣，一定要积极主动地行动起来）。因为了解过主人公的消沉时期，所以主人公的期望会更打动读者的心。

传递的信息，并不是它本身就会发光，而是因为有过克服消沉时期努力成长的经历才得以释放出光芒。

反过来说，如果你想给读者传递某种信息时，请用故事的形式表达你获知信息的经历。通过讲述渐入佳境的亲身经历，你会更加强烈、更加深刻地打动读者的心。

使用技巧①
消沉状态分个体性和社会性两方面

在A“阐述消沉状态”中，描述了主人公（主题）陷入的“不良状态（消沉的状态）”。作者打开心扉讲述自己失败的经验、丢人的经历和自卑的表现等，读者更容易投入感情倾听。

另外，在A部分还可以写作者身边以及社会中存在的负面现象。比如，各种社会问题、局部爆发的问题及某些人的抱怨、不满以及烦恼。总之，要使读者了解初始的“不良状态”。

下面列举的是消沉的例子。

【个体性的】

- 不能与周边的人建立良好的关系
- 工作中遭到了失败
- 被男友（女友）甩了
- 被公司辞退了
- 没有钱花的日子太痛苦了
- 情绪低落
- 因为……身体状况不好了
- 办不到……感到很郁闷
- 对……产生了不安的心理

【社会性的】

- 老年人孤独死的问题
- 留守儿童的问题
- 各种骚扰/暴力问题（权利骚扰/精神暴力/性骚扰）
- 收入差距（贫富差距）
- 基础设施老化
- 人口减少问题
- 食品安全问题
- 歧视问题（性别歧视等）

当然，上面列举的是比较大众化的现象。“犯困问题一直困扰着我”“小拇指撞到了柜子的一角，我疼晕过去了”“某地铁站没有电梯，给大家带来了很多不便”，等等，这些相对私人化的信息也可成为故事开端（负面）的素材。

同样是成功的经验，如果不讲述取得成功的详细过程，那么只能让人认为你是在自吹自擂。当然，也不会引起读者的共鸣，不容易被理解。

在谈成功经验时，建议以失败点为起点，按照渐入佳境的趋势写故事。

使用技巧②
思考不同的转机

B部分“阐述转机”的内容（转折点）可以写人、物、作品、场所、发生的事情等各种各样的内容。

下面是关于转机的例子。

- 读了一本朋友推荐的书
- 一场偶遇
- 难得参加一次的聚会
- 结婚生子
- 休闲娱乐场所或旅游胜地
- 第一次吃的美食
- 为了消磨时间看的一部电影
- 新来的老师（上司 / 教练）
- 与男朋友（女朋友）的相遇
- 跳槽或人事变动
- 搬家
- 新尝试的兴趣爱好

如果你想应用故事型模板写你自己的亲身经历，那么你要先思考一下“到底是什么改变了我的人生道路？”这个答案对你来说就是转机。

写他人的故事时思考方式也是一样的。试着回忆一下时代变化的时期、各种局势和状况发生变化的情景，重要的是要有敏锐的眼光和洞察力。

使用技巧③
制造大的“落差”

故事中一定会存在落差的。在A“阐述消沉状态”中描述的状况，到D“展望未来”中发生了巨大变化。

极端地说，如果A部分是“痛苦”，那么D部分就是“喜悦”。凡是作家，他们的头脑中都一直记着落差的概念。

[A] 消沉状态：曾经是又乱又脏的房间。
[D] 展望未来：变得又干净又整洁。

[A] 消沉状态：他曾经是一个摆脱不了替补命运的棒球选手。
[D] 展望未来：成为棒球队不可或缺的主力选手。

[A] 消沉状态：身体虚弱，经常生病。
[D] 展望未来：变得身强体壮，也不怎么感冒。

[A] 消沉状态：组织像一盘散沙，员工的工作热情日渐低落。
[D] 展望未来：组织变得有凝聚力，员工的工作热情不断高涨。

如果A与D的落差极小，那么故事的结局和整体效果会令人失望。比如，“曾经是又乱又脏的房间→如今就干净了那么一点点”这种没有多少落差的结局。

当然，这并不意味着没有落差的故事是不好的。无论大落差还是小落差，各有各的用处。

话虽如此，如果迫切地想让读者感受到强烈的影响和共鸣，而A与D的落差又很小，这种情况下是很难达到目的的。为了引起读者的强烈共鸣，“强烈的痛苦”和“巨大的喜悦”这两个要素是必不可少的。

总是感觉故事内容差那么一点的时候，可以思考“是不是再加点落差？”或者也可以考虑放弃故事型模板：“落差太小，是不是不用故事型模板更好呢？”

① 横纲：日本相扑运动员（日本称为力士）资格的最高级。——译者注

例文① 叙事文（博客文章）“推荐三明治沟通法”

首先，列提纲把握文章的中心思想。

A 阐述消沉状态	我一向直言不讳地指责下属，所以他们都不喜欢我。
▼ B 阐述转机	我学会了“三明治沟通法”。
▼ C 阐述转变 · 成长的过程	自从使用三明治沟通法后，我和下属的关系变得越来越融洽了。
▼ D 展望未来	今后我会继续使用三明治沟通法，与下属建立牢固的信任关系。

接下来，扩展内容并完成文章。

A 阐述消沉状态	以前的我是被下属嫌弃的上司。“喂！木田！你这次犯了不可饶恕的错误。还不赶紧给我想补救的办法！”一旦下属有失误，我就会这样大发雷霆。结果，招来了下属的恶评和反感。
▼	

故事型

我一直受着下属的横眉冷对，有一个偶然的机会我参加了交流研修会，通过这个研修会我学到了“三明治沟通法”。三明治沟通法是指，当你斥责对方、指出对方的错误时，不要单纯地针对那一个事情，而是在前后加上积极上进的内容或者是鼓励对方的内容。

B
阐述转机

比如，指出对方错误时的沟通方式：“木田啊，你的业绩一向很突出。但是，这次这个失误是不应该的，还请你尽快找出补救办法。相信你一定会做得很好。”像这样将负面的言辞夹在正面言辞的中间。

试着想象一下，如果省略前后正面的言辞（标记颜色的部分），读起来是怎样的感觉呢？给人的印象一定是完全不同的。

▼

通过用正面的言辞夹住负面的言辞，下属似乎更容易虚心接受指摘和忠告了，下属对我怒目而视的现象也有所缓解，我们之间的关系也变得越来越融洽。

C
阐述转变·成长的过程

成效不只这些哦！下属的工作热情日益高涨，他们的业绩持续走高。

有好几个下属跟我说“有像您这样会激励员工的领导真是太幸运了”时，我感动得眼泪都快要流出来了。没想到通过改变沟通方式，人际关系会变得如此和谐。

▼

D
展望未来

在抱怨和指责的前后加上“肯定的话”和“表扬的话”，是表示对对方的关爱和尊重。

我想继续运用三明治沟通法与下属建立牢固的信赖关系。

这篇文章描述了原来是那么遭人痛恨的上司，通过运用三明治沟通法发生了巨大改变的故事。写作者在“阐述消沉状态”中直白地讲述了自己的失败经验，这个部分是着重描写的。

如果仅仅是给大家科普三明治沟通法的概念，恐怕读者不会产生“我想试一下”的想法。像概念这种偏理论性的东西即使记在脑中，也很难印在心里。

可能有的读者听完后表示“嗯……这样啊”，随后过了3秒就忘得一干二净，而有的读者会无视道：“用搞得这么复杂吗？”“真是闲得没事干了。”

然而，这篇文章先讲述的是自己的失败经历，然后又讲述了自己是如何积极进取的（改变与下属的相处关系的故事），读这篇文章的人应该很受启发。

从负面展开的故事，历经转机后转变和成长的样子不仅展示了美好的一面，还充满着兴趣和启示。我认为想要尝试三明治沟通法的人应该会越来越多。

例文② 叙事文（散文风格）“移动的便当屋”

首先，列提纲把握文章中心思想。

A 阐述消沉状态	一个郊区的地铁站的周边，没有饭店也没有便利店。这午饭恐怕是吃不上了吧？
▼ **B** 阐述转机	发现地铁口停着一辆小型卡车，原来是卖便当的，正好有剩余，于是我就买了一盒。
▼ **C** 阐述转变 · 成长的过程	刚刚做好的便当，没想到还很好吃呢！
▼ **D** 展望未来	多亏吃到了这个美味的便当，填饱肚子后，我恢复到了活力四射的状态，后来销售工作的进展尤其顺利，还成功拿下了一个大单子。

接着，扩展内容并完成文章。

A 阐述消沉状态	今天是我第一次拜访位于郊区的一家公司。我和客户约好下午1点见面，我想提前到达附近的地铁站后在周边找地方吃午饭……可是，没想到地铁站周边荒凉一片，竟然找不见一处吃

饭的地方。

地铁周边不但没有快餐店，连饭店和便利店的影子都看不见。我的午饭计划算是泡汤了。无奈之下，我坐在站前的长椅上发呆，我本来就是一个大吃货，不巧的是偏偏今早没吃早餐，我的肚子开始咕咕叫着表示抗议了。“哎~怎么这么倒霉啊！”一边嘟囔着望着天空。

▼

就这样在长椅上傻傻地坐了10分钟，这时有一辆小型卡车停在了地铁口。我漫不经心地看着那辆车，有一位女士提着两个袋子从车上走下来走向了地铁站。貌似是给地铁站的工作人员送餐的。

B
阐述转机

“会不会是卖便当的呢？”我心里猜测着，走向了卡车那边。正好女士回到车边，我问道：“请问，您是卖便当的吗？”她回答说：“是的，你想买一份吗？现在只剩汉堡和炸丸子配菜的了。”我的心里其实早已尖叫“太好了！”但是表面上装成一副很淡定的样子（装绅士）回答：“好的，给我来一份吧。”

▼

C
阐述转变·成长的过程

我本想能吃到东西已经谢天谢地了，可是怎么也没想到这个便当好吃得惊人！刚刚做出来的汉堡热乎乎的，肉厚多汁。马铃薯口味的炸丸子也香糯可口，真是好吃极了。

我自己很清楚我饿肚子时就和废人没什么两样，想象中午没吃上饭的后果……简直太可怕了。天啊，我今天太幸运了吧！

▼

D
展望未来

吃完便当，我马上变得活力四射，精力充沛地应对了决定成败的销售任务。本次拜访的客户本来对我们的服务没有太大的兴趣，但是，最后还是心甘情愿地签下了这笔合同。
俗话说“饿着肚子打不了胜仗”，只有填饱了肚子，才能充分发挥自己的能力。便当屋，真心谢谢你！！！
对了，通过这件事情，我深刻地做了反省，并提醒自己去偏远地区出差时，一定先调查清楚周边是否有饮食店（笑）。

午饭眼看就要泡汤的主人公（写作者本人）很幸运地买到了一份便当，这是一个略搞笑的情节。这种情节通过细节描写更能体现其真实性。另外，穿插的对话内容也有助于提高趣味效果。

这篇文章的巧妙之处也在于A的“阐述消沉状态”和C的“阐述转变·成长的过程”之间的落差。如果省略A的部分，写成“今天午饭我是在郊区的一个地铁旁的长椅上吃的”这种淡而无味的文章，读者是根本不会感兴趣的。

正是因为在A的部分充分描述了主人公失落的情感（绝望），才能体现出作者拥有便当时的那种意味深长的喜悦和感动。

【读者的心理变化】

- 陷入吃不上饭的窘境

→哎呀，太可怜了吧……之后会怎么样呢？

- 驶来一辆小型卡车

→小型卡车？接下来会有怎样的故事呢？

- 在便当屋买到了一份便当

→厉害！太幸运了！幸亏搭话问了一嘴！居然还有这样的事情！

- 便当真是好吃极了

→真是好运连连啊！简直太棒了！

- 销售工作进展顺利

→便当的力量太强大了！真是完美的一天啊！

像这样穿插一些小故事，可以带动读者的情感。被主人公的情感所触动的读者，会以主人公的视角或以守护主人公的父母的心情为主人公提心吊胆、紧张、喜悦。

最后以“通过这件事情，我深刻地做了反省，并提醒自己去偏远地区出差时，一定先调查清楚周边是否有饮食店（笑）”结尾，虽然是自嘲的表达方式，却能使读者总结经验，吸取教训，思想上受到启迪。

例文③　书评（博客文章）“《花钱买来的幸福感》书评”

首先，列提纲把握文章中心思想。

A 阐述消沉状态	我对金钱的态度是消极的。
▼	
B 阐述转机	读了《花钱买来的幸福感》(*Happy Money*) 后，我明白了我对金钱持消极态度的原因（“金钱是情感的一面镜子”）。
▼	
C 阐述转变 · 成长的过程	当我怀有“感恩”的心情收钱或付款时，我发现消极的态度变淡了。
▼	
D 展望未来	从今往后，我想同幸福的金钱一起享受无限的富足生活。

接下来，扩展内容并完成文章。

A 阐述消沉状态	“钱是肮脏的”“金钱是有限的，如果不存起来会变得很不幸”，从小我对金钱是这么认知的。也许是这个原因，我一到快没有钱时，就会陷入焦虑和恐慌的状态中。当我花钱时，偶尔会有种罪恶

感。另外，每当我领工资和奖金时，不是喜悦的感觉，而是“我要好好存起来”的意识更强烈，总是战战兢兢的。甚至有时还埋怨究竟是谁制造了像钱这种“可怕的东西”，对钱产生憎恶感。

▼

B
阐述转机

有一次，我碰巧读了作家本田健的书*happy money*。读着读着，我突然产生了被锤子重重敲击般的痛觉。因为我明白了我对金钱的消极印象只不过是“自己情感的投射”。

我们之所以对金钱感到紧张、不安、焦虑，是因为我们总是把过去自己的过错和对自己造成的危害放在心上，对未来感到担忧。如果一直被这种消极的想法所牵引，那么我们此刻的幸福就可能被我们自己的过去和未来剥夺。

在我茫然无措时，作者给我了这样的建议。

当金钱来到你的身边时，请说出“谢谢”；当金钱离你而去时，也同样说出“谢谢”；对金钱给你提供的帮助、给你创造的一切表示感谢。

▼

C
阐述转变·成长的过程

这个方法真的能改变我对金钱的态度吗？虽然存在疑虑，但我还是决定试着表达“谢谢”。无论是在我领钱还是花钱时，我都会在心里默念着“谢谢”。

没想到效果真的很显著。不到一个星期的时间，只是一直在心里默念“谢谢”，换来的是喜悦的心情，而且对金钱的紧张感也逐渐淡化了。

▼

D 展望未来	我已经不再有“金钱是肮脏的”“金钱是有限的，如果不存起来会变得很不幸”这样的想法了。我认为我生活在富足的世界里，在我的周围环绕的是幸福的金钱（happy money）。原来花钱的感觉也这么舒服……我怎么以前没有意识到呢！一想到我的支出会给其他人带来幸福，我就特别开心。从今往后，我想同幸福的金钱一起享受无限的富足生活。

写读后感时，很多人习惯性地从头到尾分享书中的内容。书的内容固然很重要，但仅凭这些是无法引起读者兴趣的。

再者，如果只写书里面介绍的内容，与其他的书评显现不出区别和特点。书里介绍的内容除了你肯定还有其他人会写。

使用故事型模板写的文章，并不是写书中的内容，而是写出通过读这本书给自己带来了怎样的变化，以经验之谈为中心丰富文章的内容。通过写出不断转变、成长的经历，很容易让读者心动、产生共鸣，从而对这本书感兴趣的读者会越来越多。

假设省略写作者亲身经历的故事，只写出“对金钱的印象只是那个人情感的投射”这样的观点，那么读者会怎么理解呢？他们可能似懂非懂，对内容感到困惑。一旦让读者搞不懂，阅读的兴趣肯定会消失。

用故事型模板描述自身变化时，一定要缩小描述要点的范围。这篇文章是在各种学习和领悟的过程中锁定了“对金钱的消极印象只不过是自己情感的投射”这一要点展开的。

如果要点过多，那么每个要点都会被稀释，读者可能不太好理解，还有些读者会因书中的信息量过大而中途放弃阅读。

我想再强调一遍，信息量不在于多，而在于精。通过筛选出最值得讲述的信息，读者会更好地理解文章。

例文④　写给学生的寄语
“为失败而高兴吧”

首先，列提纲把握文章中心思想。

A 阐述消沉状态	我的人生经历了一系列的失败。
▼	
B 阐述转机	唯一让我感到自豪的是“我始终把失败当作跳板”。
▼	
C 阐述转变·成长的过程	目前的20项事业也经历过接二连三的失败，正因为经历了种种失败，造就了今天的成功事业，失败是成功不可或缺的一部分。
▼	
D 展望未来	无论受到怎样的失败，都为此高兴吧。

接下来，扩展内容并完成文章。

A 阐述消沉状态	各位同学，大家好。我是××公司的大塚太郎。很多人认为我是一个成功的经营者，但这其实是一个误会。回顾过去，失败的次数不计其数。我经历过高考失败、落榜，就职的一家

公司不到两年就倒闭。之后，我自己创立了一家公司，前期因业务进展不顺利，商品和服务销售不佳，我个人背负了数千万日元的贷款。

当公司的会员服务刚刚有点起色时，很多核心员工突然提出辞职，会员服务的项目不得不停止。直到现在，其实我每天都在对抗失败，我觉得失败已经融入到了我的生活中。

▼

B
阐述转机

唯有一个特别让我自豪的是“我始终把失败当作跳板”。失败后，我和其他人一样都会郁闷，但我从来没想过“已经没戏了”“算了吧，就这样放弃吧”。

我会找出失败的原因，吸取教训，决心不再重蹈覆辙。我认为每次的失败都会让我离成功更近一步。

这就好比小孩子学骑自行车。没有一个孩子是刚开始就会骑的，大家都是在摔倒多次的过程中找到了感觉，最终才会骑了。

摔倒并不是什么可怕的事情，就怕把摔倒当作抗拒挑战的借口。只要有百折不挠的精神，这个世界上就不会存在真正意义上的“失败”。因为“失败=又上了一层迈向成功的台阶”。

▼

C
阐述转变·成长的过程

我目前与我的500名员工一起推进着20项事业。当然，有些事业看起来蒸蒸日上，其实仔细分析的话，它们每天都在遭受着一系列的失败。但是，这种失败是事业成功的重要组成部分。

顺便跟大家说一下，我们的企业精神是“No

Challenge, No Success.（没有挑战就没有成功）”。挑战中往往会伴随失败。如果没有失败，你就该抱有危机感了，也就是说你有可能忽略了挑战。勇于挑战才是引领公司走向成功的最强的驱动引擎。

▼

D
展望未来

在座的各位以后也会亲身体会到各种事情，也会遭遇或大或小的失败。请记住，那些失败就是赠予你的勋章，就是因为你勇于挑战才有的失败，所以你应该为失败而高兴，它证明了你又成长了一大步。请你一定要通过失败学会点什么，要勇于挑战，思考为了不再失败应该如何去做，而不要想在失败时逃避。学会反思会让你成长得更快。我祝愿大家的未来以充满“为失败而高兴的精神”闪耀发光。

想给大家传递某种精神时，故事型模板能发挥巨大的作用。

这篇文章有独特的特点，就是B的“阐述转机”的部分。这部分并没有使用普通的时间顺序，而是使用了“我始终把失败当作跳板”这种表述方式。这应该说是其自身的特性，即自身的特性起着从A的“阐述消沉状态”到C的“阐述转变·成长的过程”的过渡作用（转机）。

像这样，B的“阐述转机”的部分不一定是写时间顺序的内容，还可以写作为“转变契机”的事情、要点、手段、思考方式、想法等内容。掌握好这种使用方法后，故事型模板的使用范围会突然扩大。

这篇文章给学生传递的信息是“为失败而高兴”，但大多数学生对失败的态度是消极的。对持这种消极态度的学生说“为失败而高兴吧”，学生们可能不太理解这个意思，搞不好还会遭到学生们的抗拒和反感。

要想突破这些障碍，使信息有穿透力，就需要具体讲述自己的失败经历，以及自己是如何面对失败的。

尤其重要的是A的“阐述消沉状态”的部分。通过这部分讲述的“遭遇接二连三的失败”引起读者共鸣，在C的“阐述转变·成长的过程”的部分有逻辑地体现了“失败=糟糕的事情→失败=好的事情”的转变过程，再通过D的“展望未来”中传递的“为失败而高兴吧”的信息，触动学生们的心灵。

还可以像下面这样，开门见山地传递信息后再讲述故事。

> 各位同学，大家好！我是××公司的大塚太郎。**今天我想送给大家一句话，这句话就是“为失败而高兴吧”。**
>
> 很多人认为我是一个成功的经营者，但这其实是一个误会。<以下省略>

需要注意的是，开头的信息不能过于平淡，不然在那一瞬间就可能被认为是“很无聊”的话题而放弃关注，所以在选择寄语上也要下功夫哦！

专栏

适用于SNS的小技巧⑧

无法辨明是非时，应该如何写结论？

虽说结论很重要，但是生活中经常会出现无法清楚地辨明是非、无法下结论、左右为难的情况。这种情况，我们可以说“不需要刻意下结论”——就将那个状态作为下结论的方法。

“说实在的，我对……不太了解”“……是我解决不了的问题”“说得不明了之处还请谅解”，像这样写出真情实感，让读者感受到你正直和诚实的态度也很好。

再者，可以在“特意不作出结论”的情况下展开故事情节。先表明“纠结……问题正确与否是毫无意义的事情”，接着再针对“不作出结论的理由”进行说明，那么这篇文章也会变成富有说服力的文章。“无法作出结论（特意不作出结论）”也可以作为结论。

立竿见影的技巧①
写强大的敌人和深刻的矛盾

我正在发呆时，好运从天而降，财富从地面涌现。这样的幻想故事挺有趣的，但如果想让故事变得更有力量的话，在A“阐述消沉状态”中可以写与宿敌对抗或化解深刻矛盾的内容，这也是一个好的写作思路。

在此基础上添加“怎么可能输给你”“一定要打败你”之类的台词，主人公大义凛然的姿态会给读者带来勇气和希望。这样的手法多用于电影、电视剧、小说等。

写故事型文章时需要留意的是“壁垒”。在A“阐述消沉状态”部分中，主人公的眼前显现的就是壁垒。这个壁垒的高度，是随着主人公的对手的力量、内心的纠葛、烦恼的深度变化的。

- 对手很强/内心的纠葛和烦恼很深→壁垒变高。
- 对手很弱/内心的纠葛和烦恼较浅→壁垒变低。

当然，并不是说哪个好哪个不好，某些情况可能会需要壁垒较低的故事；如果希望故事的效果更有力量，可以考虑一下是否要摆设更高的壁垒。

专栏

适用于SNS的小技巧⑨

平常的生活因增添故事而出彩

想把平凡的日常故事编辑后发布到SNS时，故事型模板就可以发挥其作用了。

比如，想发布“今天和一位好久没见的朋友A约吃烧烤！”的文章，你可以编写成一个故事：“最近工作上总是犯错，比较郁闷……正当我情绪低落时，朋友A联系了我，我们约好一起去吃烧烤。一边烤肉一边跟A吐露了我的心事，不经意间我的心情舒畅了好多！真的非常感谢耐心倾听的我的朋友A，这样的朋友太值得拥有了！”

像这样，在开头部分写出负面的状态后再编辑成一个故事，最后以“这样的朋友太值得拥有了！”这样的结尾发出自己的感慨，同时也能起到启发作用。

无论多么平凡的事情，都会隐藏着各种各样的故事，需要我们积极地去向深处挖掘。

立竿见影的技巧②
讲故事的基本原则是“简单易懂”

越是思维敏捷、深度思考的人越倾向于写出复杂的故事。比如，同时展开不同的故事线，且加入许多登场人物，营造出一个宏大的世界，故意让人难以理解……

当然，如果你恰巧在写小说，那么很值得写一篇情节复杂的故事。而大多数的情况下，容易引起读者共鸣和投入感情的作品基本都是简单朴素的。通过“转机”这个桥梁，清晰地展现了前后的状态变化。由此，更有利于读者理解，打动读者的心灵，给读者留下深刻的印象。

如果过于注重细节和结构的话，读者反而会觉得“太复杂”“搞不懂”。编写故事是一件非常愉快的事情，但是请注意不要写得太离奇和僵硬。

立竿见影的技巧③
圆满的结局更容易催释多巴胺

D“展望未来”部分，换一种说法就是设想完美的结局。神经学的研究表明，快乐结局的故事会促使向控制人类大脑报酬（欲望）的边缘系统释放多巴胺。

多巴胺是与“意欲”“运动”“快乐”等有关的神经传导物质，它会使人产生舒服、心情舒畅的感觉。

当然，故事可以有快乐的结局，也可以有悲伤的结局。但是，悲伤的结局更多的是在小说等作品中使用的设置，以给人微妙的阅读体验。在大多数的日常写作中，我们应该多注意大团圆结局的效果——催释读者大脑中的多巴胺。释放的多巴胺越多，说明D部分的内容越多地渗透到了读者的内心。

立竿见影的技巧④ 应用到商务场景中

商务文件的基本写作要求是简洁、条理清晰。报告书是传递重要信息的载体，用故事型模板写出来的报告书一定会吸引到对方。所以即便是商务场景中使用的文件，如果想写出能够打动对方的文件，故事型模板也是非常适用的。比如，下面介绍的这些场景。

①用故事讲出客户的体验经历

→可以展示自己公司的商品和服务的魅力

②说服或鼓励下属时，讲述自己的亲身经历或生活中遇到的实际事例

→下属的内心会受触动，容易得到理解

③企业的老板和领导给员工灌输企业愿景和理念时，可以通过故事讲述自己或企业的成长故事

→打动员工的心灵，对企业的愿景和理念的印象更深刻

④做策划书、提案书、演讲资料时，可以用故事讲述本策划、提案及商品的必要性

→策划、提案、演讲内容更容易被采纳

⑤商务用的简介文案也可以用故事讲述自己创造的业绩、擅长的领域、产品研发历程等内容

→更容易引起顾客和客户的兴趣

比如，商品介绍也可以用故事讲出来。

这款芝士蛋糕可不是普普通通的芝士蛋糕哦，拥有30年制作糕点经验的本店糕点师铃木太郎，在幼年时期吃过一次难以忘记的“松软口感”的芝士蛋糕。但是，他不记得在哪里吃的。他仅凭着“还想尝尝那块芝士蛋糕”的记忆，花了10多年的时间反复试错，修改食谱，终于成功地再现了他念念不忘的味道。至今的职业生涯中，这款是铃木真正“为自己而做”的“正宗的芝士蛋糕”。我们将与您分享铃木的童年梦想。

你是不是也想尝尝这块芝士蛋糕到底是什么味道呢？如果这款蛋糕仅作为“新出品的芝士蛋糕”销售，应该没有什么诱惑力，但通过讲述产品的研发背景，可以为产品创造更多的附加价值。

编排①
在悲伤的故事中加入自嘲

正如前面讲到的，故事型模板是向渐入佳境的方向写的，能给读者留下爽快的印象。

此外，还可以以故事型模板为基础，向情况转坏的方向写。比如，写一些堕落、沦落或者是绝望、劳苦、失败等方面的经历。

当然，一味地只写不断变差的处境，读者读起来会感觉很沉重。最后，可以写一些学到的经验或教训，给读者留下强烈的获得感。

A **阐述正面因素**（阐述快乐的状态）
└ 以前是如此快乐自在。

▼

B **阐述转机**（阐述噩梦般的经历）
└ 不幸遭遇了噩梦般的经历。

▼

C **阐述堕落·低迷的经历**（阐述状况恶化的样子）
└ 陷入了糟糕的状态中。

▼

D **阐述吸取的教训**
└ 通过这个经历我懂得了这样的道理。

请看下面的例文。

A 阐述正面因素（阐述快乐的状态）	以前我对自己的身体和体力非常有自信。自觉比任何人都健康，无论工作强度有多大，第二天照样朝气蓬勃。我一直认为我和感冒、疾病无缘。
▼	
B 阐述转机（阐述噩梦般的经历）	有一天我发现自己咳嗽了。刚开始我自以为睡一晚应该就没事了，可是，过了一个星期、两个星期咳嗽的症状并没有好转，于是我去了医院，被医生告知我得的是“百日咳”。听医生说儿童是“百日咳”的高发人群，而如今成年人也变得容易感染。
▼	
C 阐述堕落·低迷的经历（阐述状况恶化的样子）	我心想“不就是咳嗽嘛”，结果一旦发作就咳嗽不止。咳嗽厉害起来，体力都快透支掉了。不但免疫力下降了，皮肤也变得粗糙起来。一到晚上咳嗽厉害得无法入睡，还影响第二天的工作。
▼	
D 阐述吸取的教训	这么一想，再过三年我也是40岁的人了，感觉身体越来越不给力了。这次的百日咳可能是老天发出的一个警告（幸亏没让我猝死！）。今后，我应该多注意保养身体，工作太累时就要好好休息，不能疲劳过度。

这篇文章讲述了原本很健康的主人公（写作者）突然患病，由患病的经历领悟到一些道理的故事。这篇文章并不会让人兴奋，但是低

谷也是人生的一部分。在阅读这种伤感的故事时，你会替主人公忐忑不安。

例文的D部分“阐述吸取的教训”中“百日咳可能是老天发出的一个警告”，这种比喻方式是很好的。假设省略了这种比喻的修辞手法，对于读者来说就可能只是一个“悲伤的故事”。

而且，在悲剧的文章中也可以亮出“自嘲的笑点”。比如这篇例文就可以在D部分中采用如下的写法。

【自嘲①】

这么一想，再过三年我也是40岁的人了，感觉身体越来越不给力了。不久前还吹牛“我的身体杠杠滴！”真是经不起夸啊……

【自嘲②】

这么一想，再过三年我也是40岁的人了，感觉身体越来越不给力了。唯一能向别人炫耀的“体力”竟然被剥夺了，我应该咋办呢……(泪)

【自嘲③】

这么一想，再过三年我也是40岁的人了，感觉身体越来越不给力了。既然已经这样了，我只能一点一点地从“体力派”转向“脑力派”的队列了（绝对不可能）。

一边一本正经地以“生病”为转机写悲惨的故事，一边逗人笑，会给人留下不错的印象，让人觉得“这个作家的作品真有意思”“写得很幽默，从这本书中能体验到很多乐趣”。

编排②
写软文时加入“担忧”和“成效”

“软文”是指，以销售商品或服务为目的编写的文章。想在读者看完“软文”后勾起他们“想买”的欲望，那么这篇文章必须动人心弦。这是因为，消费者的购买欲望根据情感上下浮动。

能够引起共鸣的故事，可以直接编排成软文。

在A“阐述消沉状态”部分，阐述商品的目标客户的烦恼和疑问后。在B“阐述转机”中介绍商品或服务，即与商品或服务的相遇就是其转机。

在C“阐述转变·成长的过程”部分，讲述通过使用商品或利用服务获得的效果或好处。效果和好处越有魅力，读者的购买欲望就越强烈。

在D“展望未来”中，让读者感受到通过购买商品或服务，会给未来的自己带来怎样的美好生活。让读者兴奋不已……能达到这种境界就再好不过了。

A **阐述消沉状态**（阐述消费者的烦恼和疑虑）

└ 您有类似的烦恼和疑虑吗?

▼

B **阐述转机**（介绍商品 · 服务）

└ 本商品 · 服务帮您消除那些烦恼和疑虑。

▼

C **阐述转变 · 成长的过程**（通过商品 · 服务获得的好处）

└ 通过使用本商品 · 服务，可以给您带来……的好处。

▼

D **展望未来**

└ 坚持使用，……的未来可期。

请看例文。

A 阐述消沉状态（阐述消费者的烦恼和疑虑）	有不少人反映，他们虽然通过控制饮食和糖分的摄取量瘦了下来，但是出现了“变得容易感冒”“变得容易疲劳”“体温偏低”等身体不适的状况。 虽然减重成功了，却损坏了健康，这不是得不偿失嘛。尤其是肌肉量少的低体温人群，当他们瘦下来时，身体反而变得更虚弱。
▼	
B 阐述转机（介绍商品 · 服务）	“肌肉塑形”是通过增加肌肉量来促进新陈代谢，这是一种以提高体温为目的的新型减肥法。

	每天完成10分钟的简单肌肉训练的基础上，我们还提供有助于增长肌肉的“氨基酸食谱”。我们从运动和饮食两方面着手，提供健康减重的减肥指导。
▼ **C** 阐述转变·成长的过程（通过商品·服务获得的好处）	通过接受减肥指导，可以达到促进血液循环、提高基础代谢、提升平均体温等功效。提高基础代谢，让您变成易瘦体质。 据说平均体温上升1℃，免疫力随之提升5倍。您将由此变得不容易感冒，而且还能改善“疲劳”“体寒”“头痛”“生理痛”等症状。
▼ **D** 展望未来	“肌肉塑形”不仅塑造美丽的外形，我们更加注重的是塑造内在美以及帮助规划健康美丽的人生。如果您想拥有健康的体魄和美丽的身材，那么就用肌肉塑造完美的身材吧。

A“阐述消沉状态”部分阐述的“烦恼和疑虑”，就是为了让目标客户读完后意识到“这说的就是我啊”，这是至关重要的。一旦意识到“与自己相关”，那么一定会带着好奇心继续读下去。

B“阐述转机”部分就写产品和服务相关的介绍。在这个部分要充分说明商品的特点。

C“阐述转变·成长的过程”中写了通过购买商品或服务获得的好处。在此部分展示出来的优势就是购买的“价值”。假设这个产品值3000日元，那么这个部分就要写出让读者认为“这个商品绝对值3000日元以上”的内容。

D“展望未来”中，在给读者留下耳目一新的感觉的同时，还要为那些犹豫购买的读者加一把力。

这世上的大多数软文主要是以商品或服务的介绍结束。其结果是无法引起目标客户的兴趣和关注，更达不到“购买”的目的。

使用故事型编写的软文，是先从读者的“烦恼”切入，再转入强调“效果（解决烦恼和疑虑）”的环节，顺水推舟地吸引目标客户（潜在客户）。其结果是，让他们感觉不到在被“推销”，而是认知到商品的必要性。

经常写软文的人，不管是否用过此模板，建议使用一次验证实际效果。你会发现收集软文的写作素材变得更加有效。

用“故事型”模板列提纲

<题目>在你的人生中，最大的转折点是什么？转折的前后发生了怎样的变化，请使用故事型模板写一篇文章。在D“展望未来”部分，请写出通过亲身经历的事情你学到了什么。

A 阐述消沉状态（以前的我……）

B 阐述转机（直到有一次，我遇到了……）

C 阐述转变·成长的过程（现在的我……）

D 展望未来（通过这次经历我收获了……）

第5章

用组合型模板写一篇文章

最后，作为提升，介绍一下将三个模板结合在一起的技巧。如果掌握了模板的组合方法，就再也不用害怕写长篇文章了。

模板是可以组合使用的

到目前为止，我们介绍了“列举型”“结论优先型”和“故事型”这3种模板。写长篇文章时，可以把这3种模板组合起来使用。

长篇的文章写起来很容易跑题或写得乱七八糟，所以，能防止文章产生混乱的模板在写长篇文章时是至关重要的。

一般来说，列举型和结论优先型的文章容易影响左脑派（擅长逻辑性思考的人），故事型的文章则容易影响右脑派（情绪和感情丰富的人）。如果能将这两种组合起来的话，那么无论是左脑派还是右脑派就都容易产生共鸣。

当然，模板不能盲目地组合使用，应充分考虑文章的目的、想要传达的信息、想留给读者的印象、各种模板所具备的效果后，选择最佳的组合方式。

模板组合①
“故事型+结论优先型”

首先，介绍一下故事型中插入结论优先型的样式，在故事型的“B：阐述转机”部分插入结论优先型模板。

A　阐述消沉状态

▼

B　阐述转机

└ B-a 推出结论

└ B-b 阐述理由 · 依据

└ B-c 阐述具体事例 · 详细内容

▼

C　阐述转变 · 成长的过程

▼

D　展望未来

下面介绍一篇散文风格的例子，题目是“新型预防中暑的方法——‘冷却手掌心’的奇特效果”。

首先，列提纲把握文章的中心思想和整体的写作流程。

A 阐述消沉状态	今年的夏天暑气太重，我已经中暑好多次。
B 阐述转机	（B-a 推出结论） 有一次，在电视上学到了“冷却手掌心预防中暑”的方法。 （B-b 阐述理由·依据） 因为，通过冷却手掌心部的AVA（动静脉吻合）血管，可以降低身体内部的温度（深部体温）。 （B-c 阐述具体事例·详细内容） 将冰镇矿泉水瓶放在手心处就可以起到降温的效果，其效果已在电视节目中得到验证。
C 阐述转变·成长的过程	自从手握冰镇矿泉水瓶后，再没有出现过中暑症状。
D 展望未来	“冷却手心”是预防中暑的有效方法。

接下来，扩展文章内容。

A 阐述消沉状态	今年这个酷暑真是折磨透了我。一出门就被一股热浪包裹全身，感觉在外面停留不超过5分钟我就得晕倒。曾多次出现过头痛、呕吐等中暑症状。本来我就是一个非常怕热的人，这个夏天，每一天对我来说都是一种煎熬。

B
阐述转机

（B-a 推出结论）
有一次，在电视上学到了“冷却手掌心预防中暑”的方法。竟然不是冷却脖颈、腋下部位而是“手心”部位，我听到后非常震惊。
（B-b 阐述理由 · 依据）
据了解，手心部有能够调节体温的AVA（动静脉吻合）血管，通过冷却这个血管会使血液温度，即身体内部的温度（深部体温）下降。
（B-c 阐述具体事例 · 详细内容）
冷却的方法特别简单，买一瓶冰镇的矿泉水握在手中就可以。这个结论在一个暑期播放的节目中得到了验证。试验当天的气温达到了37℃以上，比较了正常步行800米的人和手握冰镇矿泉水瓶步行800米的人的体温差异。试验的结果是，前者的体温达到37.9℃，而后者的体温则是37.5℃。手握冰镇矿泉水瓶的人体温相比正常步行的人的体温低0.4℃。

C
阐述转变 · 成长的过程

自从看了这个节目以后，炎热的天气我一定会带着冰镇的矿泉水瓶出门。我发现我没有像以前那样怕热了，也没有再发生难受的情况。没想到冷却手心的方法竟然有这么神奇的效果。

D
展望未来

据了解，今年的夏天，从7月29日到8月11日的两个星期内，全国约有3万人因中暑被紧急送往医院，因中暑死亡的病例似乎也很多。每当听到这种新闻，我的心情就非常沉重。我希望这个简单的“冷却手心”预防中暑的方法尽快让全世界的人都知道。

这样不仅有逻辑地说明了“冷却手心预防中暑”的方法，而且讲述了写作者“一直蒙受中暑的困扰→解决困扰”的亲身经历，这是一篇能引起读者共鸣的文章。

整篇描述了苦尽甘来的过程，以结论优先型描述了“冷却手心的方法”，是一篇说服力满分的文章。

需要重点写的是B–b“阐述理由・依据”部分。假设在这个部分没有写“冷却手心的理由”，那么读者可能会认为“感觉这个办法不靠谱”“手握冰镇矿泉水瓶就能预防中暑不太可信”，从而否定写作者的观点。

动人心弦的“故事型”与提高理解能力和认可度的“结论优先型”相结合是能够引起大众兴趣和关注的方法之一。

专栏

适用于SNS的小技巧⑩

用拟声拟态词写出具有身临其境感的文章

写SNS文章时，如果使用拟声拟态词（拟声词·拟态词），会更加形象生动。

相比“听到了小鸟的叫声”，“小鸟在唧唧啾啾地鸣唱”的表达方式更形象生动一些。同样，相比“膝盖撞到桌角很痛”，“膝盖撞到了桌角上，不由得发出‘呀！’的尖叫声”；相比“肚子饿了”，“肚子咕咕咕地发起了5秒钟的抗议”这种表达方式是不是更有趣生动呢？

通过运用拟声拟态词，能达到“用文字书写，用影像传达”的高级写法。

模板组合②
“结论优先型+故事型”

我们在前面介绍的是模板组合①的内容，采用的是用故事贯穿全文，文中插入一部分结论优先型模板的写作风格。整篇文章以故事型为主导，是一篇情绪和感情略占优势的文章。

另外，同样的内容，可以采用结论优先型为主、故事型为辅的风格。这时，相比之前逻辑性会更占优势。

A 推出结论	有一次，在电视上学到了“冷却手心预防中暑”的方法。竟然不是冷却脖颈、腋下部位而是“手心”部位，我听到后非常震惊。
▼	
B 阐述理由 · 依据	据了解，手心部有能够调节体温的AVA（动静脉吻合）血管，通过冷却这个血管会使血液温度，即身体内部的温度（深部体温）下降。
▼	
C 阐述具体事例 · 详细内容<其一>	冷却的方法特别简单，买一瓶冰镇的矿泉水握在手中就可以。这个结论在一个暑期播放的节目中得到了验证。试验当天的气温达到了37℃以上，比较了正常步行800米的人和手握冰镇矿泉水瓶步行800米的人的体温差异。试验的结果是，前者的体温达到37.9℃，而后者的体

温则是37.5℃。手握冰镇矿泉水瓶的人体温相比正常步行的人的体温低0.4℃。

▼

C
阐述具体事例·
详细内容<其二>
（使用故事型）

今年这个酷暑真是折磨透了我。多次出现过头痛、呕吐等中暑症状。
看完节目后，我以试试的心态每次走路时都手握着冰镇矿泉水瓶。结果，变得不像以前那么怕热，没有那么难受了。没想到冷却手心会有这么神奇的效果。

▼

D
总结

据了解，今年的夏天，从7月29日到8月11日的两个星期内，全国约有3万人因中暑紧急送往医院。因中暑死亡的病例也似乎很多。每当听到这种新闻，我的心情就非常沉重。我希望这个简单的“冷却手心”预防中暑的方法，尽快让全世界的人都知道。

文章的内容虽然基本相同，但是给人的印象是不同的。将体验经历作为依据编入理论的“故事型+结论优先型”的文章更能打动人心，而将理论作为依据编入体验经历的“结论优先型+故事型”的文章更容易让人理解。

如果是发布到微博上的文章就应用前者，如果是登载到商务期刊的文章就应用后者，可以根据“文章的目的”“读者的属性”“传递的信息”区分使用。

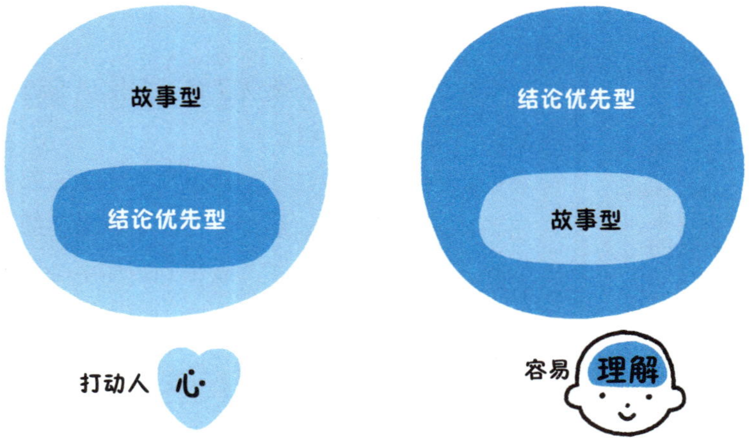
故事型
结论优先型
打动人
心
结论优先型
故事型
容易
理解

模板组合③ “结论优先型+列举型+故事型”

这次介绍的是结论优先型中编入列举型和故事型的风格。在B“阐述理由·依据”中编入列举型，在C“阐述具体事例·详细内容”中编入故事型。

A　推出结论

▼

B　阐述理由·依据

└ B-a 传达整体构思（告知列举的数量）

└ B-b 列举要点1

└ B-c 列举要点2

└ B-d 列举要点3

▼

C　阐述具体事例·详细内容

└ C-a 阐述消沉状态

└ C-b 阐述转机

└ C-c 阐述转变·成长的过程

▼

D　总结

首先，列提纲把握文章的中心思想和整体的写作流程。

A 推出结论	提议向这个办公室引入“5S”管理方法。
▼	
B 阐述理由・依据	（B-a 传达整体构思/告知列举的数量） 提议引入“5S”的理由一共有3点。 （B-b 列举要点1） 第一点是，可以提高工作效率和生产性能。 （B-c 列举要点2） 第二点是，有利于解决各种问题。 （B-d 列举要点3） 第三点是，给员工们带来潜移默化的影响。
▼	
C 阐述具体事例・详细内容	（C-a 阐述消沉状态） 在上一个公司，库房是一片狼藉，员工之间的协作也非常不和谐。 （C-b 阐述转机） 我们引入“5S”后，致力于整改办公室以及客房的清洁工作。 （C-c 阐述转变・成长的过程） 库房整理得井井有条，清扫客房的效率也大幅提高。住宿客户数量增多。
▼	
D 总结	引入“5S”可以解决职场上的各种疑难问题。

接下来，扩展内容并完成文章。

A
推出结论

提议向该办公室引入“5S”方法。“5S”是指“整理”“整顿”“清扫”“清洁”“教育”，是生产要素的有效管理方法。已经有很多企业和店铺引入了“5S”，包括一般的办公室、工厂、建筑现场、医疗机构等。

▼

B
阐述理由·依据

（B-a 传达整体构思/告知列举的数量）

提议引入“5S”的理由一共有3点。

（B-b 列举要点1）

第一点是，通过整理整顿身边的事物，会节省很多时间，减少体力，提高工作效率和生产力。比如资料找不到了，这就是效率低下且生产力低下的表现。如果省去了不必要的找资料的时间，那么工作效率和生产力就会提高。

（B-c 列举要点2）

第二点是，“5S”是能够解决各种疑难问题的万能工具。比如，如果能够消除人际关系中产生的沟通不畅或无效沟通等现象，那么同事间的误会会随之减少，员工之间的凝聚力会增强。

（B-d 列举要点3）

第三点是，给员工们带来潜移默化的影响。比如，如果办公室到处都是垃圾，搞得乌烟瘴气的，那么员工会认为工作也可以“马马虎虎”，萌生这种心理就不好了。反之，如果办公室整理得干净整洁，那么员工就会挺直腰板摆出“我要认真工作”的姿态。“5S”精神可以锻炼员工的思想，激发他们的工作热情。

▼

（C-a 阐述消沉状态）

我曾经有过一段在酒店工作的经历，在那期间我深深体会到了“5S”效果之强大。当时，保持清洁是吸引顾客的必需条件，但我们无法改变传统的做法。尤其是库房的环境和管理处于混乱状态，人员之间的合作也很紧张。因此，客房的清洁工作一塌糊涂。

C
阐述具体事例·详细内容

（C-b 阐述转机）

总经理发言一言九鼎，我们酒店引入了“5S”方法。总经理指示重点整理整顿客户看不到的库房。将不需要的东西统统断舍离后，在客房清扫方面做了翻天覆地的改革。

（C-c 阐述转变·成长的过程）

库房的秩序变得井井有条，员工之间的协作变得融洽，客房的清洁效率大幅提高。网友评论“客房非常干净整洁”，入住客户数量也在不断地上升。

▼

D
总结

如上所述，“5S”方法不仅仅包含“清扫”，而是一种工作所需的制度和精神，通过整理整顿良好的工作的氛围，改善职场中存在的各种问题的活动。

办公室中引入“5S”后你会见证改善的效果，比如，工作效率和生产能力提高，员工之间的协作能力加强，以及每个人的工作积极性都有所提高。

希望我的提议能够被采纳。

在B“阐述理由·依据”部分，使用列举型阐述了“提议导入‘5S’方法”的3个理由。即便是非常优秀的提议，如果只列举一个理由和依据，也是缺乏说服力的。可以的话，尽量列举3~5个理由，这样才有助于提高说服力。

当然，使用列举型时，开头使用“提议引入‘5S’的理由有3点”这种阐述方法是最理想的。这种阐述方式可以让读者安心地接着读下去。

在C“阐述具体事例·详细内容”部分，作为具体事例插入了故事型的亲身经验之谈。单凭理论性的阐述无法理解的读者，可以通过实际的故事(事例)更容易理解。

使用故事型模板时，至关重要的是一定要按照循序渐进的线索描写。如按照“一片狼藉的库房→整理整顿后变得干净整洁→清扫客房的质量和速度提升了”的顺序写故事会更有说服力。

想进一步扩展内容时，应该怎么做呢?

下面就教你一个扩展内容的方法。

扩展内容的方法①

在A“推出结论”部分，进一步详细描述相关“5S”的信息。这种情况使用列举型（逐条列举）的话，读者会更容易理解。即除了在B“阐述理由·依据”的部分列举以外，还要在A“推出结论”部分插入列举的内容。

我提议在办公室引入“5S”方法。“5S”是指“整理”“整顿”“清扫”“清洁”“教育”，其特征如下所示。

- “整理”：丢弃不需要的东西
- “整顿”：将有用的东西有序摆放好
- “清扫”：清扫要干净且彻底，并做好检查工作
- “清洁”：在坚持做好整理·整顿·清扫工作的基础上，维持好干净的状态
- “教育”：养成保持清洁的良好习惯

已经有很多企业和店铺引入了“5S”，包括一般的办公室、工厂、建筑现场、医疗机构等。

扩展内容的方法②

在C“阐述具体事例·详细内容”部分，使用故事型模板写经验之谈，其实就是“具体事例”。你可以在后面加上“详细内容”，使其更有说服力。

而且既然是写详细内容，可以写如何在办公室里实施“5S”方法。

库房方面的秩序变得井井有条，员工之间的协作变得融洽，客房的清洁效率大幅提高。网友评论“客房非常干净整洁”，入住客户量也在不断地上升。

那么，具体要如何实施“5S”管理法呢？接下来介绍4

个方面的内容。

首先，将归档资料按照项目类别重新摆放。如果是近三年未使用过的资料，可以考虑废弃处理。

其次，将各楼层存放的库存都统一搬入1层的存放区域进行统合管理。打包和发货部门要完成集中统一管理化模式。

再次，每周一例会结束后，利用10分钟时间进行大扫除（全体员工）。除了可以养成整理整顿的良好习惯，还可以带着"5S"精神，舒适地开启新的一周。

最后，每半年组织一次"5S"精神的评比表彰大会。不仅评比每周一的"清扫"情况，还要评出坚持持有"5S"精神努力工作的团队。

像这样，在开头部分详细介绍相关引入"5S"管理法的具体方案，读者会一目了然，更能提高读者的理解度和认可度。

当然，提议的内容必须是可行性高且的确可以提高效率和生产性的方案（*反之必定被驳回*）。

你可能已经发现了，是的，阐述具体方案时使用的是列举型模板。表明"接下来介绍4个方面的内容"后，分别列举了4个方面的内容。

"首先/其次/再次/最后"是列举型常用的连接词的一种。使用这种连接词时，通常在“首先”部分介绍的事情是最重要的，而在“最后”介绍的事情往往是最不重要的。

在B“阐述理由・依据”部分中使用的连接词是“第一点/第二点/第三点”。在同一篇文章中不建议重复使用相同的连接词，因此，在C的列举型要点中则使用了“首先/其次/再次/最后”的连接词。

用“结论优先型+列举型”模板列提纲

<题目>用“结论优先型+列举型”的组合模板写一篇关于你现在沉迷其中的爱好。推出结论后，在阐述理由的部分用列举型的形式写出要点内容。想在阐述具体事例·详细内容的部分介绍自己的经验之谈时，可以使用故事型写具体内容。

A 传达整体构思（写出你沉迷其中的爱好）

我现在沉迷于______________________的爱好。

B 阐述理由·依据（将沉迷其中的理由，用列举的方式列出3个理由）

B-a 传达整体构思

沉迷于____________________的理由一共有3个。

B-b 列举要点1（第一个理由是……）

B-c 列举要点2（第二个理由是……）

B-d 列举要点3（第三个理由是……）

C　阐述具体事例 · 详细内容(方法、顺序、自身的经验之谈、详细描述爱好相关的内容，如果写经验之谈可以使用故事型模板)

D　总结（例：将这个热潮介绍给其他人）

各个模板的适用场景合集

【列举型】

传达的事项较多时（例：商品有多个特征）

有多个疑问事项和确认事项时

整理并记录谈话的内容时

想让读者零压力阅读时

整理并传达复杂的信息时

介绍……的流程时（例：……的做法/到……的路线）

归纳总结时

有诸多同类的信息时

从大量的信息中筛选重要信息时

做笔记时（例：感悟/知识/灵感/优势/劣势）

写待办事项时

【结论优先型】

有一个非常重要的事项必须传达到位时

针对一个主题进行深入探究时

有逻辑性地传达事项时

想提高读者的理解度时

（列举型和结论优先型模板比较通用，在同一场景中也有区分使用的情况，下面介绍的是代表性的使用场景）

想得到读者的认同时

想提高说服力时

做……的汇报时

做……的说明时

商量……时

通知……时

提醒注意……时

推荐……时

写小论文或报告书时

【故事型】

想引起对方共鸣时

想给对方留下深刻印象

想让对方投入感情时

讲述……的经验之谈时

想吸引对方关注时

写故事梗概时（例：广告构思、视频简介）

推销产品或服务时

招揽顾客时

编写公司简介时

编写童话故事和小说时

编写浅显易懂的举例说明的文章时

请求对方做某事时

做……的方案或策划时

结束语

读完这本书的你，是不是迫不及待地想写文章了呢？

这是因为你已经掌握了写文章时必备的攻略（3个模板）。

从零开始动脑思考、写一篇完整的文章，说起来简单，做起来却很难。但是，如果让你向模板的各个部分填充内容应该就没有那么难了，因为你不需要因文章结构费脑筋了。

模板① 无压力阅读的“列举型”
模板② 提升信服度的“结论优先型”
模板③ 易产生共鸣的“故事型”

以上3种模板对今后写各种文章的你来说会是“一生的伙伴”。请根据“文章的种类”“写文章的目的”“目标读者”等，巧妙地选择写作模板吧。

使用写作模板写出来的文章，在读者看来肯定是一篇“亲切的文章”。这是因为，文章是按照读者易于理解和接受的流程编写的。

所以，只要是使用写作模板写出来的文章，就不会出现读者因看不懂而伤脑筋的事情，能让读者毫无压力地读下去。所以，尽管自信地写文章吧！——就这么简单。

当你能熟练应用3个模板时，你会觉得写文章越来越开心，对你写的文章表示认同、产生共鸣的读者也会越来越多。

写作能力并不是天生的。有了扎实的基本功、写作技巧以及大量的写作练习，每个人都可以成为写作高手。

我已经通过本书将写作的基本知识和技巧传授给你了，相信你的写作水平会越来越出色。请期待你的蜕变和完美的成果吧！

最后，我想对和我共同策划、精练这本书的KANKI出版社的镰田菜央美老师表示衷心的感谢。

同时，还请允许我对一直默默无闻地支持我的妻子朋子和我的女儿桃果说声谢谢。

至于拿着本书的你，合上书后，就让它成为你的好伙伴，一同开启你的写作旅程。祝愿你写的文章能给众多的读者带去收获和欢乐！

山口拓朗

2019年12月

如何写出一篇好文章

不动笔就能学会写文章的训练法

ISBN：9787515356006
著者：[日] 山口拓朗
出版社：中国青年出版社
定价：49.00元

★ 写文章并不是作家的专权！

★ 生活中随时会需要写点东西，有的是长文，有的是短文，从邮件、文案到报告、调查，无所不包。

★ 这本书的神奇之处就在于，告诉我们一个写作的真谛：不动笔就能学会写文章。更重要的是，这一真谛可以通过训练来掌握。

如何写出一篇好文章？

一篇文章的好坏，九成取决于动笔之前。

即便不是作家，或文字工作者，相信每个人都有枯坐在桌前，面对空白的Word文档苦苦思索的经验。

不管是Email、广告文案还是企划书，“写不出来”“不知该如何开始”“写的东西没办法说服人”……永远都是职场菜鸟、写作小白的噩梦。

本书并非专门写给“写手”——职业作家或记者看的，而是写给普通人的写作书。本书作者在成为日本写作高手之前，文章被批评为无趣、不具说服力、没有观点……差点失去了成为职业写作者的信心。通过不断思考何谓“好看的文章”，终于将“随便写写”上升到“写之前先准备”“思考过后再写”“写时思路清晰”……下笔必成的状态。

九宫格写作法

如何写出一篇好文章

ISBN：9787515361819
著　者：〔日〕山口拓朗
出版社：中国青年出版社
定　价：45.00元

- **“写文章”不只是出于专业需要、学术需要，它已成为个人发展和日常交际必备的底层技能，大到策划案、小到外卖评价，都需要收集、整理素材，输出内容。本书提供的正是对这一技能的有效训练。**
- **本书给出了简单、易操作且经实践有效的写作方法，九宫格就像充满趣味的填字游戏，激发人们“看到空格就想填满”的本能天性，帮助人们以简单的框架梳理繁杂的信息，应对各个场景下的写作需求。**
- **作者山口拓朗是亚洲知名的商业撰稿人、畅销书作者，致力于实用类写作技能的研究和培训，聚焦生活场景中的应用文写作，并针对自媒体时代社交平台的特性分享了独到的写作方法。**

写文章是你的痛点吗?

本书以独特的“九宫格”为框架，启发读者直面自己的观点和感受，收集素材、推敲文笔、巧用模板，逻辑清晰地将已知信息有效输出。

作者用积累了20余年的写作经验整合出一套科学有效的写作逻辑，为你消除“写不出来”的烦恼，用极简的方法提升个人极为重要的底层技能。

也许你是整日与邮件打交道的白领，也许你是急需优质文案的策划人，也许你只是想好好发个朋友圈的普通人……本书就是为你量身打造的“写作秘籍”，从此轻松应对日常场景下的写作需求。

现在，填满“九宫格”，升级你的写作技能!